日本企業の東南アジア進出のルーツと戦略

丹野 勲 [著]

戦前期南洋での国際経営と日本人移民の歴史

Roots and Strategy of Japanese Companies
in Southeast Asia

同文舘出版

はしがき

　本書『日本企業の東南アジア進出のルーツと戦略—戦前期南洋での国際経営と日本人移民の歴史—』は，明治維新から戦前昭和期までの日本企業の東南アジア・南洋進出と国際経営，および南洋日本人移民の歴史について研究したものである。そして，日本企業の東南アジア進出のルーツが，戦前期の南洋進出にあったことを明らかにしたものである。日本企業は，戦前期においても，日本人南洋移民を伴い，外南洋と呼ばれていた東南アジア，および内南洋と呼ばれていた南洋群島という南洋において活発に国際経営を行っていた。地域的にも，東南アジアや南洋群島のみならず，オーストラリア，ニューカレドニア，パプアニューギニアにも日本人移民は進出していた。しかし，戦前期の日本企業の東南アジア・南洋進出は，サイパン等の南洋群島での拓殖事業，フィリピンのダバオでのマニラ麻栽培，マレー等でのゴム栽培と鉄鉱石開発が比較的知られているが，戦前期の南洋進出と国際経営の全貌についてはあまりわかっていない。この明治維新から戦前昭和期までの日本企業の東南アジア，南洋群島への進出と国際経営に関しては少数の研究を除いて，まだ未開拓の分野である。本書は，戦前期の日本企業や日本人移民の東南アジア・南洋進出について，歴史，国際経営，移民論，南進論，経営史，貿易，経営戦略，地域研究，国際政治など多角的な視点から研究し，忘れられていた戦前期の日本企業の南洋進出と南洋日本人移民の歴史について明らかにしようとするものである。

　本書を執筆した私の問題意識として以下がある。
　明治維新の後，長い鎖国から解放されて，南洋進出をしようとした日本人は皆，新しいフロンティアを求めて，エネルギー，情熱，夢を持っていた。戦前の南洋・南方への国際経営は，多様な人・企業がフロンティア，夢を求めて，新天地で事業を営んだといえる。私は，このような日本の南洋・東南アジア進出について，歴史的，国際経営的な観点から，その全貌を総括してみたいと考えた。日本は，戦後70年を過ぎ，明治維新から150年以上の時が流れた。これまで日本企業は，数多くアジアに進出してきた。この日本企業の南洋・東南アジア進出について，戦前期を含めて，歴史的に振り返ることは，現在を生きる１人の国際経営学者としての仕事で

ある。すなわち，日本人の国際経営学者として，戦前期，南洋・南方で戦争行為に関係なく現地に赴き，企業活動や商売を行っていた日本人の歴史・足跡を残す必要がある。また，現代を生きる一日本人としても，戦前期の南洋での日本人の足跡をたどることは重要であろう。

さらにいえば，今こそ，明治維新から戦前昭和期までの日本企業の国際経営について，政治的イデオロギー，戦争責任等の視点を絡めるのではなく，純粋に学術的に，公平な視点で，冷静に見つめることが必要である。日本の東南アジア・南洋進出の歴史を総括し，振り返り，国際経営学者として研究を残すことが重要なのである。

日本の南洋・南方での戦争責任という名のもとに，戦前期の多くの無名な日本人の南洋での国際経営・現地経営は忘れられ，顧みられず，戦後において現在まで，戦前期の南洋での日本の国際経営に関する研究はほとんどなかった。その理由の1つは，戦後CHQによって南方・南洋関連の多くの本が発禁，没収（焚書）されたという事情もあるかもしれない。戦後から現在まで，南洋関連で研究されたのは，日本の戦争責任に絡めて，第二次大戦の南方地域占有期の東南アジアでの日本企業の活動に関するものがほとんどであった。戦前期に戦争とはまったく関係なく現地で苦労し，頑張った企業経営者，無名の日本人が多くいたことを忘れてはならない。本書の目的は，その歴史を解明し，残すことである。本書は，以上のように明治維新から戦前昭和期までの日本人の南洋進出について，一人の国際経営学者として，書き残し，学問的に解明したいたいという気持から出発したものである。

私のライフワークの1つは，「日本企業のアジア進出の歴史と戦略」である。本書は，明治維新から戦前昭和期までの時期でのライフワーク研究の拙い成果でもある。

日本の歴史をみると，大正から昭和にかけた時期に「南洋ブーム」があった。日本は，植民地であった台湾，委任統治を行っていた南洋群島（当時は内南洋と呼ばれていた），および現在の東南アジア地域（当時は外南洋と呼ばれていた），いわゆる南洋に対して強い関心と興味を示した。さらに，南洋に対する日本の各種進出を促進する思想としての「南進論」が盛んに主張された。南洋ブームに乗って，日本人の南洋への移民・殖民，投資，企業の設立，開拓事業，貿易，商業進出，資源開発などが行われるようになった。

第二次大戦以前の1937（昭和12）年当時，南洋各地の在留日本人の数をみると，南洋群島が約7万人，東南アジアが約4万人で，合計すると11万人程度であった。

東南アジアを国別にみると，フィリピン約2万4,000人，英領マレー（現在のマレーシアとシンガポール）約7,000人，蘭領東印度（現在のインドネシア）約6,500人で，この外に，英領北ボルネオ（現在のマレーシアのボルネオ島部分）約1,000人，タイ約500人，仏領印度支那（現在のベトナム，ラオス，カンボジア）約250人，ビルマ（現在のミャンマー）約150人であった。フィリピン，英領マレー，蘭領東印度の3国が，日本人の東南アジアでの活動の中心で，在留者の数，事業，またその地域的な広さからいっても，東南アジアの大部分を占めていた。このように，戦前期日本は，南洋に対して高い関心を示し，企業進出，移民，貿易などが盛んに行われていた。

日本の南洋進出で最も古いのは，明治維新後の主にシンガポール，マレーなどへの「からゆきさん」，商人，行商人である。その後，日本の南洋・南方投資が勃興し，1907（明治40）年前後から始められたゴムや椰子の栽培事業が代表的なものである。南洋でのゴム栽培事業は，第一次大戦前にゴムの市場価格が暴騰し，三菱，三井，古河，川崎，渋沢，日産，野村などの大手財閥や事業家等の日本の資本家がゴム事業を創始するものが続出し，英領マレーや蘭領東印度を中心としてゴム栽培事業への本格的進出となった。明治40年代になると，フィリピンのダバオ地方において，マニラ麻の栽培事業が始まり，大きな発展を遂げた。南洋・南方では，ゴムやマニラ麻を中心として，椰子，砂糖，茶，珈琲，綿花などの栽培事業への投資が行われた。

戦前日本の南洋・南方投資では，鉄鉱石を中心とした資源開発への投資もかなりあった。英領マレー半島における石原産業株式会社や日本鉱業株式会社等の鉄鉱業などである。石原産業は，南洋で発祥したユニークな南洋コンツェルンであった。その他に，南洋各地における水産業，林業，商工業，貿易，銀行，海運，倉庫，サービス業などの投資があった。

日本が委託統治を行った南洋群島では，「海の満鉄」と称せられた南洋興発株式会社が中心となって開拓事業が行われ，砂糖キビを中心とした各種栽培事業，水産，交通，海運，鉱業，商業，その他の事業への投資が行われた。

本書は，日本の大東亜共栄圏の建設，戦争責任といった政治的なイデオロギーに基づくものでなく，純粋に戦前日本の国際経営における東南アジア進出について解明することを目的としており，その意味で，極めて学術的な立場での研究であると考えている。また，南洋・東南アジアへの日本企業進出に関する歴史，国際経営という観点からの研究であるため，現在の日本企業のアジア進出にある意味で共通点

も多く，示唆を与えると思う。

　本書の構成は以下のようになっている。
　「序章　日本の南洋進出の歴史的先駆―琉球の南洋貿易，朱印船貿易，南洋日本人町，「からゆきさん」と薬売行商」では，日本の南洋進出の歴史的さきがけであった中世の琉球の南洋貿易，中世から近世にかけての南洋との朱印船貿易と南洋の日本人町，明治維新直後の代表的な南洋進出である「からゆきさん」と薬売行商について論じる。
　「第1章　明治日本における海外移民，移住・殖民政策と南進論―南洋，南方アジアを中心として」では，明治期の日本の主に南洋・ハワイ等への日本人移民，移住・殖民政策，移民会社，および南洋進出の思想的基盤としての南進論・南進思想について論じる。
　「第2章　戦前期日本の南洋群島進出の歴史と戦略―南洋興発，南洋拓殖，南洋貿易を中心として」では，戦前期日本の委任統治領であったサイパン，テニアン，コロール，ヤップ，パラオなどの南洋群島への日本企業の進出について，南洋興発株式会社，南洋拓殖株式会社，南洋貿易株式会社の事例を中心として，日本人南洋移民も含めて，その国際経営の歴史と戦略という視点で論じる。
　「第3章　明治から戦前昭和期までの日本のアジア，南洋への企業進出と直接投資―東南アジア，中国，満州，台湾を中心として」では，戦前期南洋・東南アジアへの日本企業の企業進出と直接投資に関して，中国，満州，台湾と比較しながらその概要について考察すると共に，南洋への農業栽培，水産，林業，鉱業，商業，工業，銀行，海運などの企業進出について論じる。
　「第4章　戦前期日本の南洋・南方への商業的進出と貿易」では，戦前期日本の東南アジア・南洋への商業的進出と貿易について，薬売行商や商店の事例も含めて論じる。
　「第5章　戦前期日本の南洋・南方へのゴム栽培，農業栽培，林業，水産業進出の歴史と戦略」では，戦前期日本企業の東南アジア・南洋への直接投資を代表的するゴム栽培事業を中心として，その他の農業栽培事業，林業，水産業への投資と企業経営・戦略について論じる。
　「第6章　戦前期日本企業のフィリピン進出とダバオへのマニラ麻事業進出の歴史と戦略」では，戦前期の日本企業の南洋進出の1つの拠点であったフィリピンについて，ダバオへの太田興業株式会社や古川拓殖株式会社を中心としたマニラ麻事業

進出，および日本企業の小売業・製造業への進出について，その歴史と戦略という視点から論じる。

「第7章　戦前期日本企業の南洋・南方への鉱物資源投資―石原産業を事例として」では，戦前日本の東南アジア・南方への鉱物資源投資，特に代表的な南方進出企業で南洋財閥であった石原産業コンツェルンを中心として，戦前期の南洋・南方への日本企業の鉱物資源投資について，その歴史と戦略という視点から論じる。

「終章　日本企業の南洋進出の歴史と国際経営」では，本書の結論として，戦前期日本企業の東南アジア・南洋進出の歴史と戦略という視点から論じる。

本書は，以上のような戦前期の日本企業の東南アジア・南洋進出について，歴史と国際経営という観点から研究した。研究方法としては，歴史的な文献・史料の収集・分析を中心として，最近の研究成果を加えて，アジア・南洋での現地調査も行った。本書は，事例研究を含む，明治維新から戦前昭和期までの日本企業の東南アジア・南洋進出について，歴史，国際経営，南進論，移民・殖民論，海外投資，貿易，経営史，国際経済，国際政治，アジア・ミクロネシア・オセアニア地域研究など多様な視点からその全貌を解明した。

本書の研究にあたって，当時の文献・史料をできるだけあたって記述するように心がけた。そのため，参考文献では，当時の研究書，書籍，政府出版物，各種南洋調査機関報告書などが多い。その中には，CHQによって発禁，没収（焚書）された多くの本も含んでいる。本研究では，学術的価値のあるCHQ焚書をできるだけ発掘するように心がけた。また，本書では，歴史的に極めて価値のある史料については，可能な限り原文で記載した。貴重な歴史史料を参照してほしい。

各章ごとに，参考文献を多く挙げたので，興味がある読者は，参考文献を読んで，深めてほしい。そこには，忘れられていた名著が多くあった。参考文献には，戦前出版された本が多くリストアップされているが，現在では，国立国会図書館のデジタルコレクションで，パソコン上でかなりの本を読むことができる。興味ある読者は，ぜひ戦前の本を読んでほしい。もしできれば，現物の本や雑誌を古本として購入してみてほしい。古い本は，当時の状況を心の中で甦らせ，タイムスリップすることができる。

本書を読んで，読者が明治維新から戦前昭和期までの日本企業の南洋・東南アジア進出と国際経営，南洋日本人移民に興味を持っていただければ幸いである。また，

戦前期日本の南洋進出の歴史を見直すきっかけとなれば幸いである。さらに，日本企業のアジア進出のルーツは，戦前期にあったことを再認識していただければ，本書の役割を果たしたことになる。明治維新から戦前昭和期までの日本企業の東南アジア・南方・南洋進出，および日本人の南洋移民の歴史について，社会，ジャーナリズム，学会等で再評価され，関心を呼び起こし，このような研究がこれから進展していけば，著者として望外な幸せである。

　同文舘出版取締役・出版局長の市川良之氏には，出版にあたり大変お世話になった。私事であるが，数年間にわたり病気によりあまり仕事ができなかった状況にあったが，出版を我慢強く待っていただいたことに，心より感謝している。

　2017年1月22日

玉川学園の自宅にて
丹野　勲

目　次

はしがき ──────────────────────────── (1)

序章　日本の南洋進出の歴史的先駆 ──────────── 1
　―琉球の南洋貿易, 朱印船貿易, 南洋日本人町, 「からゆきさん」と薬売行商―

1. 琉球の南洋貿易 ……………………………………………… 1
2. 南洋との朱印船貿易 ………………………………………… 2
3. 南洋の日本人町 ……………………………………………… 3
4. 明治維新直後の南洋での「からゆきさん」と薬売行商 …… 3

第1章　明治日本における海外移民, 移住・殖民政策と南進論 ─── 9
　―南洋, 南方アジアを中心として―

はじめに ……………………………………………………………… 9
第1節　明治の移民・殖民政策と海外移民 ………………………… 10
1. 鎖国令の解除：渡航差許しの触達からの海外移民 ……… 10
2. 明治元年の日本人のハワイ移民 …………………………… 10
3. グアム島移民 ………………………………………………… 11
4. 仏領ニューカレドニア移民 ………………………………… 11
5. 英領フィージー島移民 ……………………………………… 12
6. オーストラリアの真珠貝移民と砂糖キビ栽培移民 ……… 12
7. 明治期の日本人の移民の推移 ……………………………… 13
第2節　移民会社の設立・発展と移民保護規制 ………………… 14
1. 移民保護規制と移民会社の設立 …………………………… 14
2. 移民会社の成長と発展 ……………………………………… 15
3. 海外興業株式会社 …………………………………………… 16
第3節　明治期の移民・殖民思想と南進論 ……………………… 17

1. 明治期の移民・殖民思想 …………………………………… 17
　　2. 榎本武揚と大隈重信 ………………………………………… 18
　　3. 志賀重昂 ……………………………………………………… 19
　　4. 田口卯吉 ……………………………………………………… 22
　　5. 菅沼貞風 ……………………………………………………… 25
　　6. 服部徹 ………………………………………………………… 28
　　7. 樽井藤吉 ……………………………………………………… 30
　　8. 竹越與三郎 …………………………………………………… 32
　おわりに：明治の海外移民と南進論 ……………………………… 36

第2章　戦前期日本の南洋群島進出の歴史と戦略 ―――― 47
　　　―南洋興発，南洋拓殖，南洋貿易を中心として―

　はじめに ………………………………………………………………… 47
　第1節　南洋群島の委任統治と南洋進出 …………………………… 47
　　1. 日本の南洋統治と南洋庁の設立 …………………………… 47
　　2. 日本の国際連盟による委託統治 …………………………… 49
　　3. 南洋群島への日本の進出 …………………………………… 50
　第2節　南洋興発株式会社 …………………………………………… 54
　　1. 南洋開拓の前身諸会社 ……………………………………… 54
　　2. 南洋興発株式会社の設立 …………………………………… 56
　　3. 南洋興発の関連会社の事業 ………………………………… 67
　　4. 国策開拓会社としての南洋興発 …………………………… 71
　第3節　南洋拓殖株式会社 …………………………………………… 72
　第4節　南洋貿易株式会社 …………………………………………… 74
　おわりに：日本の南洋群島への進出と経営 ……………………… 76

第3章　明治から戦前昭和期までの日本のアジア,南洋への企業進出と直接投資 ── 87
―東南アジア，中国，満州，台湾を中心として―

　はじめに ……………………………………………………………………… 87
　第1節　戦前日本の対外投資・直接投資 ………………………………… 88
　第2節　日本の対中国（中華民国）投資 ………………………………… 91
　　1. 戦前日本の対中国（中華民国）投資に関する主要な先行研究 ……… 91
　　2. 日本の対中国投資 ……………………………………………………… 92
　第3節　日本の対満州投資 ………………………………………………… 94
　　1. 戦前日本の対満州投資に関する主要な先行研究 …………………… 94
　　2. 日本の対満州投資 ……………………………………………………… 95
　第4節　日本の対台湾投資 ………………………………………………… 98
　　1. 戦前日本の対台湾投資に関する主要な先行研究 …………………… 98
　　2. 台湾の対外関係の概要と日本の投資 ………………………………… 99
　第5節　戦前日本の南洋・南方への企業進出と直接投資 ……………… 101
　　1. 戦前日本の対南洋・南方投資に関する主要な先行研究 …………… 101
　　2. 戦前の日本の南洋・南方への企業進出の概要と投資額 …………… 102
　第6節　農林業，水産業の南洋投資 ……………………………………… 105
　　1. ゴ　ム ………………………………………………………………… 105
　　2. マニラ麻 ……………………………………………………………… 108
　　3. その他の栽培 ………………………………………………………… 110
　第7節　林業の南洋投資 …………………………………………………… 113
　第8節　鉱業の南洋投資 …………………………………………………… 114
　　1. 鉄鉱石 ………………………………………………………………… 114
　　2. マンガン鉱業 ………………………………………………………… 116
　　3. ニッケル鉱業 ………………………………………………………… 117
　　4. 錫鉱業 ………………………………………………………………… 117
　第9節　商業の南洋進出 …………………………………………………… 117
　第10節　工業の南洋進出 ………………………………………………… 118
　第11節　銀行の南洋投資 ………………………………………………… 119
　第12節　海運の南洋投資 ………………………………………………… 120
　おわりに：戦前日本企業の南方・南洋アジア進出の国際経営 ………… 120

第4章　戦前期日本の南洋・南方への商業的進出と貿易 ── 129

 はじめに：日本の南洋ブームと南洋移民……………………………… 129
 第1節　南洋への商業的事業の進出………………………………… 131
  1. 日露戦争後の南洋への進出……………………………………… 132
  2. 行商人の南洋への進出…………………………………………… 132
  3. 南方の行商人：小川利八郎……………………………………… 134
  4. 第一次大戦後の南方への進出…………………………………… 135
  5. 昭和期の南方への商業進出……………………………………… 136
  6. 南洋協会の商業実習生制度……………………………………… 137
  7. 蘭領印度への商業進出…………………………………………… 137
  8. 英領マレーへの商業進出………………………………………… 138
  9. フィリピンへの商業進出………………………………………… 139
  10. タイへの商業進出……………………………………………… 140
  11. 仏領印度支那への商業進出…………………………………… 140
 第2節　戦前期の南方への貿易……………………………………… 141
  1. 日本と蘭領印度との貿易………………………………………… 142
  2. 日本と英領マレーとの貿易……………………………………… 143
  3. 日本とフィリピンとの貿易……………………………………… 144
  4. 日本と仏領印度支那との貿易…………………………………… 146
  5. 日本とタイとの貿易……………………………………………… 147
 おわりに：戦前日本の南洋への商業的進出と貿易…………………… 148

第5章　戦前期日本の南洋・南方へのゴム栽培, 農業栽培, 林業, 水産業進出の歴史と戦略 ── 153

 はじめに……………………………………………………………… 153
 第1節　日本企業の南方へのゴム栽培事業への進出……………… 154
  1. 南方へのゴム栽培事業投資の概要……………………………… 154
  2. 南亜公司株式会社の事例………………………………………… 159
  3. スマトラ興業株式会社の事例…………………………………… 160
  4. 野村東印度殖産株式会社の事例………………………………… 163

5. 昭和護謨株式会社の事例 …………………………………… 165
   6. 日本産業護謨株式会社の事例 ……………………………… 165
   7. マレー半島でのゴム栽培会社 ……………………………… 166
   8. ボルネオ・スマトラ等でのゴム栽培会社 ………………… 174
   9. 台湾でのゴム栽培会社 ……………………………………… 175
 第2節　日本企業の南方へのその他の栽培事業，林業への進出 …… 176
   1. 栽培事業への進出 …………………………………………… 176
   2. 林業への進出 ………………………………………………… 178
 第3節　南方への水産業への進出 ………………………………… 182
   1. 南方への水産業への進出の概要 …………………………… 182
   2. 真珠貝漁業 …………………………………………………… 183
   3. 南興水産株式会社の事例 …………………………………… 183
   4. ボルネオ水産株式会社の事例 ……………………………… 184
   5. 大昌公司の事例 ……………………………………………… 185
   6. 日本真珠株式会社の事例 …………………………………… 185
 おわりに：戦前日本の東南アジアへのゴム栽培，農業栽培，
     水産業進出の歴史と戦略 ……………………………………… 186

第6章　戦前期日本企業のフィリピン進出と
  ダバオへのマニラ麻事業進出の歴史と戦略 ——— 197

 はじめに …………………………………………………………… 197
 第1節　フィリピン・ダバオのマニラ麻への進出 ……………… 198
   1. ベンゲット移民 ……………………………………………… 198
   2. ダバオの開拓 ………………………………………………… 199
   3. 日本人移民の増加 …………………………………………… 200
   4. ダバオにおけるマニラ麻（アパカ）栽培 ………………… 202
 第2節　太田興業株式会社 ………………………………………… 204
   1. 太田商会の設立と太田恭三郎 ……………………………… 204
   2. 太田興業株式会社の設立とダバオでのマニラ麻栽培事業 … 205
   3. 太田興業の事業沿革と昭和初期の概況 …………………… 205
 第3節　古川拓殖株式会社とその他の日系会社 ………………… 207

1. 古川拓殖株式会社 …………………………………………… 207
2. ピソ農牧株式会社 …………………………………………… 208
3. サウザンクロス拓殖株式会社 ……………………………… 209
4. バヤバス拓殖株式会社 ……………………………………… 209
5. バト拓殖株式会社 …………………………………………… 209
6. サウス・ミンダナオ興業株式会社 ………………………… 210
7. マナンブラン興業株式会社 ………………………………… 210
8. 松岡興業株式会社 …………………………………………… 210
9. サウザン・ダバオ興業株式会社 …………………………… 211
10. ピンダサン拓殖株式会社 …………………………………… 211
11. ダバオ農商株式会社 ………………………………………… 211
12. クゴン商事株式会社 ………………………………………… 212
13. テイプンコ木材株式会社 …………………………………… 212
14. その他のダバオ日系企業 …………………………………… 212

第4節　フィリピンとの貿易と小売業・製造業の進出 ………… 215
1. 日本とフィリピンの貿易と小売業の進出 ………………… 215
2. 日本のフィリピンへの工業部門への進出 ………………… 216
3. 戦間期の日本企業進出 ……………………………………… 219

おわりに：戦前日本のフィリピン進出の歴史と戦略 ……………… 220

第7章　戦前期日本企業の南洋・南方への鉱物資源投資 ── 231
　　　―石原産業を事例として―

はじめに …………………………………………………………… 231
第1節　戦前日本企業の南洋での鉱物資源投資 ………………… 231
1. 日本鉱業株式会社 …………………………………………… 232
2. 飯塚鉄鉱株式会社 …………………………………………… 233
3. 南洋鉄鋼株式会社 …………………………………………… 233
4. 三菱鉱業株式会社 …………………………………………… 233
5. 日比鉱業株式会社 …………………………………………… 233
6. 太洋鉱業株式会社 …………………………………………… 234
7. ボルネオ石油株式会社 ……………………………………… 234

第2節　石原産業と石原廣一郎……………………………………234
　　1. 戦前の南方財閥石原産業……………………………………234
　　2. 石原廣一郎の人となり………………………………………235
　　3. 石原の南方鉱山開発の出発点：スリメダン鉄鋼鉱山の採掘事業……238
　第3節　石原産業グループの発展…………………………………240
　　1. 南洋鉱業公司の誕生…………………………………………240
　　2. ケママン鉱山の開設…………………………………………240
　　3. 海運への進出…………………………………………………241
　　4. 南洋倉庫への経営参加………………………………………241
　　5. マレーのボーキサイト開発…………………………………242
　第4節　石原産業の南方事業の拡大………………………………243
　　1. フィリピンのパラカレ鉱山の開発…………………………243
　　2. 中国の海南島での鉱山開発…………………………………244
　第5節　石原産業の戦間期までの南方事業………………………245
　　1. マレー半島……………………………………………………245
　　2. フィリピン……………………………………………………247
　　3. スマトラ………………………………………………………248
　　4. ジャワ…………………………………………………………248
　　5. ボルネオ………………………………………………………248
　　6. 中国海南島……………………………………………………249
　おわりに：戦前の石原産業の南洋・南方進出……………………249

終章　日本企業の南洋進出の歴史と国際経営　255

　はじめに………………………………………………………………255
　第1節　明治から戦前昭和期までの
　　　　　日本企業の南洋進出の歴史と日本移民……………………256
　　1. 日本企業の南洋進出の歴史…………………………………256
　　2. 日本の移民・殖民と南洋：沖縄移民の重要性……………258
　第2節　南洋の国際経営環境………………………………………259
　　　　　―西欧植民地と委任統治地―
　　1. 西欧植民地としての東南アジア……………………………259

2. 委任統治地としての南洋群島 ································· 261
第3節　思想の基盤としての南進論 ································· 261
第4節　南進の拠点としての台湾の重要性 ························· 265
　　1. 南進の拠点としての台湾 ······································ 265
　　2. 台湾銀行の南洋での活動 ······································ 266
　　3. 台湾拓殖株式会社の南洋での活動 ··························· 268
第5節　日本の南洋関連団体と調査研究機関 ······················ 269
　　　　―南進の推進機関, 情報機関―
　　1. 南洋協会 ··· 269
　　2. その他の南洋関連団体 ·· 270
　　3. 南洋の調査研究機関：南進の情報機関 ····················· 271
第6節　南洋進出の国際経営戦略と現地経営 ······················ 272
　　1. 南洋日系企業の出資形態：完全所有子会社と合弁会社 ··· 273
　　2. 南洋日系企業の性格・目的 ·································· 273
　　3. 南洋日系企業と現地経営 ····································· 275
第7節　南洋への日本の投資事業と戦略 ··························· 277
　　1. ゴム, 麻, 砂糖キビ等の栽培事業への南洋進出 ············ 277
　　2. 天然資源開発への南洋進出 ·································· 278
　　3. 拓殖会社の南洋進出 ·· 279
　　4. 商業・小売・サービス・貿易の南洋進出 ·················· 280
　　5. 製造業の南洋進出 ··· 281
　　6. 水産, 林業の南洋進出 ·· 282
　　7. 商社, 金融, 海運, 倉庫の南洋進出 ························· 283
おわりに：戦前日本の南洋進出の評価と
　　　　　戦後の国際経営への継承・遺産 ························ 284

あとがき ──────────────────────── 293
索　　引 ──────────────────────── 297

日本企業の東南アジア進出のルーツと戦略

―戦前期南洋での国際経営と日本人移民の歴史―

序章

日本の南洋進出の歴史的先駆
―琉球の南洋貿易,朱印船貿易,南洋日本人町,「からゆきさん」と薬売行商―

　日本の商人はかなり昔から,海外進出し,貿易活動などを行っていた[1]。歴史を振り返ると,日本の南洋進出は,中世の琉球王国の交易活動,および豊臣から江戸時代にかけての朱印船貿易と南洋日本人町の形成まで遡る。日本が南洋貿易を始めたのが16世紀後半であるが,琉球は日本より100年以上も早く,東南アジア地域で交易活動を行っていた。

1. 琉球の南洋貿易

　琉球の南洋貿易は,13世紀頃から,南方・東南アジア方面,シャム王国（タイ）やマラッカ（マレーシア）との間で行われていた。琉球船は,そのほかに安南（ベトナム）,スマトラ,ジャワなどにも交易し,那覇には諸国の船が集まった。

　15世紀から16世紀頃,沖縄の南方・東南アジア諸国との貿易が最高に達し,琉球は大交易時代と呼ばれる時代であった。琉球王国は,日本や中国といった東アジアと東南アジアとの中継貿易国として栄えたのである。当時,東南アジアで最も栄えていたのが,シャム（タイ）のアユタヤ王朝であった。シャムは,南方・東南アジア地域で琉球にとって最大の貿易相手国であった。シャムには,1420（応永27）年,使者を遣わして交通を開始し,それ以降150年間も貿易を続けた。琉球王府の記録によると,1419年から1570年までの約150年間に,62隻を超える琉球船が派遣された[2]。琉球からシャムへの輸出品は,琉球産の硫黄,中国産の絹織物・磁器類,日本産の刀剣・扇などであった。シャムからは,朱色の染料として価値の高い蘇木,胡椒などの香辛料,高級織物,南蛮酒類,それに象牙の加工品など南方産の珍しい品々を買い入れた。シャムとの交易が軌道にのると,琉球はさらに南下してマジャパヒト王国のパレンバン（スマトラ島）,ジャワにも船足をのばし,15世紀半ばには東西交通の要衝であったマラッカ王国まで交易圏を拡大した[3]。

琉球から東南アジア方面への派遣船数を『歴代宝案』からみると，シャムが58隻と最も多く，次いでマラッカ20隻，パタニ10隻，ジャワ6隻，パレンバン4隻，スマトラ3隻，スンダ2隻，安南1隻，この順で，合計104隻である。このように琉球から南方・東南アジアへの船は多かったが，南方・東南アジア諸国の船が琉球にきたのは，シャム船の2，3回だけで，まったく一方交易であった。沖縄船は日本産の銅・刀剣や，中国産の生糸・絹織物・磁器などを転買し，南方・東南アジアから染色の原料に用いられる蘇木や胡椒などの香辛料を輸入した。これらの輸入品を明への朝貢品として再輸出されるとともに，日本や朝鮮へ転売され，仲介・中継貿易で莫大な利益を上げた[4]。

　しかし，その後，オランダやイギリスなどの列国が交易活動を活発化させたこと，日本が朱印船貿易により南洋との交易に乗り出したこと等により，琉球貿易は衰退していった。

2．南洋との朱印船貿易

　朱印船貿易とは，16世紀末から17世紀初めにかけて朱印状を交付された商船による海外貿易である。豊臣秀吉が1592（文禄1年）頃，京都，堺，長崎の豪商に南洋各地に渡航する商船に対して朱印状を下附したとされている。江戸時代に入り徳川家康は，南洋諸国との国交開始にあたって，朱印船制度を創設した。江戸時代の朱印船の主要な発着の拠点は長崎であり，渡航先は，ベトナム（安南）のハノイ，フエ，ホイアン，カンボジアのプノンペン，タイ（遅羅）のアユタヤ，マレーのマラッカ，フィリピンのマニラ，ボルネオのブルネイなどであった。海外に貿易船を派遣して貿易を行うためには，相当多額の資本を必要とし，多くのリスクがあるため，小資本では困難であった。そのため，朱印船貿易家は，大名，武士，大商人，外国人などに限られていた[5]。

　江戸時代の朱印船の数は，岩生成一によれば[6]，朱印船制度が始まった1604（慶長9）年から鎖国政策が実行された1635（寛永12）年までの32年間で，少なくとも355隻南洋に渡航したと推定している。朱印船の渡航先は，ベトナムのカウチ（現在のホイアン：71隻）とトンキン（現在のハノイ：37隻），カンボジア（44隻），タイ（55隻），フィリピンのルソン（現在のルソン島：54隻），台湾の高砂（36隻）という6地域が多かった。この6地域の合計は297隻となり，朱印船総数の84％程度となる。そしてその中で最も多数が渡航したベトナムのカウチ，タイ，

フィリピンのルソン，カンボジアの4地域には，日本人の移住する者も多く，日本人居留地である日本町が発達したところであった。

朱印船が日本から輸出した物は，銀，銅，銭，硫黄，樟脳，米穀，細工品，諸雑貨等であった。一方，輸入品は，生糸，絹織物，綿織物，獣皮革，鮫皮，蘇木，鉛，錫，砂糖等であった。日本からの輸出品として最も金額の多いものは銀で，輸入品としては生糸であった。朱印船と外国船によって海外に輸出された銀の量は膨大で，日本の年間輸出銀の量だけで世界産額の3割ないし4割にも達した時期もあった。このように，当時日本の銀が世界貿易史上に占める位置は極めて重要であった[7]。

3. 南洋の日本人町

このような朱印船貿易などによって，南洋に日本人町ができた。南洋の日本人町とは，東南アジア各地に形成された日本人移民者とその子孫を中心とした地域である。南洋日本人町としては，ベトナムのフエとダナン，カンボジアのプノンペン，シャム（タイ）のアユタヤ，フィリピンのマニラ，ビルマのアラカンなどにあった。日本町の規模については，最盛期での日本人町人口では，フィリピンマニラの日本人町ディラオとサン・ミゲルで3,000人程度，ベトナムの日本人町フェフォとツーランで400人程度，タイのアユタヤの日本人町で1,500人程度，カンボジアの日本町プノンペンとピニャールで300人程度，ビルマの日本人町アラカンで100人程度であるとしている[8]。

しかし，1635（寛永12）年に発布した鎖国令によって，日本人海外渡航ならびに帰国の禁と共に，日本船の海外渡航を無条件に禁止した[9]。日本の海外貿易に主要な役割を果たした朱印船の活動が停止し，南洋日本人町は消滅するのである。鎖国令以降の江戸時代は，南洋との交易が途絶えることとなる。南洋からの商品が入るのは，原則として長崎でのオランダ東インド会社によって行われた貿易のみとなった（東アジアとの交易ではその他に長崎での華人貿易，対馬での朝鮮貿易があった）。

4. 明治維新直後の南洋での「からゆきさん」と薬売行商

明治維新になると，いわゆる鎖国政策は終焉し，状況は一変する。日本は，海外に積極的に目を向けるようになり，南洋への関心も高まった。明治維新直後に南洋に進出したのは，さまざまな日本人であった。南洋で日本人は，小売，行商，商人，

サービス,貿易,栽培,農業(10)などの多様な業種に従事した。日本人の進出は,南洋ではマレー,シンガポールで最も早かった。その中には,かなりの数の前科者が含まれていたといわれている。真偽は定かでないが,『井岡伊平治自伝』によると「当時（明治10年代）海外に流れてくる日本の男の99％は前科者であった。」と記している(11)。また,明治10年頃にはシンガポールに2軒の娼家があったとされる(12)。シンガポール,マレー,シャム,スマトラ,マニラ,ビルマ,サイゴン,ハノイなどの南洋の各地に娼婦館ができ,「からゆきさん」(13)（「娘子軍」ともいわれた）と呼ばれる日本人女性もかなりいた。「からゆきさん」は,日本の各地（最初は島原,天草が多かった）から誘拐されて南洋に連れてこられた者もいた。この点については,『井岡伊平治自伝』に興味深く書かれている。南洋に在留する日本人が増えると,主にこの人達を顧客とする日本人商人（呉服,雑貨,洗濯,床屋など）が南洋に進出していった。このように,明治初期の南洋の先駆者は,商人と共に「からゆきさん」であったのである。

　この南洋日本人商人の中でユニークなのは,行商である。商人の南洋進出の先駆の1つが行商であったのである。行商の種類は,雑貨,売薬から,煎餅焼き,吹き矢,玉ころがし等があったが,行商人の多くは売薬を目的とする薬売行商であった。マレー半島,ジャワ,スマトラ,ボルネオの方までかなりの数の日本人が,組織的に売薬等の行商として商売を行った。この薬売行商については,本書第4章において,詳しく研究する。

　以上のように,歴史を遡ると,日本の南洋進出の先駆は,中世の琉球貿易,近世の朱印船貿易と南洋日本人町,明治初期の「からゆきさん」,南洋商人,行商人である。日本商人がかなり昔から海外志向,ベンチャー精神,グローバル性,無国籍性を有していたことは興味深い。

　本書では,明治,大正,戦前昭和期までの日本企業の東南アジア（当時は外南洋といわれていた）と南洋群島（当時は内南洋といわれていた）,いわゆる南洋進出について,日本人海外移民,移住・殖民政策,南進論も含めて,その歴史と戦略という観点から研究する。

注
(1) これに関連して,日本のアジア交易を概説した以下のような著者の研究がある。
　　丹野勲（2014）「日本のアジア交易の歴史序説―古代・中世・近世・幕末・明治初期まで―」,『神奈川大学　国際経営論集』No.48, 1-51頁。
(2) 新城俊昭（2010）『沖縄から見える歴史風景』東洋企画, 55頁。

(3) そのころの琉球人の交易活動をポルトガル人であるトメ・ピレス「東方諸国記」によると以下のように記している（トメ・ピレス（1966）邦訳248-251頁）。
「われわれの諸王国でミラノについて語るように，中国人やその他のすべての国民はレキオ人について語る。彼らは正直な人間で，奴隷を買わないし，たとえ全世界とひきかえでも自分たちの同胞を売ることはしない。彼らはそれについては死を賭ける。…彼らはシナに渡航して，マラッカからシナへ来た商品をもち帰える。レキオ人は自分の商品を自由に掛け売りする。そして，代金を受け取る際，もし人々が彼らを欺いたとしたら，彼らは剣を手にして代金を取り立てる」。
このレキオ人とは，もちろん琉球人のことである。
(4) 宮城栄昌（1968）『沖縄の歴史』日本放送出版協会，61-65頁。なお，歴代宝案とは，当時の琉球王国の外交文書を記録した史料である。
(5) 朱印船貿易家としては，大名では，島津忠恒，有馬晴信，松浦鎮信，鍋島勝茂，亀井慈矩，加藤清正，五島玄雅，竹中正重，松倉重政，細川忠興などである。そのほとんどが西国の大名であった。この大名の派遣した朱印船の延べ数は37隻で，島津8隻，有馬7隻，松浦7隻と3大名が過半数以上を占めていた。武士では，長谷川権六，小浜民部，佐川信利，村山等安の4氏である。商人では，角倉了以，角倉与一（与市），末吉孫左衛門，平野藤次郎，荒木宗太郎，高木作右衛門，茶屋四郎次郎，船本弥七郎，末次平蔵，西類子，橋本十左衛門，伊丹宗味，後藤宗印などの豪商であった。外国人では，家康の外事顧問をした三浦按針（ウイリアム・アダムス William Adams），オランダ人高級船員ヤン・ヨーステン（Jan Joosten 耶揚子），長崎在住イスパニア人船主マノエル・ゴンサルベス（Manuel Goncalvez），中国人の李旦，林五官，林三官などであった（岩生成一（1962）『朱印船と日本人町』至文堂，43-52頁による）。
(6) 岩生成一（1962）『朱印船と日本人町』至文堂，35-39頁。
(7) 岩生成一（1962）『朱印船と日本人町』至文堂，66-80頁。
(8) 岩生成一（1962）『朱印船と日本人町』至文堂，182-183頁。
(9) 寛永10（1633）年2月には，海外交通貿易制限令17か条が発布された。ここに鎖国体制の第一段階に踏み入った。この令状では，海外残留日本人の帰国について5か年の経過規定を設けたが，朱印船の海外渡航は認めた。その後，寛永12（1635）年5月に発布した第三回の鎖国令では，ついに，
一異国へ日本の船遣し候儀，堅く停止の事。
一日本人異国へ遣す可からず候条，忍候て乗渡る者之有るに於ては，其身は死罪，其船共留め置き言上す可き事。
一異国え渡，住宅仕る日本人来り候はば，死罪申し付けらる可き事。
と規定して，日本人海外渡航並びに帰国の禁と共に，日本船の海外渡航を無条件に禁止した。近世初期40年にわたって，日本の海外貿易に主要な役割を果たした朱印船の活動が停止した（岩生成一（1962）『朱印船と日本人町』至文堂，98-101頁による）。
(10) 原不二夫（1987）『忘れられた南洋移民―マラヤ渡航日本人農民の軌跡』アジア経済研究所において，1896（明治29）年に石井哲之助を中心とした約30名くらいの日本人がマレーでの水田開墾事業のため移住したのが，南洋での農業移民の先駆であると述べている。
(11) 井岡伊平治（1960）『井岡伊平自伝』南方社，表紙に伊平治の意見として，以下のように記している。「当時明治10年代海外に流れてくる日本の男の99%は前科者であった。前科者は国家の為にならん。これに大金を持たせれば真人間になり善に立ち返る。真人間にする為にはもう1度国法を犯させる。すなわち，日本に密航させ娘を10人ほど誘拐してこさせ，このうち2，3人を売りとばして開業資金とし，残りの女どもで女郎屋をやらせるのだ。拙者がシンガポールに「前科者収容所」を設置したのはこの為である。」
(12) シンガポール日本人会（1978）『南十字星』シンガポール日本人会，43頁。なお同書には以下のような興味深い記述がある。「異説もあるが，明治3年に，英人の妻となって横浜に在住していたお豊さんという女性が夫と共に，シンガポールに来た後，夫が死亡，生活に困り，断髪，男装してヨーロッパ・ホテルのボーイになったものの，女であることがわかり，男に誘われるようになった。これがシンガポール娘子軍の元祖といわれ，その後，お豊さんは船員と手を組んで，主に島原，天草の娘達を引き入れた。」
(13) 「からゆきさん」という言葉は，キリスト教徒の多かった天草や島原で「唐（から）ん国行きさん」という表現が詰まったものである。当時の天草や島原では，意識的に異国は唐に等しかった。当時の「からゆきさん」が，最初に島原，天草からが多かったのは，著者の推測では，歴史的にキリスト教徒が多く海外に目を向けていたこと，および明治20年に完成した島原の近郊にできた明治の

三大築港である三角西港,および長崎県の口之津などの港の存在もあったのではないかと考えている。三角西港と口之津港は,三池港が開港するまでの明治23年から明治34年頃までの時期,三池炭鉱の石炭を中国の上海などに輸出する役割を担った。真偽は定かではないが,石炭を運ぶ船に,島原,天草などの女性を不法に乗せて海外に運んだという可能性もあるのではないかと思われる。なお,三角西港は,「明治日本の産業革命遺産 製鉄・製鋼,造船,石炭産業」の構成資産の1つとして世界文化遺産に登録された。天草地方の海外移民の歴史については,北野典夫(1985)『天草海外発展史』という貴重な研究がある。野村汀生(1937)『シンガポール中心に同胞活躍 南洋の五十年』の155頁において,南洋のからゆきさんのについて次のような興味深い記述がある。「長崎県の丹波屋とか長田亀などという親分に依って統率された年々五六百人の新しい娘が補充として口之津や門司の港から香港,シンガポールへ誘拐されて行きつつあったのであった。」また,森克己(1959)『人身売買―海外出稼ぎ女』は,井岡伊平治自叙伝に基づいて,学術的に東南アジアのからゆきさんについて詳細に研究している貴重な著書である。

〈参考文献〉
(琉球の南洋貿易関連)
Anthony Reid(1988),*Southeast Asia in the Age of Commerce 1450–1680*, Yale University Press.(平野秀秋・田中優子訳(1997)『大航海時代の東南アジア 1450-1680』法政大学出版局)。
新井重清・座安政侑・山中久司(1994)『沖縄の歴史』沖縄文化社。
Boies Penrose(1971),*Travel and Discovery in the Renaissance 1420–1620*, Harvard University Press.(荒尾克己訳(1985)『大航海時代―旅と発見の二世紀』筑摩書房)。
宮城栄昌(1968)『沖縄の歴史』日本放送出版協会。
新里恵二・田港朝昭・金城正篤(1972)『沖縄の歴史』山川出版社。
新城俊昭(2010)『沖縄から見える歴史風景』東洋企画。
新城俊昭(2014)『琉球・沖縄史』東洋企画。
外間守善(1986)『沖縄の歴史と文化』中央公論社。
小和田淳(1968)『中世南島通交貿易史の研究』刀江書院。
高良倉吉(1980)『琉球の時代』筑摩書房。
高良倉吉・田名真之編著(1993)『図説 琉球王国』河出書房新社。
高良倉吉(1993)『琉球王国』岩波書店。
高良倉吉(1998)『アジアのなかの琉球王国』吉川弘文館。
谷川健一(1992)『海と列島文化6 琉球弧の世界』小学館。
丹野勲(2014)「日本のアジア交易の歴史序説―古代・中世・近世・幕末・明治初期まで」『神奈川大学 国際経営論集』No.48,神奈川大学経営学部。
豊見山和行(2003)『琉球・沖縄市の世界』吉川弘文館。
東恩納寛惇(1969)『黎明期の海外交通史』琉球新報社。
トメ・ピレス(生田滋ほか訳)(1966)『大航海時代叢書V 東方諸国記』岩波書店。
上原兼善(2015)『近世琉球貿易史の研究』岩田書院。
内田晶子・高橋恭子・池谷望子(2009)『アジアの海の古琉球』榕樹書林。
安里延(1941)『日本南方発展史』三省堂。

(南洋との朱印船貿易,南洋日本人町関連)
朝尾直弘(1991)『世界史の中の近世』中央公論社。
原不二夫(1987)『忘れられた南洋移民―マラヤ渡航日本人農民の軌跡』アジア経済研究所。
岩生成一(1941)『近世に於ける日本人の南洋発展』啓明会。
岩生成一(1942)「仏印度支那に於ける日本人発展の歴史」,満鉄東亜経済調査局編(1942)『南方亜細亜の民族と社会』大和書店。
岩生成一(1958)『朱印船貿易史の研究』弘文堂。
岩生成一(1962)『朱印船と日本人町』至文堂。
岩生成一(1966)『南洋日本人町の研究』岩波書店。
岩生成一(1966)『日本の歴史14 鎖国』中央公論社。
川島元次郎(1921)『朱印船貿易史』六甲書房。
永積洋子(2001)『朱印船』吉川弘文館。
小倉貞男(1989)『朱印船時代の日本人』中央公論社。

桜井清彦・菊池誠一（2002）『近世日越交渉史　日本町・陶磁器』柏書房。
斎藤武治（1941）『蘭印読本』誠美書閣。
和田正彦（1991）『近現代の東南アジア』放送大学教育振興会。
（明治維新直後の南洋での「からゆきさん」と薬売行商関連）
後藤均平（1979）『日本の中のベトナム』そしえて。
長谷川新一郎（1922）『最新海外渡航案内』海外殖民通信社。
原不二夫（1987）『忘れられた南洋移民─マラヤ渡航日本人農民の軌跡』アジア経済研究所。
井岡伊平治（1960）『井岡伊平治自伝』南方社。
入江寅次（1942）『外南洋邦人の現勢と其の歴史的背景』南洋資料第98号，南洋経済研究所。
入江寅次（1942）『邦人海外発展史』井田書店。
入江寅次（1943）『明治南進史稿』井田書店。
ジャガタラ友の会（1943）『ジャガタラ閑話─蘭印時代邦人の足跡』ジャガタラ友の会。
北野典夫（1985）『天草海外発展史（上巻，下巻）』葦書房。
森克己（1959）『人身売買─海外出稼ぎ女』至文社。
森崎和江（1976）『からゆきさん』朝日新聞社。
宮下琢摩（1926）『邦人活躍の南洋』岡田日栄堂。
西村竹四朗（1941）『シンガポール三十五年』東水社。
二宮峰男（1896）『馬来半島事情』内外出版協会。
野村汀生（1937）『シンガポール中心に同胞活躍　南洋の五十年』新嘉坡南洋之日本人社。
南洋経済研究所（1942）『日本売薬南方進出繁盛記』南洋資料第115号，南洋経済研究所。
岡田浩治（1942）『南洋風土記─在南二十年の体験記録』南光書院。
大森清太郎（1914）『南洋金儲百話』南洋通商協会。
シンガポール日本人会（1978）『南十字星』シンガポール日本人会。
三省堂編（1944）『南方文化講座　日本南方発展史篇』三省堂。
清水洋・平川均（1998）『からゆきさんと海外進出』コモンズ。
釣田時之助（1911）『南洋の富』三光堂。
佃光治・加藤至徳（1919）『南洋の新日本村』南北社出版部。
多田恵一（1929）『南洋西ボルネオ』弘文堂書店。
山崎朋子（1975）『サンダカン八番娼館』文芸春秋社。

第1章
明治日本における海外移民, 移住・殖民政策と南進論
―南洋, 南方アジアを中心として―

はじめに

　日本の南洋・南方への海外進出の歴史は古く, 安土桃山時代から江戸時代の初期にかけて, タイ, ベトナム, フィリピンなどの南洋アジアの各地に日本人町が生まれ, 朱印船貿易も行われた。しかし, その後, 江戸時代のいわゆる鎖国政策で後続を断たれて, 南洋の日本人町は消滅した。鎖国中においても, 海難事故等による漂流民によって, 海外に行った者もあった。例えば幕末に活躍したジョン万次郎, 彦蔵（ヒコ）, 亀五郎, 音吉などがいた[1]。

　明治以降の日本の海外移住の先駆は, 1868（明治元）年の153名のハワイ日本人移民で, それは日本移民の元祖であると言える。日本の海外への移住は, この明治元年にいわゆる「元年者」が農業労働者としてハワイへ渡航したことをもって嚆矢とする。そして, このハワイ向けに源を発した日本の移住・殖民の流れは, 明治の中頃からアメリカ本土に指向され, やがて1908（明治41）年にはブラジル移住が始まり, 南洋・南方・東南アジア, およびサイパン・テニアン・コロール・ヤップ・パラオなどの南洋群島への移民が増え, 大正末期から昭和の初めにかけては最盛期となった。日本移民は, オーストラリア, グアム, ニューカレドニア, フィージー, パプアニューギニアなどにも及んだ。移民会社は, 日本の移民・殖民の中心的な担い手であった。明治期の南進論・南進思想は, 戦前期の日本の歴史的進路に大きな影響を与えた。

　本章では, 明治期の日本の主に南洋・東南アジア・ハワイ等への日本人移民, 移住・殖民政策, 移民会社, および南洋進出の思想的基盤としての南進論・南進思想について考察する。

第 1 節　明治の移民・殖民政策と海外移民

1．鎖国令の解除：渡航差許しの触達からの海外移民

　日本人の海外渡航は江戸時代の寛永年間にはいり制限が強化され，1636（寛永 3）年に，いわゆる鎖国令により一切禁止された。それ以来，江戸期の 200 年以上もの間，長崎出島でのオランダ貿易・中国貿易，対馬の朝鮮貿易を例外として，外国との交易や日本人の海外渡航が禁止された。

　この鎖国令が解除されたのは幕末の 1866（慶応 2）年 4 月に出された「渡航差許しの触達」である。その内容は「向後，学科修業又は商業のため海外諸国へ相越したき志願の者は，願出次第，御差許し相成るべく候」とある。この渡航差許しの触達の出た直後，外国の要求により，在留外国人の雇人となっている日本人の海外渡航および外国船に日本人が作業員として乗り込むことが認められ，日本人の海外移住の原形が生まれることとなった。この渡航差許しの触達は，外国人が帰国したり他国に転住したりする場合に日本人の雇人を帯同するということが本来の主旨であったが，その後これが拡大解釈され，外国人は日本に滞在するにも拘らず日本人だけを渡航させるという方法が行われるようになった。事実上の日本人の移住の斡旋である[2]。明治維新以降に，日本人の移住・移民が始まったのである。

2．明治元年の日本人のハワイ移民

　1860（万延元）年，アメリカ領事館員として来日したヴァンリード（E.M.Van Reed）は，日本人の移住の斡旋をも行い，彼は，「アメリカへ学問修業，交易，又は見物遊歴に渡航されたき者は，随分御世話申すべく候」という新聞広告さえ出している。ヴァンリードは，横浜の居留地で「もしも草」という新聞を主宰した[3]。

　明治元（1868）年の日本人のハワイ移民，およびその後のグアム島移民もこのヴァンリードの手になるものであった。グアム島移民 42 人の日本出帆は 1868（明治元）年 5 月 2 日，ハワイ移民 153 人は同年 1868（明治元）年 5 月 17 日に横浜を出港している。

こうして1868(明治元)年に始まった海外移住もこの最初の2つのグループの移民が悲惨な結果に終ったこと,および1872(明治5)年に起ったマリア・ルス号事件の影響で明治政府の海外移住に対する警戒心が強くなり,移民は事実上中断された。しかし,諸外国,特にハワイからの強い日本移民に対する要求や,国内情勢の変化もあり,政府も海外移住に対する禁止的姿勢を緩和せざるを得なくなり,1883(明治16)年オーストラリア木曜島の真珠貝移民37人が契約期間も短かく待遇もよかったことから許可されたのを契機に,1884(明治17)年4月23日政府はハワイの駐日公使C.B・イアウケアに日本人渡航に関する承諾書を手交した。これに基づいてハワイへの官約移民が開始され,組織的な海外移住が軌道に乗り始めた。

3. グアム島移民

明治元(1868)年4月,ヴァンリードの斡旋により,1人1か月4ドルの給与を支給し,グアム島で3年間の農作労働を行うという契約をし,日本政府の許可も得て,42人の日本人は,グアム島移民として日本の横浜を出発した。しかし,現地での過酷な労働,賃金の不払い,劣悪な食事等により,病死する者が続出し,仕事場を脱出した者も乞食同前の生活を余儀なくされ,辛うじて生きのびた28人だけが,1871(明治4)年から1872(明治5)年にかけて日本に帰国した。渡航者の30%以上の者が現地で死亡したこととなる[4]。

4. 仏領ニューカレドニア移民

1892(明治25)年,日本吉佐移民合名会社が移民募集を行い,5年契約でフランス資本のニッケル鉱山の労働者として約600人の日本人移民を仏領ニューカレドニアに送った。しかし,現地の事情は過酷で,日本人労働者の不満もあり,日本人移民は次々に帰国し,契約を満了したのは約100人にすぎなかった。日本政府は,その後,仏領ニューカレドニアへの渡航を禁止したが,1900(明治33)年に仏領ニューカレドニアへの渡航を再開した。

東洋移民株式会社は,1900(明治33)年から1905(明治38)年までの8回にわたり1,759人を,1911(明治44)年に同社および日本植民合資会社は1,355人を仏領ニューカレドニアに送った。そのほとんどは,ニッケル鉱山の労働者であったが,後になると農業,漁業,商業,建築業従事者も増えていった[5]。

5. 英領フィージー島移民

　外国のパウエル商会からの申し入れにより，英領フィージー島の砂糖キビ労働者として3年契約，給与は衣食住雇い主負担で1か月10円という条件で，日本吉佐移民合名会社が移民募集を行い，1894（明治27）年，305人の日本人移民をフィージー島に送った。しかし，日本移民は脚気，赤痢，熱病などの患者が続出し，翌年全員を日本に引き揚げざるを得なくなった。現地での死亡者81名，船中死亡25名，帰国死亡5名という悲惨な結果に終わった[6]。

6. オーストラリアの真珠貝移民と砂糖キビ栽培移民

　オーストラリアの真珠貝移民は，1878（明治11）年頃，島根県人の野波小次郎（当時25歳前後）が水夫としてシドニーで外国船に乗り込み，オーストラリアのヨーク岬の北，トレス海峡に位置する木曜島で下船し潜水夫となり，真珠貝採取を始めたのが先駆であるといわれている[7]。1883（明治16）年には，イギリス人で木曜島の船長でプリンス・オブ・ウェールズ島に本社を置くオーストラリア・パール・カンパニーの経営者であったジョン・ミラーが日本に来て日本人を雇い入れ，真珠貝採取に従事する契約移民として37人が木曜島（Thursday Island）に移住した。この契約は，期間が2年間，1か月の賃金が，潜水夫50ドル，綱持ち（テンダー）20ドル，通訳15ドル，水夫10ドルであった。潜水夫には貝の採取量1トンにつき50ドルの歩合も付いた。この真珠貝採取契約移民は，日本の外務省の許可を得て出かけて行った最初の移民である。しかし，この日本人移民は，海上に浮かぶ小舟での生活で，潜水作業は厳しく，医療事情も悪かったため，不満を抱く者も多かった。その後，外国の会社の仲介（不法なものもあったようである）などで，木曜島に少数の日本人の渡航があり，1891（明治24）年には，在留日本人は170—180人程度となった。1897（明治30）年には，木曜島の真珠貝採取者約1,500人中，日本人が約900人を占めるまでになり，独立経営に従事する者も10人以上となった。また，1898（明治31）年には，日本人所有の真珠貝採取船は32隻を数えるまでとなった。木曜島には，契約移民のみならず，和歌山県出身の多数の自由移民も多かった。

　1888（明治21）年には，クイーンズランドにおいて砂糖キビ栽培の労働者として日本人移民約100名が移住し，豪州農業移民の先駆となった。このように，明治期に豪州移民が盛んとなったのは，移民会社の活動に負うところが大きい。日本吉佐移

民合名会社は，1892（明治25）年に約50名，1893（明治26）年に520人，1894（明治27）年に425人の日本人移民をクイーズランド州の砂糖キビ労働者としてオーストラリアに送った。また，横浜移民会社，神戸渡航会社等の移民会社も，木曜島の真珠貝採取移民などに送り出した。1897（明治30）年には，約900人の日本人がクイーズランド州の砂糖キビ労働者として従事した。

しかし，その後，クイーズランド政府において排日運動が起こり，豪州連邦政府の移民制限法などもあり，日本人のオーストラリアへの渡航者は減少した。特に，砂糖キビ労働者としての日本人移民は禁止されることとなった。木曜島などの真珠貝採取者の日本人移民については，例外として，年間一定の数だけ豪州政府の許可を得て移民することができた。

7．明治期の日本人の移民の推移

明治初年から30年代迄の年代別，地域別渡航者数は図表1-1のとおりである。こ

図表1-1 年次別，地域別，邦人移民数（明治30年代末まで）

（単位：人）

年次\国別	1868～1880 明治元年～13年	1881 明治14年	1882	1883	1884	1885	1886
北米等	901	55	65	59	284	2,271	1,303

年次\国別	1887 明治20年	1888	1889	1890	1891 明治24年	1892	1893
北米等	2,354	4,065	4,843	5,151	8,813	4,869	7,877

年次\国別	1894 明治27年	1895	1896	1897 明治30年	1898	1899	1900
北米等	6,312	3,948	11,799	8,064	16,929	30,397	15,609
中南米	—	—	—	—	—	791	1
東南アジア	—	—	—	—	—	166	1,148
計	6,312	3,948	8,064	16,929	31,354	16,758	6,490

年次\国別	1901 明治34年	1902	1903	1904	1905	1906	合計
北米等	5,841	15,443	9,965	10,263	11,794	29,579	218,823
中南米	95	83	1,710	1,261	346	6,325	10,612
東南アジア	554	393	2,380	3,139	1,192	220	9,192
計	15,919	14,055	14,663	13,302	36,124	36,124	238,627

（出所）　外務省（1971）『わが国民の海外発展（資料編）』138頁。

れによると，明治前期では日本人移民は，ハワイや北米が中心で，1885（明治18）年頃から急激に増加した。東南アジアを中心とした南洋への日本人移民は，1899（明治32）年頃から始まり，1903（明治36）年から急激に増加している。同じように，中南米への移民も，1899（明治32）年頃から始まり，1903（明治36）年から急激に増加している。明治末期の1906（明治39）年では，ハワイや北米への移民数は29,579人，中南米への移民数は6,325人，東南アジアへの移民数は220人であり，合計すると日本人移民の数は36,124人であった。

第2節　移民会社の設立・発展と移民保護規制

1．移民保護規制と移民会社の設立

　明治の20年代頃になると，日本からの移民が増え，日本人の海外渡航は急激に増加した。1891（明治24）年12月，日本で最初の移民会社といわれている日本吉佐移民合名会社が設立された。1892（明治25）年2月には明治移民株式会社が，同年12月には横浜移民会社，1894（明治26）年2月には海外殖民合資会社が設立された。移民の募集または周旋を業とする移民会社は，その後急速に増えたが，中には渡航斡旋料のみを目的とし，移民に対する義務を履行しない業者もあった。こうした状況に対処するために，当時の外務・内務両省は，法規制などを設けた[8]。すなわち，1894（明治27）年に施行された「移民保護規則」，および，「同施行細則」（同年，外務省令第六号）などである[9]。これらは，後に「移民保護法」と「同施行細則」（明治29年4月）に改められた。

　この保護規則に伴う施行細則は，同年1894（明治27）年4月18日に公布された。その施行細則第一条で，保護規則第一条に記されている「労働の種類」を以下のように規定している。

　「一．耕作，漁業，鉱業，土木建築，運輸，その他の製造業に従事し，労力を供給するもの。

　一，炊事，給仕のため家事に使役せらるるもの。」

　これらの規定から，当時の移民取扱人は，このような労働に従事するもの以外の

渡航を斡旋してはならないとした。

また，移民保護規則第四条の「移民取扱人に依らざる移民をして2人以上の身元引受人を定めしめる」と規定された移住地は，アメリカ，カナダ，豪州，ハワイであるとしている。

移民会社の収入源は移民からの斡旋手数料である。1人でも多く出した方が利益が多くなる。そのため，場合によっては甘言をもって人数を増やす結果となる。困るのは移民である。この弊害をなくすため，移民取扱人の資格条件を審査し，取り締まろうというのがこの法律のねらいである[10]。

2．移民会社の成長と発展

移民会社は，1896（明治29）年に制定された「移民保護法」に規定された「移民取扱人」に該当するものである。この「移民保護法」では「移民を募集し又は其の渡航を周旋するを以て営業と為す者」と規定され，その多くが法人組織をとったため移民会社と呼ばれた。横浜，神戸などの旅館業者で，海外移住者の周旋（斡旋）や手続などを業としたものは，かなり以前から存在していたらしいが，前述したように1891（明治24）年12月12日創立された日本吉佐移民合名会社が，移民会社の元祖といわれている。日本吉佐移民合名会社は，設立の翌年の1892（明治25）年1月，フランス領ニューカレドニアのニッケル会社，ラ・ソシエテ・ル・ニッケル（本社パリ）に，約600名の鉱山および製鉱労働者を送ったのが，移民会社による最初の移民とされている[11]。

図表1-2は，1898（明治31）年から1935（昭和10）年までの時期で，日本人移民が移民取扱人による者か否かを調べた統計である。この統計は，1937（昭和12）年12月拓務省拓務局作成の『海外移住統計』の中の「移民取扱人別本邦海外移住者

図表 1-2　明治から昭和までの移民取扱人による者

期　間	移民取扱人によるものⒶ	移民取扱人によらざるものⒷ	計 Ⓐ+Ⓑ	比　率 Ⓐ/Ⓐ+Ⓑ%
1898（明31）～1907（明40）	140,955	47,560	188,515	74.8
1908（明41）～1918（大 7）	53,280	103,884	157,164	33.9
1919（大 8）～1935（昭10）	164,624	122,845	287,469	57.3
計 1898～1935（明治31～昭和10）	358,859	274,289	633,148	56.7

（出所）　海外移住事業団（1973）『海外移住事業団十年史』6頁。

員数表」によるものである。これによると、明治年代の移住者の約75％が移民会社の手によって送出されている。明治期では、移民会社が移住者送出に大きな役割を果していたことがわかる。

この移民保護法に基づいて設立した移民・殖民会社は、1891（明治24）年から1920（大正9））までの時期では延べ50社を超す。移民・殖民会社は、1897（明治30）年では13社、1903（明治36）年では36社、1906（明治39）年では30社である。しかし、その後整理統合が進み、1909（明治42）年には10社と減少し、1917（大正6）年には5社あったうち、4社が統合され2社となり、1920（大正9）年にはその2社が統合され、海外興業株式会社1社だけとなった[12]。

これでわかるように、移民会社が濫立したのは1902（明治35）年前後である。このため日露戦争をはさんで、1899（明治32）年には31,354人、1906（明治39）年には36,124人という移住者送出の大きなピークを作っている。なお、これらの移民会社のほとんどは1907（明治40）年から1909（明治42）年にかけて廃業している。これは移住先国の受入態勢の事情、例えば、1905（明治38）年のフィリピンのベンゲット道路工事完了、1907（明治40）年のアメリカ、カナダの紳士協約やルミュー協約（加日政府間に締結された移民協約）による移民・移住制限などのためである。

3. 海外興業株式会社

このようにして移民会社の活躍の場は狭まり、弱小移民会社は廃業したが、1917（大正6）年に、残存移民会社を統合しようという動きになった。このような状況の下で、海外興業株式会社は、1917（大正6）年、政府の主導のもとで東洋移民、南米殖民、森岡移民、ブラジル拓殖、日本殖民、日東殖民が合併して設立された。さらに、1920（大正9）年、森岡真（森岡移民）を吸収合併して、日本で国唯一の移民・殖民会社となった。

海外興業株式会社の業務は、①移民・殖民の取扱、②移民・殖民に対する金融、③海外における植民地経営、動産不動産売買、農業牧畜業、水産業、鉱業、生産物の加工、土木建築請負、その他の工業、新聞などの事業に対する投資、④外国の国債、債券、海外会社などへの株式等の投資、⑤海陸運送、運送取扱、⑦前各号に附帯する事業、という広汎なものであった[13]。

1917（大正6）年から1934（昭和9）年まで18年間に海外興業株式会社が取扱った移住者の数は162,436人という多さである。その内訳は、ブラジル行移民134,230

人，その他各地への移民 20,976 人，海外移住組合連合会などの受託輸送分のブラジル行移民 7,230 人である。海外興業株式会社は，東京に本社を構え，事務所として国内海外の神戸，ブラジル，リベロンプレート，ペルー等に拠点があった。直営事業として，南米を中心にイグアペ植民地（レヂストロ，セッテ・バラス，面積 76,855 町歩，植民 6,935 人），アニユーマス農場（1,449 町歩，在耕者 518 人），サンパウロ農事実習場（252 町歩，エメボイ土地部，分譲用土地 619 町歩），コロンビア植民試験地（96 町歩）などがあった。また，投資事業として，ペルー棉花株式会社（投資額 108,000 円），海南産業株式会社（在フィリピン・ダバオ，投資額 2,113,700 円，融通額 210,275 円）などがあった。さらに，出資会社として，南洋興発株式会社（出資額 312,500 円），熱帯産業株式会社（出資額 25,000 円），南米土地株式会社（出資額 52,500 円），南米拓植株式会社（35,000 円）などがあった。

第3節　明治期の移民・殖民思想と南進論

1. 明治期の移民・殖民思想

明治初期の明治元年から明治 20 年頃までの移住論議では，海外移住より北海道などへの国内移住が主として論じられていた。海外移住については，その目的は個人の資産増殖と先進国農法の習得にあると考えられた。その代表的なものとしては，1885（明治 18）年ハワイ移住が再開された時の井上外務卿の見解がある。「井上伯はハワイ出稼人の貯蓄に熱心にして，わが領事館をしてこれが取扱いの任に当らしめ，ハワイ政府と契約して各雇主より出稼人の給料の 2 割 5 分を毎月領事館に送付することとしたり」また，「3 年契約にてわが農民をハワイに送り欧米式農業法を実習し，秩序的労働を与え，かつ，相応の貯蓄を携え帰国せしめ，更に代員が送ることとせば，10 年の後にはわが農村の労働方法大いに改良せらるべし」とある[14]。

明治 20 年代になると，日本の移住思想は，従来の北海道植民を中心とする国内移住論から，海外移住論へ転換，発展していった時代である。その要因は，日本の人口問題—特に過剰人口—にあった。また，その頃の時代精神の反映もあり，積極的な海外発展策の 1 つとしての移住も鼓吹された[15]。

明治期に移民・殖民思想と南進論に大きな影響を与えた人物は誰であろうか。

　1942（昭和17）年に出版された本庄栄治郎『先覚者の南方経営』によると，明治期の南方進出に関する代表的な著書・論文として，志賀重昂の『南洋時事』，菅沼貞風の『新日本図南の夢』，田口卯吉の「南洋経略論」，樽井藤吉の『大東合邦論』，副島八十六の「南方経営論」，竹越與三郎の『南国記』の計6篇が選び出されている[16]。矢野暢（1979）『日本の南洋史観』では，明治期の南進論者として以下のような7人の人物とその代表的作品を挙げている[17]。菅沼貞風『新日本の図南の夢』明治21年（執筆），田口卯吉『南洋経略論』明治23年，服部徹『南洋策　一名南洋貿易及殖民』明治24年，稲垣満次郎『東方策』明治24年と『東方策結論草案』明治25年，鈴木経勲『南洋探検実記』明治25年，『南島巡航記』明治26年（田口卯吉閲，井上彦三郎と共著），および『南洋風物誌』明治26年，竹越與三郎『南国記』明治43年である。

　本章では明治期の南方進出に大きな影響を与えた人物として，明治の政治家として榎本武揚と大隈重信を，さらに思想家・学者として志賀重昂，田口卯吉，菅沼貞風，服部徹，樽井藤吉，竹越與三郎を取り上げる。

2. 榎本武揚と大隈重信

　明治の日本に海外への殖民・移民に目を向けた人物として榎本武揚がいる。榎本武揚は周知のように幕末，明治の大政治家である。榎本武揚は幕末志士という側面で著名であるが，日本での殖民思想の推進，メキシコ移民，殖民協会の設立などで日本の海外進出に大きな貢献をした[18]。

　榎本武揚は，明治20年代，単に人口過剰になるから国外に出よ，という消極論ではなく，積極的な殖民主義を唱えた。1893（明治26）年，榎本武揚が外相を辞めて殖民協会を設立した時の主張によると，「移植民の事業は単に人口の緩和に資するのみならず，航海事業を隆盛ならしめ，輸出を奨励し，兼ねて工業を振作し通商を繁盛にする媒介となり，さらに，国民の対外精神を高揚して其気宇を弘廓にし，且つ，新知識を輸入し，以てわが国の人心を一変すべき開国政略の一大要務である」と述べている[19]。

　明治を代表する政治家である大隈重信も，『日本民族膨張論』（明治43年）という著書において，日本人の平和的な海外進出を提唱し，以下のように述べている[20]。

　「日本民族は宜しく世界の至る所に出掛けて行って，商店を開き，事業を経営するのが

よいではないか。斯くして日本民族が平和的膨張をなすに於ては、海外貿易は盛大となり、製造工業は勃興し、その結果海上運輸は頻繁を呈し、航海事業は勢い隆盛を極むるに至るは、今より断言して誤まらざる所であると思う。……今や日本は、東洋に於ける文明の模範となり、又、世界的文明の潮流に乗じて、膨張発展の端緒を開いたのである。……日本民族が自由に安全に働くことが出来るとすれば、それが帝国の領土たると領土たらざるとは毫も痛痒を感ぜざる所であって、日本民族は唯だ天然の富源のある所に往って働くことが出来ればよいではないか。」

3. 志賀重昂

明治の代表的な南進論の人物として地理学者・著述家である志賀重昂（しげたか）がいる。志賀重昂は、幕末の1863（文久3）年11月15日、三河の岡崎で生まれた。彼は、1874（明治7）年、東京の芝の攻玉社で学び、1878（明治11）年に東京大学予備門に入学、1880（明治13）年に札幌農学校に入り、1884（明治17）年に同校を卒業した。札幌農学校を卒業すると、長野県立松本中学校教諭になり、植物学を教えたが、まもなく退職して上京し、1886（明治19）年、海軍兵学校練習船「筑波」の乗船を許され、約10か月にわたって南洋群島、オーストラリア、ハワイなどを視察した。その時の航海の見聞をまとめたものが、1887（明治20）年出版された『南洋時事』である。この本は、志賀重昂にとっては処女出版であったが、『南洋時事』という著作は、南洋地域・地理の紹介、移住論として当時の日本で話題となった。1888（明治21）年には杉浦重剛、三宅雄二郎（雪嶺）らと政教社を創立し、雑誌『日本人』の編集に携わった[21]。

志賀重昂は、『南洋時事』において、ハワイにおける第1回の日本人移住者について以下のように記している[22]。

「本官巡回の際、第一回の渡航の一農夫に就き其の職業の難易を質問せしに答て曰く、耕地の働作は概して日本より容易なり。今其の一二の証拠を掲げんに、第一肥料を用いず（各耕地共甘蔗の培養は多く潑水の一法に由る。）第二肩背を労せず（耕地の運搬到処牛馬を使用す。）第三日曜日の休業あり第四夜業なき等是なり。然れども蔗葉を剥去すると、労働定時間内休息する能はざるの二事は当初不慣の輩に於て言べかざるの困難を覚ゆるなり。」

以上のように、志賀重昂は、第1回のハワイ移民の聞き取りでは、農民の意見と

しては，耕地の耕作は概して日本より容易であるとしている。その証拠の第1は肥料を用いなくてよいこと，第2は運搬が牛馬を使用するため背負わなくてよいこと，第3は第3日曜日が休業があること，第4は夜業がないこと，としている。ただし，当初は労働に不慣れな者については休日や労働時間内に休息がとりにくいとしている。

志賀重昂は，『南洋時事』において，ハワイ移民の現状について日本移民の実態は風評の如く悪い条件ではないとし，以下のような移住論を展開している。この志賀重昂の移民論は，明治時代の代表的考え方なので少し長いが紹介しておこう[23]。

「(第一) 日本人民下等社会が其職業に就くを得ること。

日本にては人口多くして事業少なく，随って下等社会が其職業を得るに困むなり。然ればこの輩がハワイのごとく労力の賃金高きなる箇所に移住して，その衣食住の欠乏を補充し漸くその得利を儲蓄して新事業を興起するに到れば，日本国のためには直接間接の利益あるものという可し。且甲去りてハワイに移住すれば，乙日本に在りてこれに代り，甲の事業を承け継ぐことならん。且，ハワイに到りて高貴なる賃銀を得て漸く生計上に余綽を生じ，爲めに本邦の物産を取り寄せ盛んに之れを注文することなれば，丙も亦これが爲に新たに職業を得ることならん。すなわち一人の移住者は三人の利益となる都合なり。是れ予輩が，移住の多からんこと奨説する所因なり。

因に云う，日本移住民は周年一日各十時間宛（午前六時より午後四時に到る）労働す可きものにして，その給料は毎一人一ケ月銀貨九弗，別に食料六弗を支給す。但し日曜日ならびにハワイ国の大祭日は休業とす。

(第二) 日本下等社会に規律的の労働法を開導する事

労働法に規律無く時間の価値を弁知せざるは，日本農工商社会の通弊なり。「モーニ（ふ）た畦（うね）しまつたら一服煙草をやらーずか」とは是れ日本農夫の套語なり。西洋労働の法は然らば，規律と時間とを確定し粛として順序を棄さず。姻草喫飯は各其刻限を定め時間外にてこれを爲するを許さず，然れば日本の移住民は当初これに慣れずこれに習はず，時に或はこれが爲めに幾多の苦情を醸したりといえども，近時は漸くこれに熟しこれに慣れ西洋労働の法にも亦通暁するに到れると云う。語を易て謂へば此輩は海外に到て西洋労働法を実地に演習したる者なり。

然れば一般の西洋労働法を演習したる二チの役夫が三年の後漸く其法に慣熟して本国に帰り日本在来の労役社会に交て其業に就かば，必づや一般労役社会に絶大にして且有益なる変動を付与するならん，且後日我国有爲の事業家が此輩を使備するに至れば，自他の利益蓋し鮮少ならざる可し。是れ予輩はハワイ移住者の多からんことを奨説する所

（第三）日本国の資本を増殖する事

　日本移住民が一昨十八年一月初めてハワイに到り各共業務に服せしより，爾来総力纔かに二年に過ぎるも本邦に送付せし金額は業既に拾萬弗に上れり。且此輩がハワイ日本総領事の手を経てハワイ政府に付託したる預入金額も亦数萬弗に到れり。之を要するに一般人民は日本国内にて衣食住に窮迫し復た止む可からざるを以て竟にハワイに移住したるものなり。而して其得利する処を儲贏すること業既に斯くの如し。語を易えて謂へば，此輩は日本にて博取す可からざる富貴をハワイにて博取したるものにして即ち日本の資本を増殖したるものなり。是れ亦予輩がハワイ移住者の多からんことを奨説する所因なり。

　（第四）日本下等人民に冒険進取の気象を滋養し兼て其知識を増殖する事

　一山一水ノ間に踟蹰して其胆略極めて矮小に，険を冒かし危を蹈むの気概無きものは，日本人民の短処なり。

　然れば此の短処を矯正するも先づ海外遠征の気象を滋養するにあり。是れ亦予輩はハワイに移住を遣出するの議案に賛成する所因なり。

　日本人民は又極めて海外の事情に暗く，これを知悉するもの特に尠し。然れば此輩をして海外に移住せしめ広く世界の事物に通暁せしむ可きことこれ今日の急務なり。これ亦予輩がハワイ移住者の多からんことを奨説する所因なり。

　以上に於て予輩は吾国人が単にハワイに移住せんことを奨説せきもの雖も，予輩が常に鏡意熱心に我国の海外移住を奨説するものは，独りハワイのみに非ざるなり。我同胞の海外到る処に移住遷徙せんことを切望するものなり。」

以上を要約すると，志賀の移民論は次のようである。

　第1は，移民により海外に出れば，残った日本人が職業に就く機会が増えることである。日本は人口が多く，事業が少なく，職業を得るのは困難な状況にある。日本人の1人がハワイのような賃金の高い箇所に移住して，その衣食住の欠乏を補充し，利益を貯め，新事業を興せば，日本には直接間接の利益となる。つまり，1人ハワイに移住すれば，日本にいる1人が移住者の事業を引き継ぐことになる。さらに，移住者がハワイで高賃金を得て生計上に余裕が生じ，日本の物産を輸入するようになれば，日本の他の人も新たに職業を得ることができる。すなわち1人の移住者は3人の利益となる。

　第2は，日本社会に西洋の労働法を知らしめることである。日本は，労働法の規

律が無く，時間の価値をわきまえていない。西洋の労働法は，規律と時間とを確定し，それを厳守している。日本の移民が海外にでかけて，西洋労働法を習得して帰国し，日本で職業に就けば，必ずや有益なる変動を付与するであろう。

　第3は，日本の資本を増殖することである。一昨年ハワイに移民が行ってわずか2年に過ぎないにもかかわらず，日本に送金した金額は十万ドルを上回った。ハワイ日本総領事を経てハワイ政府に付託した預入金額も数万ドルとなった。ハワイで得たお金は，日本の資本を増殖したものとなる。

　第4は，日本人に冒険進取の気性を滋養し，知識を増やすことである。日本人は，危険を冒すという気概が無いというのは日本人の短所である。しかれば，この短所を矯正するにはまず海外遠征である。また，日本人は極めて海外の事情に暗く，海外に移住し広く世界の事物に通暁することは今日の急務である。

　以上が，日本人のハワイの移住を奨励する理由である。ハワイのみならず，日本人は，海外の至るところに移住することを切望する。

　志賀重昂が『南洋時事』で展開した移住論は，素朴な移民奨励論であるが，明治期の典型的な移民論であろう。日本人が世界に出かけ，日本に帰国し，新しい知識や労働法，資本を得て，日本の過剰人口対策になるというのが，志賀の日本移民に対する意見である。

4．田口卯吉

　戦前日本の南進思想に大きな影響を与えた人物として，田口卯吉がいる。田口卯吉は，『日本開化小史』の著者として，また自由主義経済を唱え，『東京経済雑誌』を創刊したジャーナリストとして有名な人物である。

　田口卯吉は，1890（明治23）年に南島商会という貿易会社を設立し，91トンの帆船天祐丸で，小笠原島から，グアム，ヤップ，パラオ，ポネピ諸島を巡航した。彼は，1890（明治23）年5月14日に品川から出航し，同年12月2日に横浜港に帰航するという，約半年間南洋諸島の航海を行い，貿易も試みた。このようなことは，当時としては極めて珍しいことであった[24]。この航海は，東京府士族授産金によって行われたものであった。この南島商会は1890（明治23）年末にその事業財産を東京府士族会に譲渡し，南島商会は解散した。その後，主に南洋貿易を事業とする一屋商会，南洋貿易日置合資会社等が設立された。田口卯吉等が設立した南島商会が南洋貿易の先駆者であったことは注目に値する。田口卯吉は，その後南洋発展の

必要を説いた。南洋の重要性について書いたものとして有名なのは，1890（明治23）年3月の『東京経済雑誌』の論稿「南洋経略論」である。以下で，この田口卯吉の論稿を記してみよう⁽²⁵⁾。

　「如今南洋諸島の事情は梢や世人の注目する所となれり。然れども未だ一人の鎮西八郎なく，1人の山田長政なし，是れ余輩の私に惜む所なり。

　我日本人種の孤島の内に閉居したるや久し。故に余輩の幼時と雖（いえど）も我南方に当たりて如何たる島嶼の点在するを知らざりしなり。老人等皆な余輩に教へて曰く南海極なしと。(中略)

　是を以て開港以後已に三十余年を経過したる今日といえども，世間往々南洋を以て人類の行く能はざる一地方の如く思惟せるものあり。先覚の諸士は欧米諸州を巡行し世界を一週するを以て遠路とせざるなり。然るも尚は南洋諸島を以て天涯地角夢魂達し難きの地となせるもの少なからず。我当局の有志は白雪皚々たる北海道を開拓せんと欲して，巨万の財を散じつつあるなり，然り而して南洋の事に至りては一も訪ふ所なし。

　欧州の政事家眼を我南洋諸島に注ぎ，之を経略せんと欲したるを我鎖港の時にあり。彼の蘭人が台湾に注目したるは鄭成功の清に抗するの前にして，我天草一揆の耶蘇教を奉じて徳川氏に抗したるは実に呂宋の同宗徒が応援を為すの約あるに出づ。爾来我は航海を禁じ，彼は之を勉む，故に今にして志を南洋に述べんと欲するは実に時機を失するの歎なきを得ざるなり。余輩熟ら南洋諸島の事情を聞くに，欧州諸国は凤に之を占領し，其の土人を征服し，其の国旗を公示して，以て其所属たること宣言せるもの多きが如し。去れば今日にして我邦人の之を占領するは事の最も難きものなりとす，豈に亦た惜しからすや。

　然りと雖も欧州諸国は事実に於ては未だ十分に之を経営するの準備を為さざるなり。何となれば彼れ実に他の地方に於て為す所多ければなり。去れば南洋諸島は名称上に於ては大約既に欧州諸国の属国たりと世界に公言せらるること既に久しといえども，其実に至りては毫も其人民の移住するものなくして十民は実に其酋長の支配を受くるものなり。

　故に我日本人民にして土地を買入れんと欲するも，殖民を興さんと欲するも，通商貿易を行はんと欲するも，実に自由なり，制限する所なきなり。

　凡そ赤道直下に位せる土地は大約豊饒にして，珍禽奇獣名木宝石に富み，且つ海産物に豊かなることは人の知る所なり。而して余輩の聞く所に因れば，南洋諸島実に然るが如し。彼のハワイに於て我移住民の利を得るを見ずや。南洋諸島は実にハワイに異ならざるなり。而し其土地の所有権未だ定まらざるもの実に多く，既に定まるものといえど

も之を得ること実に容易なり。我四千万の同胞は既に国内に於て遺利なきに苦しめり。我余分の人民を駆りて此豊饒の地に注ぎ、以て南洋経略の地を為す亦可ならすや。

余輩は嘗てしばしば明言せし如く我国防には海軍を以て主要となすものなり。而して此目的を達する方法たる敢て軍艦の多きを以て足れりとするにあらず、我商業艦隊の増進するを以て永遠なる、堅固なる、且節倹なる国防と思惟するものなり。而して此商業艦隊を増進するの方法豈夫れ南洋諸島の貿易を増進し、之に殖民を興し以て我日本国と此諸島との交通をして頻繁ならしむるに帰せざるを得んや。故に余輩は我日本同胞の奮起して志を南洋諸島に伸ぶるに至ことを希望するに於て殊に切なり。」

この田口卯吉の「南洋経略論」を要約すると以下のようになる。
「南洋諸島は、注目される地域であるが、そこに進出する日本人はいないことを惜やむ。南海は、尽きることのない、限りがない地域である。南洋はまだ世間ではほとんど行かない一地方の観がある。南洋諸島は、なお生涯で行くのが難しい地であり、日本は北海道の開拓には巨額の投資を行っているが、南洋にはほとんど行かず、投資もない。欧州諸国は南洋諸島に注目し経略したが、日本は鎖国となった。南洋諸島は、欧州諸国に占領され、現地人を征服し、植民地化された。そのため、今日では日本が占領するのは難しくなった。しかし、欧州諸国は、南洋諸島に対していまだ十分経営する準備が整っておらず、移住する者もなく、現地人は酋長の支配を受けており、日本人が土地を購入することや殖民をすることや通商貿易を行うことは、実に自由で制限するところはない。南洋諸島の土地は豊饒で、珍しい動物や木、宝石に富み、海産物も豊富である。南洋諸島は、ハワイと似ていて、移住に適する。土地の所有権はいまだ定まっていないものが多く、土地を得ることも容易である。南洋諸島に日本人を移住させ、南洋経略の地を為すことは可能である。国防は海軍が主要であるが、商業艦隊の増進も必要である。そのために、南洋諸島との貿易や殖民を行ない、日本との頻繁な交通を為すことである。ゆえに、余輩は我日本同胞が奮起して志を持って南洋諸島に進出することを切に希望する。」

田口卯吉は、以上のように、氏が創刊し主筆として活躍した「東京経済雑誌」に掲載された『南洋経略論』において、日本の南洋諸島への殖民・移民、貿易、交通などの促進を説いたのである。

5. 菅沼貞風

　日本の海外進出の黎明期に活躍し，明治期から戦前まで日本の南方，東南アジア進出を象徴する伝説的な人物として菅沼貞風がいる。

　菅沼貞風は，1865（慶応元）年に九州平戸に生まれた。幼名を貞一郎といい，1883（明治 16）年にその名を東風と改めた。菅沼は，15 歳で松浦伯の村塾および猶興書院に学んだ。1881（明治 14）年に 17 歳で長崎県北松浦郡雇出任となった。松浦郡雇出任在職中に，大蔵省関税局において貿易沿革史編纂のため史料蒐集の任にあたり，『平戸貿易志』を著した。1884（明治 17）年 9 月東京帝国大学に入学し古典科に籍を置き，1888（明治 21）年 7 月に卒業した。帝大での卒業論文は『大日本商業史』で，その後この論文は著書として出版された。卒業した 1888（明治 21）年 11 月に，高等商業学校に職を奉じた。翌年 1889（明治 22）年 4 月に，南方の事情を探求するために横浜から出発し，フィリピンのマニラに向かった。マニラには 3 か月滞在したが，突如疫病に冒され 25 歳の若さで異郷の地で死亡した。菅沼貞風の墓として，異国フィリピンのマニラ郊外の丘に大理石の碑が作られた。

　前述の『大日本商業史』は 1892（明治 25）に刊行され，それには「平戸貿易志」なども掲載された。1940（昭和 15）年には，岩波書店より同書が復刊され，それには未発表の遺稿，『日本の図南の夢』が収録された。これは夢物語に托して菅沼貞風の南洋経営の策を説いたものである。この『日本の図南の夢』は，1942（明治 17）年に岩波文庫として刊行され，戦前に多くの読者を獲得した。いわば，この著書は，戦前の日本の南方進出の夢を語る本であったのである。

　以下で，少し長いが『日本の図南の夢』のその主要部分を掲げてみよう[26]。

　「然らば即ち如何。曰く，図南の策を決せんと欲せばまづ農業出稼を企つべし，我国人の長する所は商にあらすして農に在り。其の長する所を進めて其の長ぜざる所を誘ふは是萬全の策にあらずや。吾人が拓かんと欲する所の新版図は面積六萬五千一百英方里恰かも我国の半にして其の人口は四百三十一萬九千余人なり。故に其の一英方里に於ける人口の割合は六十六人に過ぎずして之を我国の十四萬八千四百九十六英方里にして三千八百五十萬七千余人，即ち一英方里に付二百五十九人を有するに比すれば猶一英方里にして百九十三人，全域にして一千五百五十六萬四千三百人を移住せしむるに足る。況んや砂糖，麻，煙草の特有物産あるをや。若し此の地に移住せしむるに我国の鋭敏にして勤勉に，廉価にして多数なる努力者を以てせば豈充分の利益なからんや。我国の労力にして彼処に移住するもの漸く多きときは彼等が慣用する本国の必要品を売らして之を彼

処に販売する，頗る利益ある業なるべし。而して彼等が生産したる砂糖煙草を輸入して之を廉価（天然の生産力によるが故に廉価なる事を得べし）に売り捌かば，内国の糖業煙業に従事するものは漸く移りて他の有益なる業務に従事するを得べく，且や彼処を占領する欧西の一国は欧洲中最も進歩せざる人種にして，彼の有名なる麻の如きも香港なる英人の手を借りて始めて麻網となって天下の需要に応ずるものなれば，いやしくも我国人に固有なる機敏を以て盛んに麻網を製造し之を我国に輸入して軍艦，商船其他百般の用に供さば亦以て大いに利益あるならん（労力賃の廉なるが故に）。果して然らば彼処と我国との間を往来する商船は其往来倶に充分の積荷を得て益々利益を得べきなり。既に然らば人誰か赴かざらん。天下の資本は灑然として商船となり，天下の労力は沛然として水夫となり，船を神戸，長崎諸港に艤して往きて彼処に通商するものは漸やく其の数を増加すべく，航海の術を練習し貿易の業を拡張する豈這般に勝でるものあらんや。航海の術既に練り貿易の業既に張らば，西支那に東米に南濠に北魯に市場販売して，以て東洋貿易の権を独占し我国をして其中心市場たらしむるは亦何ぞ難からんや。以て亜欧米濠の四大洲の市揚に睥睨して，天下最富最強の国たるは必す這般より始まらん。

　然れども我国の農民を移住せしめて充分に利益を得んと欲せば，之をして彼処に往きて従事すべき業務に熟練せしめ，且之を熟練せしむるの時間に於て其の性質を識別し，怠惰放縦にして後来移住民の風俗を紊乱するが如き憂あるものは之をして移住せしめざらしむべし。又既に移住したるの後は之をして事業に就て相当の給料を得せしむるの仕組を要すべし。例へば彼処に往きて砂糖製造の業に就かしめんと欲せば，内国の砂糖に適したる場所を選んでここに壮大なる出稼会社を起し，出稼の志願ある労働者をして甘蔗の生育培養の方法，之を収穫し之を製造し以て砂糖を得るの方法等を練習せしめ，彼処に於ても亦同様なる出稼会社を起し，既に熟練したる労働者を移して其の事に就かしむべし。勿論この内外に設置する会社は本支店の関係となし，互に利益を同うせざるべからざるなり。いやしく此の如くならば其の資本家労力者に利益あるは勿論にして，会社の事業は漸やく拡張するを得べく，其の拡張するに随って移住の人数を増加し以て大事を企画するは既に其正路を得て行かんと欲する所に行くが如し。其の達すると否とは勉強如何を顧みるのみ。且つ夫れ這般に向って練習すべきもの豈独り農業のみならんや[27]．

（中略）

労力の微弱なる点

一，労働の勤続に習慣せざるが故に定時間内の労働に疲困すること容易なる事，

二，牛馬の使用に慣熟せすして反って之を畏怖する事，

三，耐忍不倦の気質支那人葡萄牙人に及ばざる事，

四，事業の練熟亦彼の両国人に及ばざる事，

五，身幹の長大また彼の両国人に及ばざるが故に甘蔗の収穫に不似合なる事（然れども機敏なるが故に製糖には適当なりと云ふ），

他に我に利あるの点

一，競争心に富む事，例へば我国人を支那人，葡萄牙人と同処に耕作せしむるときは非常の力量を奮つて競争するが如きは他国人に絶無なり，

二，愛国心に富む事，例へば故国に眷恋し毎郵便送金寄書のおびただしきは日本人に如くものなし，

三，土人と親密なる事，例へば布哇土人は頗る支那人を嫌悪すれども我国人を遇するは極めて厚く中間喜憂之を與にし緩急相済ふの状ある者を見ること多し，

　果してこの五短三長をして至当のものならしむるときは，吾人は我国努力の前途を慶賀せざる能はざる也。見よ五短の中に於て眞に短なるは果して何点なるや。身幹の一事は未だ俄かに彼等に競争すること能はざるも，労働の勤続と云ひ，牛馬の使用と云ひ，事業の熟練と云ひ皆練習の能く改良するを得べき所にして，耐忍不倦の気質の如きは競争の心と愛国の心を以て之を補充するに足らん。況んや所謂本是均しく東方の人忽ち情誼の相忘るべからざるものありて，彼我の間に生るや必せり矣なるもの決して空言にあらざるをや。且つ夫れ移住によつて壮丁を失ふは国家経済上の一大不利益として萬国與に憂ふる所なれども，我が国に於ては寧ろ出稼によつて故郷への送金を得べしとすれば，天下また何ぞ此の好都合あらんや。布哇公使の言に曰く，奮進の異質を有し耕地に機敏なる日本人にして加えふるに連続労働の習慣を似せば世界無比の農夫たるべしと。故に苟も之を練習し之を選択するの仕組みあらば労力の競争に勝を占むるは甚だ難からざるべし[28]。

（中略）

　太平洋のただ中に，商をば守るく戈，あきと軍の力にて，四方の海辺にかかぐるぞ，樺太州の其の北ゆ，朝日の御旗さしたてて，「ニコライスク」の其の西ゆ，朝日の御旗さしたてて，入洲の中にくぐもるは，知るや知らずや昔し人，白人紅夷はたけくとも，新日本の思出に，浦安と呼ぶあきつしま，千足の国のいくさ艦，皇御国の御稜威をば，是大丈夫の務たる，マニラの浦の其の南，言向けはてん時もがな，「シンガポール」のその東，言向けはてん時もがな，鎖国の夢の半から覚め，見ごと図南の策あるを，彼も人なり我も人，かくこそあれとは期るなり[29]。」

この菅沼貞風『新日本の図南の夢』を要約すると以下のようである。
　「東南アジアへの日本人の進出において，日本人の長所は商業より農業にあるため，農業移民を行うべきである。東南アジア地域は日本に比較すると人口密度が少ないため，東南アジア全域で1,556万人の日本人を移住させ，砂糖，麻，煙草の栽培を行えば勤勉な日本人からすると十分な利益を上げることができる。そのため，出稼会社の設立が必要である。この出稼会社は，日本から移住者を募集し訓練した上で，現地で砂糖栽培などの事業を行う拓殖会社のようなものであろう。日本人の農業労働者としての短所は，労働に疲れやすい事，牛馬の使用に慣熟せす畏怖する事，耐忍不倦の気質が中国人やポルトガル人に及ばない事，事業の練熟が両国人に及ばない事，体格が両国人に及ばないために甘蔗の収穫に不似合である事である。反対に，日本人の農業労働者としての長所は，競争心に富む事，愛国心に富む事，現地原住民と親密である事である。海外移住によって若い男性の働き手を失うことは日本にとって不利益なこともあるが，海外からの送金は，日本にとって好都合でもある。日本人の特性からすると世界屈指の農民となることができる。」
　以上のように，菅沼貞風は『新日本の図南の夢』で，東南アジア・南方への日本人の積極的な進出を説いているのである。しかし，菅沼貞風の『新日本の図南の夢』の発刊が1940（昭和15）年度であったことを考えると，明治期にこの著書が大きな影響を社会に与えたということは考えにくい。菅沼貞風の南進論の思想は，明治期の青年の南方進出への当時の考え方や憧れを象徴しているものといえるであろう。

6．服部徹

　明治初期の南進論思想を代表する著書として，明治24年に出版されてた服部徹（1891）『南洋策　一名南洋貿易及殖民』がある[30]。服部徹は，植民策には『新地発見策』『侵食略奪策』及び『通商貿易策』の3つがあるとし，日本の現状を見ると，人口密度は世界中の若干国を除いて日本程人口密度が高い国はなく，人口増加も高い。その打開策として海外に出ること，海外進出の行き先として南海諸島を挙げた。この南海諸島の中，位置の関係から先づ選ばれるところはフィリピン諸島であるとした。この諸島は日本の過剰人口を収容し得るものであるが，それだけではなく国防上の理由もある。服部徹は『南洋策』で，以下のように記している[31]。

　「夫れ斯の如くにしてフィリピン群島の植民政略は，単に我人口の過剰を養ふか爲めののみに非らすして，外交政略上国家安寧幸福を保存するに於て，実に肝要一日も以て忽

せにす可からさる策略なり、彼の夫れ白雲靄々たる北海道の植民を説て、露国の警戒を唱道するものと同日の論に非らさるなり、南辺の危機豈に北境の危機のみならんや、フィリツピーヌ群島既に他の強国の有たらんか、其余勢は疾くカロリン群島を巻てマリアナ群島に及ひ西に我琉球を衝き、東に我小笠原島を襲ひ、南方是れより益々多故ならんとす、此時に当たり北境尚ほ後顧の患あらんには、所謂前門虎を防き後門狼を駆るの危急を視し、嗚呼然らは我日本も亦今のフィリツピーヌ群島なる哉、殷鑑遠からす戒むへきなり」

そして服部徹は、この諸島に対しては、『新地発見策』、『侵食略奪策』ではなく第3の『通商貿易策』によるべきであるとする。服部徹は『南洋策』で、以下のように記している(32)。

「故に群島の為めに計るには、先ず宜しく通商貿易を先にし、漸次植民の事業を拡張せさる可からす、則ち居志か所謂第三策の平和主義を以てせは、必らすや其目的を達すへし、唯宜しく忍耐不抜斃れて止まさるの決心ある可きを要するなり。」

すなわち、服部徹は、フィリピン群島の策として、まず通商貿易を先に行い、漸次植民の事業を拡張すべきであり、平和主義をもってすれば必ずやその目的を達することができるとしている。

次に南下して向うべき南洋の諸島として、特にミクロネシアを挙げている。服部徹は『南洋策』で、以下のように記している(33)。

「元来微少州の地は大にフィリツピーヌ群島と事情を異にする所あるを以て、其植民策の如きも先つ宜しく左の三策に拠らさる可からす。

一　我貿易船の来する島の本島に向て最初の植民をなすへし、斯人民は普通の農工商等の殊に品行方正、精神不抜の徒に限らへし。

二　群島中の無人島にして物産繁殖の見込ある地には、其所轄政庁の許可を経て速に植民をなすへし、此人民も全しく以上の如き品行方正、精神不抜なる農工に限るへし、無人熱島の開発は極めて困難の業なるを以て、務めて其人を選ふへし。

三　猖獗なる附庸の島嶼には充分の警戒を加へて、豪傑なる植民隊と、宗教者、仁術家、教育家等を移住せしみへし、此人民は務めて威を示し之れを服せしめ、徳を表し之れを懐けしめ、以て漸次に土番を教化服従せしむるに在るなり。

以上三策は微小洲植民経略の要旨にして、其第一策は之れをマリアナのグアム、ロタ其他の属島にして住民あるの地に限り、カロリンのヤップ、ボナーブ、オーラン、マル

シャルのシヤリュート,キルベルトの12島に限るべし。」

以上のように,服部徹は,ミクロネシアを中心とした南洋の諸島への進出を奨励している。その南洋へ進出は,3つの策がある。第1は,貿易船の帰航できる島には,最初の植民を行い,その日本人は普通の農工商で,品行方正,精神不抜の者に限るべきである。第2は,その無人島で物産繁殖の見込みある地ではその所轄政庁の許可を経て速やかに植民を行うべきであり,その日本人は品行方正で精神不抜な農工に限るべきである。第3は,その他の島では,豪傑な植民隊と,宗教者,仁術家,教育家等を移住させるべきである。第1の策においては,グアム,ロタその他の属島で住民のいる地,カロリンのヤップ,ボナープ,オーラン,マルシャルのシヤリュート,キルベルトの12島に限るべきであるとしている。

この服部徹の南進思想は,その後の日本の南方・南洋進出の歴史に近く,彼の卓越した先見性をみることができる。

7. 樽井藤吉

明治前半期において,南進思想に影響を与えたとされる著書に,1893(明治26)年に出版された樽井(森本)藤吉著『大東合邦論』がある。樽井藤吉は,明治前期の思想家,社会運動家として知られた人物である。樽井藤吉は,1882(明治15)年,東洋社会党の設立に参加し社会運動家として活躍し,1884(明治17)年,上海において日本の中国での教育機関の嚆矢である東洋学院の設立に参加した。1892(明治25)年に参議院議員に選出されたが,その後辞職した[34]。彼は,日本と韓国を連邦制度によって結合して,さらに全アジアの諸民族が一致団結し白人の侵略を防御し日本を盟主とする大東亜連邦を作るべきであるという信念を持ち,1893(明治26)年に『大東合邦論』を出版した。この本は,すべて漢文で書かれたものである。この『大東合邦論』は,いわゆるアジア主義の古典としての評価を持つものである。

以下は,『大東合邦論』の最後の結論部分の日本語訳である[35]。

「安南のごとき,もとよりその藩属国にあらずや。よろしくこれを援けてもって自主独立の権を復せしめ,さらにシャム・ビルマを連合し,マライ半島をして白人の羈絆(きはん)を脱せしめ,大いに鉄道を興し,本国およびインドとの間の交通を開き,その土人を懐柔してもって英人の驕慢を挫き,大義を唱え,もって同種国民の倒懸を解かば,四方の諸国招かずして来たらん。これ反面の敵を変じて側面の援となすものなり。清廷

はたしてこの志有らば，わが東国またまさに清と道を分ってもって南洋諸島の拓植を謀り，その蕃民をして文明の雨露に均霑（きんてん）せしめん。しからばすなわち数十年を出でずして，アジア黄人国の一大連邦を致すべきなり。わが黄人，天然肥沃の大洲に生まれ，白人に数倍するの口数有り，しからば競争世界に処してまた畏るるに足るもの無し。今，わが日人，南洋諸島をして白人の束縛を脱せしめんと欲す。しかれども朝鮮と合してもって露国に備え，清国と約してもってその労を分かたずんば，独力の及ぶところに非ざるなり。わが日人，もとより親和をもって人生当務の要となす。あにその道を拡充し，もって各種人に及ぼすの念無からんや。かの白人，わが黄人を殱滅せんと欲するの跡歴々として徴すべきもの有り。わが黄人にして勝たずんば白人の餌食とならん。しかしてこれに勝つの道は，同種人の一致団結の勢力を養うに在るのみ。世界今日の大勢を察すれば，能仁氏といえどもまた慈眼もて白人を視るあたわざるなり。必ず歳月を待たずして，各種人の同盟軍を興すの日を見る有らんのみ。これ大勢の向うところ，時運の致すところなるは，第六章の所論のごとし。余，本論を草して，同種人の内に親和して異種人と外に競争せんことを欲するも，また世運の自然なり。読者これを察せよ。」

この部分を要約すると以下のようになる。
「ベトナムのごとき国は，もとより属国ではない。これを援けて自主独立させ，さらにタイ・ビルマを連合し，マライ半島を白人の支配から脱せしめ，鉄道を作り，本国およびインドとの間の交通を開くべきである。イギリスの傲慢を挫き，大義を唱え，これらの民族の苦しみを解けば，これらの民族が側面よりの援助者となる。中国の清と，または日本独自で南洋諸島の拓植を謀り，その住民を文明化する。そうすれば数十年も経たずに，アジア黄人国の一大連邦に致ることができる。今，わが日本人は南洋諸島で白人の束縛から脱却することを欲している。朝鮮と合邦してロシア国に備え，清国と協力すれば，独力以上のものとなる。白人は，アジアの黄人を殱滅しようと欲しており，わがアジア黄人が勝たなければ白人の餌食となる。これに勝つ道は，一致団結する同種人の勢力を養うのみである。同種人が親和して，異種人を排除することを欲することは，世の中の成り行きとして自然なものである。」

以上のような樽井藤吉の主張は，後の日本の大東亜共栄圏の思想に通じるものがある。樽井藤吉は，アジア民族が一致団結して白人と対峙し，大東亜の諸国が日本を盟主とする大東亜連邦を構築するという，いわば日本のアジア主義を代表する思想であるといえるであろう。さらに注目すべきは，明治20年代に早い時期に，このような南進思想を中心とした大アジア主義が主張されたことである。樽井藤吉の主

張は，他の明治期の南進思想と違い，かなり政治的な意味合いの強いアジア侵略主義の考え方であるといえるであろう。

8. 竹越與三郎

1910（明治43）年，竹越與三郎著『南国記』が出版され，その南進論は一世を風靡した。『南国記』は，竹越與三郎が蘭領東印度諸島，佛領印度支那等の南洋，支那雲南省を長期間旅行し，それにもと基づいて書かれた著作である。竹越與三郎は，時事通信社の記者，雑誌『実業之日本』の主宰を務め，後に代議士にもなった人物である。

『南国記』は，冒頭部分が有名で，著者の主張を明確に表しているので，少し長いが冒頭の重要な部分を以下で記してみよう[36]。

「南へ！　南へ！
邦人南方を忘る

（中略）我日本は，国を建てし以来二千五百年，居然たる旧邦の一なりと雖（いえども），その命維新にして，近世国家の群に入りしものは四十年来に過ぎず。故に凡百の事物，範を欧米に取るを冤れざるより，我士君子の欧米に遊ぶもの江漢朝宗の如くに然り。己にして我国運炎隆，国力漲溢するや，支那の地積の広大，人口の夥多，物資の豊富なる，殆ど我国の耳目を眩惑せんとして朝野相競うて力を支那に用ひんと欲す。故に我国人の知る所は，世界の西にあらずんば即ち北にして，政治家の経論も，志士の企書も，詩人の想像も，実業家の勘算も，皆西方欧米人若しくは北方蒙古人の国を主題とするものにして，南方マレー人の国を知るものに至りては，蓼々として少なく，全然これを等閑に附し去るものの如し。我等は曽て小学校に於て『凡そ地球上の人種は五個に分る，曰く欧羅巴人種，蒙古人種，阿非利加（アフリカ）人種，馬黎（マレー）人種，亜米利加（アメリカ）人種是なり』と教へられ，而して此マレー人種は，大日本帝国の南端と相望むの地に在りて，其血液の幾分は我南方臣民の脈管中に混ぜるに係らず，我国人が之を措て彼に就き，マレー人を領解するもの少なく徒に欧米支那のみを語るもの多きは，これ豈に高遠に求めて卑近に失するものにあらずや。

巨大なるマレー人の国

今マレー人の国を見るに，西は英領ビルマに初りてシャム，佛領印度より下りてマレー半島の岬角，新嘉披に於て尽き，更にスマトラ，ジャワより起りて，蘭領東印度群島

を包含し，多少の混血あるも米領フイリツピン以下の島嶼を合して，其面積一百六十八萬九百方里にして，支那本州の一百五十三萬二千四百方里に比すれば，寧ろ巨大なるものあり。且つ従来支那の人口は四億若しくは四億二三千萬と称せらるるも，支那の事情に通じたる識者は二億八千萬に過ぎざるべしと積算す。今マレー人の口数を算ふるに八千五百四十七萬と称せらるるも，其実大半は戸籍なるものなければ，戸口の数の如きも信ずるに足らず，概算一億萬とすれば事実に近かるべしと称せらる。其面積人口のみを以てするもマレー人の国が政治的商業的の一大要素たるを失せざるを見るべし。

熱帯を制するものは世界を制す

　マレー人の居住地は赤道直下より起りて南北に分布し，緬甸（ビルマ）の北部に於ては北緯二十八度の地を境とすと雖も其大部分は熱帯に属す。熱帯は自然の宝庫にして，唯此宝庫を開くもの能く富むを得べし。蓋し人類が単に寒気を防ぐの衣服，餓死に堪ゆる食物を以て足れりとする間は，其土の産する所を以て満足をするを得たりと雖も，人文発達，生活豪奢を加ふるに至りては，熱帯地の産物なくんば，殆ど生活に趣味を添ゆる能はざるに至る。欧州人は今日珈琲若しくは紅茶なくして其生を楽しむ能はず。軍艦商船の甲板にはチーク樹を用ひざる能はず。彼等は煙草なくして，1時間を過ごし得べきや。マニラ縄なくして，今日の運輸事業を全うし得べきや。麻布の供給なくして今日の産業を維持し得べきや。電話，電信，機械の運転はゴムなくして今日の如くなり得べきや，其他砂糖，獣皮，獣革，黒鉛，ココナット油，スパイス，香料，胡椒，丁子，象牙，タピオカ，乾菓，バニラ，染料，タンニー，硝石，綿，ココ，胡麻，錫，藍，絹，塗料，乾魚等は必ずしも熱帯に限られたるものにあらざるも，主として熱帯地に産するものにして，此等のものを除きて，今日の文明及び生活を維持し得へからざるや明白なりとす。現にわが台湾政府は樟脳を専売とするがために，世界の樟脳事業を制令するを得。之に反して我国の米価は，さらに佛領印度，英領緬甸（ビルマ）の米価によりて制令せらる，を免れず。論じて此に至れば，熱帯殖民地を制令するものは，即ち世界の市場を制令するの力あり云ふもの，真に深甚の意義あるを覚ゆ。和蘭は曾て世界の銀行なりき。これ，其熱帯殖民地の貿易を占有したるがために外ならず。スペイン，ポルトガルが，曾て世界の覇者たりし時代もありたりき。これ其東印度，西印度の富を壟断したるがために外ならず。乃ち今日の英国の富裕も，印度以下の熱帯地を有するもの，與つて六七分の原因を為す。英国と和蘭が十六，十七の両世紀の間海上の交戦寧日なかりしものは，即ちまたマレーの海洋を制せんと欲したるに外ならず。然れば列国が，今相競うて熱帯に殖民地を得んと欲するもの偶然にあらざるを知るに足らん。現に見よ！，千

百年間、猛虎と悪政に苦しみたる越南地方には、已に仏人がマレー人を基礎として、一大帝国を建設しつつあるあり。マレー半島の英国殖民地も、今や漸く国民的色彩を帯び来らんとし、米国も已にフイリッピンを領略して、会社銀行を建つるが如くにしで、新国民を作らんとしつつあり。唯、独り蘭領印度のみは依然として泰平を保つと雖も、独逸が老叔母の遺産として之を窺ふもの一朝一夕にあらず。思ふに政治上にも、通商上にもマレー人の国は今後二十年間、最も多事多端なる局面とならんか。其休徴は已に曉星曙色の如くに識者の眼に映じ来る。我国家勃興の隆運に当り、才能、労力、資本、外に向つて漲溢せんと欲するに際し、マレー人の国、豈に等閑に看過すべけんや。

南人の北進は不自然也

（前略）蓋し人類の国家もまた他の生物の社会と同じく、生物学の原則に支配せられざるはあらず。英雄の権略、一時此原則を超越する事あるも結局また此処に帰着せざるはあらず。胡馬北風に嘶き。越鳥南枝に集くむ。生物は皆其本能に制せられざるものなし。而して寒を去り暖に就くは人類の本能なるが故に、古来人類歴史の大勢は北方より南方に進むにあり。ノルマン人が英国を征服したるが如き、露国人が土耳古より小亜細亜に出でんとするが如き、ゴール人が南欧地方に散布したるが如き、皆此自然の大勢を示すものにあらざるはなし。即ち支那二四朝の歴史を見るも概して胡地玄氷、辺土惨烈なる西北の人が、葡萄熟し杏花飛ぶ西南地方の人を征服したるものに外ならず。唯一の異例は明の太組、南人を以て元の朝廷を征服して、之を漢北に駆逐したるにあるのみ。

（後略）

我将来は南にあり

嗚呼我同胞よ！　今は首を回らすの時ぞかし。一億萬のマレー人は英仏の文化を受くる者の外、我開誘を須つもの雲霧の如し。欧州人がマレーの海を探るもの数百年なるも、其大宝庫たるは、昔日と変化なく、これを開くものを待ちつつあり。日本国民若し能く此大宝庫を開くを得ば、大国民の宏業茲に完成すと云ふを得ん。余故に曰く、我が将来は北にあらずりて南に在り。大陸にあらずして、海に在り。日本人民の注目すべきは、太平洋を以て我湖沼とするの大業にありと。椰子樹の酒を生ずる処、芭蕉の子の累々として実のる庭、エメラルドの如き海水の湛む庭、極楽鳥の舞ふ処、日本国民の偉大なる運命は、封じて此中に在り矣。此事衆人或は疑はん。ただ達者能く之を信ぜん。」

以上のように、竹越與三郎は『南国記』において、素晴らしい表現で、日本の南

進政策の正当性を論じており，たぶん当時の読者はこの文章に感銘を受けたのではないだろうか。それほど説得的で感動的な文章である。「熱帯を制するものは世界を制す」，「我将来は南にあり」というタイトルは，南進思想を象徴する表現である。この部分を要約すると以下のようになる。

「邦人南方を忘る

　日本は，明治維新により近世国家となったが，その範を欧米諸国によった。日本の政治家，志士，詩人，実業家等は，皆欧米人もしくは北方蒙古人の国に関心を持ち，南方マレー人の国を知るものは極めて少ない。

　今マレー人の国を見ると，西から英領ビルマからシャム（タイ），佛領印度，マレー半島，シンガポールがあり，さらに，スマトラ，ジャワ，蘭領東印度群島を包含して，面積人口とも巨大なるものある。マレー人の国は，政治的・商業的に重要な地域である。

熱帯を制するものは世界を制す

　マレー人の居住地は，赤道直下より南北に分布し，大部分は熱帯に属している。熱帯は自然の宝庫である。人類は，文化が発達し，生活が豪奢になるにつれて，熱帯地の産物がないと，生活に趣味を添えることができない。欧州人は珈琲や紅茶がなければ生を楽しむことはできない。軍艦商船の甲板にはチーク樹を用いている。煙草ないと，1時間を過ごせない人もいる。マニラ縄がないと，今日の運輸事業を全うできない。麻布の供給がないと今日の産業を維持できない。電話，電信，機械の運転はゴムなくして今日のごとくなれない。その他　砂糖，獣皮，獣革，黒鉛，ココナッツ油，スパイス，香料，胡椒，丁子，象牙，タピオカ，乾菓，バニラ，染料，タンニー，硝石，綿，ココ，胡麻，錫，藍，絹，塗料，乾魚等は必ずしも熱帯に限られたものではないが，主として熱帯地に産するもので，今日の文明及び生活を維持するために必要なものである。現に日本の植民地である台湾政府は樟脳を専売とすることで，世界の樟脳事業を制令することができた。これに反して日本の米価は，さらに佛領印度，英領ビルマの米価によって制令されている。

　以上からすると，熱帯殖民地を制令するものは，すなわち世界の市場を制令する力となるのである。オランダは，世界の銀行となった。これは，その熱帯殖民地の貿易を占有したためである。スペイン，ポルトガルが世界の覇者となった時代もあった。これは東印度，西印度の富を獲得したからに他ならない。今日の英国の富裕も，印度以下の熱帯地を有することが，その6，7割の原因であろう。英国とオランダが16，17の両世紀の間，海上での交戦があったのは，マレーの海洋を制するこ

とを欲したからである。それで列国が，今相競って熱帯に殖民地を得たいと欲するのは偶然ではない。政治上，通商上でマレーは今後二十年間，最も重大な局面となるであろう。日本は，国家が勃興し，労力・資本などが外に向って漲溢しようと欲しており，マレーは今後重要な国となろう。
南人の北進は不自然である。
　人類の国家もまた他の生物の社会と同じく，生物学の原則に支配されている。寒を去り暖に就くのは人類の本能であるが故に，古来人類の歴史の大勢は北方より南方に進むことにあった。
我の将来は南にあり
　日本の将来は北にあるのではなく南に在る。大陸にあるのではなく，海に在る。日本人民の注目すべきは，太平洋を我の湖沼とするという大業にある。椰子樹の酒を生ずる処，芭蕉の子の累々として実る庭，エメラルドの如き海水の淀む庭，極楽鳥の舞う処，日本国民の偉大なる運命は，このなかにある。このことは疑うべきことではない。このことを信じるべきである。」

　竹越與三郎『南国記』の特徴は，マレーを中心とした南方諸国に着目し，その重要性を指摘し，日本が南方に進出することが必然であると説得力を持って主張されている。そして，他の欧米諸国の植民地政策を比較し，日本の今後の南進政策を正当化している。彼の『南国記』は，当時日本で大きく取り上げられ，反響も大きかったことから，明治期の南進論を代表する著作であるといえるであろう。竹越與三郎自身も，ジャーナリスト，政治家として顕著な活躍したことから，彼の著書や思想は，以降の大正，昭和における日本の南進政策に影響を与えたともいえるかもしれない。

おわりに：明治の海外移民と南進論

　明治日本における海外移民，移住・殖民政策，南進思想・南進論で，重要な点について考察してみよう。
　第1は，明治期の日本人の海外移住における移民会社の重要性である。本章の図表1-2の統計で明らかになったように，1898（明治31）年から1907（明治40）年の間において，日本人の海外移民者の内，74.8％が移民会社（移民取扱人）によるものである。すなわち，この時期の日本人の海外移民の4分の3は，移民会社の斡

旋による移民であったのである。この時期の移民の渡航先は，図表1-1で明らかなように，ハワイ，北米，中南米，東南アジアが中心である。移民会社は，1891（明治24）年に設立された日本吉佐移民合名会社が最初であるといわれているが，1903（明治36）年には移民会社は36社と急増している。その後，整理統合され，明治末期の1909（明治42）年には，10社に減少した。以上から，明治期において，日本の海外移住・殖民において，民間の移民会社の役割が大きかったのである。なお，その後政府の方針もあり，民間の複数の移民会社は1917（大正6）年に海外興業株式会社に統合され，移民会社は1社のみとなった。そのため，大正末期，昭和にかけて日本の移住・殖民政策の遂行において，この海外興業株式会社の役割は非常に大きいものとなった。

　第2は，明治期において，ハワイ移民の数が多く，日本の海外移民の嚆矢として重要である。その後，アメリカ，カナダ，南米，東南アジア，南洋，オーストラリアなどにも日本人が移民した。日本のハワイへの最初の移民，いわゆる（明治）元年移民は，アメリカ領事館員であるヴァンリードによる斡旋であった事実は興味深い。彼は，「アメリカへ学問修業，交易，又は見物遊歴に渡航されたき者は，随分御世話申すべく候」という新聞広告も出し，彼は横浜の居留地で「もしも草」という新聞を主宰した人物であった。その後のグアム島移民もこのヴァンリードの手によるものであった。その後，1884（明治17）年に，日本政府はハワイの駐日公使C.B・イアウケアに日本人渡航に関する承諾書を手交し，それに基づいてハワイへの「官約移民」が開始され，組織的な海外移住が開始された。官約移民としてハワイに渡った日本人は約2万9,000人，その後，私的移民・自由移民として渡った数は約12万5,000人と推定されている。1880（明治13）年代初めには全ハワイ砂糖キビ労働者の1％にも満たなかった日本人労働者の数は，10年後には60％を超え，1902（明治35）年には70％に達した[37]。以上のように，明治元年に出発した，いわゆる元年ハワイ移民は日本人の海外移住・移民の先駆者であったのである。

　第3は，南米への移民も明治中期から始まり，明治期の黎明期の日本の移民先として重要であったことである。特に，明治初期のメキシコ移民において，榎本武揚の役割が大きい。日本の海外移民史，特に南米への移民を語る上で，殖民推進論者であった榎本武揚を避けることはできない[38]。榎本武揚は，1836（天保7）年江戸に生まれ，長崎の海軍伝習所でオランダ語と海運術を学び，後に幕府留学生としてオランダに留学した。1868（明治元）年には海軍副総裁として北海道の五稜郭に立て籠り，新政府軍を敵に徹底抗戦した歴史に名を残した人物である。官軍に反抗し

た首謀者でありながら、明治政府に仕え、北海道開拓使、駐ロシア公使、駐清国公使、逓信大臣、文部大臣、枢密顧問官、外務大臣、農商務大臣などを歴任した。榎本武揚は、征韓論、南進論、海外移住の推進者であった。榎本武揚は、1879（明治12）年、東京に地学協会を組織し、ボルネオ島とニューギニア島を買収し、日本人を送り住ませることを発案するほど、日本人の海外移住には熱心であった。1891（明治24）年、外務大臣に就任すると、外務省通商局に移民課を設置し、さらに、殖民計画を実行するため、ニューギニアを始めとする南洋諸島、マレー半島などに外務省員や移住専門家を派遣し殖民地建設の可能性を調査させた。榎本武揚は、メキシコ政府が国内開発のため国策として外国投資と移民を大いに歓迎していることを聞き、メキシコへの殖民に着目するようになった。1891（明治24）年、中南米で最初の日本領事館をメキシコに開設した。榎本武揚は、外務大臣の職を離れた後の1893（明治26）年に、榎本自身が会長となって「殖民協会」を組織した。殖民協会の最初の機関誌である「植民報告　第1号」において、榎本は以下のように記している[39]。

　「夫れ斯の如く移住殖民の事業は我国方今の急務にして実に是れ我日本の国是なり。
　国是問題ここに属する者は朝野の隔なく党派の別なく国民一致してここに力を致さざる可らす。
　我輩同志の者相謀り殖民協会を設立するの趣旨は即ちここに在り。
　本会は直ちに実業に着手する者に非す。
　先す大に我国の世論を作興して殖民の事業を奨励し海外探検の実況を報告して内地人民の注意を喚起するに在るなり。
　然れとも本会は唯た空論を以て自ら甘んする者に非す。
　他日別に方法を立て之か実行を期する者なり。
　同志諸士来て相俱に賛助せられんことを希望す。」

殖民協会の設立目的は次のように記されている[40]。
「一，増加する国内人口を海外に移民させ、国内の人口問題の解決策とする。
二，海外で日本人種を繁殖させ、移民という平和的手段により日本領土の拡大を計る。
三，海外移民と日本との交易を促進し、平和時の海権を制する。
四，封建的、鎖国的な日本人の精神風土を打破し、新知識を輸入し日本人の人心を一新する。」

殖民協会の「設立趣意書」は,「労働の期限を約定して出稼移住する」という定期移民,および「子孫永住の目的を定め海外に移住する」という定住移民とに分けている。一時的移民としての定期移民より,永住する目的の定住移民を勧めている[41]。
　殖民協会の設立目的は日本人の殖民の推進であるが,その具体的な目的はメキシコ殖民計画の実施であった。1897(明治30)年に,36人のメキシコ移民,いわゆる「榎本殖民団」が出発した。しかし,現地耕作地の悪環境,資金不足などの誤算があり,さらに日本人植民の逃亡者も出て,結果としてこの殖民計画は失敗した。その後,メキシコには,日系の殖民会社である日墨協働会社,小橋・岩本合名会社などができ,少しずつ日本人移民が増加してきた。以上のように,メキシコへの榎本殖民団は,南米への日本人移民の先駆者であったのである。
　第4は,明治期の南進論,南進思想には,それらの思想の重点という視点から以下のような3つに分類できることである。1つは,南洋・南方(南米,米国,ハワイ等も含む)への殖民,移民に重点をおく南進論である。日本人の海外移住論,人口問題と移住論が論点の中心の南進論である。本章で取り上げた人物として,榎本武揚,志賀重昂がこれに近い考え方である。榎本武揚は,前述したように幕末・明治の著名な政治家であるが,メキシコ等の南米への日本人殖民政策を推進し,メキシコ榎本殖民として実際に移民を送った人物である。志賀重昂は,第1回ハワイ移民の聞き取りを行い,彼の著書『南洋時事』において,ハワイ移民の現状について日本移民の実態は風評の如く悪い条件ではないとし,積極的な移住論を展開した。志賀重昂が展開した移住論は,移民奨励論で,明治期の典型的な移民論である。日本人が世界に出かけ,日本に帰国し,新しい知識や労働法,資本を得て,日本の過剰人口対策になるというのが,志賀重昂の日本移民に対する主張である。本章で取り上げなかったが,明治期のこのような殖民,移民に重点をおく南進論として,若山儀一,恒屋盛服,武藤山治などがいる。明治初期の著名な経済学者である若山儀一は,南米拓殖,特にメキシコへの移民・殖民を提唱している。若山儀一の『大隈外相に興へて南米拓殖を論ずるの書』では,大隈重信外務大臣あてに,積極的な日本人の南米への拓殖事業,移民を推進すべきであると提言している[42]。恒屋盛服は,『海外植民論』(明治24年)において,日本人の殖民について,北海道殖民のみならず海外殖民も推奨している。武藤山治は『米国移住論』(明治20年)において,日本人の米国への移住を推奨している[43]。以上のような移民論は,1893(明治26)年における「殖民協会」の設置によって,明確にされ積極性のもつにいたった[44]。
　2つは,南洋・南方への殖民を伴った貿易,投資,企業進出に重点をおく南進論

である。日本の南洋・南方への貿易や企業進出,海外への投資に重点をおく南進論である。本章で取り上げた人物として,田口卯吉,菅沼貞風,服部徹がこれに近い考え方である。田口卯吉は,『日本開化小史』の著者として,また自由主義経済を唱え,「東京経済雑誌」を創刊した明治期のジャーナリストとして著名な人物である。本章で詳述したように,田口卯吉は,1890(明治23)年に南島商会という貿易会社を設立し,帆船天祐丸で,小笠原島から,グアム,ヤップ,パラオ,ポネピ諸島などの南洋を巡航し,約半年間南洋諸島の航海を行い,貿易も試みたという,当時としては極めて珍しい経験をした。田口卯吉等が設立した南島商会が南洋貿易の先駆者であったことは注目に値する。田口卯吉は,その後「東京経済雑誌」などで,日本の南洋諸島への貿易,交通,殖民・移民などの促進という,日本の南洋進出の必要を説いた。菅沼貞風は,明治初期という日本の海外進出の黎明期にフィリピンに渡り,日本の南方進出を象徴する伝説的な人物である。菅沼貞風は,『新日本の図南の夢』で,東南アジア・南方への日本人の積極的な進出を説き,明治期の青年の南方進出への当時の考え方や憧れを象徴している。服部徹は,『南洋策』で,ミクロネシアを中心とした南洋の諸島での日本の通商貿易や殖民の促進を主張している。彼は,まずフィリピン群島で通商貿易を先に行い,漸次殖民の事業を拡張し,その後平和主義で南洋の諸島などに南下すべきであるとしている。その他,本章で取り上げなかったが,明治期のこのような貿易,投資,企業に重点をおく南進論として,鈴木経勲がいる。鈴木経勲は,『南島巡航記』,『南洋探検実記』,『南洋風物記』などの,南洋諸島への探検記の著者として,明治期に多くの読者を獲得した人物である。鈴木経勲は,1890(明治23)年に田口卯吉らとともに天祐丸で,南洋諸島の航海を行ったという特異な経験を持つ。その航海をもとに書かれた,これらの南洋諸島の探検記は,明治の日本人に南洋諸島への関心を呼び起こした[45]。

3つは,南洋・南方への植民地の拡張,侵略に重点をおく南進論である。本章で取り上げた人物として,樽井藤吉,竹越與三郎がこれに近い考え方である。樽井藤吉は『大東合邦論』において,日本と韓国を合邦し,さらに全アジアの諸民族が一致団結し白人の侵略を防御し日本を盟主とする大東亜連邦を作るべきであるという主張をしている。彼の思想は,政治的な南進策である,いわゆる日本の大東亜共栄圏の思想に通じるものがある。竹越與三郎は,『南国記』において,「南へ！　南へ！」,「熱帯を制するものは世界を制す」,「南人の北進は不自然也」,「我将来は南にあり」などの表現で,日本の南方進出の必然性を説いた。竹越與三郎は,マレーを中心とした南方諸国に着目し,その重要性を指摘し,日本が南方に進出すること

が必然であると説得力を持って主張し，当時の日本で大きな反響を与えた。

以上のように，明治期の南進論，南進思想には，それらの思想の重点という視点から，「南洋・南方への殖民，移民に重点をおくもの」，「南洋・南方への殖民を伴った貿易，投資，企業進出に重点をおくもの」，「南洋・南方への植民地の拡張，侵略に重点をおくもの」という3つに分類できる。しかしながら，この3つの南進思想には，共通点も多い。まず，多くの南進思想・南進論は，南洋・南方地域への現地滞在，航行，旅行を基にするか，またはその体験から触発された思想が多いことである。さらに，南洋・南方・ハワイ・南米等の資源，栽培に関心があること，日本人の殖民・植民・移民を伴っていることである。明治期の南進論，南進思想が生まれてきた明治20（1887）年代の日本の状況をみると，明治22（1889）年に大日本帝国憲法が，明治23（1890）年には商法が発布され，法律制度として近代国家の体制が整いつつあった。明治23年（1890）頃には第1次恐慌があり，人口過剰の問題などがあり，このような背景のもとに海外殖民論，南進思想が出現してきたのである。

明治期の南進論は，その後の日本のアジアに対する国家政策，貿易，企業進出等に影響を与えた。また，日本人に，東南アジア，南洋といった南洋・南方地域に関する関心を高めた。明治期の南進思想・南進論とともに，1895（明治28）年に日本は台湾を植民地化したこともあり，日本人の南洋・南方への移民・殖民が増加し，日本企業の南洋・南方との貿易や企業進出が増加してきたのである。

注
(1) 江戸時代の日本人の漂流については，室賀信夫・矢守一彦編訳（1965）『蕃談―漂流の記録』，鮎沢信太郎（1956）『漂流―鎖国時代の海外発展』，松島俊二朗（1999）『鎖国をはみ出した漂流者―その足跡を追う』，などがある。ジョン万次郎については，井伏鱒二（1947）『ジョン万次郎漂流記』，エミリー・ウォーリー（宮永孝訳）『ジョン万次郎漂流記』，などの本がある。彦蔵（ジョセフ・ヒコ）については，多くの本があるが，自伝として中山努・山口修訳（1976）『アメリカ彦蔵自伝』がある。音吉については，春名徹（1979）『日本音吉漂流記』等の著書がある。なお，明治以降の海外移民については，外務省領事移住部（1971）『わが国の海外発展 移住百年の歩み（本篇）』外務省，5-7頁による。
(2) 若槻泰雄・鈴木譲二（1975）『海外移住政策史論』福村出版，53-55頁。なお，江戸時代の南進論として，帆足萬里（1941），佐藤信淵（1937）などがある。
(3) 若槻泰雄・鈴木譲二（1975）『海外移住政策史論』福村出版，54頁。なお，「もしも草」の慶応4年から明治3年までの新聞の内容は，明治文化会（1961）『幕末明治新聞全集 第四巻』世界文庫に掲載されている。なお，ハワイ移民については，ハワイ日本人移民史刊行委員会（1964），土井弥太郎（1982），堀雅昭（2007），牛島秀彦（1989）が詳しい。
(4) 入江寅次（1942）『邦人海外発展史』井田書店，22頁，および若槻泰雄・鈴木譲二（1975）『海外移住政策史論』福村出版，55頁。
(5) 沖縄県教育委員会（1974）『沖縄県史7 移民』404-409頁。1819（大正8）年，海外興業株式会社による日本人移民約110人が，ニューカレドニアに送った最後の契約移民であった（渋谷昇次

(1943)『南太平洋諸島—地政治史的研究』248頁)。なお，ニューカレドニアの日本人移民については，小林忠雄（1980）『ニューカレドニア島の日本人—契約移民の歴史』ヌメア友の会，および北野典夫（1985）『天草海外発展史（上巻）』葦書房，332-357頁が詳しい。
(6) 入江寅次（1942）『邦人海外発展史』井田書店，132-135頁，沖縄県教育委員会（1974）『沖縄県史7 移民』414-416頁，および若槻泰雄・鈴木譲二（1975）『海外移住政策史論』福村出版，55-56頁。
(7) 飯本信之・佐藤弘（1942）『南洋地理体系8 豪州』ダイヤモンド社，248-259頁，Mary Albertus Bain（1982）（足立良子訳（1987）『真珠貝の誘惑』勁草書房）46-54頁，沖縄県教育委員会（1974）『沖縄県史7 移民』417-418頁，および若槻泰雄・鈴木譲二（1975）『海外移住政策史論』福村出版，62-64頁。なお，司馬遼太郎も，当時の木曜島の日本人について，『木曜島の夜会』という著書を書いている。また，小林織之助（1942）『東印度及濠洲の点描』にも詳しい記述がある。
(8)「移民保護規法」の成立の事情を，当時の政府委員外務次官原敬は衆議院の答弁で次のように述べている（海外移住事業団（1973）『海外移住事業団十年史』海外移住事業団，6-7頁による）。

「この移民保護法は，法案としては新たなものでございますが，しかしながら明治27年に勅令を以て，移民保護規則というものを既に発布し，爾来施行しております。故にこの点より申しますれば，新たなるものではございません。

全体，この法律を要するわけは，数年来日本人の外国に出ずる者が，明治10年頃までは誠に僅かの数でございました。

明治9年から11年までの平均を見ますれば僅かに900人位でありました。明治24年から5年までの平均をみますると，1万2, 3千人になっております。900人位のものが1万2, 3千になるように，海外に往く者が増加を致しましたから，従って出稼人が大分加わりました。

その出稼人も最初は誠に僅かで，明治18年から22年頃までには，毎年平均3千人そこそこでありましたのが，24年から7年頃の平均を見るというと，7千人位，殆んど倍以上にも増加をしました。

そして斯様に一般の人が外国に出，従って出稼人も外国に多く出ますることとなりました以上は，海外に参って色々困難に陥っているものがある。また，これを海外に送るためには種々の弊害を生じて，移民を困らす者もありましたについて，まずもって27年に勅令を発布して，相当の取締りを設けましたが，保証金その他の関係に於て，法律の効力を用いませぬければ，取締のつかぬ処が多くありまするが故に，更にこの法律案を提出致しました。政府に於ても2ケ年以上も実行しておりまして，経験の上作りましたことでございますから，諸君にも速やかにこれを可決されんことを希望します。（殖民協会報告35号,明治29年3月）」

(9) 入江寅次（1942）『邦人海外発展史』井田書店，114-117頁。なお，1894（明治27）年に施行された「移民保護規則」は以下である。

「第一条　本令に於て移民と称するは労働を目的として外国に渡航する者を言い，移民取扱人と称するは何等の名義を以てするに拘らず，移民を募集し又は移民の渡航を周旋するを以て営業となす者を言ふ。

前項労働の種類は外務大臣，内務大臣協議して之を定む。

第二条　移民は旅券を携帯すべし。

第三条　移民にして帝国と条約を締結せざる国の領地に移住せんとする者，又は移住すべき地の国法に違反して移住せんとする者には旅券を下附せざることを得。

第四条　移住すべき地の情況に因り必要と認むるときは，旅券を下附するに当り移民取扱人に依らざる移民をして二人以上の身元引受人を定めしむることを得。

身元引受人は疾病其他困難の場合に於て移民を救助し，又は帰国せしむるの資力ありと地方長官に於て認めたる者に限る。

第五条　移民取扱人たらんと欲する者は地方長官を経由し，内務大臣の許可を受くべし。

第六条　移民取扱人は地方長官に保証金を納めたる後にあらざれば移民を募集し，又は移民の渡航を周旋することを得ず。

第七条　前条に掲ぐる保証金は一万円以上とし，地方長官，内務大臣の許可を得て之を定む。

第八条　移民取扱人は移民の渡航を周旋するに当り，移民との間に書面契約を為すべし

前項契約に関する条件は予め地方長官の認可を受くべし。

第九条　前条の条件中には左の事項を具ふることを要す。

一，契約年限，二，渡航周旋料，三，疾病其他困難の場合に於て救助，又は帰国の手続

第十条　移民取扱人，又は代理人は渡航周旋料の外何等の名義を以てするを問はず，移民より手数料を受くることを得ず。
第十一条　移民取扱人は其取扱に係る移民の旅券願書に署名すべし。
既に旅券を受けたる移民を取扱ふときは，旅券を下附したる官庁に旅券を添へ其旨を申出で承認を受くべし。
第十二条　移民取扱人又は代理人は，移民として渡航する者にあらざれば其周旋，又は募集を為すことを得ず。
第十三条　移民取扱人は，他人をして其業務を代理せしむるときは，地方長官に予め其人名を申出で認可を受くべし。
第十四条　移民取扱人にして法律命令に違反して其業務を為し，又は保証金の塡補を遅滞し，又は其許可を取消すことを得。
第十五条　移民にして外国にある帝国官庁の保護を出願するの必要あるときは，旅券を差出して其身元を証明すべし，移民取扱人に依りたるときは，移民取扱人との契約書をも差出すべし。
第十六条　移民地又は移民地に於て執るべき業務を詐り旅券を得たる者，及旅券を携帯せずして渡航したる者は，二円以上二十円以下の罰金に処す。
第十七条　移民取扱人にして第六条，第八条，第十一条及第十三条に違反したるとき，又は本令に違反したる移民なることを知りて其周旋若くは募集を為したるときは，十円以上百円以下の罰金に処す。
第十八条　何等の名義を以てするに拘らず移民取扱人たるの許可を受けず，若くは営業停止中に移民の募集又は其渡航の周旋を為したる者は，二十円以上二百円以下の罰金に処す移民取扱人又は代理人にして誘惑の手段を以て移民を募集し，又は其渡航の周旋を為したる者は前項の罰金に処す。
第十九条　前二条は商事会社にありては其各条に掲ぐる所為を為したる業務担当の任にある社員又は取締役に之を適用す。
附則
第二十条　本令施行前より官庁の公認を経て移民取扱の営業を為す者は，本令施行の日より三ケ月間は第五条，第六条の規程に拘らず，其営業を継続することを得。
前項の営業者にして前項の期間後尚其営業を継続せんとする者は，同期間中に本令により更に許可を受くべし。
第二十一条　本令は帝国と締結したる特別条約に基き渡航する者，及其取扱人に適用するの限りにあらず。
第二十二条　本令施行の為め必要なる細則は外務大臣，内務大臣協議して之を定む。」
(10)　海外移住事業団（1973）『海外移住事業団十年史』海外移住事業団）6頁。
(11)　海外移住事業団（1973）『海外移住事業団十年史』海外移住事業団）6頁。
(12)　この移民会社の統合の事情について，海外興業株式会社小史（1931（昭和6）年，同社発行）は以下のように説明している（海外移住事業団（1973）『海外移住事業団十年史』海外移住事業団）7 8頁による）。
「大正6年，当時の寺内内閣は戦後に来るべき形勢の変化に対応して，国力進展の途を拓き，かつ国民生活問題の解決を期せんがため，海外発展の大策を樹立するの必要を認め，その実行方法として拓殖企業及びこれに対する資金供給の機関を設くることとし，まず東洋拓殖株式会社法に左の条項を追加して，その資金供給の任に当らしめたり。（中略）
これと同時に，拓殖企業ならびに移植民事業を担当すべき会社を必要とせしも，当時国内にこの種の事業会社なく，ただ小移植民会社多数分立して専ら移民輸送数の多からんことを相競うのみにして，移民渡航地に何等事業的根拠を開拓せんとつとむるものなく，到底この重大任務を果すこと不可能なりと認めたるにより，これら諸会社を合同し，すくなくとも壱千万円以上の会社となし，移植民事業およびこれに関連せる拓殖企業等の事業を経営せしむるため，大正6年8月，勝田大蔵大臣は東洋移民，南米殖民，森岡移民，伯剌西爾拓殖，日本殖民，日東殖民各社の代表者をその官邸に招致し，外務省通商局長中村氏立会の上以上の趣旨を懇示して関係各社の合同を従慂せられたり。」
(13)　外務省領事移住部（1971）『わが国民の海外発展　移住百年の歩み（本編）』外務省，6-8頁。
(14)　外務省領事移住部（1971）『わが国民の海外発展　移住百年の歩み（本編）』外務省，6頁。なお，明治25年より横浜正金銀行がハワイでの邦人移民の給料積立業務，預金，送金などを行うハワ

イ出張所を開設した。横浜正金銀行（1920）『横浜正金銀行史』137-139 頁。
(15) 外務省領事移住部（1971）『わが国民の海外発展　移住百年の歩み（本編）』外務省，6 頁。
(16) 本庄栄次郎（1942）『先覚者の南方経営』日本放送出版協会，135-168 頁。
(17) 矢野暢（1979）『日本の南洋史観』中央公論社，16-18 頁。
(18) 榎本武揚の植民思想，メキシコ榎本移民，殖民協会については，上野久（1994）『メキシコ榎本殖民』，角山幸洋（1986）『榎本武揚とメキシコ殖民移住』，加茂儀一（1960）『榎本武揚』が詳しい。
(19) 外務省領事移住部（1971）『わが国の海外発展　移住百年の歩み（本篇）』外務省，6 頁。
(20) 外務省領事移住部（1971）『わが国の海外発展　移住百年の歩み（本篇）』外務省，6-7 頁。
(21) 若槻泰雄・鈴木譲二（1975）『海外移住政策史論』福村出版，74-79 頁，および志賀重昂（1927）『志賀重昂全集第 3 巻』，100-103 頁。
(22) 志賀重昂（1927）『志賀重昂全集第 3 巻』95-96 頁。
(23) 志賀重昂（1927）『志賀重昂全集第 3 巻』100-102 頁。
(24) 田口卯吉閲，井上彦三郎・鈴木経動（1892）『南嶋巡航記』経済新聞社，はよくその状況を伝えている。
(25) 田口卯吉（1890）「南洋経略論」『東京経済雑誌』（明治 23 年 3 月 22 日発行）513 号所載（『田口卯吉全集第 4 巻』371-373 頁）。
(26) 菅沼貞風（1940）『新日本の図南の夢』岩波書店。最初は，菅沼貞風（1940）『大日本商業史』，岩波書店，637-691 頁に収録された。
(27) 菅沼貞風（1940）『大日本商業史』岩波書店，680-682 頁。
(28) 菅沼貞風（1940）『大日本商業史』岩波書店，685-687 頁。
(29) 菅沼貞風（1940）『大日本商業史』岩波書店，692 頁。
(30) 服部徹については，吉田秀夫（1944）『日本人口論の史的研究』河出書房。223-225 頁，および，矢野暢（1979）『日本の南洋史観』中央公論社，28-31 頁，で詳しい解説を行っている。
(31) 服部徹（1891）『南洋策　一名南洋貿易及殖民』村岡源馬，119 頁。
(32) 服部徹（1891）『南洋策　一名南洋貿易及殖民』村岡源馬，120 頁。
(33) 服部徹（1891）『南洋策　一名南洋貿易及殖民』村岡源馬，127-129 頁。
(34) 竹内好（1963）『アジア主義』筑摩書房，32-37 頁。
(35) 竹内好（1963）『アジア主義』筑摩書房，128-129 頁。
(36) 竹越與三郎（木村荘五編）（1942）『南国記』，141-146 頁。
(37) 矢口祐人（2002）『ハワイの歴史と文化』中央公論社，26 頁。
(38) 上野久（1994）『メキシコ榎本移民』中央公論社，23-29 頁。
(39) 「植民協会報告　第 1 号」107 頁，なお引用は上野久（1994）『メキシコ榎本移民』中央公論社，28 頁による。
(40) 上野久（1994）『メキシコ榎本移民』中央公論社，29 頁。
(41) 黒田謙一（1942）『日本植民思想史』弘文堂，244-245 頁。
(42) 若山儀一（1935）『若山儀一全集　上巻』東洋経済新報社，342-345 頁。
(43) 吉田秀夫（1944）『日本人口論の史的研究』河出書房，231-232 頁，において人口論の立場から詳しい解説を行なっている。
(44) 黒田謙一（1942）『日本植民思想史』弘文堂，242-243 頁。
(45) 鈴木経勲の南洋への探検記については，かなりの部分に捏造がある指摘もある。高山純（1995）『南海の大冒険家　鈴木経勲　其の虚像と実像』三一書房は，このことを検証している。

〈参考文献〉

アメリカ彦蔵（中山努・山口修訳）（1976）『アメリカ彦蔵自伝』（全 2 巻）平凡社。
鮎沢信太郎（1956）『漂流―鎖国時代の海外発展』至文堂。
アラン・T・モリヤマ（1988）『日米移民史学』PMC 出版。
ブラジル日本移民 80 年史編纂委員会（1991）『ブラジル　日本移民八十年史』ブラジル日本文化協会。
ブラジルに於ける日本人発展史刊行委員会（1941）『ブラジルに於ける日本人発展史　上巻』ブラジルに於ける日本人発展史刊行委員会。
ブラジルに於ける日本人発展史刊行委員会（1942）『ブラジルに於ける日本人発展史　下巻』ブラジルに於ける日本人発展史刊行委員会。
土井弥太郎（1982）『山口県大島郡　ハワイ移民史』マツノ書店。

江木翼（1910）『植民論策』聚精堂．
エミリー・ウォーリー（宮永孝訳）（1991）『ジョン万次郎漂流記』雄松堂．
外務省（1971）『わが国民の海外発展　移住百年の歩み（本編・資料編）』大臣官房領事移住部．
後藤新平（中村哲編）（1944）『日本植民政策一斑，日本膨張論』日本評論社．
服部徹（1891）『南洋策　一名南洋貿易及殖民』村岡源馬．
花園兼定（1940）『南進論の先駆者菅沼貞風』日本放送出版協会．
本庄栄次郎（1942）『先覚者の南方経営』日本放送出版協会．
堀雅昭（2007）『ハワイに渡った海賊たち―周防大島の移民史』弦書房．
ハワイ日本人移民史刊行委員会（1964）『ハワイ日本人移民史』布哇日系人連合協会．
春名徹（1979）『日本音吉漂流記』晶文社．
帆足萬里（1941）『東潜夫論』岩波書店．
入江寅次（1942）『邦人海外発展史』井田書店．
入江寅次（1943）『明治南進史稿』井田書店．
井上清（1913）『南洋と日本』大正社．
井上雅二（1930）『移住と開拓』日本植民通信社．
井上雅二（1931）『海外移住問題の実際』日本植民通信社．
井上雅二（1934）『移住制限問題に直面して』実業之日本社．
井上雅二（1942）『南方開拓を語る』畝傍書房．
井伏鱒二（1947）『ジョン万次郎漂流記』文学界社．
飯本信之・佐藤弘（1942）『南洋地理体系8　豪州』ダイヤモンド社．
今野敏彦・藤崎康夫（1986）『移民史Ⅰ　南米編』新泉社．
今野敏彦・藤崎康夫（1985）『移民史Ⅱ　アジア，オセアニア編』新泉社．
稲田周之助（1912）『植民政策』有斐閣．
小林忠雄（1980）『ニュー・カレドニア島の日本人―契約移民の歴史』ヌメア友の会．
北野典夫（1985）『天草海外発展史（上巻）』葦書房．
河津遷（1940）『植民と植民政策』有斐閣．
海外移住事業団（1973）『海外移住事業団十年史』海外移住事業団．
角山幸洋（1986）『榎本武揚とメキシコ殖民移住』同文舘出版．
加茂儀一（1960）『榎本武揚』中央公論社．
黒田謙一（1942）『日本植民思想史』弘文堂．
加田哲二（1939）『現代の植民政策』慶應書房．
加田哲二（1940）『植民政策』ダイヤモンド社．
小島憲（1929）『植民政策綱要』章華社．
小林織之助（1942）『東印度及豪洲の点描』統正社．
松岡正男（1926）『植民及移民の見方』日本評論社．
美平ının道（1960）『海外発展案内書』日本海外移民協会．
室賀信夫・矢守一彦編訳（1965）『蕃談―漂流の記録』（全3巻）平凡社．
松島俊二朗（1999）『鎖国をはみ出した漂流者―その足跡を追う』筑摩書房．
森本（樽井）藤吉（1975）『復刻大東合邦論』若月書店．
明治文化会（1961）『幕末明治新聞全集　第四巻』世界文庫．
マーク・ピーティー（浅野豊美訳）（1996）『植民地―帝国50年の興亡』読売新聞社．
ポール・エス・ランチ（松山正男・田宮弘太郎訳）（1910）『殖民政策』同文館．
Mary Albertus Bain（1982），*Full Fathom Five*, Arylook Books.（足立良子訳（1987）『真珠貝の誘惑』勁草書房．）
武藤山治（1887）『米国移住論』丸善．
野間海造（1944）『人口問題と南進論』慶應出版社．
永田稠（1928）『日本植民読本』宝文館．
永田稠（1933）『農村人口問題と移植民』日本評論社．
日本人メキシコ移民史編集委員会（1971）『日本人メキシコ移民史』日本人メキシコ移民史編集委員会．
奥村多喜衛（1917）『太平洋の楽園』三英堂書店．
岡部牧夫（2002）『海を渡った日本人』山川出版社．

小川平（1976）『アラフラ海の真珠』あゆみ出版。
佐藤信淵（1937）『宇内混同秘策』大同館。
菅沼貞風（1940）『大日本商業史』岩波書店。
菅沼貞風（1940）『新日本の図南の夢』岩波書店。
鈴木経勲（1980）『南洋探検実記』平凡社。
鈴木経勲（江崎悌三校訂）（1944）『南洋風物誌』日本講演協会。
志賀重昂（1927）『志賀重昂全集第3巻』志賀重昂全集刊行会。
志賀重昂（1995）『日本風景論』岩波書店。
柴田賢一（1941）『南洋物語』日本青年館。
柴田賢一（1941）『日本民族海外発展史』興亜日本社。
澤田謙（1942）『海外発展と青年』潮文閣。
司馬遼太郎（1977）『木曜島の夜会』文芸春秋社。
渋谷昇次（1943）『南太平洋諸島—地政治史的研究』先生書店。
竹内好（1963）『アジア主義』筑摩書房。
恒屋盛服（1891）『海外植民論』博聞社。
東郷實（1925）『植民政策と民族心理』岩波書店。
東郷實（1926）『植民夜話』岩波書店。
東郷實（1936）『人口問題と海外発展』日本青年館。
竹越與三郎（1940）『明治文化叢書　南国記』日本評論社。
田口卯吉（1928）『田口卯吉全集　第4巻』田口卯吉全集刊行会。
田口卯吉（1929）『日本経済論』改造社。
田口卯吉（1929）『日本開化小史』改造社。
田口卯吉閲，井上彦三郎・鈴木経動（1892）『南嶋巡航記』経済新聞社。
田口親（2000）『田口卯吉』吉川弘文館。
高山純（1995）『南海の大冒険家　鈴木経勲　其の虚像と実像』三一書房。
上野久（1994）『メキシコ榎本殖民』中央公論社。
牛島秀彦（1989）『行こかメリケン，戻ろかジャパン—ハワイ移民の100年』講談社。
若山儀一（1935）『若山儀一全集　上巻』東洋経済新報社。
若山儀一（1935）『若山儀一全集　下巻』東洋経済新報社。
若槻泰雄・鈴木譲二（1975）『海外移住政策史論』福村出版。
矢野暢（1975）『南洋の系譜』中央公論社。
矢野暢（1979）『日本の南洋史観』中央公論社。
吉田忠雄（1990）『排日移民法の軌跡』経済往来社。
矢口祐人（2002）『ハワイの歴史と文化』中央公論社。
山下草園（1943）『日本布哇交流史』大東出版社。
山中速人（1993）『ハワイ』岩波書店。
矢内原忠雄（1927）『植民地政策の新基調』弘文堂書房。
矢内原忠雄（1941）『植民及殖民政策』岩波書店。
横浜正金銀行（1920）『横浜正金銀行史』横浜正金銀行。
吉田秀夫（1944）『日本人口論の史的研究』河出書房。
山内正瞭（1904）『世界殖民史』博文館。

第2章

戦前期日本の南洋群島進出の歴史と戦略
―南洋興発,南洋拓殖,南洋貿易を中心として―

はじめに

　戦前にも,日本企業は活発に国際経営を行っていた。特に,南洋群島(ミクロネシア)は,戦前期,その一部が日本の委任統治領であったため,かなりの日本企業が南洋群島に進出し,日本人移民を多く受け入れ,企業活動を行っていた。南洋群島は,小笠原諸島の南方以北の太平洋中に散在するマーシャル,カロリン,マリアナの三群島に大別する1,400あまりの島からなる。南洋群島は,東はハワイ,西はフィリピン,南はニューギニア,北は小笠原諸島・硫黄島諸島に面する,広大な地域である。しかし,面積は南洋群島のすべての島の陸地を合わせてもわずか2,149平方キロメートルで,東京とほぼ同じ面積に過ぎない[1]。

　本章では,戦前期の日本企業の南洋群島進出について,南洋興発株式会社,南洋拓殖株式会社,南洋貿易株式会社を中心として,その国際経営の歴史と戦略という視点で論じる。

第1節　南洋群島の委任統治と南洋進出

1. 日本の南洋統治と南洋庁の設立

　南洋群島は,16世紀の始めポルトガルの航海者によって発見され,スペインの植民地となった。1899(明治32)年にドイツの植民地となった。ドイツは,ニューギニアのラバウルに総督を置き,ヤップ,ポナペおよびヤルートに各政庁を設け知事

を置き，付近諸島を管轄した。マーシャル群島において，ヤルート会社を創設し，南洋群島の拓殖にあたらせ，通信航海等に対し保護を与えた[2]。

　第一次世界大戦が勃発した1914（大正3）年10月に，日本海軍が当時ドイツの保護領であった太平洋中赤道以北に散在する南洋群島を占領し，同時に特別陸戦隊を駐屯させ軍政を布いた。同年大正3年12月には臨時南洋群島防備隊条例を設け，司令部を東カロリン群島のトラック島に置き，臨時南洋群島防備隊司令官を置いて軍政にあたった。司令部には民政顧問を配置し，また全南洋群島をサイパン，パラオ，トラック，ポナペ，ヤルートの5民政区に分け，各区に守備隊を配置した。さらに，ヤップ，アンガウルの両島にはパラオ守備隊の分隊を，クサイ島にはポナペ守備隊の分隊を派遣した。その軍に地方警備の任にあたらせ，各守備隊に文官の書記または技手を配置して，守備隊長が軍政庁長を兼ね，臨時南洋群島防備隊司令官の下に民政事務を兼掌させた。1915（大正4）年には，ヤップ民政区を設け，ヤップ分遣隊をヤップ守備隊に改め，同時に各守備隊に民政事務官各一名を配置した。そして同年9月にはクサイ分遣隊を撤去し，ポナペ守備隊付海軍書記を派し同島の民政事務を執行させた。1916（大正5）年には再び民政区の区分を改正し，パラオ民政区とヤップ民政区を東経137度以東の西カロリン群島と，同以西の西カロリン群島とに分割した。1919（大正8）年にはさらに民政区の区分を改正し，従来ヤルート政区に属した東経164度以西のマーシャル群島の一部をポナペ民政区に移管した[3]。第一次大戦終結後のヴェルサイユ講和条約を経て，1220（大正9）年12月，国際連盟理事会で南洋群島は日本の委任統治領となった。なお，国際連盟での旧ドイツ領の委任統治については，ニューギニアはオーストラリア，サモア諸島はニュージーランド，南西アフリカは南アフリカが，委任統治を行うことに決まった。

　委任統治という方式は，第一次世界大戦の敗戦国であるドイツの海外領土とトルコの領有地域に対して，領有化を主張する英仏日とそれに反対する米大統領ウッドロー・ウィルソンとのあいだで妥協が図られた結果，作り出された制度である[4]。国際連盟による委任統治は，統治地域の政治的発達度合に応じてABCの三段階に分けられ，南洋群島は，C式委任統治であった。現地人の利益に一定の保障を与えなければならないとの条件はあるが，受任国の国内法による統治が適用されて，事実上の領土と同じ扱いが認められるものである。また，軍事基地の建設などが禁止される他は，国際連盟に毎年，委任統治年報を提出して連盟理事会による審査を受ける以外に大きな制約もなく，これまでの植民地統治と大きな差はなかった。

　南洋群島は日本の委任統治領となったことから，日本政府は南洋群島における施

政制度を根本的に改革した。1921（大正10）年7月に民政部を司令部と分離し，パラオ島に移転した。そして1922（大正11）年3月，臨時南洋群島防備隊条例を廃止し，軍隊を撤去すると同時に，同年4月に新たに南洋庁を設置した。南洋群島には，占領当初は海軍の臨時南洋防備隊司令部による軍政が布かれていたが，この年に民政に転換し，統治機関として南洋庁がパラオ諸島のコロール島に設置されたのである。パラオ，ヤップ，トラック，ポナペ，ヤルート，サイパンの6か所に支庁が置かれた。

2．日本の国際連盟による委託統治

ドイツは，第一次大戦終結後の1919（大正8）年6月にヴェルサイユにおいて締結した平和条約（ヴェルサイユ講和条約）により，その海外属地に関する一切の権利および権限を主たる同盟および連盟国のために放棄するに至った。同盟および連盟国は平和条約第22条に準拠し，太平洋中赤道以北に位する一切のドイツ領諸島の施政を日本に委任することで一致し，日本はこれを受諾した。国際連盟理事会は連盟規約第22条第8項の規定に依り，日本が受任国として南洋群島に行う権限監理および施政の程度に関しその委任統治条項を定めた。すなわち，委任地域は太平洋中赤道以北に位するドイツ領諸島とし，その地域に対しては日本の構成部分として施政および立法の全権を有し，かつ必要なる地方的変更を加へて日本の法規を本地域に適用することができるとした。このように，日本は，グアム（米国統治であった）などを除く南洋群島の多くを委託統治として支配することができた。

この国際連盟の委任統治条約[5]では，住民の物質的および精神的幸福ならびに社会的進歩を極力増進する責務を負うほか，奴隷の売買，強制労働の禁止，武器および酒類供給の禁止，軍事的施設の禁止および信教の自由，宣教師の旅行・居住を許可すべきこと等の条件を規定した。また，国際連盟理事会を満足させるべき年報を提出する義務を負った。

アメリカは，このヴェルサイユ条約に批准せず，南洋群島のヤップ島におけるアメリカの権利に関して確定的了解を得る必要があったため，日米協議を行い，日本はアメリカとの間で，『「ヤップ」島及他の赤道以北の太平洋委任統治諸島に関する日米条約』を，1922（大正11）年7月に締結した。この日米条約では，国際連盟の南洋群島委任統治の各条項に同意すると共に，布教の自由，米国人既得財産権の尊重，日米間現存条約の適用等を規定するほか，ヤップ島に於ける海底電信の陸揚，

無線電信の建設及びその運用維持等に関して詳細の規定を設けた。

　日本が国際連盟を脱退した 1933（昭和 8）年 3 月以降も南洋群島の支配に大きな変化はなかった。1940（昭和 15）年 9 月に調印された日独伊三国軍事同盟で，旧宗主国のドイツが領有権を放棄したことを受けて，正式に日本領へ編入された。

3．南洋群島への日本の進出

　南洋群島への日本企業の進出は明治時代に遡る。1890（明治 23）年，明治の代表的経済学者で実業家である田口卯吉が天祐丸航海により日本と南洋群島との商業的関係は始まったとされている[6]。田口卯吉は，1890（明治 23）年，東京府知事より処分を委託された士族授産金 44,445 円 50 銭を資金として南島商会を組織し，91 トンの帆船天祐丸を買い入れた。東京府は，士族授産金という資金の運用に関して，事業を選び信任すべき人物に委託した。田口卯吉はこれに選任され，小笠原水産事業を行うこととなったのである。田口卯吉は貿易品を買い入れ，これを天祐丸に乗せ，田口卯吉以下 17 名が 1890（明治 23）年 5 月 14 日横浜港を出航した。天祐丸は，グアム，ヤップ，パラオ，ポナペ各島において島民と交易し，同年 12 月横浜に帰航した。この時ポナペ島に数名の乗組員を残して支店を開設したのが，南洋群島における日本人商店の嚆矢となったのである[7]。

　田口卯吉は南洋商会設立の志を以下のように述べている[8]。

　　「植民の事到りては拙者大に望を嘱せり，何となればグワム，ポネピを始め其他の諸島皆な膏腴（かうゆ）なればなり，其れ小笠原島は掌大の一島にして其地味亦た膏腴ならず，然れども我人民の之に移殖せしより，山の頂より谷の底まで開墾し，今は人口も二千人に至り，輸出物の総計も昨年は五萬円に上り，四回の定期船の余に二三艘の風帆船常に往来するも，其貨物を積むに十分ならずと云ふに至れり，南洋諸島は小笠原に数十倍し，共地味亦た膏腴なるに，今日に於ては毫（すこし）も来辱を加へす，物産としては椰子，海参，蝶貝，竈甲の類に過ぎす，従ひて船舶の往来僅々に過ぎず，若し我人民にして之に移殖し，之れを開墾すると小笠原島の如くせば，其利益ある知るべきなり。拙者の初志は単に商業に止まるにあらず，東京府士族の有志者をして南洋に移住せしめ，一は以て其独立を助け，一は以て国威を伸べんと欲するにありしなり，今ま其実況を見て益々之を信ずる深しと云ふ。

　　　明治二四年一月　田口卯吉」

田口卯吉は，南洋群島について「単に商業に止まるにあらす，東京府士族の有志者をして南洋に移住せしめ，一は以て其独立を助け，一は以て国威を伸べんと欲するにありしなり」と述べ，商業のみならず移住をも勧めている。田口卯吉の南島商会は，南洋貿易で利益を得たが，その1航海をもって解散した。南島商会の事業は一屋商会が継承した。その他にも南洋貿易に従事する商店が次々と設立された。

　以上のように，南洋群島において，その当時日本人の商業活動は行われていた。南島商会以後，スペイン時代およびドイツ時代に南洋群島に設立された日本人の商店，貿易会社の主なるものに以下がある[9]。

① 一屋商会

　南島商会が解散するにあたり，天祐丸とポナペ支店の財産は，肥前島原の小美田利義が1万2千円で氏族総代会から譲り受け，小美田は一屋商会を設立して，南洋貿易に乗り出した[10]。一屋商会の所有船となった天祐丸は，1892（明治25）年1月に再び天祐丸をポナペに航海した。また一屋商会は，トラック島に支店を置いた。しかし，1893（明治26）年，損失のため一屋商会は，解散した。

② 快通社

　快通社は，田口卯吉航海の翌年の1891（明治24）年，水野信六によって設立され，帆船快通丸を就航させた。快通社は，トラック島を本拠として雑貨販売，ならびにコプラ，海参，蝶貝，高瀬貝等の買入に従事したが，使用船の座礁によりまもなく解散した。

③ 恒進社

　恒進社は，1891（明治24）年，仙台出身の横尾東作が，南洋貿易を行うために設立した。恒進社は，22名の共同出資による合資会社であった。帆船憺遠丸（70トン）を就航して南洋貿易を行い，始めポナペに支店を置き，後にパラオを本拠として活動した。恒進社は，1914（大正3）年まで継続した。

④ 南洋貿易日置会社

　一屋商会の佐本常吉と小川貞行は一屋商会の解散後，南洋貿易を再起させるために，1893（明治26）年10月，三本六右衛門，船渡政助ほか有志が資本金8千円を出資して，組合事業を起こし南洋貿易を始めたのが南洋貿易日置会社の発祥である。

翌 1894（明治 27）年，さらに 4 千円増資して，資本金 1 万 2 千円の南洋貿易日置合資会社が誕生した。日置の二字は，発端の地が和歌山県の日置村ということで，会社の名につけたものである[11]。日置会社は，帆船長明丸（196 トン）を使用し，ポナペ，トラック，サイパン，およびグアムの諸島に支店を設け，通商貿易に従事した。1899（明治 32）年トラック，ポナペの両支店は銃器等の販売でドイツ官憲の忌む所となり，閉鎖の止むなきに至った。1899（明治 32）年，資本金を全額払込の 10 万円に増資し株式会社形態となり，南洋貿易日置株式会社と改称された。

南洋貿易日置株式会社は帆船を所有し，日本から生活物資を運び，現地の商店で売りさばき，帰りの船ではコプラやサイパン以外の島の産物を日本に運んだ（コプラは横浜魚油会社でもっぱら石けんに加工された）[12]。

⑤ 南洋貿易村山合名会社

1901（明治 34）年，横浜市の村山拾吉により南洋貿易を目的とし，帆船の武蔵丸（160 トン）を就航船として，南洋貿易村山合名会社を設立した。グアム，サイパンなどに出張所を設けた。1906（明治 39）年に，統治国ドイツからポナペにおける営業許可を得て，翌 1907（明治 40）年にトラックでも営業が許されるようになった。新たに帆船矢丸（120 トン）を購入して，いっそうの活動を行った[13]。

⑥ 南洋貿易株式会社

南洋貿易日置株式会社と南洋貿易村山合名会社は，南洋群島での貿易において競争を免れないような状態となった。さらに，ドイツ官憲は，できるだけ日本人の活動を抑制しようと努めた。邦人同士が競争することは，双方不利を招くことになるという懸念もあり，1906（明治 39）年，南洋貿易日置株式会社と南洋貿易村山合名会社が合併して，資本金 15 万円の南洋貿易株式会社となった[14]。南洋貿易株式会社は 5 隻の船と多くの土地を借地，または所有した。南洋貿易株式会社は，日本本土と南洋群島間の貿易をほぼ独占的に扱った。また，彼らを中心に小規模ながら「日本人会」もできていたという。南洋貿易株式会社は，グアム，ギルバート，ニューアイランド，パラオなどの広くミクロネシア諸島で活動し，パラオが最も重要な地であった[15]。

日本軍政初期の 1914 年（大正 3）年末時点での南洋群島在住日本人数は，サイパン島 27 人，ポナペ島 2 人，トラック諸島 12 人，ヤップ島 18 人，パラオ島 25 人，

アンガウル島 11 人の合計 95 人であるとしている[16]。サイパン島に在住していた日本人は，南洋貿易サイパン支店の社員のほか，大工，島民所有のヤシ林の園丁など27 人であった。ポナペ島の日本人は，南洋貿易の社員 2 人である。トラック諸島の日本人は，南洋貿易の社員 10 人と独ヤルート会社の仲買人 2 人である。ヤップ島の日本人は，南洋貿易社員関係 11 人と「南洋経営組合」（のちの南洋殖産株式会社の前身）支店関係 7 人である。パラオ諸島の日本人は，南洋貿易の社員が 15 人，日本恒信社の社員が 10 人である。アンガウル島の日本人は，同島の日本占領によりドイツ南洋燐鉱会社の施設・事業を管理する「南洋経営組合」関係者 10 人，および日本人女性 1 人であった[17]。

日本軍の南洋群島占領翌年の 1915（大正 4）年末には，在住日本人 220 人に増加し，1920（大正 9）年には 3,671 人となった[18]。その後，日本人在住者は激増して，1933（昭和 8）年には 3 万人を超え，全群島総人口の約 38％を占めるようになった。ただし，各支庁別および各島別に見れば，日本人人口の分布は甚しく不均等で，その大部分はサイパン支庁管内に在住し，パラオ支庁が次ぎ，ヤルートおよびヤップ支庁は最も少数であった。

大戦前の 1939（昭和 14）年 6 月末の時点での南洋群島の人口は，11 万 3,562 人，そのうち現地島人が 4 万 406 人，日本人が 7 万 3,028 人，外国人が 119 人であった。日本人は，1914（大正 3）年占領当時はわずか数十名であったが，移民により急速に増加した。日本人の多くは，サイパン管区に居住し，多くは栽培などの農業に従事し，沖縄県人が多かった[19]。産業は南洋興発株式会社（南興）を中心としたサトウキビ栽培による製糖業が中心であった。

南洋群島での日本資本の主要企業として南洋興発，南洋拓殖，南洋貿易があるが，南洋庁の直営事業もあった。日本政府はドイツ南洋燐鉱株式会社の資産を，1,739,960 円で買収し，1922（大正 11）年から，南洋庁の官営事業としてアンガウル燐鉱採掘を継続して運営した。この鉱山は，年産 6 万トン程度の産出があった。また，ドイツ時代において独蘭電信会社およびドイツ南洋無線電信会社が南洋群島にあった施設を修復して，南洋庁の官営事業として運営した[20]。

その他の日系企業としては，サイパン島で硫黄試掘の清水兄弟商会（グアムに本店あり），ヤップ島で貿易業の南洋経営組合，などがあった[21]。

南洋群島への日本人移民が増加したことにより，日本との交通も発達していった。日本との定期航路は，日本郵船が月に 5 回から 8 回あった。この航路は，横浜（または神戸，門司）から 4-5 日でサイパン，テニアン，ロタに達し，さらに 3-4 日で

ポナペ（東回り）あるいはパラオ（西回り）に達することができた。また，大日本航空会社による飛行便があった。これは，1か月2回の往復の定期空路である。この定期空路では，横浜とサイパン間が10時間，サイパンとパラオ間7時間である。さらに，各島間および外南洋間には定期船や南洋興発の社船があった[22]。

第2節　南洋興発株式会社

　南洋興発株式会社は，南洋群島において事業を行う会社として，国策会社たる東洋拓殖株式会社の投資によって，1921（大正10）年11月に資本金300万円として設立された。南洋興発は，設立前に主にサイパンでの開拓を行っていた西村拓殖，南洋殖産の事業を引き継ぐ形で設立された。南洋興発は，設立後，南洋群島の島の開墾，多くの日本人移民の導入，製糖工場や酒精工場の建設，鉄道の建設などを行い，砂糖や酒精を生産し，日本に輸出した。また，関連事業として，製氷および漁業の事業などに進出し，さらに，蘭領ニューギニアにおいても事業を行った。南洋興発株式会社は，南洋における日本企業進出の代表的企業であり，南洋開拓においても極めて重要な存在であった。

1．南洋開拓の前身諸会社

　南洋興発設立以前において南洋群島での開拓事業を行っていた日本企業として，西村拓殖，南洋殖産などがあった。

(1)　西村拓殖株式会社

　西村拓殖は，下関の豪家西村一家の事業が南洋に発展したもので，一族の総師西村惣四郎氏が興したものである[23]。1917（大正6）年2月に西村一族の出資で，サイパン島に西村製糖所の設立し，それが西村拓殖の前身となった。西村製糖所は赤糖の製造を計画し，事業一切は西村一松氏が指揮することとなった。まず西村家の漁業の本拠地たる山口，長崎の両県から移民をサイパンに送り，同年大正6年3月にチヤランカの隣のヒナシス丘の付近で開墾を始めた。開拓のため日本や朝鮮から500人程度の移民を入れ，1917（大正6）年から2年間かけて，農場を開墾し，砂

糖キビを植え，運搬のためのトロッコ線を敷き，製糖工場を建設した。

　1919（大正8）年11月に西村製糖所は組織を変更して，資本金500万円で，四分の一払い込みの株式会社となり，西村拓殖株式会社と称した。西村一族が株式全部を引受け，社長は惣四郎氏，専務は一松氏，その他の重役には四郎氏，良輔氏，良吉氏等が就任した。しかし，製糖事業はうまくいかなかった。砂糖キビは雑草にうずもれ，技術者のいない工場は失敗を繰返した。西村の事業は，砂糖は一向にはかばかしくできず，二度も火災に見舞われ建物，農園等を焼き，また熱病が流行して死者病人が続出し，サイパンの空気はだんだん陰鬱となり，西村の事業は次第に難境に追いつめられることになった。その後，第3回の製糖を始める直前頃からの砂糖相場の暴落などもあり，西村拓殖の経営は極めて厳しいものとなった。西村の事業はその他にもロタの棉花，クサイの繊維等があったが，すべて失敗した。その後もしばらくは製糖事業を継続したが，それも不可能となり，事業一切を放棄して終わり，そのために移民は生活の資を断たれ，サイパンは暗黒となり，移民地獄といわれた惨状を現出することとなったのである。

(2) 南洋殖産株式会社

　南洋殖産株式会社は，南洋企業組合を前身とする[24]。南洋企業組合は，1916（大正5）年渋沢子爵の娘婿で当時東洋生命と朝鮮興業の社長をしていた尾高次郎氏を中心として設立された。組合員の顔ぶれは，川崎肇氏，岩崎清七氏，大橋新太郎氏，藤山雷太氏，恒藤規隆氏，田中丸善藏氏，瀧澤吉三郎氏，阿部幸之助氏，九鬼紋七氏，伊藤忠兵衛氏等十数名の知名の実業家が連ねていた。

　南洋企業組合は最初事務所を朝鮮興業の中に置いたが，1916（大正5）年の暮れに組織を変更して南洋殖産株式会社と改称し，東京府京橋区南新堀町に本社を置いた。南洋殖産株式会社の資本金は150万円で全額払込とし，南洋企業組合の組合員が1,000株引受け，外に渋沢同族会社が1,000株持つことになった。株主は名士ばかりの145名で，社長に尾高氏，重役には恒藤氏，川崎氏，岩崎氏，田中丸氏，瀧澤氏等が就任した。しかし，この会社の重役はただ名前を連ねて置くだけで，実務のすべては理事の中村氏，支配人の廣瀬氏などの若手経営者が仕切った。

　南洋殖産が最も力を注いだのは，フィリピンのダバオにおける麻栽培で，150万円の資本金の内，半額以上をこの事業に注いだ。しかし，現地での官憲の逼迫が甚しく，さらに相場の変動にも遭い，このダバオでの麻栽培事業は困難を極めた。

　1917（大正6）年，南洋殖産はサイパン出張所を設けて，サイパン島の製糖事業

に着手した。当時，島の南部には既に西村拓殖の事業が始まっていたので，南洋殖産は島の北部で製糖業を開始した。南洋殖産は，人夫制度ではなく小作制度を採用し，小笠原や八丈島地方から小作人として80戸ほど，またその他の移民約300名を入れ，土地を開墾し，栽培させた。製糖工場は60トン規模と小規模なものを建て，白下糖を生産した。

南洋殖産は白下糖の製糖を1918（大正7）年に開始し，毎年300樽位製造した。しかし，経営上の統制の問題，社員による金銭上の乱脈等があり，事業は振るわなかった。南洋殖産は，ラサ島の燐鉱，フィリピンの麻事業等もうまくいかず，資金難に陥り，1919（大正8）年に300万円増資を計画したがその払込が集まらず，社債の発行も失敗して，1920（大正9）年には事業放棄の状況となった。その後のサイパンの様子は悲惨なものであった。社員は人夫に追い回されて逃げ歩き，一同痩せ衰えて衣服などは見る影もなく破れ果て，サイパン島は険悪陰惨な状況となった。

2. 南洋興発株式会社の設立

以上のように，西村拓殖および南洋殖産の両社は，1920（大正9）年の財界恐慌に遭い金融に行き詰り，1,000名に近い両会社の移民は日々の食糧にさえ窮迫するに至った。加えて，島民の主食たる椰子は害虫の被害を受けほとんど全滅となり，島民も生活の危険に陥っていた。南洋興発株式会社は，このようなサイパンでの移民救済，南洋群島での開拓事業を目的として主に東洋拓殖株式会社と海外興業株式会社の出資により1921（大正10）年11月に設立された。東洋拓殖は，朝鮮を中心とした開拓事業を主な事業とする日本の国策会社である。海外興業は，移民事業を中心とした国策会社である。南洋興発の設立の経緯についてまずみてみよう。

東洋拓殖株式会社が南洋事業の失敗を引受ける準備として，西村拓殖の資本金を十分の一に減資し，資本金を50万円とし，社長の西村惣四郎氏を初め西村一家は全部役員から退き，東洋拓殖と海外興業の関係者が役員となった。新しい西村拓殖は，サイパン，テニアン，ロタの3島における借地権などの資産を引き継ぎ，また南洋殖産のサイパン，テニアンの両島における事業および財産を買収した。さらに西村拓殖と南洋殖産の負債を肩代わりすることになった。このような準備ができ，1921（大正10）年11月に西村拓殖の第2回定時株主総会で資本金を300万円（全額払込）に増加の上，南洋興発株式会社と改称した。南洋興発株式会社は，西村拓殖を改称する形で創立されたが，東洋拓殖などの投資によって資本の構成がまったく一

新され，事実上においては新会社であった。南洋興発株式会社の経営については，松江春次が一切行うこととし，専務に就任した。外に初代の重役として東洋拓殖から取締役に八木武三郎，蜷川新，村田命穆の三氏，監査役に人見次郎氏が就任した。

南洋興発株式会社の資本金300万円，その総株式6万株の内，4万4千株は新投資で，残りの1万6千株は資産引当であるため，前者を甲号株，後者を乙号株と称した。甲号株は新投資であるため1割2分迄の優先配当を受ける権利があった。株式の配分は以下のとおりである。

東洋拓殖	甲号	42,000 株	旧南洋殖産開係	乙号	4,000 株
海外興業	甲号	2,000 株	海外興業	乙号	2,000 株
旧西村拓殖開係	乙号	10,000 株	計		60,000 株

すなわち新投資は4万4千株であるが，海外興業の分は西村拓殖に対する貸出を株式に直したもののため，現金払込はわずかに東洋拓殖の4万2千株の210万円のみであった。さらに，その内から南洋殖産の買収費20万円，西村拓殖の事業負債等を支弁したので，残額はわずかに150万円となり，さらに興業銀行からの西村拓殖の負債60万円を負担したため，初めから非常に厳しい資金繰りであった。この東洋拓殖の南洋興発への投資には，子会社である海外興業が西村拓殖に対して行った貸出を，併せて整理しているという意図もあった。

(1) 南洋興発サイパン製糖所の設立

南洋興発株式会社は，松江春次が初代社長として経営の中心となり，サイパンを中心とした南洋群島での本格的な事業が始まった。なお，松江春次の銅像が，1934（昭和9）年8月7日に建てられ，現在もサイパンのガラパンのシュガー・キング・パークに昔のままで残っている。サイパンでのアメリカとの激烈な戦いの中で，松江の銅像が破壊されなかったのは，一説によると，松江のアメリカ留学中に知己のあった時の大統領ルーズベルト（マッカーサーによる特命という説もある）がこの銅像だけは壊すなという命令があったためだとされている。

松江春次が計画したのは，サイパンでのサトウキビ栽培と製糖業である。1922（大正11）年から製糖の新工場建設のための準備を行った。西村拓殖と南洋殖産は，粗放な経営の後に一年余にもわたって事業放棄を続けたため，その荒廃ぶりはひどく，両社の施設はあまり利用できなく，これを取り除くのも大変あった。南洋興発がサイパンに計画した製糖工場は，1,200トンまで拡張できる設計の下に，最初800

トン能力のかなり大きな工場を建設することであった。農場については，荒れ果てていたので，全部開墾し直した。

サイパン製糖工場は，1923（大正12）年3月に完成した。これに要した延人数は13万人余であった。また，農場の砂糖キビを集積して工場に運搬する鉄道の建設も行い，同年大正12年末に鉄道の敷設がほぼできた。

しかし害虫により，砂糖キビは不作となった。そこで，害虫を撲滅するために，栽培園をすべて焼き払った。その後に，害虫に強い新種の砂糖キビを栽培し，第3回目の刈り入れの1925（大正14）年には，原料としての砂糖キビができるようになり，製糖工場での生産が軌道に乗ることとなった。

1926（大正15）年には，サイパンに酒精工場と製氷工場の建設を行った。その後南洋興発の事業は順調に推移し，1930（昭和5）年には，サイパン島から西南のかつて無人島であったテニアン島にある喜多合名の土地と権利を30万円で買収し，新たに製糖工場を完成させた。喜多合名会社は，1916（大正5）年から主にテニアン島において主に椰子や綿花栽培の開拓事業を行なっている日本企業である。テニアン製糖工場は，1,200トンの生産能力を持つ工場で，サイパン製糖工場もその前年度の1925（大正14）年に能力の増加のための大改造を行い1,200トンの生産能力を持つ工場となった。サイパンとテニアンの製糖両工場を合わせて，1930（昭和5）年には35万坦（1坦100斤），1931（昭和6）年には65万坦，1932（昭和7）年には70万坦の砂糖を生産した。

(2) 日本からの移民と労働制度

南洋興発株式会社は，移民の救済が第1の目標であったため，西村拓殖と南洋殖産を併せ1,000名ほど引き継いだ。この移民を出身地方別に見ると，沖縄県が最も多く，次に八丈島，朝鮮という順序であった。今後の南洋興発の事業においては，この移民1,000名だけでは足りなかったので，この数倍の移民を日本から呼び寄せることとした。新たな移民については，沖縄県から移民を探ることに決めた。それは以下のような理由であった[25]。

(1) 急速に多数の移民を求めるには，内地の中でも最も人口過剰に苦み，早くから海外思想が発達し，既にサイパン島にも相当の進出を行っていた沖縄県人を最も適当としたこと。

(2) 所要勢力の主力を占める砂糖キビ栽培の農夫としては，砂糖キビは極めて栽培の容易な作物ではあるが，なお，まったく砂糖キビを見たこともない地方の

人々よりは，幼時から砂糖キビに親しみを持っている沖縄県を選ぶことが最も無難と考えたこと．

(3) 人口密度の首位たる沖縄県は，これを養うに足る産業を欠き，久しく蘇鉄地獄とさえ言われる惨状に沈淪していたのであるから，その過剰人口の一部を余裕ある南洋に移すことは，国策上極めて有意義と考えたこと．

それで南洋興発株式会社は，1922（大正11）年に沖縄県で移民募集を行い，同年6月にほとんどが成年男子からなる540名の沖縄県人がサイパン移民として入った．同年中に約2,000名の労働移民を入れ，前会社から引き継いだ約1,000名と合わせ，同年中は約3,000名の労働者で開墾，工場，鉄道，諸建物の建設に当たった（参考資料2．を参照）．なお，その後の南洋の拓殖事業での移民の経験として，砂糖キビ栽培，熱帯への適応力に関しては，昭和以後に採用した山形県，福島県等の東北地方の移民が想像外の好成績を上げた．

1932（昭和7）年頃には，南洋興発に従事する日本人移民の人口は15,000人に達し，サイパン，テニアンの総人口約23,000人に対し7割弱の割合にあたる．南洋興発関係以外の人口は，8,000人ほどで，南洋庁ならびに南洋貿易その他の会社の関係者および約3,000人の現地人島民からなる．これらの日本人移民は，沖縄からの移民が最も多かった．この15,000人に達する南洋興発の日本人移民の中心は，約1,500戸に達する小作農家である．この小作農家は，一戸当たり5町歩（1町歩は約10,000平方メートル）を標準とする耕地の割り当て受け，その耕地から生産する砂糖キビの平均2割弱を南洋興発に納め，その他は南洋庁の認定を経た価格で南洋興発に売渡し，それで収入の基礎とする．通常，勤勉な農家は数年を経ずして相当の蓄財を持つことができた．移民は生活の向上により，出産率もかなり高い状況であった．

1927（昭和2）年からは共栄会を設けて会社と従業員との意思疎通をはかる機関とし，従業員の利害に関する重要問題は，すべてこの会の合議を経て行うようになった．子弟のための教育機関として，会社自らが教育所を設けて移民の子弟の教育にあたっていたが，漸次官立小学校が普及するようになり，会社の教育所は，すべて南洋庁に寄付または廃止した．会社は，幼稚園と神社の運営だけとなった．医療においては，官立病院もあるが，会社がサイパン，テニアン共に医務室を設け，移民の健康衛生を行った．慰安娯楽の設備も整えた．工場従業員のためには倶楽部を設け，玉突，碁，将棋その他一通りの娯楽，野球，庭球，柔剣道等一通りの運動は何でもできるようにした．移民の生活必需品すなわち米，味噌，醤油，衣服等は制

度を設け物資の配給を行い，サイパン，テニアン共各農場には分店を置いて移民の便宜を計った。また，内地の通信社からの電報で情報を得るようになり，また社外新聞も二，三発刊を見るに至った。

(3) 南洋開拓の進展

1931（昭和6）年には，南洋興発株式会社は大日本製氷株式会社と共同して南洋製氷株式会社を創設した。また，南洋興発は，南洋での漁業事業にも進出した。すなわち，昭和6年から日本の静岡の焼津水産組合と共同して南洋のパラオ，ニューギニアに至る海洋において鰹の漁業を開始した。

1932（昭和7）年には，南洋興発はグアム島に近いロタ島での開拓事業に着手した。ロタ島は，1918（大正7）年に西村拓殖により綿作を出願して許可を得て，移民を入れて着手したが，結局，自然災害や資金難などで失敗したという歴史がある。西村拓殖は，その後，砂糖キビなどを栽培し，島民に生食用として販売していた。1921（大正10）年に西村拓殖の南洋興発継承と共にロタ島の事業も一切南洋興発が引き継ぐことになった。南洋興発はロタ島にサイパンと同じ1,200トンの生産能力を持つ製糖工場を建設し，1935（昭和10）年に操業を開始した。

また，南洋興発はテニアン島の西南にある無人の小島であるアギーガン島の開拓事業も行った。アギーガン島，サイパン島，テニアン島の3島は極めて接近し，ロタ島だけが少し離れている。アギーガン島ではパパイヤ栽培事業に着手した。

さらに，南洋興発株式会社は，ニューギニアでの開発事業へも進出した。ニューギニアは，日本の2倍以上の面積を持ち，当時その西半部はオランダ領で，東半部と北半部はオーストラリアの委任統治，南半部はイギリス領になっていた。南洋興発は，1931（昭和6）年，オランダ領ニューギニアのゲールフインク湾地方において事業を行っていたフエニツクス商事開墾株式会社を買収し，その権利一切を取得した。フエニツクス商事開墾会社はこのゲールフインク湾一帯を事業地とし，1926年にノビレ地方でダマル探集権を得てダマル事業経営を始め，傍らヌシ島全部を租借し，湾口のヤック島においても借地権を得て店舗を経営し貿易に従事していた企業である。ダマルというのは，ダマル樹と称し，一見楠に類似する巨木から滲出する樹脂で，塗料原料として甚だ重要なものである。ダマルは，塗料原料としては飛行機の塗料，船底塗料等として，その他にレコード，電燈のソケット，靴クリーム，蠅収紙，凝革剤，製紙糊，線香，絆創膏等などに使用された。

南洋興発株式会社は，砂糖キビ運搬用としてサイパン，テニアン，ロタの3島に

鉄道を施設し，その他，ポナペ，ペリリュウにも燐砿運搬用の鉄道を施設した。
　図表2-1は，南洋興発およびその関係会社の南洋での事業を示したものである。

(4) 資本の増資と事業の発展

　南洋興発株式会社は当初から南洋群島の統治に関連して設立された企業であり，国策会社たる東洋拓殖株式会社の出資と政府の保護によって事業を発展していった。会社の資本金は，当初の300万円であったが，1930（昭和5）年に700万円（全額払込）となり，1933（昭和8）年にさらに2,000万円に増資（払込1,025万円）された。1934（昭和9）年4月の時点で，総株数40万株，株主総数284名，1,000株以上の大株主29名（その株式数376,400株）である。最大株主は，東洋拓殖株式会社で，その所有株数199,650株，以下，第百十銀行の31,250株，内外投資株式会社の25,000株である[26]。南洋興発は，東洋拓殖の有力な子会社であった。

　会社定款（第2条）による南洋興発株式会社の事業目的は以下である（章末の参考資料1.参照）。
- (1)　南洋における拓殖事業の経営。
- (2)　前号の事業経営のため南洋において土地所有権，地上権，借地権，その他土地の利用に関する権利を取得すること。
- (3)　生産物の加工販売ならびに物品売買業。
- (4)　各種鉱物の採掘精錬ならびにその売買。
- (5)　船舶および南洋における鉄道輸送業。
- (6)　南洋における金融業。
- (7)　南洋における電気および製氷の供給。
- (8)　前各号に付帯する事業。
- (9)　前各号と同種の事業を目的とする他会社の株式の引受，取得。

　南洋興発株式会社の実際の事業は製糖業を主体として酒精，澱粉，燐鉱，水産，製氷，ならびにダマール採取等にわたり，その事業地はサイパン，テニアン，ロタ，パラオ，ペリリュウ，ポナペ，トコペイの諸島の外，蘭領ニューギニアにまたがる。
　南洋興発株式会社の主要な事業は以下のようである[27]。
- (1)　移民事業

　移植民募集は，沖縄，鹿児島，宮崎，熊本，山口，鳥取，愛媛，東京，福島，宮城，山形，秋田，青森などで行った。南洋の事業地では，土地の開墾経営，移植民

図表 2-1　南洋興発およびその関係会社の南方での事業

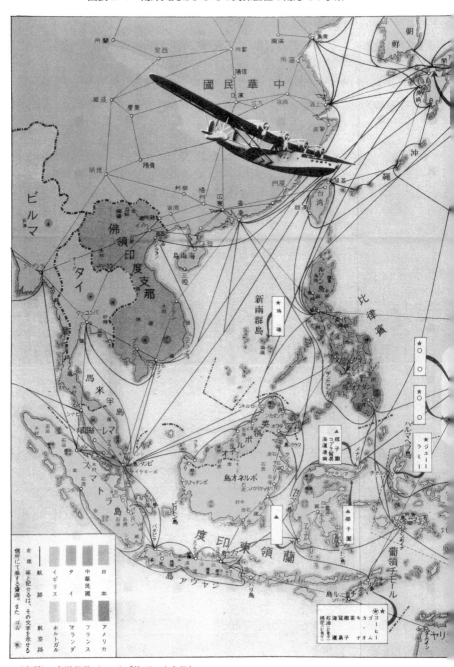

(出所)　南洋興発 (1940)『伸びゆく南興』。

第 2 章 戦前期日本の南洋群島進出の歴史と戦略

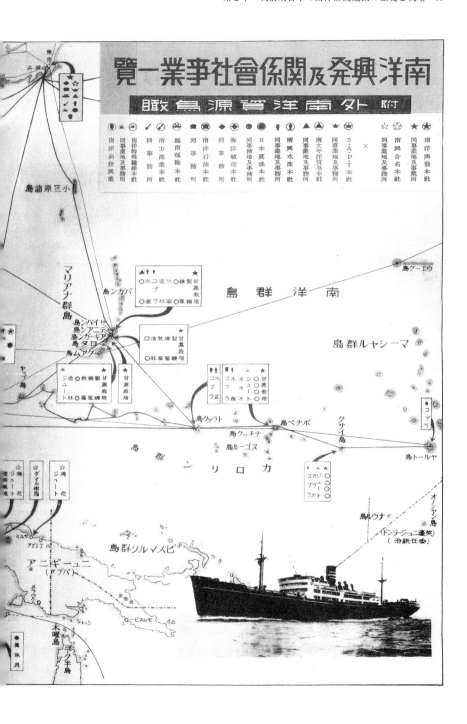

及びそれに伴う社宅，運動場，倶楽部，病院，神社などの社会的施設があった。

(2) 砂　　糖

サイパン島では，サイパン第1製糖工場があり，能力1,500トン，1923（大正12）年より製糖製造を着手した。1934（昭和9）年度の製糖実績は，384,554担である。

テニアン島では，3つの工場があり，テニアン第1製糖工場は，能力1,200トンで，1930（昭和5）年より製糖製造を着手した。1934（昭和9）年度の製糖実績は，365,303担である。テニアン第2製糖工場は，能力1,200トンで，1930（昭和5）年より製糖製造を着手した。テニアン第3製糖工場は，能力1,200トンで，1935（昭和10）年より製糖製造を開始した。

ロタ島では，ロタ島製糖工場があり，能力800トンで，1936（昭和11）年より製糖を開始した。

南洋興発株式会社の各工場の合計産糖高は，1923（大正12）年21,365トン，1926（大正15）年152,659トン，1930（昭和5）年36,248トン，1935（昭和10）年135,345トン，1940（昭和15）年1,024,736トンであった。

砂糖キビ運搬のためにサイパン，テニアン，ロタの3島に鉄道を敷設した。製品の積出は日本郵船株式会社の定期船に依り，各島間の航路は主として南洋貿易株式会社があたっていた。また，数隻の自社船を航行させるほか，倉庫桟橋等にも多大の設備を持っていた。

(3) 酒　　精

酒精は，ウイスキーその他の混成酒の醸造の原料で，その大部分は日本内地に輸出された。サイパンとテニアンに工場があった。サイパン酒精工場は，1926（大正15）年に建設され，1日生産能力は醪300石，1933（昭和8）年度実績は，7,000石である。テニアン酒精工場は，1934（昭和9）年5月より製造を開始し，1日生産能力は醪300石である。

(4) 糖　　蜜

サイパン，テニアン両島において酒精原料にしたものを除く糖蜜は，1933（昭和8年）度において1,300万斤，1935（昭和10）年度において800万斤である。

(5) 澱　　粉

ポナペ島に1934（昭和9）年末に工場が完成し，1935（昭和10）年より製造開始した。甘蔗，カッサバ（タピオカ），アロールートを原料とし年産50万貫程度である。

⑹ 牧　　畜

耕運用ならびに運搬用の役牛飼育の目的で，サイパン，テニアン，ロタの各島に牧場を設け，牛を1千頭程度飼育した。これに砂糖キビ耕作人の畜牛を合わせると約3,600頭に達した。そのほか，水牛と馬を飼育した。

⑺ 燐（りん）鉱

南洋群島の燐鉱開発は久しくアンガウル島のみに限られていたが，1931（昭和6）年外国為替の低落以来輸入燐鉱が暴騰し，日本の農村における肥料問題が重要となってきた。南洋興発株式会社はこれに対応するために，広く南洋群島での燐鉱の開発を企画した。南洋興発は，南洋庁からペリリュウ島での燐鉱採掘の権利を得て，1934（昭和9）年末より採掘開始した。年産25,000トン程度である。埋蔵量20万トン程度と推定された。次いでトコベ島での燐鉱の鉱業権を買収し，さらに1935（昭和10）年7月にはロタ島のサパナ山頂に相当鉱量豊富な燐鉱を発見すると共に，サイパン，テニアン，アギーガンの採掘権をも獲得した。燐鉱工場を設置している事業地は，サイパン，ロタ，ペリリュウ，トコベの4島である。

南洋興発は，ポナペ島，ペリリュウ等に燐鉱運搬用の鉄道を敷設した。燐鉱は，全量を三菱商事に販売を委託した。

⑻ 水産（傍系事業，南洋水産株式会社）

南洋興発株式会社は，1930（昭和5）年に静岡県の焼津漁業組合と提携し，鰹魚ならびに鰹節の製造を始めた。その後，この事業は発展し，1936（昭和11）年には水産部を独立させて，資本金120万円（内払込30万円）の南洋水産株式会社を設立し，水産事業一切を継承した。1935（昭和10）年時点で，漁船は34隻所有していた。サイパンおよびパラオに鰹節工場があり，1934（昭和9）年には年産5万貫程度であった。

⑼ 製氷（傍系事業，南洋製氷株式会社）

サイパン島およびパラオ島に製氷工場を南洋製氷株式会社として経営し，各毎月2万貫程度を製造した。

⑽ ダマル（ガム・コーパル）

1931（昭和6）年，蘭領ニューギニアにおいて，ドイツのフェニックス会社失敗の跡を承けて南洋興発株式会社はその権利を買収した。1932（昭和7）年からダマルという塗料樹脂の採取が始まった。

⑾ 石油供給

貯蔵タンク，輸送船（傍系事業，南洋石油株式会社）などの事業があった。

⑿　貨物輸送

船舶，艀（傍系事業，鴨南運輸株式会社）などの事業があった。

⒀　土地埋立，土木建設

浚渫船による埋立，普通埋立，土木建設工事請負（傍系事業，南方産業株式会社）などの事業があった。

⒁　黄麻（ジュート）

農園，加工工場（傍系事業，南洋特殊繊維株式会社）などの事業があった。

⒂　綿花，黄麻

綿花農園，操麻工場，黄麻農園（傍系事業，南洋特殊繊維株式会社）などの事業があった。

⒃　コブラ

椰子園経営，コブラ貿易（傍系事業，南太平洋貿易株式会社）などの事業があった。

⒄　珈琲，ゴム，その他の熱帯作物

農園経営（傍系事業，SAPT）などの事業があった。

⒅　真珠貝採取

真珠貝採取および運搬船の経営，真珠貝の輸送および国内供給（傍系事業，日本真珠株式会社）などの事業があった。

⒆　真珠貝加工

真珠加工工場（傍系事業，海洋拓殖株式会社）などの事業があった。

⒇　貿　　易

オランダ領東印度諸地方およびポルトガル領チモール等との貿易（傍系事業，SAPT，および南太平洋貿易株式会社）などの事業があった。

㉑　海　　運

パラオ，ニューギニア，ハルマヘラ，ラセム，セレベス，チモール各地間および沿岸航海，造船（傍系事業，SAPT，南太平洋貿易株式会社，および南洋興発合名会社）などの事業があった。

　以上のように，南洋興発株式会社は直営事業として砂糖や酒精などの栽培・商品生産，燐鉱などの資源開発，水産，製氷といった事業，関連会社の事業として石油供給，貨物輸送，土木建設，黄麻（ジュート），綿花，黄麻，コブラ，珈琲，ゴム，真珠貝採取・加工，貿易，海運など多様な事業を行っていた。

3. 南洋興発の関連会社の事業[28]

(1) 南興水産株式会社

　南洋群島は水産の一大宝庫である。南洋興発株式会社は，水産業の有望性に着目して，1930（昭和5）年11月静岡県焼津町の漁業組合と提携し，まず鰹漁業と鰹節の製造に着手した。その後事業の進展により，1935（昭和10）年1月水産部を独立させて，資本金120万円の南興水産株式会社を創立した。また，同年昭和10年4月にはサイパン島の南洋製氷株式会社を買収合併し，さらに1937（昭和12）年には本会社を南洋拓殖株式会社との共同経営に移した。南興水産は本社をパラオに置き，パラオ，サイパン，トラック，ポナペの四島に営業所を設け，各営業所に鰹鮪漁業に必要な諸工場その他の諸施設を置いた。

　鰹漁業および鰹節製造販売に関しては，1939（昭和14）年では，漁船およびその他の船の合計で64隻であって，南洋群島海洋を漁場とし，その大部分を鰹節原料として生産した。当時の日本内地で消費される鰹節の約8割は南洋節で占めているという盛況を示していた。鰹節工場には，パラオ（1日能力10,000貫），サイパン（1日能力5,000貫），トラック（1日能力7,000貫），ポナペ（1日能力4,000貫）に4工場があった。

　製氷事業については，パラオ，サイパン，トラックに製氷工場と営業所があった。漁獲物の冷蔵を行うと共に，他の水産業者にも販売供給した。

(2) 南興食品株式会社

　南興食品株式会社は罐詰事業を行う会社として，南興水産株式会社の傍系会社として，資本金15万円で設立された。パラオ工場において鰹，鮪を原料とする油漬，大和煮類の罐詰製造事業を行った。油漬は主としてカナダ向けの輸出をし，大和煮類は同社の中国大連出張所を通じて大部分を満洲，関東州に輸出し，一部を南洋群島内および日本に供給した。その他東京の蒲田工場においては，加工食料品として鰹の佃煮を製造すると共に，その他，鰹肝臓，鰹荒粕等の輸出も行った。

(3) 南洋石油株式会社

　当時，南洋群島には石油の産出がなく，かつ油槽の設備が無かったので，石油は日本内地から輸送されていた。南洋興発は，1934（昭和9）年3月に資本金100万円の南洋石油株式会社（内払込52万円）の設立に参加した。南洋石油株式会社は，

南洋群島の各所に貯油タンクならびに油槽船を設け，南洋での石油の直接輸入販売を行った。南洋興発は，南洋石油株式会社を通じて，製糖工場，社有関係船舶などに石油の供給を行った。

(4) 鵬南運輸株式会社

1937（昭和12）年10月，南洋貨物の取扱に10数年の経験を持つ桜回送店および香取商店と提携して，南洋興発は，南洋貨物の取扱を目的とする鵬南運輸株式会社（資本金20万円，全額払込）の設立に参加した。1939（昭和14）年から燐鉱および石炭の輸送も取り扱うこととなった。

(5) 南方産業株式会社

南洋群島の西南端に位置するパラオ島は，南洋庁の所在地として行政の中心地であり，外南洋進出の拠点としても非常に重要な地位を占めていた。南洋興発は，1937（昭和12）年12月，パラオ島での港湾開発，埋立，土木，建築などの請負を目的とする南方産業株式会社（資本金120万円，全額払込）の設立に参加した。

(6) 南洋特殊繊維株式会社

1940（昭和15）年5月，南洋興発は，繊維材料の黄麻（ジュート）の栽培と供給・加工を目的とする南洋特殊繊維株式会社（資本金15万円，全額払込）を，多年特殊繊維の利用に経験のある日本特殊繊維株式会社と提携して設立した。南洋群島における黄麻の栽培ならびにその加工業を行った。

黄麻の栽培の事業化を，まずロタ島の休閑地，クサイ島，パラオ島の官営植民地で行った。その後，黄麻の栽培地としてクサイ，パラオの2島で直営農場を経営し，またロタ，ポナペ，ヤップ等においても委託栽培，その他作物の買い付けを行った。

(7) 南洋興発合名会社（NKK）

南洋興発株式会社は，1931（昭和6）年，ニューギニア（ニューギニア島の西部）でのドイツ・フェニックス会社の事業権利一切を買収し，首都マノクワリにオランダ商法による南洋興発合名会社（投資額約300万円）を設立した。買収した権利は，ヘールウインク湾沿岸のナピレ奥地にある31,500町歩のグマル樹脂林およびヌシ島ならびにビヤック島にある永租借権等である。翌1932（昭和7）年，ダマル樹脂採取事業を開始し，1933（昭和8）年には南洋貿易株式会社からモミに棉花栽培用と

して，約350町歩の永租借権の譲渡を得た。なお，このモミの土地は，南洋貿易株式会社が日本人細谷十太郎から永租借権の譲渡を受けたものである。仙台人の細谷十太郎は，大正の初期パプアニューギニアに着目し，モミで椰子園を開いた日本人開拓者である。さらに1935（昭和10）年にはオランダ政府よりモミに2,000町歩，サルミに3,500町歩の永租借地留保許可を得た。南洋興発合名会社は，樹脂採取事業ならびに棉花栽培事業を経営するほか，黄麻の栽培，雑作の栽培，牧畜経営，さらに船舶運航，等の事業を行った。

ダマル樹脂は，楠に似た亘木で，この木から滲出した樹脂を採取するのである。これを原料とする製品は飛行機の塗料，船底塗料，その他一切の塗料原料および蓄音機のレコード，電気の絶縁材料，靴クリーム，凝革剤，絆創膏等の広汎な用途を持つ。南洋興発合名会社は，300名近いパプアニューギニアの現地人を使用してダマル樹脂採集にあたり，年産額3,300坦を産出した。

南洋興発合名会社は，1933（昭和8）年，ワーレン（モミ）において約350町歩の永租借地の譲渡を受け，翌1934（昭和9）年の初頭から棉花の試作に着手した。1940（昭和15）年には，綿作租借面積はモミ，サルミの両地を合わせて1,560町歩（他に租借許可保留地4,300百町歩あり）で，この中で開墾を終えたのは1,100町歩，作付面積は700町歩に及んだ。常用のパプアニューギニアの現地人は，モミ，サルミの両地で2,800名に及んだ。

さらに，南洋興発合名会社は，雑作栽培，牧畜，船舶運航等を行った。モミ棉作地の一部及びナピレ海岸地方で租借した約50町歩の農場において，陸稲，タマネギ，タピオカ，青豆，カポツク，カカオ，胡麻等の食糧作物の栽培を行うほか，牧場を設けて牛や羊の飼育を行った。

船舶事業については，ニューギニア各事業地間，ならびにパラオ，マノクワリ間連絡のために社船三隻を運航し，蘭印各地ならびに日本内地との連絡にあたらしていた。社船は次のとおりである。

1. ぬゑ丸（日本国238トン）—パラオ，ニューギニア（マノクワリ），セレベス（メナド）間の連絡および臨時コプラの積取。年大体10回航路。
2. 大東丸（オランダ国籍80トン）—マノクワリ，モミ，ナピレ，サルミ等のニューギニア沿岸連絡。不定期。
3. ヘールウインク号（オランダ国籍9トン，モーターボート）マノクワリ，モミ間およびその付近の補助連絡。不定期。

1940（昭和15）年当時の日本人従業員の数は，オランダ政府の入国制限のためわ

ずかに40名に過ぎず，労力は主として本島のパプアニューギニアの現地人であった。南洋興発合名会社は，当時，ナミレ，モミ，サルミの3地を合わせて，約3,200名のパプアニューギニアの現地人を使役していた。この現地人のための社会施設として，オランダ人医師を置く病院，学校，教会，倶楽部，運動場等を設置した。

(8) 南太平洋貿易株式会社

オランダ領東印度の主要な島であるセレベス島での開発を目的として，1937（昭和12）年5月に資本金1,000万円で，南太平洋貿易株式会社が南洋興発株式会社の出資で設立された。同社は，セレベス島でマンキット椰子園，スマラタ椰子園，カラセ農園（椰子とゴム），バボ農園（椰子とカポック）という4つの農園の経営にあたると共に，子会社のセレベス興業合資会社がコプラの貿易を行った。コプラは食料および油脂工業の原料として重要なものである。当時，オランダ領東印度は，コプラの主要な生産地で，それを欧州などに輸出し，その6割程度はセレベス島の生産輸出によるものであった。南太平洋貿易の生産によるコプラは，その8割を欧州に輸出し，その約2割を日本の輸出していた[29]。

その他に南太平洋貿易株式会社は，コプラ事業に関連して，南洋におけるコプラの買い付けと搾油事業を行う目的で，1938（昭和13）年1月にその子会社として資本金45万円（全額払込）の南洋油脂興業株式会社を設立した。南洋油脂興業は，内南洋諸島にコプラの買い付けの営業所を持ち，日本に2ケ所の搾油工場を設け油脂の製造販売を行った。

(9) S・A・P・T（Sociadate Agricola Patriae Trabalbo）

南洋興発株式会社は，ポルトガル領チモール島の開拓を目的として，1936（昭和11）年9月，大和商会を設立し，貿易や海運事業を営むようになった。チモール島は，オーストラリアの西北地方にあたる島で，東半部はポルトガル領，西半分はオランダ領に属する。1937（昭和12）年8月，南洋興発は，チモール島の代表的商社ソシエダデ・グリコラ・パトリア・エ・トラバリヨ（旧S・A・P・T）と提携して，チモール島の開発を目的とした，資本金189万パタカの日本とポルトガルの合弁会社S・A・P・Tを設立した。1939（昭和14）年9月，S・A・P・Tは，オランダ国立海外銀行（略称B・N・U）を加えて資本構造が変わり，オランダ国の半官半民会社となった。この会社における南洋興発の株式持ち分は40.1％，旧S・A・P・Tのそれは52.4％，ポルトガル国立海外銀行のそれは7.6％である。南洋興発からS・A・

P・Tへ，役員などを派遣した．南洋興発は，ポルトガル合弁会社を通じ，1940（昭和15）年当時，約16,000町歩の農園と，チモールにおける貿易および海運を担うこととなった．S・A・P・Tの農園では，椰子，ゴムなどを栽培し，現地人約1,000名を使用し，農園の経営にあたった．S・A・P・Tの海運では，社船を使用して，パラオとチモール・デリー市間を，月一航海および二航海の定期航路を運航した．

(10) 日本真珠株式会社と海洋殖産株式会社

1937（昭和12）年6月，南洋興発株式会社は真珠貝採取事業を目的として，資本金300万円（1回払込75万円）の海洋殖産株式会社を設立した．翌1938（昭和13）年1月，日本真珠株式会社（資本金150万円全額払込）が設立されるやこれに参加し，海洋殖産の採貝事業一切を日本真珠に引き継ぎ，海洋殖産株式会社は真珠貝の加工事業に主力を注ぐことになった．当時，真珠採貝地として有名なものには，豪州ではヨーク半島の突端にある木曜島，北オーストラリアのポート・ダーウイン，西オーストラリア州のブルーム等があり，また，ニューギニアのアロー島ドボおよび南洋群島のパラオは邦人採貝業者の根拠地であった．パラオ，アラフラ海を中心とする日本人の採取事業は，日が浅いにもかかわらず多く進出し，世界市場で存在感を持っていた．日本真珠株式会社は，このような乱立し生産過剰となった日系真珠貝採取事業者を統制することも目的であった．

1940（昭和15）年4月，日本真珠株式会社の資本金は，南洋興発株式会社および南洋拓殖株式会社の協力により，新たに400万円に増資された．それ以降，日本人採取船は一切日本真珠株式会社の手に統制された．この新増資によって日本真珠株式会社が真珠採取業者から買収した採取船は総計97隻であった．1940（昭和15）年，日本人の真珠採取船の収穫高は，約1,500トンである．

傍系の海洋殖産株式会社は，1938（昭和13）年9月，日本の大阪の堺で，1940（昭和15）年には甲子園で，真珠貝殻によるボタン製造を行った．この両工場において真珠貝ボタンの製造を行い，また真珠貝を材料とする美術工芸品も製造し，日本や海外に販売した．

4．国策開拓会社としての南洋興発

南洋興発株式会社の事業について，以下のような記述がある[30]．

「我社は南洋群島の経済的開発更に進んでは表南洋の開拓並に南洋文化の建設を目標と

するものにして，我社の営む所の事業は畢竟するに之が手段たるに外ならず。其等の中従来最も力を注ぎ又最も成功したるは，製糖事業並に之が付帯事業たる酒精製造にして，我社は一口に製糖会社として通ずる模様あるも，若し之がため前に掲げたる我社の大目標を没却せらるる事あらば，それは必ずしも我社の本意にはあらざるなり。」

南洋興発株式会社は，南洋群島の開発・開拓を目的とする，準国策会社であるといえる。南洋興発株式会社の株式資本をみると，朝鮮などの開拓を目的とする国策会社である東洋拓殖株式会社が株式の過半数以上を占めている。さらに，南洋群島で南洋興発に関係する日本人移民は，昭和初期には1万人を上り，在住日本人人口の3分の1以上を占めた。南洋群島への日本人の人口の推移をみると，1920（大正9）年には約1,700名，1930（昭和5）年は約5,300名，1935（昭和10）年には約52,000名，1938（昭和13）年末には約70,000名に激増した。その中で，1938（昭和13）年末時点で南洋興発に関係する日本人の戸数は約1万戸，その家族を合わせれば約3万5千名であった[31]。南洋興発は，南洋群島への日本人移民の最大の担い手であった。また，南洋庁歳入（昭和8年予算）5,628,918円のうち3,090,000円はこの会社の納入する税であった。南洋興発の経営と南洋庁の統治とが密接なる相互的依存関係に立っている。南洋興発株式会社は，南洋群島の経済・移民・統治における中心的機関であるといえるであろう。

第3節　南洋拓殖株式会社

南洋拓殖株式会社は，南洋群島における資源開発・開拓等の事業を目的して，1936（昭和11）年11月の勅令第228号の南洋拓殖会社令で設立された[32]。南洋拓殖株式会社は，南洋群島での開発を目的とした国策会社であるといえる。資本金は2,000万円，本店は南洋群島パラオ諸島コロール島に置いた。南洋拓殖株式会社の事業は，定款に定められている。定款第34条では，「拓殖のため必要なる農業，水産業，鉱業及び海運業，植民事業，土地の取得，経営及処分，農業者漁業者もしくは移民に対し拓殖上必要なる物品の供給叉はその生産品の買収，加工もしくは販売資金の供給，各事業に付帯する業務，拓殖の為め必要なる事業」としている。南洋拓殖の事業は，定款にみる限り，かなり多角的である。南洋拓殖株式会社は，払込

資本額の3倍に限り南洋拓殖債券を発行できる（南洋拓殖会社令第12条）。

　南洋拓殖株式会社は，直営事業もあるが，それ以外の拓殖事業はこれを直系および傍系会社に委託している。すなわち，南洋拓殖株式会社は，特殊会社の地位にあり，関係諸会社を統制している。

　初代社長は深尾隆太郎，二代目社長は大志摩孫四郎である。南洋拓殖株式会社は，台湾拓殖株式会社および南洋興発株式会社と共に，南方・南洋の開拓事業を担う重要な存在であった。

　南洋拓殖株式会社の直営事業は，貸付事業，燐鉱採掘事業，農業，代理店業務（日本郵船，日本銀行など）などである。その中で，中心的存在となっているのは直営の燐鉱石事業である。アンガウル島での燐鉱採掘事業は，南洋庁の直営事業を引き継いだものである。燐鉱石は，農業に不可欠の燐酸肥料の原料である。南洋拓殖株式会社は，当時日本最大の燐鉱生産企業であった。南洋拓殖株式会社は，アンガウル島，フハエス島，エボン島，ソンソル島で燐鉱の採掘事業を行った。アンガウル島の燐鉱鉱床は日本企業としては最大のものであった。

　南洋拓殖株式会社は，燐鉱石事業の外，野菜等の熱帯農業の経営，これに付帯する農夫の移住，青年による南洋拓殖挺身隊の組織，南方への進出を目指す日本人事業家及び移民への拓殖資金の貸付等の事業も行っていた。

　子会社の通じての事業を見ると，南洋拓殖株式会社の投資会社は1942（昭和17）年時点で合計21社，その総投資額は約2,500万円である。これら子会社の事業は水産，農業，ボーキサイト採掘等である。農業，水産事業は熱帯農産，豊南産業，南興水産等の子会社を通じて行っていた。ボーキサイト事業には，子会社の南洋アルミニウム鉱業があたっていた。ボーキサイトの探掘はパラオ，ポナペ，ヤップ諸島で行われていた。

　1942（昭和17）年時点での南洋拓殖株式会社の投資会社は以下であった[33]。

	公称資本金(千円)	払込額(千円)
太陽真珠	1,200	1,200
南拓鳳梨	2,000	500
南洋アルミニウム鉱業	10,000	6,000
南洋電気	1,500	1,500
南興水産	10,000	10,000
南方産業	1,200	1,200
日本真珠	4,000	4,000

熱帯農産	500	375
豊南産業	200	200
南洋汽船	1,500	1,500
南拓興業	4,000	4,000
大日本燐鉱	3,000	3,000
二葉商会	300	300
南国企業	2,000	1,500
東洋軽金属	45,000	22,000
東洋電化工業	5,000	5,000
ボルネオ殖産	1,000	1,000
極洋捕鯨	20,000	15,000
印度支那燐鉱	250 比ドル	250 比ドル

　以上の企業で南洋拓殖が株式の過半数を所有している企業は，日本真珠，南洋電気，南興水産，南洋汽船，南拓興業，二葉商会，南国企業，印度支那燐鉱であった。

第4節　南洋貿易株式会社

　南洋貿易株式会社は，スペイン領時代からマリアナ，パラオおよびカロリン群島にて商業貿易に活動していたという最も古い歴史を持つ企業である[34]。前述したように，1906（明治39）年に南洋貿易日置株式会社と南洋貿易村山合名会社が合併して南洋貿易株式会社になった。南洋貿易株式会社は船と多くの土地を借地，または所有していた。

　1933（昭和8）年3月末時点での南洋貿易株式会社の資本金は，200万円（全額払込），株式数40,000株，株主数482名である。全株式の中で15,132株は川崎財閥系が所有した。南洋貿易の事業の範囲は，商業，貿易，海運，回漕，請負，椰子植林，水産業等にわたり，その事業地域は南洋群島内の各地の外，蘭領セレベス，英領ギルバート，米領グアム，ならびに豪州委任統治地ラバウルに及んだ。

　南洋貿易株式会社は，その後増資を重ね，戦時中の1942（昭和17）年時点では，資本金1,000万円である[35]。南洋貿易株式会社の事業概要は以下である[36]。

　① 商業，貿易，回漕，請負

　南洋貿易株式会社は，南洋群島内において，サイパン，ヤップ，トラック，マーシャル，ギルバート，メナードなどに支店があった。その他に，出張所，分店なら

びに南洋群島外において支店，代理店を有していた。南洋貿易は，コプラ（ココ椰子の果実の胚乳を乾燥させたものあり，菓子・油脂・食用油・石鹸・ろうそくなどの材料）・高瀬貝・海参・鼈甲等を買付して日本に輸出し，雑貨・食料品・衣服・日用品等の商品を日本から輸入し南洋で販売するという貿易が中心であった。さらに，回船運漕，ならびに汽船荷役その他の請負の業務も行っていた。汽船荷役その他請負業は，南洋群島において独占していた。

② 乗合自動車

乗合バス事業をサイパン，テニアン，ロタの各地で経営するとともに，パラオ島では子会社パラオ交通を設立し，バス事業を行っていた。

③ 海　　運

南洋貿易株式会社は，マリアナ，ヤップ，パラオ，トラック，ポナペ，マーシャルの各島航路を有し，南洋群島外ではラバウル，ギルバート，及びグアムに航路を有していた。また，子会社として南貿汽船を設立し，南洋群島各島間，ならびに南洋庁受命定期航路を就航していた。

④ 椰子栽植

ポナペ，マリアナ群島のパガン，パラオ本島のパラオ，ポナペ支庁管内のパキンとウゼラン，ヤップ離島ウルルシ島，マリアナ群島アナタハン島など4島，マーシャル群島のキリー島，蘭領セレベス島のアムランで，椰子栽植事業を行っていた。

⑤ 水産業

ポナペ，トラック，サイパンの各地に，それぞれ直営の漁船，工場を持ち，鰹鮪漁業ならびに鰹節製造を行った。また，鰹節を日本に輸出する子会社として南洋鰹節会社を設立した。

また，東印度セレベス島メナドおよびハルマヘラ島タルナテにおいて，子会社の東印度水産会社を設立して，鰹鮪漁業，ならびにその冷凍，加工，罐詰事業を経営した。

⑥ 油脂事業

日本においてコプラ年額3万トンの搾油能力を有する横浜工場を持っていた。

⑦ その他の事業

南洋群島において，土木請負業，鉄鉱業，造船事業等を経営していた。クサイ島では，月産5千石の能力のある製材所を経営し，またポナペ島ではタンニン工業所を経営した。

以上のように，南洋貿易株式会社は多様な事業を行っていたが，その主要な活動は商業，貿易，海運等の事業であった。しかし，南洋貿易株式会社は，1942（昭和17）年7月に南洋興発株式会社と合併し，その50年にわたる南洋群島の活動の歴史を閉じた。

おわりに：日本の南洋群島への進出と経営

　南洋興発株式会社，南洋拓殖株式会社，南洋貿易株式会社の3社は，日本統治下の南洋群島開発における3本柱であった。これら日本企業の南洋群島への進出と経営の特徴について検討してみたい。

　第1は，日本企業の南洋進出先での労働者は，現地人ではなく，多くは日本からの移民であったことである。南洋群島における日本企業の国際経営において，移民は重要であった。これらの日本企業は，進出先での現地経営において，日本人移民を主体として運営していた。海外進出企業の現地での人的資源戦略は，①すべて本国人，②本国人と現地人，③すべて現地人，に類型化することができる。南洋興発の事業，特にサイパンを中心とした砂糖キビ栽培・製糖事業は，ほとんど現地人が雇用されず，移民を中心とした本国人・日本人によって担われた。この事情には，南洋群島の現地人は，人口が少なく，まだ未開の民族であったこともあろう。ともかく，当時の日本企業の南洋群島進出において，人の現地化は進んでいなく，日本人移民を労働者・小作人として雇用・使用し，経営者・管理者・社員のほとんどが日本からの派遣で企業運営が行われていたのである。南洋移民には，沖縄県人が多かった。1940（昭和15）年には約5万人の沖縄県人が居住していた[37]。南洋に沖縄県人が多い背景として，人口過剰であった沖縄県人が新天地を求めていたこと，ビザが不要で渡航しやすかったこと，沖縄県人は砂糖キビ栽培を経験している者がいたこと，南国沖縄人は気候的に南洋は暮らしやすかったこと，等がある。南洋移民が増えるにつれて，日本人移民による食料品店，酒屋，八百屋，魚屋，洋服店，料理屋，自転車，時計，金物，自動車，農機具などの各種商店，写真，床屋，印刷，建設，劇場，芝居小屋，旅館，新聞などのサービス業，その他，医院，学校，郵便局，神社などができた。特に興味深いのは，南洋神社が創建されたことである。

　第2は，南洋興発，南洋拓殖は日本人移民・殖民政策を担った企業でもあったことである。戦前の移民政策を担った重要な企業として，南洋群島移民の南洋興発，南米移民の海外興業等がある。南洋興発の製糖事業は，沖縄，九州（鹿児島，宮崎，

熊本等），東北（福島，山形等），八丈島を中心とした日本からの契約労働者により進められた。1935（昭和10）年の時点で，南洋興発が抱えていた移民の数は1万2,749人，移民の家族を含めた人数は2万8,000人前後であった。南洋興発は，移民募集を行い，移民国策の1つの重要な存在であった。南洋興発は，日本からの移民に対して，出身地よりの渡航費一切と支度料，および渡航後における農耕具費，住宅建築費，1年間の生活費，耕作資金等を一切貸与し，その額1戸当たり1,000円から1,800円程度で，耕作資金に対しては製糖期7か月間の利子を免除し，南洋移住を奨励した。米，味噌，醬油等の生活必需品については，安価で確実な供給を行った[38]。移民労働者は，小作人と作業員などに分かれていた。小作人には本小作人と準小作人に分かれていた。本小作人は，砂糖キビ栽培者として1戸当たり5町歩から6町歩（1町歩約3,000坪なので15,000坪から18,000坪）の耕地割り当てを受け，休閑地ならびに自家用地を除き毎年5町歩内外の耕作を行い，1町歩当たり平均10万斤以上の収穫を上げ，そのうち，平均1割5分を小作料として南洋興発に納入し，その他の収穫は南洋興発に売り渡した。不作等の場合においては小作料の免除規定を設けた。売り渡し価格は，南洋庁の許可を受けた価格であった。準小作人は，1町歩程度（3,000坪程度）の土地を借りて，本小作人と同じように小作料を払った。準小作人は，自分の耕地労働以外に，南洋興発の直営耕地や本小作人の耕地で働き労働賃金を受けていた。また，永耕作者を優遇する目的で，1939（昭和14）年11月から，耕作期間が満20年以上では100％，満18年以上では70％，満13年以上では35％，満15年以上では50％，満10年以上では20％，満8年以上では15％，満5年以上では1割，の小作料の減免方法を実施した[39]。さらに，割増奨励金制度を設けて利潤分配を行った。多くの移民者は，2年程度で前仮金を完済し，その後は生活と安定を得ることができた[40]。

　作業員は，直営農場と耕作農家において賃金制で雇用する請負と呼ばれる者である。南洋群島に渡島後間もなく請負の適用を受ける。作業員にも小作人と同様現住所より就業地迄の航費その他を貸与される。さらに，小作人と作業員との中間には，前述したように準小作人の制度を設けた。これは，割当耕地を一町歩とし，その余剰労力を賃金労働に振向けることができるという制度である。日本から移住した大半の人は，請負から始まり，準小作人，本小作人に変わっていった。

　以上のように，南洋群島のこれらの日本企業は，このような移民政策による日本人南洋移民の大量の流入により，事業経営がなされたのである。

　第3は，南洋進出の主要な担い手であった3社の内，南洋興発，南洋拓殖の2社

は，国策会社たる性格を持っていたことである。南洋興発は，朝鮮を中心とした開発・開拓を目的とした国策会社である東洋拓殖の子会社であった。南洋拓殖は，南洋開発を目的とする国策会社であった。この2社は，委任統治であった南洋群島での開発・拓殖という目的のために，南洋庁から特別の保護を受けて活動した存在であった。

 第4は，南洋興発は多くの関連会社を持ち多様な事業展開を行っていた，いわゆる南洋コンツェルンであったことである。南洋興発は，日本の南洋群島開発という国策を担ったため，中国大陸の南満州鉄道（満鉄）になぞらえて，「海の満鉄」ともいわれた。南洋興発は，設立当初から東洋拓殖からの出資が多く東洋拓殖系の企業であるといえるが，南洋興発の実質的な経営者である松江春次の支配力が強く，南洋興発関連企業グループは，松江コンツェルンという側面もある。松江は，関連会社の多くに大株主として出資しており，南洋興発グループのオーナーというべき存在である。グループの中心企業である南洋興発株式会社の大株主（1940（昭和15）年）をみると，東洋拓殖が409,540株で筆頭株主であるが，松江春次個人の株式は41,600株と第2位の大株主である。その他の南洋興発関連企業でも，松江春次は大株主として出資している。さらに，松江春次は，経営者として南洋興発グループに大きな影響力を保持していた。このような点から，南洋興発関連企業グループは，松江コンツェルンともいえるのである。

 南洋興発およびその関連企業の事業領域は，砂糖，酒精，糖蜜，澱粉，ダマル，黄麻，綿花，コプラ，珈琲，ゴムなどの栽培・製造，燐鉱などの資源開発，海運や貨物輸送，真珠貝採取や真珠貝加工，水産，製氷，石油供給，土木建設，貿易，移民事業，など広範囲にわたるものであった。南洋興発グループの事業地域は，南洋全域に及び，広範囲である。南洋興発グループは，南洋地域で多様な事業展開をする南洋興発コンツェルンであるといえるであろう。南洋興発は，「海の満鉄」と称せられるゆえんである。

 第5は，南洋興発，南洋拓殖，南洋貿易等の日系南洋企業は，日本統治下の南洋群島のみならず，統治領以外の他国領にも進出し，直接投資を行い，関連会社を設立していたことである。その進出形態は多様で，外国との合弁形態，日本資本の単独出資等があった。その意味で，戦前の日本企業においても海外直接投資による国際経営が南洋においても行われていたのである。

 第6は，南洋群島は，いわゆる南進の拠点であったことである。南洋に新しいフロンティアを求めて，日本から多くの移民が移住した。南洋群島は，日本国の政治

的・軍事的な南進の拠点のみならず，当時の日本人の南への精神的な憧れとしての桃源郷でもあったのである(41)。

　サイパンにアメリカ軍が上陸した1944（昭和19）年当時，南洋興発の資本金は5千万円で，役員・職員数は1万253名であった。そして，同社の営業報告書（昭和17年下半期）によれば，「関係諸事業に従事する社員，現業員並びに植民労務者を併せ当社の抱擁する人口は4万6千余名となる」という(42)。南洋群島は，大戦中に戦場となり，日本軍は崩壊した。サイパン島では，上陸した米軍に対して，日本軍は激しい抵抗を試みたが，ほぼ全滅した。サイパンでの戦闘は，多くの民間人の命を奪った。テニアン島でも，ほぼ同様な戦闘が繰り返された。日本は，南洋群島で完全な敗北に終わった。1944（昭和19）年のアメリカ軍のサイパン，グアム，テニアンなどの南洋群島への空爆・艦隊による砲撃，米軍上陸等により，南洋興発人も1万人といわれる尊い犠牲を余儀なくされた(43)。終戦時の南洋群島残留邦人は約5万人，そのうち沖縄県人は約3万6千人であった(44)。南洋群島で活動していた日本企業は，日本の敗戦とともにすべて終わりを告げたのである。南洋興発も戦後存続することなく，消滅したのである。

〈参考資料1．南洋興発株式会社定款（昭和11年12月21日改正）(45)〉

第一章　総則
　　第1条　本会社は南洋興発株式会社と称す。
　　第2条　本会社の目的左（下記）の如し。
　　　　　一．南洋に於ける拓殖事業の経営
　　　　　二．前号の事業経営の為め南洋に於て土地所有権，地上権，借地権，其の他土地の利用に関する権利を取得すること
　　　　　三．生産物の加工販売ならびに物品売買業
　　　　　四．各種鉱物の採掘精錬ならびにその売買
　　　　　五．船舶及南洋に於ける鉄道輸送業
　　　　　六．南洋に於ける金融業
　　　　　七．南洋に於ける電気及製氷の供給
　　　　　八．前各号に付帯する事業
　　　　　九．前各号と同種の事業を目的とする他会社の株式の引受，取得
　　第3条　本会社資本総額は金弐千萬円とす。
　　第4条　本会社は本店をサイパン島に置きその他業務上必要なる地に支店出張所又は事務所を設く。
　　第5条　本会社の公告は東京市に於て発行する時事新報に掲載す。

第二章　株式

第6条　本会社の株式は四拾萬株とし株の金額を金五拾円とす。

第7条　本会社の株式は記名式とし五株券，拾株券，百株券，千株券の四種とす。

第8条　株主は住所氏名及印鑑を本会社に届出るべしその変更ありたるとき亦同じ。

前項の届出なきに因り生じたる損害に付ては本会社は之を賠償する責に任せず。

第9条　株式の譲渡に因り名義の書換を請求する者は本会社所定の書式に依り双方連署ある請求書を添えて出すべし株式の譲渡以外の原因に依り名義の書換を請求する者は本会社所定の書式に依りかつその取得の原因を証明すべき書面にその株券を添えて差出すべし。

前項の場合に於ける名義書換の手数料は株券1枚に付き金拾銭とす。

第10条　株券の毀損分合の為め新株券の交付を請求する者は本会社所定の書式に依りる請求書にその株式を添えて差出すべし。

株券の喪失の為め新株券の交付を請求する者は本会社所定の書式に依り本会社に於て適当と認むる保証人弐名以上の連署を以てその請求を為すべし此の場合に於ては本会社は請求者の費用を以て喪失の事由を公告し尚参拾日を経て他より故障を申出つる者なきときは新株券を交付す。

前二項の場合に於ける株券再発行の手数料は再発行株券1枚に付き金三十銭とす。

第11条　株金の払込並にその期日は重役会の決議を以て之を定む。

株金の払込を怠りたる者は払込期日の翌日より現に払込みたる当日迄金貸壹百円に付き日歩四銭の割合を以て遅延利息を支払うべし。

第12条　本会社は定時総会前参拾日以内の期間は株式の名義書換を停止すべし。

前項以外の時期といえども重役会の決議により公告の上弐拾日以内の期間名義書換を停止することができる。

第三章　株主総会

第13条　本会社は毎計算期末より参ヵ月内に定時株主総会を開くものとす。

第14条　総会の議長は社長之に任ず差支あるときは他の取締役之に任ず。

第15条　株主は其議決権の行使を出席株主に委任することができる。

第16条　総会の決議録に記載し議長之に署名すべし。

第四章　役員

第17条　本会社に左の役員を置く。

　　取締役　七名以内

　　監査役　弐名以内

第18条　取締役は壱百株以上を所有する株主中より選挙す。

第19条　取締役は在任中其の所有株式壱百株を監査役に供託すべし。

第20条　取締役は互選を以て社長壱名常務取締役若干名を定む。
第21条　社長は会社を代表し重役会の決議に基き会社の業務を執行す。
　　　　常務取締役は社長を補佐して業務を執行す。
第22条　監査役は五拾株以上を所有する株主中より選挙す。
第23条　取締役の任期は参ヶ年監査役の任期は壱ヵ年とす，但其の任期が最終の配当期に関する定時株主総会以前に終了するときは総会の終了に至る迄伸長す。
第24条　取締役及監査役に欠員を生じたるときは臨時株主総会を開き補欠選挙を為すべし此場合に選挙せられたる役員の任期は前任者が期間の満了に依りて退任すべかりし日迄とす。
　　　　但し法定の人員を欠かす且業務に差支なきときは次回の選挙期まで選挙為さざることができる。

第五章　計算

第25条　本会社の計算は毎半ヶ年とし拾月壱日より翌年参月参拾壱日迄を上半期とし四月壱日より九月参拾日迄を下半期とす。
第26条　本会社の計算は毎事業年度内に生じたる総益金より総損金（諸償却金を含む）を控除しくるものを利益金とし左（下記）の如く処分す。
　　　　一．法定積立金　利益金の百分の五以上
　　　　一．重役賞与金　利益金の百分の拾以内
　　　　一．株主配当金
　　　　一．特別積立金
　　　　一．後期繰越金
　　　　前項各号の外株主総会の決議により配当準備積立金其の他必要なる処分を為すことができる。
第27条　株主配当金は五月参拾壱日現在の株主名簿に依り支払うものとす。

付則

昭和拾壱年に限り昭和拾壱年拾壱月より昭和拾壱年参月参拾壱日迄を上半期とす。

〈参考資料2.〉
南洋興発株式会社サイパン島応募者心得書[46]
(内閣拓殖局（1927）『植民地に於ける食料供給及移住計画に関する参照規定（昭和2年2月）』内閣拓殖局)
1．仕事は農業労働をするのであります。
2．18歳才以上40才以下の男および夫婦の方で壮健の人。
3．作業時間および休憩時間ならびに休日。
　　非製糖期は午前7時就業正午より午後1時迄，昼食の為休憩，午後1時就業同5

時終業。

製糖期（約6ケ月）は昼夜作業に付約10日毎に2交替夜間作業に従事せねばなりませぬ，就業時間は昼間作業午前7時就業午後7時終業，夜間作業は午後7時就業午前7時終業，昼食または夜食の為1時間休憩す，野外勤務は日出より日没迄の間に於いて11時間30分として，内中食およびタバコ時間として1時間30分休む。

休日は，非製糖期毎月第1第3の日曜および祭日，製糖期は月2回交代休憩す。

賃金は，左の通り毎月30日にその月の分を支払います。

   1等（20歳以上）　男　1円20銭　女　80銭

   2等（20歳以下）　男　1円　　　女　70銭

時間外働の時は，1時間に1割の増金を払います。

請負仕事の時は，会社と協定して賃金を定めます。

5. 宿舎および食費。

宿舎は無料で貸します（ただし農業配置の分は小作人の住宅に居住するのであります）。

食費は応募者の自弁です，1ヶ月約11円で充分在ります。

6. 旅費は往復共自弁であります。

ただし往航は那覇より旅費実費を全部貸上ます。

支度金として金15円貸します。

貸付金は，1か年に分割し毎月の賃金の内より引ます。

7. 契約は満1ヶ年なるも，希望に依り延長できます。

8. 保障人は2人入用です。

9. 負傷，疾病，死亡の場合における救済の件。

本人および家族にして，疾病に罹りたる時は会社医をして治療せしめ別に定めたる薬価および手術料を徴収します。

公傷病者にして治療したるも身体に障害を存する時および不具発疾となる場合は程度および情況により相当の一時金をすることになっております。

公傷病者にして即死または活療中死亡したる場合は相当の葬祭料ならびに一時金を会社の適当と認むる遺族に支給す。

10. 応募者は左記書類を応募事務所に出しなさい。

戸籍抄本2通，身元証明書1通，健康診断書1通，印鑑証明書1通（保証人の分），承諾書1通（未丁者のみ）。

注

(1) 矢内原忠雄（1935）『南洋群島の研究』岩波書店，21 頁。
(2) 南洋庁（1932）『南洋庁施政十年史』南洋庁，33-34 頁。
(3) 南洋庁（1932）『南洋庁施政十年史』南洋庁，35-38 頁。
(4) 加藤聖文（2009）『「大日本帝国」崩壊』中央公論社，187-189 頁。なお，当時の国際政治情勢については，石川六郎（1917）『ヴェルサイユ会議』民友社が貴重な史料である。
(5) 南洋庁（1932）『南洋庁施政十年史』南洋庁，68-70 頁。なお，以下が国際連盟の委任統治条約の全文である。
「委任統治条項（大正 10 年 4 月 29 日外務省告示第 16 号）
第一条
　日本国皇帝陛下（以下受任国と称す）に統治の委任を付与したる諸島は太平洋中赤道以北に位する独逸領諸島の全部を含む。
第二条
　受任国は本委任統治条項に依る地域に対し日本帝国の構成部分として施政及立法の全権を有すべく，かつ状況に応じ必要なる地方的変更を加へて本地域に日本帝国の法規を適用することができ，受任国は本委任統治条項に依る地域の住民の物質的及精神的幸福並社会的進歩を極力増進すべし。
第三条
　受任国は奴隷の売買を禁止すること並須要なる公共的工事及役務の為にする場合を除くの外強制労働を許容せざることを督視すべし右例外の場合に於ても相当の報償を支払う事を要す。
　受任国は千九百十九年九月十日署名の武器取引の取締に関する条約又は之を修正する条約に規定する所と同様なる原則に準拠し武器弾薬の取引を取締ることを督視すべし。
　土着民に火酒及酒精飲料を供給することを禁止すべし。
第四条
　土着民の軍事教育は地域内警察及本地域の地方的防衛の為にする場合を除くの外之を禁止すべし又本地域内に陸海軍根拠地又は築城を建設することを得ず。
第五条
　公の秩序又は善良の風俗の維持に関する地方的法規に反せざる限り受任国は本地域内に於て良心の自由並各種礼拝の自由執行を確保し又礼拝の国民たる一切の宣教師が其の職務を行う為本地域内に至り，放行又は居住することを許すべし。
第六条
　受任国は国際連盟理事会を満足せしむべき年報を同理事会に提出すべし該年報中には本地域に関する詳細なる情報を記載し且第二条乃至第五条に依り負担したる義務を実行する為に執りたる諸般の措置を表示すべし。
第七条
　本委任統治條項の規定を変更するには国際連盟理事会の同意を要す。
　受任国は本委任統治状況の規定の解釈又は適用に関し受任国との間に紛争を生じたる場合に於て其の紛争が交渉に依り解決すること能わざるときは之を国際連盟規約第十四条に規定する常設国際司法裁判所に付託することに同意すべし。
　本宣言は国際連盟の記録に之を寄託すべく国際連盟事務総長は本書の認証謄本を独逸国との平和条約の署名国に送付すべし。
　千九百二十年十二月十七日ジエネヴアに於て作成す。」
(6) 矢内原忠雄（1935）『南洋群島の研究』岩波書店，50-51 頁。
(7) 鈴木経勲（1893）『南島巡航記』経済雑誌社，2 頁。
(8) 鈴木経勲（1893）『南島巡航記』経済雑誌社，252-253 頁。
(9) 矢内原忠雄（1935）『南洋群島の研究』岩波書店，51 頁，および南洋庁（1939）『南洋群島要覧十四年度版』南洋庁，22-23 頁。
(10) 郷隆（1942）『南洋貿易五十年史』南洋貿易株式会社，12-13 頁。
(11) 郷隆（1942）『南洋貿易五十年史』南洋貿易株式会社，24-25 頁。なお，和歌山県は，歴史的に水産，捕鯨等が盛んで，明治初期頃からオーストラリアの木曜島やブルーム等の南洋に真珠貝採取の潜水夫が移民した。
(12) 名護市編（2008）『出稼ぎと移民』名護市，230-243 頁。
(13) 郷隆（1942）『南洋貿易五十年史』南洋貿易株式会社，44-46 頁。

(14) 郷隆（1942）『南洋貿易五十年史』南洋貿易株式会社，46-48頁。
(15) 郷隆（1942）『南洋貿易五十年史』南洋貿易株式会社，2頁およびMary Albertus Bain，足立良子訳『真珠貝の誘惑』勁草書房，111頁。
(16) 名護市編（2008）『出稼ぎと移民』名護市，230頁。
(17) 名護市編（2008）『出稼ぎと移民』名護市，230-231頁。
(18) 矢内原忠雄（1935）『南洋群島の研究』岩波書店，8頁。
(19) 南洋庁（1939）『南洋群島要覧十四年度版』南洋庁，41頁。
(20) 矢内原忠雄（1935）『南洋群島の研究』岩波書店，100-101頁。
(21) 南洋拓殖株式会社調査課編（1938a）『南洋叢書第1輯』南洋拓殖株式会社，56-58頁。
(22) 南洋興発（1940）『伸びゆく南興』南洋興発株式会社，12頁。
(23) 松江春次（1932）『南洋開拓拾年誌』南洋興発株式会社，20-37頁。
(24) 松江春次（1932）『南洋開拓拾年誌』南洋興発株式会社，37-44頁。
(25) 松江春次（1932）『南洋開拓拾年誌』南洋興発株式会社，82頁。
(26) 矢内原忠雄（1935）『南洋群島の研究』岩波書店，94頁。
(27) 南洋興発（1936b）『南洋開拓と南洋興発株式会社の現状』南洋興発株式会社，13-34頁，南洋興発（1940）『伸びゆく南興』南洋興発株式会社，および矢内原忠雄（1935）『南洋群島の研究』岩波書店），94-97頁。なお，南洋興発は，以下のような「南興精神綱領」を定めた。
「一．皇室を敬ひ国体を重んずべし。一．純忠至誠の大和魂を以て南洋産業の興隆に力むべし。一．松江社長の開拓精神を永遠に伝ふべし。一．家族主義を基調とし同心協力すべし。一．質実剛健堪忍不抜以て勤労すべし。」
(28) 南洋興発（1940）『伸びゆく南興』南洋興発株式会社，38-62頁。なお，南洋興発合名会社のパプアニューギニアのモミの栽培園の前の所有者である細谷十太郎の記述については，島崎新太郎（1942）『東印度紀行』那珂書店 18-19頁による。
(29) 小野文英（1938）『日本コンツェルン全書第15巻　製糖コンツェルン読本』春秋社，226頁。
(30) 矢内原忠雄（1935）『南洋群島の研究』岩波書店，97頁。
(31) 南洋興発（1940）『伸びゆく南興』南洋興発株式会社，59-60頁。
(32) 田中弥十郎（1942）『興亜人物伝』遠藤書店，166-175頁。
(33) 田中弥十郎（1942）『興亜人物伝』遠藤書店，169頁。
(34) 矢内原忠雄（1935）『南洋群島の研究』岩波書店，98頁。
(35) 郷隆（1942）『南洋貿易五十年史』南洋貿易株式会社，3頁。
(36) 矢内原忠雄（1935）『南洋群島の研究』岩波書店，98-101頁。
(37) 沖縄県文化振興会（2002）『沖縄県史ビジュアル版9　旧南洋群島と沖縄人—テニアン—』沖縄県教育委員会，2-3頁。
(38) 南洋興発（1936b）『南洋開拓と南洋興発株式会社の現状』南洋興発株式会社，35-39頁。
(39) 南洋興発（1940）『伸びゆく南興』南洋興発株式会社，28頁。
(40) 南洋興発（1936b）『南洋開拓と南洋興発株式会社の現状』南洋興発株式会社，15-19頁。
(41) 南洋群島は文学者も関心を持ち，石川達三（1943）『赤虫島日誌』，中島敦（2001）『南洋通信』などの旅行記や随筆が出版された。
(42) 近現代史編纂会（2011）『サイパンの戦い—「大場栄大尉」を読み解く』山川出版社，60頁。
(43) 南興会（1984）『南興史（南洋興発株式会社興亡の記録）』南興会，4頁。
(44) 沖縄県文化振興会（2003）『沖縄県史資料編17　旧南洋群島関係資料近代5』沖縄県教育委員会，641頁。
(45) 南洋興発（1936b）『南洋開拓と南洋興発株式会社の現状』南洋興発株式会社，44-51頁，なお定款は旧仮名遣いを新仮名遣いに改めた。
(46) 応募者心得書は旧仮名遣いを新仮名遣いに改めた。

〈参考文献〉

Alexander Spoehr（2000），*Saipan: The Ethnology of a war-Devastated Island*, N.M.I. Division of Historic Preservation.
浅見登郎（1928）『日本植民地統治論』厳松堂。
庵埼貞俊・古山哲郎編（1915）『新南嶋大観』南洋研究会。
安藤盛（1939）『南洋記—踏査紀行』興亜書院。

Don A. Farrell（2012）, *Tinian*, Pacific Histric Parks.
郷隆（1942）『南洋貿易五十年史』南洋貿易株式会社。
入江寅次（1942）『邦人海外発展史』伊田書店。
具志川市史編さん委員会（2002）『具志川市史　第四巻　移民・出稼ぎ　論考編』具志川市教育委員会。
平野義太郎・清野謙次（1942）『太平洋の民族＝政治学』日本評論社。
石川六郎編（1917）『ヴェルサイユ会議』民友社。
石川栄吉（1984）『南太平洋物語』力富書房。
石川達三（1943）『赤虫島日誌』東京八雲書店。
J. A. Decker（1940）*Labor Problem in the Pacific Mandates*.（揚井克己訳（1942）『太平洋諸島の労働事情』生活社。）
加藤聖文（2009）『「大日本帝国」崩壊』中央公論社。
国際日本協会（1943）『太平洋諸島統計書』国際日本協会。
菊池正夫（1942）『躍進の南洋』東亜協会。
近現代史編纂会（2011）『サイパンの戦い―「大場栄大尉」を読み解く』山川出版社。
川崎洋（1988）『サイパンと呼ばれて男―横須賀物語』新潮社。
金武町史編纂委員会（1996）『金武町史　第 1 巻　移民・本編』金武町教育委員会。
松江春次（1932）『南洋開拓拾年誌』南洋興発株式会社。
松岡静雄（1941）『太平洋民族誌』岩波書店。
室伏高信（1936）『南進論』日本評論社。
丸山義二（1940）『南洋紀行』興亜日本社。
松島泰勝（2007）『ミクロネシア―小さな島々の自立への挑戦』早稲田大学出版部。
Mark R.Peattie（1988）, *Nanyo-The Rise and Fall of the Japanese in Micronesia 1885–1945*, University of Hawaii Press.
マーク・R・ピーティー（1992）「日本植民地下のミクロネシア」，大江志乃夫他編『近代日本と植民地 1』岩波書店。
Mary Albertus Bain（1982）, *Full Fathom Five*, Artlook Books.（足立良子訳（1987）『真珠貝の誘惑』勁草書房。）
南洋庁（1932）『南洋庁施政十年史』南洋庁。
南洋庁（1938）『南洋群島要覧十三年度版』南洋庁。
南洋庁（1939）『南洋群島要覧十四年度版』南洋庁。
南洋興発（1925）『裏南洋開拓ト南洋興発株式会社』南洋興発株式会社。
南洋興発（1932）『裏南洋開拓と南洋興発株式会社』南洋興発株式会社。
南洋興発（1936a）『南洋興発株式会社事業概要』南洋興発株式会社。
南洋興発（1936b）『南洋開拓と南洋興発株式会社の現状』南洋興発株式会社。
南洋興発（1940）『伸びゆく南興』南洋興発株式会社。
南洋興発（1941）『南洋興発株式会社 20 周年』南洋興発株式会社。
南興会（1984）『南興史（南洋興発株式会社興亡の記録）』南興会。
南洋貿易株式会社（1917）『南洋貿易会社の現在将来』南洋貿易株式会社。
南洋経済研究所（1938）『南洋関係主要覧　昭和 13 年度版』南洋経済研究所。
南洋拓殖株式会社調査課編（1938a）『南洋叢書第 1 輯』南洋拓殖株式会社。
南洋拓殖株式会社調査課編（1938b）『南洋叢書第 2 輯』南洋拓殖株式会社。
南洋拓殖株式会社調査課編（1938c）『南洋叢書第 5 輯　パラオ島誌』南洋拓殖株式会社。
南洋拓殖株式会社調査課編（1939）『南洋叢書第 6 輯　ヤップ島誌』南洋拓殖株式会社。
南洋群島産業協会（1941）『産業の南洋』南洋群島産業協会。
南洋群島文化協会（1937）『南洋群島　第三巻第十一号』南洋群島文化協会。
南洋群島文化協会（1939）『南洋群島　第六巻第二号』南洋群島文化協会。
南洋群島文化協会（1939）『南洋群島　第六巻第七号』南洋群島文化協会。
内閣拓殖局（1927）『植民地に於ける食料供給及移住計画に関する参照規定（昭和 2 年 2 月）』内閣拓殖局。
名護市編（2008）『出稼ぎと移民』名護市。
中島敦（2001）『南洋通信』中央公論新社。

中島三千男（2013）『海外神社跡地の景観変容―さまざまな現代（いま）』御茶の水書房。
南方年鑑刊行会（1943）『南方年鑑　昭和18年度版』東邦社。
根岸勉治（1962）『熱帯農企業論』河出書房新社。
能仲文夫（1941）『南洋と松江春次』時代社。
野村進（2005）『日本領サイパンの一万日』岩波書店。
蜷川新（1937）『南洋に於ける帝国の権利』清水書店。
沖縄県文化振興会（2002）『沖縄県史ビジュアル版9　旧南洋群島と沖縄人―テニアン―』沖縄県教育委員会。
沖縄県文化振興会（2003）『沖縄県史資料編17　旧南洋群島関係資料近代5』沖縄県教育委員会。
大蔵省（1946）『日本人の海外活動に関する歴史的調査　第12巻　南洋群島篇』大蔵省。
岡谷公二（1990）『南海漂白　土方久功伝』河出書房新社。
蘭印事情講習会（1940）『蘭印度叢書　上．巻』愛国新聞出版部。
小野文英（1938）『日本コンツェルン全書第15巻　製糖コンツェルン読本』春秋社。
島崎新太郎（1942）『東印度紀行』那珂書店。
渋谷昇次（1943）『南太平洋諸島―地政治史的研究』先生書店。
柴田善雅（2005）『南洋日系栽培会社の時代』日本経済評論社。
篠原初枝（2010）『国際連盟』中央公論新社。
澤田謙（1940）『大南洋』豊文書院。
鈴木経勲（1893）『南島巡航記』経済雑誌社。
鈴木経勲（1980）『南洋探検実記』平凡社。
鈴木利貞（1935）『南洋読本』日本評論社。
鈴木改記（1942）『南太平洋諸島』東京講演会出版部。
鈴木均（1993）『サイパン夢残―「玉砕」に潰えた「海の満鉄」』日本評論社。
疋田康行（1995）『「南方共栄圏」―戦時日本の東南アジア経済支配―』多賀出版。
下田博（1941）『南洋経済論』慶応出版社。
島津久賢（1915）『南洋記』春陽堂。
等松春夫（2011）『日本帝国と委任統治―南洋群島をめぐる国際政治1914-1947』名古屋大学出版会。
田中弥十郎（1942）『興亜人物伝』遠藤書店。
台湾総統府調査課（1935）『台湾と南支南洋』台湾総統府調査課。
拓務省官房文書課編（1939）『拓務要覧昭和14年版』日本拓殖協会。
太平洋協会編（1940）『南洋諸島―自然と資源』河出書房。
高山純・石川栄吉・高橋康昌（1992）『オセアニア』朝日新聞社。
田口卯吉（1927-1929）『田口卯吉全集　全8巻』田口卯吉全集刊行会。
田口親（2000）『田口卯吉』吉川弘文館。
上原轍三郎（1940）『植民地として観たる南洋群島の研究』南洋群島文化協会。
X. Francis. and. S. J. Hezel *Over Seas and Time-A Micronesian History Textbook*, the FSM Department of Education.
矢内原忠雄（1935）『南洋群島の研究』（「矢内原忠雄全集　第3巻」）岩波書店。
横田武（1933）『我が南洋の正体』南洋社。
若林忠男（1936）『海の生命線　南洋移民の実際―南洋興発株式会社を衝く』図南会。
山本美越乃（1917）『我国民ノ海外発展ト南洋新占領地』京都法学会。

第3章

明治から戦前昭和期までの日本のアジア,南洋への企業進出と直接投資
―東南アジア,中国,満州,台湾を中心として―

はじめに

　20世紀の初頭,すなわち明治時代の終わり頃には,南方・南洋としての東南アジアは,シャム(現在のタイ)を除き,そのほとんどがイギリス,フランス,オランダといった欧米列国の植民地となった。

　マレーは,15世紀にマラッカ王国が成立したが,1511年にポルトガルに支配された。17世紀には,オランダの支配を受けた。18世紀後半には,イギリスはシンガポールを含むマレーとボルネオの一部を海峡植民地として統治するようになった。ビルマ(現在のミャンマー)は,1666年からイギリスの植民地となった。インドネシア(戦前は蘭領東印度,蘭領印度,蘭印といわれていた)は,1818年にオランダがジャワ島のマタラム王国を滅ぼし,植民地とした。オランダは17世紀末までにスマトラ島,ボルネオ島なども支配し,1904年にオランダ領東印度として植民地化した。フィリピンは,1571年にスペインの植民地となった。1898年にスペインとの戦争に勝ったアメリカは,フィリピンを植民地として統治することとなった。ベトナム(戦前は安南といわれていた)は,古くから中国の影響が強かったが,10世紀に独立国家が誕生したが,19世紀に阮朝がフランスに敗れ,1885年にフランスの植民地となった。カンボジアは,9世紀にアンコール朝ができたが,14世紀以降周辺国の侵略を受け衰退した。1893年にフランスの植民地となった。ラオスは,14世紀半ばにランサン王国ができ支配したが,1893年にフランスの植民地となった。フランスは,このベトナム,カンボジア,ラオス3国を併合して,仏領インドシナ(仏領印度,仏印)とした。タイ(当時シャム,暹羅といわれていた)は,13世紀にスコータイ王朝が最初の統一国家となったが,14世紀から約400年間の間アユタヤ王朝が支配した。1782年に,現在まで続いているバンコク王朝が支配した。タイは,戦前も,インドシナ半島の欧米大国の緩衝国家として植民地にされず独立を保った。

以上のような歴史的経緯により，イギリスはシンガポールを含むマレー，ビルマ，および英領印度（現在のインドネシアの一部），フランスはインドシナ（現在のベトナム，カンボジア，ラオス），オランダは蘭領東印度（現在のインドネシアの多くの地域）を植民地とした。タイは，東南アジアで唯一独立を守った国であった。
　南洋の東南アジアを支配したこの欧米列国は，主に輸出目的とした農業・プランテーション（plantation）開発などを進めた。フランスはインドシナのメコン・デルタ開発，オランダはジャワなどインドネシアでの農園・プランテーション開発，イギリスはマレー半島の開発などである。
　1810年にイギリスが金本位制に移行し，金本位制度は 1870年代にドイツ，フランス，1890年代後半から1900年代にかけてアメリカ，ロシア，ラテンアメリカ諸国などに広がった。日本も，1897（明治30）年に貨幣法施行により金本位国となった。アジアでは，1890年代から1900年代にかけて，インド，フィリピン，マレーなどが金本位制度に近い制度を採用した。金本位制度は，国際的な為替相場の安定，貨幣制度の統一を促すことにより諸国間の外国貿易の発展に資するとともに，直接投資などの国際資本移動に対する障害を取り除いた[1]。また，国際的な海運，運輸，通信，金融などの発展は，海外投資を促進させた。
　南方・南洋としての東南アジア地域のほとんどは当時欧米列国の植民地で，日本の植民地ではなかったが，日本企業は，対外投資，海外直接投資によりゴム，麻，砂糖キビなどの栽培事業，商業，サービス業，貿易，鉱業，林業，漁業などに進出し始めた。本章では，明治から戦前昭和期までのアジアへの日本企業の企業進出と直接投資に関して，南洋・東南アジアを中心として，中国，満州，台湾をも含めて，その概要について考察する。また，戦前期の南洋への農業栽培，水産，林業，鉱業，商業，工業，銀行，海運等の企業進出について論ずる。

第1節　戦前日本の対外投資・直接投資

　戦前の日本のアジア・南洋・南方への対外投資，特に直接投資はどのようであったのだろうか。戦前日本の対外投資に関する統計は，今日から見れば厳密ではなく，かなり不十分な点が多い。また，戦前日本の対外投資研究，特に南洋・南方への直接投資研究は立ち遅れた分野である。そのため，日本の対外投資額は，推定の域を

脱していない。各種研究の中で，著者が比較的妥当ではないかと思われる統計数字についてみてみよう。

図表3-1は，山崎一平・山本有造（1979）による[2]，戦前日本の対外国投資額の推移を表したものである。なお，この対外国投資額は，戦前のその時点における日本の外国投資の価値額を表したものである。この統計をもとに，戦前日本の外国投資の動向と特徴についてみてみよう。

第1に，戦前日本の対外投資額は，1914（大正3）年から1936（昭和11）年までの間，増加する傾向にあることである。日本の対外投資額は，第一次大戦直前の1914（大正3）年で5億2,900万円，第一次大戦直後の1919（大正8）年で19億1,100万円，満州事変前の1930（昭和5）年で29億9,590万円，日中戦争直前の1936（昭和11）年で53億円となっている。

第2に，地域的にみると，いずれの時点でも対華（対中国）投資の割合が極めて高く，南洋への投資の割合は低い。1914（大正3）をみると，対華投資は4億3,900万円，借款と貸付を除いた直接事業投資は3億8,500円であるのに対して，対フィリピン・南洋投資は4,000万円と，南洋関連投資は対華投資の1割程度である。1919（大正8）年，1930（昭和5）年，1936（昭和11）年の時点でも，南洋投資は対華投

図表3-1　日本の対外国投資（日銀推計）

(単位：100万円)

1914（大正3）年末現在 （第一次大戦直前）		1919（大正8）年末現在 （第一次大戦直後）		1930（昭和5）年末現在 （満州事変前）		1936（昭和11）年末現在 （日中戦争前）	
対華投資	439	対華投資	1,163	対華投資	2,779	対満州国投資	3,000
支那政府への借款	19	中央政府借款	208	対華本土投資	1,127	対華投資	1,600
支那会社への貸付	35	地方政府借款	60	借款による投資	822		
直接事業投資	385	民間事業貸付	150	直接投資	305		
		直接事業投資	745	対満投資	1,472		
				借款による投資	232	対南洋その他投資	300
				直接投資	1,240	対ハワイ・南北米抒資	100
対フィリピン・南洋投資	40	対南洋その他投資	80	対南洋その他投資	130	世界における零細財産	300
対ハワイ・米国投資	50	対ハワイ・南北米投資	50	対ハワイ・南北米投資	50		
		対連合国貸付	618				
合計	529	合計	1,911	合計	2,959	合計	5,300

（資料）　1914年：樋口弘『日本の対支投資研究』551頁（レーマー推計およびモールトン所引の日銀推計を統合）
　　　　1919年：日銀調査局『満州事変以後の財政金融史』附属統計表（モールトン推計を基礎とする樋口推計）
　　　　1930年：同上（満鉄推計と樋口推計の総合）
　　　　1936年：同上（樋口推計）
（出所）　山崎一平・山本有造（1979）『長期経済統計14　貿易と国際収支』56頁。

資の1割程度である。

　第3は，南洋への投資額は，1914（大正3）で4,000万円，1919（大正8）年で8,000万円，1930（昭和5）年で1億3,000万円，1936（昭和11）年で3億円程度であることである。1936（昭和11）年の南洋投資額3億円という数字は，現在からみると少額のように感ずるが，当時の物価水準を考慮した価値で考えると，当時の1円を現在の1,000円であると仮定すると，現在価値で3,000億円程度，ということになる。このように考えると，南洋への投資額は決して少なくなく，むしろかなりの金額であるということができる。

　第4は，対華投資は，直接事業投資のみならずかなりの割合で政府に対する借款およびこれに類するものが含まれていることである。第一次大戦直後の1919（大正8）年末の時点で，日本の対華投資11億6,300万円のうち，中央政府借款2億800万円，地方政府借款6,000万円，合計で3億6,800万円と，約32％を占めている。満州事変前の1930年末時点で，対華投資27億7,900万円のうち，対華本土投資では借款による投資が8億2,200万円，対満投資では借款による投資2億3,200万円，合計で10億5,400万円と，対華投資の約38％を占めている。この政府借款は，1916（大正5）年寺内正毅内閣を通じて巨額の無利子の借款である西原借款に代表される政治的借款である。この西岡借款は，後に結局焦げ付いてしまい，ほとんどは無駄になってしまった。

　第5は，第一次大戦後の1919（大正8）年頃から第二次大戦前頃まで，日本の対外直接事業投資が急増していることである。満州投資では，満鉄関連事業を中心として，中国（支那，中華民国）では在華紡を中心として投資が拡大した。南洋では，フィリピンのダバオを中心としたマニラ麻栽培，マレーや蘭印を中心としたゴム栽培，南洋各地の資源開発，委託統治を行った南洋群島での開発を中心として，日本の南洋での直接事業投資が拡大した。

　第6は，1906（明治39）年日本は満鉄（南満州鉄道株式会社）を設立したこと，1932（昭和7）年満州国が発足したことなどもあり，日本の満州への直接投資が急増した。1930（昭和5）年の時点で対満州投資は14億7,200万円，その内対満直接投資は12億4,000万円，1936（昭和11）年の時点では対満州国投資は30億円であった。日本の満州への本格的展開は，1905（明治38）年の日露戦争終結後である。その中心が，経済外的権力をも付与された半官特殊会社たる満鉄である。満鉄の事業や投資は，鉄道のほか鉱山，電力，ガス，各種工業などにおよび，1914（大正3）年時点でその資産は2億3千万円程度であるとされる。こうして第1次大戦前夜

(1910年代（大正の始め）頃）における日本の対中国投資は，列強の全中国投資中の13.6%，英国，ロシア，ドイツに次ぐ第4位を占めるまでになった。その後，日本の対満州投資は，1930（昭和5）年において諸列強の全対満投資中73%を占めていたが，満州国の成立を機に，これをほぼ独占するにいたった[3]。

第7は，日本の中国（中華民国）への直接投資も，第一次大戦から戦後の頃（1910年代（大正の始め）頃）から伸張したことである。中華民国たる中国への直接投資は，1895（明治28）年の日清戦後の下関条約条項により三井物産が上海紡績工場を作り，その後の上海を中心とした在華紡の進出の先鞭をつけたことに始まる。第一次大戦前後の1910（明治43）年頃から，在華紡などの工業投資が全中国的に拡大した。こうして1930（昭和5）年前後の日本は，地域的にみて，中国本土および満州への進出が並行的に進んだ。

第2節　日本の対中国（中華民国）投資

1．戦前日本の対中国（中華民国）投資に関する主要な先行研究

戦前に出版された日本の対中国（中華民国）投資に関する主要な研究として，シー・エフ・レーマー（1934），岡部利良（1937），入江啓四郎（1937），樋口弘（1939），樋口弘（1940），英修道（1941），東亜研究所（1944），などがある。シー・エフ・レーマー（1934）は，1928年からアメリカの研究機関で実施された，主要国の中国投資に関する調査研究の報告書を翻訳したものである。当時の調査としては信頼性が高く，貴重な古典的研究となっている。岡部利良（1937）は，戦前の日本の紡績業の中国進出について詳細に分析しており，重要な史料となっている。入江啓四郎（1937）は，中国における外国人の地位について，歴史，不平等関係，治外法権，条約，対外政策，租界制度，租借地，外国駐屯軍，外国船舶，開港場，土地制度，外国人の権利，領事審判，外資制度，等について，中国の法律と政治の観点から詳細に分析している大著である。樋口弘（1939）と樋口弘（1940）は，戦前の日本企業の対中国進出に関して，当時ユニークであった国際経済学・国際経営学の視点で解明したパイオニア的研究である。著者が経済雑誌「ダイヤモンド」記者出

身であったことにより企業の実情に詳しく，かつ理論的分析もしっかりしており，極めて高く評価できる著作である。英修道（1941）は，当時の中国における外国権益について，具体的には治外法権，外国租界，租借地，内水航行権，軍事権益，文化権益等について分析している。当時の中国は，大国の権益がかなり認められていたことがよく理解できる著書である。東亜研究所（1944）は，主要諸国の中国への投資と国際収支に関して豊富な統計を用いて分析している。

戦後に出版された日本の対中国（中華民国）投資に関する研究は極めて多い。その中の主要な研究として，藤井光男・中瀬寿一・丸山恵也・池田正孝（1979），高村直助（1982），藤井光男（1987），桑原哲也（1990），森時彦編著（2005），柴田善雅（2008），富澤芳亜・久保亨・萩原充編著（2011），などがある。藤井光男・中瀬寿一・丸山恵也・池田正孝（1979）は，戦前の日本企業の海外進出について経営史の視点より分析している。高村直助（1982）は，在華紡について本格的に研究した代表的な著作である。藤井光男（1987）は，戦前の日本の製糸企業の海外進出に関して経営史の視点より研究した大著である。桑原哲也（1990）は，戦前期の日本の紡績企業の中国進出に関して企業の事例を中心として分析している。森時彦編著（2005）は，在華紡に関して歴史，労働運動，生産，戦後における在華紡の遺産等，広範囲な視点で分析した研究である。柴田善雅（2008）は，日中戦争勃発から日本敗戦までの中国占領地の日系企業の活動を総体的に研究した大著である。富澤芳亜・久保亨・萩原充編著（2011）は，戦前の日系企業の中国進出に関して中国人研究者も加わった共同研究である。

2．日本の対中国投資

戦前の日本のアジア投資の中で，最も有名なのは満鉄（南満州鉄道株式会社）の投資であろう。満鉄の投資は，中国の中の満州を中心とした鉄道や関連の事業への投資であった。しかし，戦前日本は，満州以外の地域への中国本土，当時の中華民国への投資もかなりあり，その代表が在華紡の投資であった。在華紡つまり在華日本紡績業とは，戦前中国において日本資本が投資し経営した綿紡績企業のことである。1936（昭11）年当時，在華紡は，満州（中国東北地方）を除く中国国内への日本の直接事業投資総額約8億4,000万円のうち約3億円を占めていた[4]。すなわち，在華紡は，戦前日本の中国への事業投資の中心的存在で，日本の在華経済力の根幹であり，在留日本人は在華紡を中心として発展したのである。

在華紡の特徴として重要なのは，満鉄が国家の出資・援助・監督を受けた国策会社であったのに対して，日本国内の紡績会社を中心とした純然たる民間資本による中国への直接投資であったことである。その意味で，戦前の日本企業の海外での国際経営という視点からみると，極めて注目すべき存在である。

　日本の紡績業が中国に進出した要因として以下がある。第1は，当時の中国では生産費が低廉であったことである。中国は原料としての綿花の産出国であり，人件費も安い。日本よりコスト面で有利であったことである。第2は，当時の中国では綿布輸入に関して高関税がかけられており，日本からの輸出より現地で生産する方が関税障壁から免れることができ有利であったことである。第3は，中国は当時世界有数の綿製品需要国であり，その市場が成長していたことである。第4は，中国が政治的に安定してきたと日本の紡績会社が判断したためである。特に北部中国では日本の勢力が増大し，事業経営の安全性は高まったと判断した。第5は，日本の対北部中国政策遂行上の必要から，日本の紡績業の北部中国への進出が促進・奨励された。第6は，中国政府が綿花増産の奨励策を採ったこともあり，その原料供給力の増加が日本の紡績業の中国進出を促した。第7は，日本の市場の成長が停滞し，さらなる日本紡績企業の成長のために海外進出に目を向け始めたからである[5]。以上のような要因で，日本の紡績企業は中国に大挙して進出したのである。

　1914（大正3）年から1925（大正14）年の時期に，日本資本による在華紡は17社，33工場を設立された[6]。当時の主要な在華紡・投資企業として，東華紡績会社，上海紡績会社，内外綿会社，大日本紡績会社，鐘淵紡績会社，東洋紡績会社，富士瓦斯紡績会社，大阪合同紡績会社，福島紡績会社，長崎紡績会社，日清紡績会社，倉敷紡績会社，岸和田紡績会社などがあった。

　当時の中国（中華民国）の投資環境として重要なのは，外国の治外法権という制度である。治外法権とは，領事裁判権の制度であり，諸外国政府の法権の中国における当該外国人への延長，または当該外国人を中国政府の法権から除くことである。よって，外国人は事業の経営にあたり治外法権の効果として，条約の承認する以外の中国法規を遵守する義務はなく，外国人の遵守すべき中国法規は，内地水路汽船航通規則及同追加規則，鉱業規則等に過ぎず，その他の中国法規において，外国人の権利を制限することは，治外法権の原則に反するものであった。外国人は条約上有する地位において，商工業，製造業，その他一切の合法なる職業に従事することができ，条約による制限以外，中国の一方的意思表示たる法令に拘束することなく，自由に各種の事業を中国において経営することができた[7]。以上のような，外国の

治外法権という制度により，日本は，原則として，日系企業を日本の法規で中国に設立し，経営することができたのである。

第3節　日本の対満州投資

1．戦前日本の対満州投資に関する主要な先行研究

　戦前日本が満州を支配したこともあり，日本企業の満州投資に関する研究は，極めて多いが，その中で主要な研究として，満鉄調査課（1928），満州史研究会（1972），原田勝正（1981），金子文夫（1991），山本有造（2003），鈴木邦夫編著（2007）等がある。満鉄調査課（1928）は，満州鉄道調査課が昭和元年までの日本の満蒙（満州と内蒙古）への投資について調査した貴重な古典的研究である。その調査統計は，最も信頼できるデータであると評価されている。満州史研究会（1972）は，日本の満州支配の経済的特質について，経済統制政策，金融構造，移民・労働政策，土地租借権問題，等に関して分析した研究である。金子文夫（1991）は，日本の戦前の満州投資に関して包括的に分析した研究である。特に，日本企業の対満州進出の歴史と特質を詳細に分析しており，極めて優れた著作である。山本有造（2003）は，満州国の経済的パフォーマンスを，マクロ的指標を利用して数量的・実証的に分析した研究である。鈴木邦夫（2007）は，日本の満州への企業進出史に関して，南満州鉄道系，東洋拓殖系，満州国政府系，満州重工系，財閥と大手事業法人系，満州地場系等という資本系列，および交通，通信・電力・ガス，金融，取引所，商業・貿易，紡績，食料品，鉱業，金属，機械機器，窯業，化学，製紙，農林・林業，サービス，メディア等という産業別に分析した膨大な研究である。

　また，南満州鉄道（満鉄）に関する研究も多く，主要な研究として，安藤彦太郎（1965），小林英夫（1996），村松高夫・解学詩・江田憲治（2002），加藤聖文（2006），などがある。安藤彦太郎（1965）は，満鉄について歴史的背景を含めて企業集団としての満鉄の全貌を分析した第二次大戦後の代表的な研究である。小林英夫（1996）は，満鉄について，その誕生，王国の確立，調査活動，文化，終焉等について解明している。村松高夫・解学詩・江田憲治（2002）は，満州国における

満鉄の労働史について分析したユニークな研究である。加藤聖文（2006）は，国策会社としての満鉄の誕生から終焉までの歴史について国の政策との関わりを中心として考察している。

満鉄の社史や，満鉄出身者の組織である満鉄会が編集した南満州鉄道株式会社（1916），南満州鉄道株式会社（1928），南満州鉄道株式会社（1938），満鉄会（1986），満鉄会編（2007）は，史料的価値が高い。

満鉄経済調査会が編集発行した雑誌『新亜細亜』は，当時の南洋や中国に関する研究において，貢献が大きいものであった。また，満鉄調査部は，中国，満州，東南アジアに関する調査研究を行い，膨大な研究成果が著書，報告書等で発表されており，戦前の日本の中国・満州・南洋進出に関する調査機関として大きな貢献を果たした。

2．日本の対満州投資

日本の満州への対外直接投資は，日露戦争後に本格化した。戦前の日本の満州への投資は，100％日本側出資の完全所有形態での企業進出，および現地資本との共同出資による合弁企業形態等による進出があった。また，日系企業には，満州では中国と同じように，日本の商法に準拠した形での現地企業の設立が認められたため日本商法準拠会社，および現地の法律によって設立された非準拠日本商法会社があった。さらに，非準拠日本商法会社には，日本からの借款等などにより現地法により設立された会社，および日本と現地の投資により設立された会社があった[8]。

戦前の日本の対満州投資はどれほどであったのだろうか。これについては，数々の推定があるが，シー・エフ・レーマー（1934）（東亜経済調査局訳）『列国の対支投資』東亜経済調査局，および満鉄調査課（1928）『満蒙に於ける日本の投資状態（満鉄調査資料第 76 編）』満鉄調査課，の推計が代表的研究である。シー・エフ・レーマー（1934）は，日本の対満州直接事業投資に関しては，1914（大正 3）年と 1930（昭和 5）年の推定統計が示されている。シー・エフ・レーマー（1934）によると，1914（大正 3）年の日本の対中国直接投資総額は 1 億 9,000 万ドルで，その中で満州が占める割合は 68.9％，金額で 1 億 3,260 万ドルであるとしている。また，満州投資の中で，満鉄の占める割合は 79・2％の 1 億 500 万ドルと，満鉄の占める比重が極めて多いことを示している[9]。1930（昭和 5）年になると，日本の対中国直接投資総額は 17 億 4,800 万ドルと，急増している。その中で満州が占める割合は

62.9％，金額で11億4万ドルであるとしている。また，満州投資の中で，満鉄の占める割合は60％以上であると推定している(10)。

満鉄調査課（1928）による推定によると，1926（昭和1）年末の日本の対満蒙（満州と蒙古）投資総額は，約14億203万円であるとしている(11)。満鉄調査課（1928）では，日本の投資形態として以下のように分類している(12)。

(1) 借款による投資
(2) 法人企業による投資
　　a. 日本商法準拠会社
　　　1. 満蒙本拠会社
　　　2. 満蒙外本拠会社
　　b. 非準拠日本商法会社（非日本法人，合弁企業）
(3) 個人企業による投資

(2)，(3)が直接事業投資であり，(2)の法人企業投資は，満豪に本社を置く企業（満豪本拠会社），満豪外に本社を置き支店や工場を進出させている企業（満豪外本拠会社），合弁企業（非準拠日本商法会社，非日本法人）の3形態に分かれている。この満鉄調査課（1928）による推定によると，1926（昭和1）年末の日本の対満蒙（満州と蒙古）投資額は，借款による投資が約1億7,169万円（12％），日本商法準拠会社で満蒙本拠会社が約9億1,175万円（65％），日本商法準拠会社で満蒙外本拠会社が約1億8,737万円（13％），非準拠日本商法会社が約3,622万円（3％），個人企業による投資が約4,991万円（6％）であるとしている(13)。

以上から，日本商法準拠会社で満蒙本拠会社形態が，日本の法人企業による対満蒙直接投資の中で約65％と，最も高い。これは，国策企業である満鉄による投資が多いためである。この調査によると，満鉄投資総額は約7億5,157万円で，日本の満蒙総投資額の約54％を占めているとされている。このように，満鉄は満蒙投資の中心で，満鉄は鉄道のみならず　汽船，倉庫，鉱業，林業，電気・ガス，ホテル・旅館，工業，商業，信託・銀行・保険，農林，拓殖，土地・建物・土木請負，通信，新聞など，多様な事業を展開し，満州コンツェルンといわれるような大規模な企業集団として君臨するようになった。

満州では，満鉄以外の日本企業も多数進出した。図表3-2は，1919（大正8）年時点での日本の主要な日系の満州本社企業である。図表3-3は，1915（大正4）年から1919（大正8）年までの時期の日本企業が満州に投資した満州外本社企業である。また，図表3-4は，1915（大正4）年から1919（大正8）年までの時期の設立

された主要な日中合弁企業である。このように，満鉄を中心として，多くの日本の大企業が満州に何らかの形態で進出し，中小企業，個人企業による投資もかなりあった。

図表3-2　第一次大戦後の主要在満日本企業（1919(大正8)年）

名称	本社所在地	設立年月	事業内容	公称資本金（千円）	払込み資本金（千円）	主要株主（出資比率：%）
南満州鉄道	大連	1906.12	鉄道，鉱山等	200,000	180,000	政府(50.0)
正隆銀行	大連	1906. 7	銀行	6,000	4,500	安田等(97.6)，中国側(2.4)
南満州製糖	奉天	1916.12	製糖	10,000	3,550	
満州興業	大連	1917. 8	不動産	5,000	2,500	
満蒙毛織	奉天	1918.12	紡績	10,000	2,500	日本側(97.4)，中国側(2.6)
大連取引所信託	大連	1913. 6	信託	3,000	2,000	日本側(89.3)，中国側(10.7)
大連汽船	大連	1915. 1	海運	2,000	2,000	満鉄(100.0)
大連東和汽船	大連	1916. 5	海運	2,000	2,000	
瀧口銀行	大連	1917.12	銀行	5,000	2,000	
富来洋行	大連	1913.11	商業，海運	1,900	1,900	
営口水道電気	営口	1906.11	電気，水道等	2,000	1,500	満鉄等(67.3)，中国側(32.7)
大連銀行	大連	1912.12	銀行	3,000	1,500	
大連機械製作所	大連	1918. 5	機械製造	2,000	1,500	
東省実業	奉天	1918. 5	拓殖	3,000	1,500	東拓等(89.1)，中国側(10.9)

（資料）『関東庁統計書』大正8年版，1920年，を基礎に，『満蒙に於ける日本の投資状態』等で補足。
（註）満州に本社を置く日本法人のうち，1919年末現在，払込み資本金150万円以上の企業を掲出。
（出所）金子文夫（1991）『近代日本における対満州投資の研究』194頁。

図表3-3　第一次大戦期の主要満州進出企業（1915(大正4)～19(大正8)年）

名称	本社所在地	事業内容	進出先（進出年）／備考
電気化学工業	東京	化学	撫順（1916）／職工延べ182千人，年産1449千円
東洋拓殖	東京	拓殖・金融	大連（1917），奉天（1917），哈爾浜（1919）
大倉商事	東京	貿易	大連（1917），大倉組出張所（1907）を継承
古河商事	東京	貿易	大連（1917）／古河鉱業出張所（1910）を継承
三菱商事	東京	貿易	大連（1918）
内国通運	東京	運輸	大連（1918）
湯浅貿易	神戸	貿易	大連（1918）
日露実業	東京	貿易	哈爾浜（1918）

（資料）『関東庁統計書』大正8年版，395-403，423-50，865-72頁を基礎に，朝鮮銀行東京調査部『満州会社調』，満鉄調査課『満蒙に於ける日本の投資状態』244-47頁で補足。
（註）1）満州外本社企業の主な進出動向を提出。大戦前進出企業の視点網拡張は掲載せず，新規進出事例のみとした。
　　　2）職工人員，年産額は1919年の数値。
（出所）金子文夫（1991）『近代日本における対満州投資の研究』195頁。

図表 3-4　第一次大戦期設立の主要日中合弁企業（1915(大正 4)～19(大正 8)年）

名　　称	所在地	設立年月	事業内容	資本金	出資者（出資比率：%）
鴨緑江製材公司	安東	1915.10	製材業	250 千円	大倉組（50.0），鴨緑採木公司（50.0）
天保山銀銅鉱公司	延吉	1915.12	鉱業	550 千円	太興合名（50.0），劉紹文（50.0）
振興鉄鋼公司	奉天	1916. 4	鉱業	140 千円	満鉄
磁土採掘公司	奉天省復県	1916. 6	鉱業	100 千円	
富寧造紙	吉林	1917.11	製紙業	250 千円	王子製紙（50.0），中国側（50.0）
天図軽便鉄路	延吉	1918. 3	鉄道	…	太興合名
老頭溝煤硫公司	延吉	1918. 9	鉱業	20 千円	飯田延太郎（50.0），吉林実業庁（50.0）
華森製材公司	吉林	1918.10	林業	2,000 千円	王子製紙（50.0），吉林省政府（50.0）
豊林公司	長春	1918.11	林業	1,250 千円	大倉組（50.0），中国側（50.0）
黄川採木公司	吉林	1918.11	林業	1,000 千円	形式は中国人企業，実質は王子製紙出資
弓張嶺鉄鋼公司	奉天	1918.12	鉱業	1,000 千円	太興合名（60.0），奉天省政府（40.0）
錦西煤硫公司	錦西県	1918.…	鉱業	1,000 千円	安川敬一郎，通裕煤硫公司
中東海林実業公司	哈爾浜	1919. 2	林業	1,500 千円	日本紙器（50.0），吉林省政府（50.0）
慶雲製材	哈爾浜	1919. 5	林業	2,000 千円	三井合名（50.0），吉林省政府（50.0）
中東製材公司	哈爾浜	1919.10	林業	125 千円	

(資料)　『関東庁統計書』大正 8 年版，373-95，862-65 頁を基礎に，満鉄調査課『満蒙に於ける各国の合弁事業』第二輯，調査報告書第 16 巻，1922 年，外務省亜細亜局「支那ニ於ケル本邦人関係合弁事業」1921 年 9 月調査（外務省記録マイクロフィルム MT 1.7.2.2-2〔リール MT 583〕pp.725-50），『満蒙に於ける日本の投資状態』252-62 頁，満鉄調査課（工藤武夫）『満蒙に於ける日支合弁事業』満鉄調査資料第 119 編，1930 年，小泉吉雄『列国の対満資本輸出に就て』（『満鉄調査月報』12 巻 10 号，1932 年 10 月），外務省通商局『在支那本邦人進勢概覧』第二回，1919 年，『王子製紙山林事業史』1976 年，242-62 頁等で補足。
(註)　資本金は設立時点の金額を基準とした。
　　　出資比率は名目的な場合が多い。
(出所)　金子文夫（1991）『近代日本における対満州投資の研究』198 頁。

第 4 節　日本の対台湾投資

1．戦前日本の対台湾投資に関する主要な先行研究

　戦前日本が台湾を長く統治したこともあり，日本企業の台湾投資に関する研究は，膨大な量がある。台湾投資についての研究は，植民地統治，植民政策といった視点で研究されたものも多い。

　戦前に書かれた台湾投資に関する代表的な古典的研究として，矢内原忠雄（1929），東郷實・佐藤四朗（1916），竹越与三郎（1905），持地六三郎（1912），台湾総統府官房調査課（1935），高橋亀吉（1937），などがある。この中で，矢内原忠

雄（1929）は，現在でも読み続けられている著名な研究である。高名な植民政策学者である著者が，その視点で台湾の経済と政治を研究した著作である。竹越与三郎（1905）は，明治38年に出版された最も古い業績である。この著作は，台湾の歴史，地理，経済，警察，阿片専売，鉱物，司法，産業，交通，貿易，衛生，教育，少数民族等について詳細に分析している。東郷實・佐藤四朗（1916）は，台湾の植民地としての発達について，大正5年までの時点で，統治組織，法政，軍備，少数民族，人口，産業，貿易，交通通信，財政，専売，教育，衛生，などについて概説している。台湾総統府官房調査課（1935）は，台湾総統府が台湾と南支南洋に関して調査したものであり，台湾と南洋との関係を詳細に統計資料も含めて詳細に分析した貴重な史料である。持地六三郎（1912）は，官僚として台湾統治に関わっていた著者が，台湾の地理，日本の台湾統治，警察・司法制度，財政政策，貨幣・銀行，経済政策，貿易，交通，教育，衛生，少数民族政策，日本農民移殖政策等について，植民政策の視点から研究した文献である。高橋亀吉（1937）は，昭和12年度までの時点の台湾の経済の概要について，貿易等の対外経済関係を含めて，豊富な統計をもとに分析している。

　台湾を統治した人物として著名な後藤新平に関する研究も多い。代表的研究として，鶴見祐輔（1943）などがある。

　日本が台湾に設立した中心的企業である台湾銀行と台湾製糖については，研究上貴重な社史として台湾銀行（1939），台湾銀行（1920），台湾製糖（1939），などが刊行されている。

　台湾総統府は，原則として毎年，台湾総統府『台湾事情』台総時報発行所（各年版）を出しており，貴重な史料となっている。

　戦後においても戦前日本統治時代の日本企業進出に関連する研究が多いが，主要な研究として，涂照彦（1975），三日月直之（1993），久保文克（1997），老川慶喜・須永德武・谷ヶ城秀吉（2011），林玉茹（2012），などがある。

2．台湾の対外関係の概要と日本の投資

　台湾は，1624年より1662年までオランダにより統治された。1962年から鄭成功が台湾の政治を統治したが，1683年中国の清朝により倒され，その後約200年間台湾は清国の属領となった。下関条約による台湾割譲により，1895（明治28）年，日本は台湾総統府を設置して，台湾を植民地化した。

日本は，台湾を植民地化してから，殖産興業として製糖業の振興などを行い，台湾の近代化を進めた。台湾で製糖業を行うために，1900（明治33）年，三井系の台湾製糖株式会社が設立された。その後，相次いで，日本の財閥や台湾銀行などを中心として，台湾に製糖会社を設立した。主要な日系製糖会社として，台湾製糖（森永製菓・三井系），明治製糖（明治製菓・三菱系），塩水港製糖（三菱系），大日本製糖，新高製糖（藤山系），東洋製糖（鈴木商店系），新興製糖（台湾銀行系），などがあった。

　これら日本の製糖会社は，台湾のみでなく大陸や南洋でも事業を拡大した。1917（大正6）年，大日本製糖が朝鮮製糖会社を創立し，後でこれを合併した。満洲の南満製糖会社は塩水港製糖系として創立され，上海の明華製糖は明治製糖の精糖工場である。さらに南洋に対しては大日本製糖および南国産業株式会社（台湾製糖の直系）はジャワに製糖工場を有し，明治製糖は直系会社としてスマトラ興業株式会社を創立してゴム栽培を開始した[14]。

　1897（明治30）年には，台湾銀行法という特別法により台湾銀行が設立された。台湾銀行は，台湾での紙幣発券，融資，為替手形や商業手形の割引等の業務を担った。また，台湾銀行は南洋への日本人事業への融資・援助を行う担い手でもあった。1919（大正8）年には，台湾の資本家も出資して，日系銀行として華南銀行が設立された。華南銀行は，台湾，南支那，南洋での金融や拓殖的資金を供給した。

　1919（大正8）年には，国策会社としての台湾電力が設立された。

　満州事変後の1936（昭和11）年には，南方事業の拠点として台湾拓殖事業および南洋事業をさらに進めるために，台湾拓殖株式会社法という特別法により，台湾拓殖株式会社を設立した。台湾拓殖株式会社は，台湾の経済振興を促進し，重工業，化学工業を主体とする産業を育成するために設立された半官半民の国策会社である。台湾拓殖は，中国の海南島における各種事業，1938（昭和13）年には仏領印度に鉄鉱石などの鉱物を開発するために印度支那産業会社を設立した。台湾拓殖は，日本の南洋への軍事進出による占領政策として，準国策会社としての事業も行った。

　日本は，長い間台湾を統治していたこともあり，以上のような製糖会社，台湾銀行，台湾電力，台湾拓殖以外にも，個人企業を含む多様な業種で投資を行い台湾で事業を行った。

第5節　戦前日本の南洋・南方への企業進出と直接投資

1．戦前日本の対南洋・南方投資に関する主要な先行研究

　戦前期日本の南洋・南方への対外投資の全般にわたり研究した戦前の代表的な著作として，樋口弘（1941），樋口弘（1942），Helmut G. Callins（1941），外務省調査課（1942），南洋団体連合会（1942），南方年鑑刊行会（1943），拓務省『拓務要覧（各年版）』，南洋庁『南洋群島要覧（各年版）』，などがある。樋口弘（1941）は，戦前の日本企業の東南アジア地域，いわゆる南洋への投資の全貌について，統計資料，事例も加えて詳細に分析している。戦前日本の南洋への国際経営を解明した先駆的研究であり，高く評価できる著作である。樋口弘（1942）は，戦前の南方への投資に関して，欧米企業の南方投資を比較しながら，日本企業の南方投資の産業別状況，地域別状況，性格，国際経営環境等について分析している。Helmut G. Callins（1941）は，アメリカで行われた東南アジア全般のわたる外国投資の総合的調査をまとめたものである。外務省調査課（1942）は，アメリカ人学者のHelmut G. Callis "Foreign Capital in Southeast Asia" を，外務省が翻訳し，外部に公表しない内部資料としたものである。これは，戦前の南洋諸国の投資の状況に関して，統計調査等の資料を用いて詳細に分析している研究である。南洋団体連合会（1942）は，南洋地域の地勢，人口，民族，南洋植栽企業形態，貿易，財政・金融，交通，教育，民族，鉱工業，農業，水産，林業，各国の状況，等について，包括的に概説している研究である。南方年鑑刊行会（1943）は，南方・南洋の治政，自然環境，民族，宗教，文化，社会，経済，植民政策，邦人南方発達史，国別の概況，等について詳説している大部な著書である。研究書ではないが，拓務省が編集・発行した『拓務要覧』，および，南洋庁が編集・発行した『南洋群島要覧』は，南洋や南洋群島への政府の取組や統計が示されており，史料として極めて貴重である。

　第二次大戦後に，戦前の南洋・南方への対外投資の全般にわたり研究した著書は余り多くなく，日本の戦時の南方統治期の研究が多い。主要な研究として疋田康行編著（1995），杉山伸也・イアン・ブラウン編著（1990），等がある。杉山伸也・イアン・ブラウン編著（1990）は，10人の外国人を含む研究者が，第一次大戦から第

二次大戦までの時期の日本の東南アジア進出について，国際経済や国際経営等の視点から研究した好著である。疋田康行編著（1995）は，第二次大戦の戦間期に南方共栄圏と呼ばれ日本が軍政の下においた東南アジア地域に関して，日本企業の進出，貿易，財政・金融政策，財閥の進出，運輸政策，労務動員政策，敗戦処理と戦後再進出等について詳細に分析した共同研究による大著である。

2．戦前の日本の南洋・南方への企業進出の概要と投資額

　日本の南洋・南方投資で最も古いのは，1907（明治40）年前後から始められたゴムや椰子の栽培事業である。南洋でのゴム栽培事業は，第一次大戦前にゴムの市場価格が暴騰し，日本の資本家がゴム事業を創始するものが続出し，英領マレーや蘭領印度を中心としてゴム栽培事業への本格的進出となった。その後，明治40年代になると，フィリピンのダバオ地方において，マニラ麻栽培事業が始まり，大きな発展を遂げた。南方では，ゴムやマニラ麻を中心として，椰子，砂糖，茶，珈琲，綿花などの栽培事業への投資が行われた。

　また，鉄鉱石を中心とした資源開発への投資もかなりあった。英領マレー半島における石原産業株式会社や日本鉱業株式会社等の鉄鉱石採掘などである。その他に，南洋各地における漁業，林業，商工業，銀行，海運，倉庫等の投資があった。

　日本が委託統治を行った南洋群島では，南洋興発株式会社が中心となって開拓事業が行われ，砂糖キビを中心とした各種栽培事業，水産，交通，海運，鉱業，商業，その他の事業への投資が行われた。

　日本の戦前の南方地域（マレー，ボルネオ，蘭印各島，フィリピン，仏領印度支那，タイ，豪州，ニューカレドニヤなどを含んでいる）への全体の投費額は，第二次大戦以前においてどのくらいであろうか。この点に関しては，政府の厳密な統計はないが，推定しうる統計があるので，以下で述べてみたい。

　拓務省の調査によれば，同省編纂の「拓務要覧」昭和11年度版に，以下のような記述がある[15]。

　　「今日邦人の護謨，椰子，マニラ麻，砂糖，茶，珈琲，規那，棉花及木材等の農林事業を始め，鉄鋼業，石油事業及水産業等は殆んど南洋全体に亘って行はれ，其の投資総額の如きも二億円を超過すると称せられ，其の歴史の古きと共の投資額の大なる点とに於ては，邦人の海外拓殖事業地中満州地方を除き第一位に在る」。

以上から，拓務要覧では，1936（昭和11）年までの日本の南洋投資の総額を2億円超と推定している。

南洋協会（1939）『南洋経済懇談会参考資料（第4）企業投資関係調査』（南洋協会）では，日本の南方投資額は，図表3-5であるとしている。これによると，日本の南方投資総額は，2億5,517万円程度となっている。

樋口弘（1942）は，戦前の日本への南方投資について以下のように記して推測している(16)。

「恐らくは，何れの角度より見るも，かつての我が国の南方投資の総額は固定的なものが二億五千萬円乃至三億円のものであろう。これに銀行等の買持為替，輸送前の商品，仕掛金等を加ふれば，議会で原口大蔵省為替局長の答弁せる如く五億円程度に達したものであろう。

而して，その産業別配分は，栽培業投資の一億三千九百二十八萬円が最高で，全投資額の五割以上を占め，林業の二千二百十三萬円，商業の二千九十一萬円，水産業の一千百九十三萬円の順序である。ここで筆者の一層の推測を加ふれば，栽培業が護謨に一億円，マニラ麻三千萬円，古々椰子その他に二千萬円計一億五千萬円，林業に二千萬円，水産業二千萬円，それに各種鉱山業と商業，貿易業，銀行，料理店，その他の雑産業を引っくるめて一億円，全体として三億円位いであろう。

南洋における欧米諸国の投資は台湾総統府の調査によれば，四十三億二千五百萬ギルダー，邦貨換算三十四億六千萬円とされている。従って，我が国の従来の投資は，その十分の一以下の状態であったのである。

なお我が国の南方投資の地域的配分状態は，これを別に記述するも，大体，英領マレーシアの護謨と鉱業，フィリピンのマニラ麻，林業，蘭領各島の各種栽培業と貿易商業

図表3-5　邦人南方投資の内訳

（単位：千円）

	栽培業	林業	水産業	商業	鉱業	計
マレー	30,679	600	2,614	3,256	42,785	69,934
北ボルネオ	13,730	6,294	—	61	—	20,085
蘭印	27,273	—	3,541	8,838	2,543	42,296
フィリピン	67,000	2,237	—	7,419	1,330	87,986
仏印	—	—	—	903	—	903
タイ	500	—	—	434	237	1,171
その他	—	3,000	5,380	—	14,419	22,799
計	139,282	22,131	11,536	20,911	61,314	255,174

（出所）　南洋協会（1939）『南洋経済懇談会参考資料（第4）企業投資関係調査』，15頁をもとに著者が一部修正した。

に重心があったといってよかろう。」

　以上から，樋口弘は，日本の南方投資総額は，2億5千万円から3億円程度であると推定している。
　日本企業の戦前の南方投資に関して，業種別にみた代表的企業として以下がある(17)。
　① 栽培業
　熱帯産業，三五公司，南洋ゴム，古河拓殖，ボルネオゴム，マライゴム，昭和ゴム，南亜公司，タワオエステート，日産農林，東山農事，野村東印度殖産，南国産業，スマトラゴム，太田興業，大同貿易，西村拓殖，南洋拓殖，南洋興発，スマトラ興業，南洋企業。
　② 林　業
　フィリピン木材，古河拓殖，三井物産，タワオエステート，南洋林業，日産農林，日比興業。
　③ 鉱　業
　石原産業，日本鉱業，南洋鉄鉱（鋼管鉱業），飯塚鉄鉱（興南産業），日沙商会（ボルネオ産業），三菱鉱業，ボルネオ石油，東邦金属精錬，太洋鉱業。
　④ 水産業
　大昌公司，日本水産（ボルネオ水産），日本真珠。
　⑤ 商　業
　三井物産，三菱商事，下田洋行，岩井商店，大同貿易，安宅商会，新嘉坡野村商会，南洋貿易，大阪貿易。
　⑥ 拓殖会社
　東洋拓殖，南洋興発，台湾拓殖，南洋拓殖。

　図表3-6は，開戦前の日本企業の地域別・業種別にみた南方進出企業を表したものである。
　日本企業の戦前の南方投資に関する統計や進出企業などから，英領マレーのゴムと鉱業，フィリピンのマニラ麻と林業，蘭領インドネシアの各種栽培業，等への進出が多かったことがわかる。日本企業の南方への直接投資の金額は，第二次大戦直前の時期において，全体として3億円程度（現在の物価水準からみると，当時の1円が現在の1,000円と仮定すると，3,000億円となる）であったと考えられる。日本

の投資額は，欧米諸国の対南方地域への投資額の10分の1弱程度の金額である。欧米諸国のイギリス，フランス，オランダ，アメリカは南方諸国を植民地支配していたこと，また南方貿易は東インド会社の貿易からかなり長い歴史を有していることなどを考えると，欧米諸国の南方地域への投資は，日本の対南方投資に比較すると多いのは当然であろう。しかし，日本は，かなり短期間の間に，植民地支配をしていない南方諸国へ直接投資を行ったことになり，当時の価値で考えると直接投資額合計で3億円は決して少ない額ではない。むしろ，日本の対南方投資は，大正から昭和初期までの20-30年程度の期間で，ゴム，麻，各種栽培業，鉱業資源などの投資がかなり拡大・増加したことは注目するべきであろう。

第6節　農林業，水産業の南洋投資

1. ゴ　ム

　日本の南方・南洋投資において，最も古くから行われ，金額も多いのはゴム栽培事業への進出である。日本の南洋へのゴム栽培事業は，1907（明治40）年頃から始まり，明治43，44年頃は最も旺盛で，その後1917（大正6），1918（大正7）年頃まで会社や個人のゴム栽培事業投資が活発に続いた。当時のゴム市価は熱狂的に高値を持続し一時は1ポンド当たり5ドルをつけ，日本人はこの熱狂的なゴム景気に刺激されてゴム栽培により一獲千金を夢見て始める者も少なくなかった。しかし，その後ゴム市価は低迷し，1920（大正8）年頃には1ポンド当たり1ドル強の市価となった。さらに，第一次大戦後，ゴム市価は暴落し，1922（大正11）年にはついに1ポンド当たり21セントと最も高値の時期の20分の1以下に低落した。そのため，当時の日本人ゴム園の多くは，経営の窮境に陥った[18]。

　1922（大正11）年11月に，イギリス政府はゴム輸出制限の制が布かれ，これが効果をあらわし，1925（大正14）年末には1ポンド当たり1ドル80セントを超える水準まで回復した。このブームに乗じ英米資本家の間にゴム投資熱が勃興し，日本人経営のゴム園の買収も生じた。その後，密輸出の増加，またゴム輸出制限に加入していない蘭領印度の生産量の増加等のため，ゴム輸出制限の効果が期待どおり

図表 3-6　開戦前の日本企業の南洋進出

A表（南方地域）　　　　　　　　開戦前進出セシ各社分野

地別	栽培業	林業	鉱業	水産業	工業	
マライ	昭和ゴム 野村東印度拓殖 東山農事 熱帯産業 三五公司 南洋ゴム マライゴム 南亜公司 古河拓殖 9	0	日本鉱業 石原産業 鋼管鉱業 飯塚鉄鉱 日沙商会 5	永福産業(大昌) 1	三井物産	1
北ボルネオ	日産農林 ボルネオ殖産 タワオ産業 3	日産農林 タワオ産業 2	日沙商会 1	ボルネオ水産 (日本水産) 1	日産農林 ボルネオ殖産	タワオ産業 日沙商会 4
蘭印（スマトラ）	三井農林 東山農事 野村東印度拓殖 大倉農場 スマトラ拓殖 古河拓殖 6	0	0	永福公司(大昌) 玉城組 日本水産 3	野村東印度殖産 三井物産 東山農事 三菱商事	4
蘭印（ジャワ）	武長商店 南国産業 2	0	石原産業 1	永福産業(大昌) 中尾組 金城組 3	千田商会 竹腰商事 加藤〃 ヒマラヤ鉄工所 大同貿易 武長商店 南国産業	7
蘭印ボルネオ、セレベス、ニューギニア、小スンダ	南洋拓殖 〃興発 小林常八 南洋林業 台湾拓殖 江川農園 6	ブートン農業 日産農林 南洋拓殖 〃林業 ボルネオ物産 雪本商店 野村東印度殖産 南洋興発 8	0	ボルネオ水産 (日本水産) 1	南太平洋貿易 緒方商会 坪野〃 日蘭公司 野村東印度殖産 ボルネオ物産 ブートン産業 白沙拓殖 日産産林	ボルネオ興業 南洋林業 南洋興発 12
フィリッピン	太田興業 古河拓殖 大日貿易 3	比島木材 古河拓殖 南国企業 住友商店 日比興業 〃企業 岩井商店 三井物産 8	石原産業 日本鉱業 2	0	三井物産 古河拓殖 三菱商事 太田興業	4
ビルマ	0	0	0	0	三井物産 日本綿花 三菱商事	3
合計	29社	18社	9社	9社	35社	
会社数	25	17	5	5	28	

（出所）　赤澤・粟屋・立命館編（1944, b）『石原廣一郎関係文書　下巻』361-362頁。

地別	商　業		畜産業	海運業	港湾業	金　融
マレー	三井物産 千田商会 三菱商事 伊勢屋商店 加藤洋行 日本売薬 日本薬房 西山商会 南洋商行 三鼎商会 坂本商店 パイロット万年筆 野村東印度拓殖	弘栄商会 日本製薬 士母田公司 大同洋行 神戸海陸 山中商店 江南 浅野物産 江畑洋行 近江屋商店 下田洋行 24	0	大阪商船 日本郵船 南洋海運 3	日本鉱業 石原産業 飯塚鉱業 3	横浜正金 台湾銀行 華南銀行 3
北ボルネオ		0	三井物産 1	南日本汽船 大阪商船 2	タワオ産業 ボルネオ物産 日沙商会 日産農林 4	0
蘭印（スマトラ）	野村東印度殖産 三井物産 大同貿易 3		0	南洋海運 1	0	0
蘭印（ジャワ）	東洋綿花 日本 〃 三興支店 三菱商事 岩井 〃 桜井洋行 綿屋 〃	江南 丸福洋行 大信 〃 SGK新興合名 佐藤商店 守谷 〃 13	0	南洋海運 1	南洋倉庫 相馬商会 2	正金銀行 台湾 〃 三井 〃 3
蘭印セレベス、ボルネオ、ニューギニア、小スンダ	野村東印度 南洋興発 二葉商会 日印 〃 三井物産 三菱商事 江商株式 三興株式 SGK新興合名	北島商店 雪本 〃 東洋綿花 12	東洋拓殖 1	南洋海運 日本郵船 2	南洋倉庫 〃興発 南太平洋貿易 3	台湾銀行 1
フィリッピン	三井物産 古河拓殖 比島木材 住友商会 日比興業 岩井商店 大同貿易 大阪 〃 神戸海陸物産	三菱商事 太田興業 ボルネオ物産 南国企業 日比 〃 南洋物産 安住商会 太平洋 〃 17	0	大阪商船 1	石原産業 住友商会 比島木材 3	台湾銀行 1
ビルマ	三井物産 岩村印刷 千田商会 東洋綿花 鐘紡商事 青柳商店	江商株式 三興 〃 丸永商店 安宅 〃 10	三菱商事 大倉 2	日本郵船 千田商店 山下汽船 3	0	正金銀行 1
合計	79社		4社	13社	15社	9社
会社数	58		4	6	3	14

にならず，1928（昭和3）年11月イギリス政府はゴム輸出制限の制を撤廃した。さらに，その後世界的不況などによりゴム市況は低迷し，1928（昭和3）年6月には，市価は一層下落して1ポンド当たり12セントとなり，生産費を割りゴム農園の経営を困難にさせた。1929（昭和4）年10月，ニューヨークの株式市場における株価の暴落をきっかけとして世界恐慌に突入したこともあり，その後市価低落の趨勢止まず，1931（昭和6）年には1ポンド当たり10セントを割り，ついに1932（昭和7）年6月には1ポンド当たり4.5セントという未曾有の低落を示すに至った[19]。

このようなゴム価格の低迷に対処するため，英領マレーでのゴム栽培を目的とする土地払下げの停止，中国人労働者の入国禁止などが行われ，さらに1934（昭和9）年5月イギリス，オランダ，フランスなどが，東洋の全ゴム生産地を対象として5年間のゴム輸出制限協定が成立した。このようなこともあり，ゴム市価は漸次回復し，1937（昭和12）年には1ポンド当たり37セント前後まで回復し，再び活況を呈するようになった[20]。

1925（大正14）年頃，日本の南方へのゴム栽培投資額は1億円程度であった。その後，日本人経営ゴム園の外国人への売却が約3万1千ヘクタールあったため，投資額の減少となった。一方，大倉，三菱等の諸会社が新たに企業に着手，またはゴム園の買収や拡張を行ったものもあるので，1936（昭和11）年当時の投資額は約8千万円と推定されている。日本人経営ゴム園の植付面積は約12万3千ヘクタールで，これを全世界栽培面積800万ヘクタールからみると，わずかに1.5パーセントに過ぎない真に微々たるものであった[21]。

なお，南洋でのゴム栽培事業については，本書の第5章で，詳しく考察する。

2．マニラ麻

マニラ麻は，戦前の日本人の南洋での栽培事業の中で最も多いもの1つである。南洋で日本人が初めてマニラ麻の栽培に着手したのは1907（明治40）年である。フィリピンは，避暑地バギオに通ずるベンゲット道路の開設を計画し，そのために日本より移民を招致してこの道路を1905（明治38）年完成させた。これがいわゆるベンゲット道路の事業である。完成後に，フィリピンの日本人移民は失業し，旅費のある者は帰国できたが，旅費のない者は自活の途を求めてフィリピン各地を流浪するという惨状となった。このような日本人の救済のために尽力したのがフィリピン開拓の先覚者といわれている太田恭三郎である。太田は，ミンダナオ島のダバオ

湾内スペイン人の所有耕地の租借権を得て，日本人失業者約 180 名を入耕させることに成功した。すなわち，ダバオにおける日本人発展の端緒である。その後，太田恭三郎は，フィリピン各地を踏査の結果，ダバオ地方がマニラ麻栽培上絶好の自然的条件をもち，かつその風土も日本人に適し，日本人労働移民の発展地としての将来性を確信して，1912（明治 45）年 5 月，太田恭三郎を中心とする太田興業株式会社を創立して，マニラ麻および椰子の栽培に著手した。

当時は未だフィリピンへの日本人渡航者の数も極めて少なかったが，1911（明治 44）年マニラ麻市価の高騰とともに新たにフィリピンに日本人企業が勃興し，1918（大正 7）年頃にはフィリピン在留日本人数 1 万人に達し，日本人会社数が 60 社を超え，買上地および租借地 5 万余町歩となり，盛況を呈するようになった。しかし，1919（大正 8）年以降，フィリピン新土地法の実施により土地獲得上制限を加えられたこと，および第一次大戦後の世界的恐慌による麻市価の暴落のため，日本の栽培会社の解散をせざるを得なかった会社が 20 余社となった。一獲千金の夢破れて帰国する者が続出し，1921（大正 10）年頃にはフィリピン在留日本人数 4,500 人となり，1923（大正 12）年には実に約 2,700 名に激減した。その後麻市価が漸騰すると日本人渡航者も増加し，1930（昭和 5）年には約 12,600 人に達した。1929（昭和 4）年末より戦前期までは在留日本人総数としての増減はあまりなく，1936（昭和 11）年当時フィリピン在留日本人の数は約 13,500 人であった。その中の約 7 割はマニラ麻あるいは椰子の栽培に従事する者であった[22]。

戦前の 1936（昭和 11）年当時，フィリピンのダバオにおいてマニラ麻あるいは椰子の栽培事業を行っている日本人企業数は 37 社で，これらの日系企業の公称資本金の合計は 673 万 8,000 ペソ，払込資本金の合計は 527 万 7,000 ペソであった。これらの日系企業の投資額を借入金その他の方法によるものを加算すれば，実に 1,620 万ペソと推定されている[23]。これらダバオの日系企業の中で，麻のみの栽培をする企業は 27 社，麻および椰子の栽培をする企業は 10 社（内 2 社は輸出入業も営む），また椰子のみを栽培する企業は 5 社であった。マニラ麻のみの投資額を厳密に見出すことは困難であるが，大体総投資額の 8 割すなわち 1,300 万ペソ程度であると推定されている。以上は日本人会社のみに関するものであるが，そのほかに日本以外の外国会社における日本人自営者すなわち請負耕作者，ならびにアメリカ人やフィリピン人経営の耕地における日本人自営者等の投資もかなりあり，これを推定することは甚だ困難であるが，大体 1,500 万ペソを下らぬと推定されている。これらダバオの日系企業は，公有地払下げ，租借地，私有地等の権利面積は総計 26,500 町歩

(1町歩は約3,000坪，約1万平方メートルである)，既墾地は18,242町歩，マニラ麻の植付面積は14,100町歩であった。そのほかアメリカ人やフィリピン人経営の耕地に自営者として働く日本人の麻栽培面積は25,000町歩以上で，1935（昭和10）年におけるダバオ日本人のマニラ麻総生産額は43万俵であった[24]。マニラ麻は船舶用あるは各種土木工業用ロープ，漁業用ロープ，製紙等の原料として主とし欧米，日本等に輸出された。

なお，日本のフィリピンへのマニラ麻事業については，本書第6章で詳しく考察する。

3．その他の栽培

戦前日本は，南方，南洋においてマニラ麻以外に，以下のような多様な作物の栽培事業を行っていた。

(1) 古々椰子

古々椰子は，戦前南洋での日本人の栽培事業の中で，ゴム，マニラ麻に次ぎ第3位を占めていた。栽培地は，英領マレー，フィリピン，蘭領東印度，英領北ボルネオなどの日本人経営の農園で栽培された。

南洋の日本人の古々椰子園は，比較的小規模の個人経営のものも多かった。1934（昭和9）年当時，その日本の投資額総額は，大体700万円から800万円程度と推定され，栽培総面積は25,236ヘクタール，生産面積は12,769ヘクタール，生産量は95,981坦（1坦は50キログラム程度）であった。古々椰子はコプラに加工し輸出され，食料油，石鹸製造などの原料として使用された[25]。

(2) 油椰子

油椰子は，南洋ではスマトラを中心とした蘭領東印度，英領マレー等で栽培されていた。日本の企業では，野村合名会社が1923（大正12）年，スマトラのドイツ人経営の油椰子園を買収し，事業を行った。また，東山農事株式会社が，蘭領東印度のスマトラのノアヂヤム園で油椰子の栽培事業を行っていた。

1935（昭和10）年当時，野村合名会社のスマトラの油椰子園は，租借面積11,113ヘクタール，植付面積4,248ヘクタールで，生産高は油2,204トンで，投資額は2,600,000グルデンであった。東山農事株式会社の油椰子園は，租借面積8,741ヘク

タール,植付面積 2,506 ヘクタールで,投資額は 1,400,000 グルデンであった[26]。

(3) 珈琲(コーヒー)

戦前,日本は南洋で西洋の嗜好品である珈琲の栽培も行っていた。南洋での日本人の珈琲栽培事業は,ジャワでの南国産業株式会社のテンポアセオ園,および蘭領スマトラのアチェ州での野村合名会社が出資した野村東印度殖産株式会社のブキッ・トサム園で行われた。なお,南国産業は,台湾製糖株式会社の子会社である。また,南洋興発株式会社とオランダ資本との合弁企業であるS・A・P・T(ソシエダデ・アグリコラ・パトリアエ・トラバーニヨ・リミタータ)が,オランダ領チモールで珈琲栽培事業を行っていた[27]。その他,フィリピン,蘭領ボルネオ,セレベス島などで,小規模な個人的農園で珈琲栽培を行っていた日本人が散在していた。

南国産業株式会社は,ジャワにおいて茶,ゴム,規那を栽培する傍らテンポアセオ農園にゴム樹と混植で珈琲を植栽していた。このテンポアセオ農園は,1918(大正7)年に南国産業が,オランダ人会社より買収したものである。1935(昭和10)年当時,テンポアセオ農園ではゴム樹を321,507本植付け,年間生産数量は3,573担で,製品は日本には輸出されず,現地の輸出商を通じてアメリカや豪州などに輸出された。

野村東印度殖産株式会社のブキッ・トサム園は,スマトラ島アチェ州コクチヤネ街道の奥地に在った[28]。1935(昭和10)年当時,租借面積は4,006ヘクタール,植付面積は610ヘクタール,生産面積は593ヘクタール,ゴム樹数は319,427本で,品種としてはロブスタ珈琲であった。生産量は,1935(昭和10)年当時,4394.4グルデンで,その生産品の大都分は現地国内販売(主として首都メダンにおける委託販売)であるが,その4分の1程度は日本に輸出していた[29]。

(4) 紅 茶

紅茶は,歴史的に西洋諸国における東洋交易の象徴であった。戦前の南洋での日本人の紅茶栽培事業は,ジャワにおいて台湾製糖株式会社の子会社である南国産業株式会社,南洋興業株式会社,およびチカネリー栽培会社によって行われた。南国産業株式会社は,1918(大正7)年末にジャワのウノサリー高地におけるオランダ人企業を買収し,紅茶栽培事業を始めた。南洋興業株式会社の茶栽培は,初め東印拓殖株式会社が1918(大正7)年オランダ人より買収したものを,1923(大正12)年に譲渡を受けたものである。チカネリー栽培会社は,大阪の武田長兵衛商店(武

田長兵衛は武田薬品の創立者の5代目）が，1931（昭和6），1932（昭和7）年頃にジャワにおいて，栽培園を買収して始めたものである。

南国産業株式会社は，ジャワにウノサリー園とチンダリー園の2園を持っていた。ウノサリー園は，植付面積361ヘクタールで，生産面積304ヘクタールであった。チンダリー園は，植付面積と生産面積が322ヘクタール（その内混植77ヘクタール）であった。その生産紅茶は主としてオーストラリアやオランダに輸出され，少量日本に輸出された。南洋興業株式会社は，ジャワにハリムン園を持ち，植付面積と生産面積が387ヘクタールであった。その生産茶の約7割は欧州に輸出され，約3割は国内のバタビヤ等へ販売していた[30]。チカネリー栽培会社は，その生産茶の大部分を欧州に輸出された[31]。

(5) カカオ

南洋での日本人のカカオ栽培事業は，蘭領印度スマトラ東海岸州キサランでスマトラ興業株式会社のプロマンデ農園にて行われていた。プロマンデ農園で10数年の試験的栽培を経て，1932（昭和7）年に10ヘクタールの植付を行った。1934（昭和9）年当時，プロマンデ農園のカカオ栽培事業は，植付面積20ヘクタール（約2,500本），生産面積10ヘクタール（約1,200本）で，カカオ豆は同園において発酵調製のうえ日本に輸送し，明治製菓株式会社川崎工場へ販売された[32]。

また，南洋興発株式会社とオランダ資本との合弁企業であるS・A・P・T（ソシエダデ・アグリコラ・パトリアエ・トラバーニヨ・リミタータ）が，オランダ領チモールでカカオ栽培事業を行っていた[33]。

(6) 砂糖キビ

南洋での日本人の砂糖キビ栽培事業は，蘭領印度中部ジャワのソロカルタ・クラジヤン・レジョにおいて大日本製糖株式会社系のケダレン農事株式会社によって行われていた。この会社の前身は，資本金60万グルデンのオランダ人会社で，日本の内外製糖株式会社が1920（大正9）年に買収して経営し，1923（大正12）年に大日本製糖株式会社がこれを買収し，1925（大正14）年170万グルデンに増資したものである。

かつては1917（大正6），1918（大正7）年頃の砂糖好景気時代に，台湾製糖株式会社の子会社の南国産業株式会社および神戸鈴木商店系の南洋製糖株式会社等がジャワの糖業に進出し，前記ケダレン農事株式会社とともに事業を行っていたが，い

ずれも売却して砂糖キビ事業から退いた。

　1935（昭和10）年当時，ケダレン農事株式会社は，年産86,704キンクル（1キンタルは100キログラム）を産していた[34]。

⑺　コ　　カ

　南洋での薬用作物であるコカ栽培事業は，ジャワにおいて台湾製糖株式会社の子会社である南国産業株式会社によって行われていた。生産高は，年間約150坦内外であった。

　コカは国際連盟の規約により各国に生産額や輸出入額に制限を加えられていた[35]。

⑻　規　　那

　南洋での薬用作物である規那栽培事業は，ジャワにおいて台湾製糖の子会社である南国産業株式会社によって行われていた。南国産業株式会社は，ジャワのウノサリー農園の187ヘクタールにおいて規那栽培をしていた[36]。また，大阪の武田長兵衛商店の現地会社であるチカネリー栽培会社が，ジャワの2農園において規那栽培園を行っていた[37]。

⑼　胡　　椒

　蘭領東印度は，世界の胡椒産地として知られていた。日本人の南洋での胡椒栽培事業は，東南ボルネオにおける東印度起業株式会社のスンゲイドア農園，同社移民園およびバコン農園にて行われていた。また，西ボルネオのランダ，シンカワン，パマンガ各地方において日本人によって栽培されていたが，いずれも小規模の個人企業であった[38]。

第7節　林業の南洋投資

　戦前日本の南方への林業事業の全体の実際投資額は，1936（昭和11）年当時，約1,800万円（現在の物価水準からみると，当時の1円が現在の1,000円と仮定すると，180億円となる），租借面積57万町歩，生産量は2億5,000万石（1石は約180リットル）であるとされている。その内訳は，フィリピンが300万円，30万町歩，

1億7,600万石，ボルネオが600万円，16万町歩，6,800万石，スマトラが135万円，2万2,600万石などである。英領マレーは，石原産業のみで，事業も極めて小規模であった。

以上のように，戦前日本の南方への林業事業進出は，フィリピンが最も多く，英領北ボルネオ，蘭領東南部ボルネオ，スマトラ，英領マレーなどでも行われた。フィリピンには，フィリピン木材株式会社をはじめタゴン商事株式会社，テイプンコ木材株式会社および同系のガルフ木材株式会社などがあった。英領北ボルネオには，早くから林業に進出していたタワオ・エステート・リミテッド（旧窪田コンパニー）があったが，後に事業を中止した。その他に，日本産業護謨株式会社が木材事業を行っていた。蘭領東南部ボルネオには，南洋林業株式会社，合資会社ボルネオ物産商会，雪本商会等が林業事業を行っていた。西部ボルネオには日蘭公司，スマトラには蘇島木材洋行，マレーには石原産業海運公司などが林業事業を行っていた。

フィリピンおよびボルネオで日系企業が生産する木材は，ほとんど日本に輸出されたが，スマトラやマレー産の木材はシンガポールその他の地方に販売された。日本との林業の貿易関係をみると，フィリピンとの取引が最も多く，ボルネオがこれに次ぎ，スマトラ，マレーはほとんどなかった[39]。

第8節　鉱業の南洋投資

戦前日本は，南洋にて天然資源の開発を目的とした直接投資事業がかなり行われた。日本が南洋において実際に産出した鉱物採掘事業としては，鉄鉱石，マンガン，ニッケル，錫等があった[40]。

なお，南洋での代表的な日系鉱業会社である石原産業については，本書の第7章で詳しく考察する。

1．鉄鉱石

戦前日本の南方での代表的な鉄鉱石採掘事業として以下がある。いずれの鉱山も英領のマレー半島にあった。

(1) スリメダン鉱山

スリメダン鉱山は，石原産業株式会社が経営した鉄鉱石鉱山である。マレー半島のジョホール王国の西海岸バトパパ河上流32キロの地にあり，鉱区面積は531ヘクタールで，鉱石は赤鉄鉱が主であった。鉄鉱石埋蔵量は，300万トンとされていた[41]。1920（大正9）年より稼行し，当時は年産2万トンくらいであったが，次第に増産し，1934（昭和9）年度には約60万トン，1935（昭和10）年度には約50万トンを産出し，そのほとんど全部を日本の八幡製鉄所へ輸出した。

(2) 太陽鉱山（ケママン鉱山）

太陽鉱山（ケママン鉱山）は，石原産業系の石原産業海運株式会社が経営した鉄鉱山である。マレー半島トレガヌ王国の中部ケママン河の上流約23キロの地にあった。鉱区面積は511ヘクタールで，鉱石はマンガン鉄鉱，赤鉄鉱を主である。鉄鉱石埋蔵量は，50万トンとされていた。1924（大正13）年より稼行し，1935（昭和10）年度には約20万トンの鉄および1万5千トンのマンガン鉱を産出し，そのほぼすべてを日本の八幡製鉄所へ輸出した。

(3) ヅンダン鉱山

ヅンダン鉱山は，日本鉱業株式会社が経営した鉄鉱山である。マレー半島トレガヌ王国ヅングン河岸テポウ部落の東南約5キロの地にあり，鉱区相接し，その面積合計は1,200ヘクタールであった。鉄鉱石埋蔵量は，5,100万トンとされていた。このヅンダン鉱山は，南洋で最も鉄鉱石埋蔵量が多く，規模が大きい鉱山であった。鉱石は赤鉄鉱に30％前後の磁鉄鉱を含有し，品位は平均60％以上であった。ヅンダン鉱山は，日本鉱業の前身である久原鉱業が1916（大正5）年より既に該地域の調査を行い，一旦王国より譲渡を受けたが，その後イギリスの管理組織変更等により，1927（昭和2）年改めて採掘権の許可を得た。1930（昭和5）年より事業を開始し次第に増産し，1834（昭和9）年度には約61万トンに達し，その大部分を八幡製鉄所へ輸出した。

(4) タマンガン鉱山

タマンガン鉱山は，南洋鉄鋼株式会社が経営した鉄鉱山である。南洋鉄鋼株式会社は，1935（昭和10）年10月，日本鋼管株式会社の出資により現地で創立された。資本金120万円，鉱山はシンガポールの北方のマレー半島ケランクン王国にあった。

鉄鉱石埋蔵量は，600万トンとされていた。鉱区面積は232ヘクタール，鉱石は褐鉄鉱で，平均品位は57-58％であった。同鉱山は最初同国王族が所有していたものを同会社が獲得したもので，1937（昭和12）年度より出鉱した。

(5) 飯塚鉱山

飯塚鉱山は，飯塚鉄鉱株式会社が経営した鉄鉱山で，1936（昭和11）年より稼行した。マレー半島ジョホール州エンダウ河上流にあり，鉱石は主として赤鉄鉱で，品位は50-55％であった。鉄鉱石埋蔵量は，250万トンとされていた。飯塚鉱山を経営した飯塚茂はゴム栽培の南進公司の社長であり，鉄鋼会社は主として渋沢財閥系の出資であった[42]。

以上の南洋諸鉱山の産出量は1920（大正9）年，石原産業海運株式会社が初めて出鉱して以来漸次増加し，1935（昭和10）年度末までには累計約920万トン，金額にして約9,200万円の鉱石を日本に輸出した。南洋諸鉄鉱山は，1835（昭和10）年度には，年間の生産量が147万トン，その輸出額が1,500万円に達し，それは日本の鉄鉱輸入量の約43％に当たり，日本の製鉄原料供給上において重要な役割を果たした。

2．マンガン鉱業

戦前の主要なマンガン鉱山として，マレー半島に位置する太陽鉱山（ケママン鉱山）とタンドウマンガン鉱山，フィリピンに位置するブスアンガ鉱山があった。

太陽鉱山（ケママン鉱山）は，石原産業系の石原産業海運株式会社が経営したもので，鉄鋼石とともにマンガン鉱も産出した。1936（昭和11）年当時の年出鉱量は約1万5千トンであった。

タンドウ鉱山は，マレー半島ケランタン州にあり，日本鉱業株式会社が1932（昭和7）年採掘権を得て，1933（昭和8）年，同社ヅングン鉱山の支山として採掘に着手し，1936（昭和11）年より本格的採掘に着手した。鉱区面積は12ヘクタール，品位は53％前後で，1936（昭和11）年4月より同11年9月までに約5,500トンの鉱石を八幡製鉄所に輸出した。1936（昭和11）年当時の年出鉱量は，約1万2千トンであった。

ブスアンガ鉱山は，日比鉱業株式会社の経営で，フィリピンのパラワン州ブスア

ンガ島にあった。鉱石は品位50％内外で，1937（昭和12）年より稼行した。

3. ニッケル鉱業

1935（昭和10）年，日本鉱業，日本曹達，住友鉱業，増田屋の4社の共同事業として太洋鉱業株式会社が設立され，ニューカレドニア東海岸コア付近に日本人名義でニッケル鉱山区を獲得した。鉱区面積は375ヘクタール，品位は40％で程度であった。1936（昭和11）年6月，第1回出鉱より同年12月までに2,246トンを出鉱した。

4. 錫鉱業

錫鉱山としてタイに，三菱鉱業株式会社が経営するコブケプ鉱山があった。コブケプ鉱山は，タイ国スラタニー県バンナー郡コブケブにあった。品位は約73％の砂錫で，1939（昭和14）年より出鉱した[43]。

第9節　商業の南洋進出

日本の商業移民の先駆は，歴史的にみると，倭寇であるといわれている。鎌倉時代の初期頃より倭寇は，舟により中国や南洋等と交易を行った。その後，日本人は，各地に永住して日本人街を建設して交易に従事し，その地域は朝鮮，中国にほか，ベトナムのホイアン，フィリピンのマニラ，タイのアユタヤ，マレー半島のマラッカ，ジャワのバクビヤ，アンボン島などに及んだ。このように南洋に日本人の商業移民が活躍していたが，1936（寛永13）年5月17日の徳川幕府の鎖国令によって南洋との交易や移民が途絶えることとなった。

その後の海外における日本人商業の発達は明治以後のこととなる。その経路は，以下の3種類にある。第1は，初めから海外において商業を経営する目的で渡航する者である。南洋の各地で，行商人，商店，貿易商，各種サービス業などを営んだ。第2は，蘭領印度等に多い日本人商社・企業の店員，社員が経験と資本等を得て現地で独立経営する者である。第3は，フィリピン等に多い当初農業移民として渡航

した者が種々の要因によって商業を経営する者である。

　1935（昭和10）年10月当時，南洋地方における日本人の商業者は6,239人であった。その内訳を国別にみれば，蘭領印度の2,365人を首位に，フィリピンの2,349人，英領マレーの1,249人，英領北ボルネオとサラワックの109人，タイの91人，仏領印度の76人，等である。南洋地域では，歴史的に華僑が商業部門において，圧倒的な勢力を持っていた。そのなかで，蘭領印度，英領マレーにおける日本商人の力は他の南洋諸国に比較して強く，各地に販売網を有していた[44]。

第10節　工業の南洋進出

　戦前期南洋においては，工業の実権は主として中国人および欧州人の手にあり，日本人は甚だしく立遅れていた。1935（昭和10）年10月の外務省の調査によれば，南洋方面において工業に従事している日本人数は1,953人であり，他の産業に比較して少ない[45]。また，南洋進出工業では，日本の工業者が資本と技術とを持って進出した者は極めて少なく，農業者および商業者の転業した者が多かった。大工，石工，塗工，洗濯業者，飲食料品，嗜好品製造等の在留日本人目当てか，または工業的技術は高くない業種に従事する者が多く，小規模な事業が多かった。以下で，南洋各国別の概要をみてみよう[46]。

　蘭領印度は，1938（昭和13）年当時，日本人工業者数は211人程度で，精米，製材，ゴム精製加工，製薬，蚊取線香製造，自動車タイヤ修繕，自動車修理，電気器具組立，麦酒，清涼飲料水製造，ガラス瓶製造，鉄工，ガス熔接，板金等のあらゆる業種にわたり従事していたが，いずれも小規模な経営であった。比較的大きな日系工業事業として，スマトラの熱帯産業株式会社のゴム乾溜工場，ボルネオの野村東印度殖産株式会社のゴム乾溜工場と，ジャワの日本製糖（後の大日本精糖）系のケグレン農作株式会社の製糖工場があった。

　フィリピンは，ダバオにおいてマニラ麻栽培を行っていた多数の日本人移民がいたため，南洋諸国において最も多くの工業者がいた。1938（昭和13）年当時，日本人工業者数は1,523人程度で，製材，製菓，シャツ製造，味噌醸造，家具製作，木炭製造，靴製造，清涼飲料水製造等を行っていた。1935（昭和10）年頃からフィリピン・コモンウェルス政府の成立により，日比両国経済提携の見地より日本人工業

者がフィリピンに進出し，日比合弁で新企業を起こす事業が出てきた。ナショナル・ゴム工業株式会社のゴム靴製造，バリンタワク・ビール酒造株式会社の麦酒醸造，南洋水産株式会社の缶詰製造などの事業である。

英領マレーは，1936（昭和11）年当時，日本人工業者数は282人程度で，日本の現地での工業は小規模で，数も少なかった。

仏領印度支那は，フランス本国は極度の鎖国政策をとり，高関税と土地所有の禁止等により，外国資本の進出を妨げていた。そのため，日本の経済的進出はほとんど不可能の状態で，1936（昭和11）年当時，日本人の工業人員はわずか5人程度で，自動車塗装，漆器製造に従事していた。

タイは，1936（昭和11）年当時，日本人工業者数は15人程度で，極めて少なかった。

第11節　銀行の南洋投資

日本の銀行は，戦前南洋に支店，出張所を持って，銀行業務を行っていた。南洋での業務の中心は為替業務であり，日本人の栽培業者，貿易業者等に金融的サービスを行っていた。南洋での日系銀行は，中国のように銀行が投資の主体となったり，借款を引き受けることは多くなかった。南洋で支店等を持ち，活動していた銀行として，横浜正金銀行，台湾銀行，華南銀行，三井銀行等があった[47]。

横浜正金銀行は，シンガポール，マニラ，バンコク，スラバア，バタビア，スマランに支店，出張所を持っていた。横浜正金銀行は，南洋の主要地に古くから支店，出張所を設けており，戦前日本の南洋貿易において大きな役割を果たした。

台湾銀行は，シンガポール，マニラ，スラバア，バタビア，スマランに支店，出張所を持っていた。台湾銀行は，台湾に設立された日系の銀行であるが，横浜正金銀行より少し遅れて南洋各地に支店網を設けた。

華南銀行は，シンガポール，スマランに支店を持っていた。華南銀行は，台湾銀行の子銀行であるが，台湾人の資本も入り，華僑資本との共同出資により設立された。

日本の一般の民間銀行では，戦前南洋では三井銀行がスラバヤに支店を有するのみであった。

第12節　海運の南洋投資

　戦前日本の南洋への主要な海運会社として，日本郵船，大阪商船，南洋海運，石原産業海運，三井物産船舶部等があり，南洋の主要港に航路を持っていた。寄港する地に支店，出張所の他に埠頭，その他の地上設備等を有していた。南洋の寄港都市として，マレー半島のシンガポール，フィリピンのダバオ，マニラ，セブ，サンボアンガ，仏印のハイフォン，サイゴン，タイのバンコク，ジャワのバタビア，チエリボン，スマラン，スラバヤ，セレベスのメナード，マカッサル，スマトラのバレンバン，バダン，等があった。
　これらの日系海運会社の南洋航路は，南洋での貿易，商業，投資，移民等において極めて重要なものであった。

おわりに：戦前日本企業の南方・南洋アジア進出の国際経営

　戦前日本企業の南方・南洋アジアへの海外直接投資に関して現地企業形態を中心とした国際経営の視点から考察してみよう。
　戦前日本の南洋への投資の担い手は多様であった。三井，三菱などの大手財閥，野村，日産，古河，川崎などの財閥，明治製糖，大日本製糖，日本鋼管，播磨造船所などの大手企業があった。また，東洋拓殖，南洋興発，台湾拓殖などの特殊会社，石原産業，太田興業などの南洋発祥の南洋コンツェルンがあった。さらに，南洋土着の個人や中小の資本，日本の中小企業や個人などがあった。このように，多くの企業や個人が南洋に投資した当時の日本社会の背景として，南洋ブームがあった点も見逃せない。
　戦前期，国際経営環境として，南洋各国は，法律により認められていた外国企業の形態は相違していた状況にあった。このような環境下で，日本企業の南洋投資形態をみると，以下のように6つの現地企業形態に分類できるであろう[48]。
　第1は，日本に本社を置く日本企業が出資し，南洋の各国法に基づく株式会社等の現地法人として設立された形態である。現在においても，通常，直接投資による海外進出はこのような現地法人の設立形態が一般的である。
　蘭領印度，英領マレーでのゴム栽培事業では，現地の根拠法に基づいて現地法人

として設立され経営されていた形態があった。日本企業の現地法人として，三五公司，千田護謨園，野村東印度殖産株式会社，蘭領印度拓殖株式会社，タワオ・エステート・リミテッドなどがある。三五公司，千田護謨園はシンガポールに本社を置く，マレー法規により設立された。資本金もシンガポールドルで払い込まれている。野村東印度殖産会社，蘭領印度拓殖会社は蘭領印度法に基づく会社で，いずれも蘭領ボルネオに本社を置き現地通貨グルデンにより払い込まれた。タワオ・エステート・リミテッドはタワオに本社を置き，英領北ボルネオ法規により設立された会社で，その資本金はマレードルにより表示されている。その他の栽培事業でも，現地法に基づく現地法人による企業形態によって行われたものが多かった。具体的には，チカネリー栽培株式会社（蘭印法人），東山栽培株式会社（蘭印法人），ケダレン農事株式会社（蘭印法人）などである。水産業では，鳳敦眞珠株式会社は蘭印法に基づく企業形態であった。

　フィリピンのマニラ麻栽培事業においては，日本企業がフィリピン法に基づいて現地法人を設立し，資本金も現地通貨ペソで払い込まれた形態が一般的であった。その代表は，太田興業株式会社，古川拓殖株式会社等である。当時，フィリピンでは，法律により栽培事業等の外国会社の事業活動には，フィリピン法による現地法人の設立がほぼ義務付けられていたので，ほとんどの日系の栽培会社は現地法人を設立して事業活動を行った。そのため，日本企業で日本会社の支店形態で営まれるものはほとんどなかった。フィリピンの林業も同様で，ほとんどの日系の林業会社は，日本の親会社が出資し，フィリピン法により現地法人として設立される形が一般的であった。クゴン商事株式会社，テイプンコ木材株式会社等ほとんどの企業がこの現地法人形態であった。これは，フィリピンでは，原則として，林業，マニラ麻栽培業その他ほとんどの事業において共通して，法的に，外国人経営事業では現地法人を設立する必要があったためである。

　第2は，日本に本社を置く日本企業は現地法人を設立するのではなく，日本企業の支店・事業所形態で営まれる事業形態である。すなわち，南洋の現地に法人を作らないで現地で事業活動をするという企業進出である。現在，世界においてもこのような形は一般的に行われており，支店，事業所，外国会社等として現地で事業を行う直接投資形態である。

　この形態は，蘭領印度や英領マレーでのゴム栽培事業などで多かった。蘭領印度や英領マレーでは，外国人のゴム栽培事業において現地に法人を作らないで現地で事業活動をする形態が認められていたので，日本のゴム栽培企業ではこの形態が多

かった。例えば，南洋事業が中心の企業として，日産農林工業株式会社，熱帯産業株式会社，昭和護謨株式会社，南洋護謨株式会社，ボルネオ護謨株式会社，馬来護謨公司，南国産業株式会社，南進護謨株式会社，スマトラ拓殖株式会社，南和公司，南進公司，大倉スマトラ農場，南国護謨株式会社，日沙商会などがある。また，大企業の付帯的な事業として南洋事業を営んだ企業として，古河鉱業殖産部，山下汽船護謨園，台湾銀行古々椰子農園，東洋拓殖護謨園などがあった。これらは，すべて日本の法律により設立された日本の株式会社で，それが南洋でゴム園などの栽培事業を経営していた形態である[49]。

南洋での日本企業の鉱業では，この形態で事業を行った事例としては，マレー半島の鉄鉱探掘事業では日本鉱業株式会社，ボーキサイトの日沙商会，タイの錫採掘の三菱鉱業株式会社などがある[50]。

貿易業では三井物産，三菱商事などの大手商社では，世界の他の地域と同様に支店，出張所形態で南洋各地に進出した。また，銀行業においても横浜正金銀行，台湾銀行，三井銀行等いずれも支店，出張所形態で，他の地域と同様に南洋に進出した。

第3は，日本に本社を置く日本企業と南洋各国の現地企業が共同で出資する合弁会社形態である。戦前の日本の南洋事業での合弁会社形態は，フィリピンが最も多かった。フィリピンでの合弁企業としては，ビールのバリンタワク・ビール酒造株式会社，ゴム製品製造のナショナルゴム工業株式会社，採金のトレード・マイニング・カンパニー，水産のシーフード・コーポレション，マンガン鉱の日比鉱業株式会社，鉄鋼の大平鉱業株式会社，林業の北ミンダナオ商事株式会社，スマギー木材株式会社，等があった。

仏領印度支那において鉄鉱採掘を目的とした印度支那産業株式会社は，日本側は台湾拓殖会社が出資し，仏印のベトナム人との合弁事業であった。

合弁形態は，少数のフィリピン事業と仏領印度支那，蘭領チモールでの事業で行われた位で，日本の南洋企業形態として支配的なものでなかった。これらの合弁企業は，鉱山開発等の資源開発においては，現地政府が合弁事業に限り外国人企業を原則として許可する制度をとっていたためである。

第4は，南洋で独自に設立された日系の会社・企業集団，ならびにこの南洋に本社を置く日系の会社・企業集団が出資して，南洋で事業を営む形態である。これは，南洋財閥，南洋土着の資本家による事業である。その代表として，石原産業グループ，太田興業株式会社等があった。

石原産業は南洋の鉄鉱石採掘を中心として巨大化した，南洋で発祥した南洋財閥ともいうべき新興財閥である。石原産業の南洋事業の中心的企業として，石原産業公司，石原鉱業株式会社，マニラ石原産業会社の3社がある。石原産業公司は，資本金300万シンガポールドルで，シンガポールに本社を置き，マレー半島のスリメダン，ケママンの鉄鉱石とマンガン鉱，パセルのボーキサイドを採掘した。石原鉱山株式会社は，資本金50万グルデンで，バクビアに本社を置き，ジャワのソロ銅鉱山で採掘を行った。マニラ石原産業会社は，資本金100万ルピーで，マニラに本社を置き，フィリピンのルソン島で鉄鋼石を採掘した。石原系各社の原鉱石はコンツェルン本部の石原産業海運株式会社が一手に輸入販売し，その積取には石原産業海運の船舶部と日本の海運会社があたり，石原産業系の南洋倉庫はそれの倉庫事務を行っていた。石原産業は，南洋発祥の南洋コンツェルンと呼ぶべき存在であった。本書では，石原産業の南洋での事業展開については，本書第7章で，詳しく考察する。

　太田興業株式会社は，マニラ麻栽培事業を行う太田恭三郎氏の創設した会社である。太田興業は，フィリピンのダバオ地方の中心的なマニラ麻栽培会社で，ダバオでは多くの会社に出資し事業を行っていた。本書では，太田興業のフィリピンのダバオでの事業展開についても，本書第6章で，詳しく考察する。

　第5は，日本が海外の植民地や委任統治地に準国策的な特殊会社，拓殖会社として設立された企業が出資して，南洋で事業を営む形態である。これは，特殊会社コンツェルンによる南洋事業である。これには，東洋拓殖，南洋興発，南洋拓殖，台湾拓殖などがある。

　東洋拓殖株式会社は，朝鮮での拓殖事業を主目的として設立された会社である。東洋拓殖は，マレー半島のジョホール州クライでゴム栽培園を直営していた。その他に，東洋拓殖は，蘭印法に基づく会社組織で，蘭領ボルネオのパンヂャルマシンにゴム，椰子の栽培を主事業とする蘭領印度拓殖株式会社を設立した。また，東洋拓殖は，同様の形態で，蘭領ボルネオのサンクリランに林業を主目的とする南洋林業株式会社を設立した。なお，東洋拓殖は，フィリピンのダバオのマニラ麻事業を主に行う太田興業株式会社に対して，出資ではないが，かなりの額の事業融資を行った。

　南洋興発株式会社は，日本が委任統治していた南洋群島でのサトウキビ等の栽培事業，拓殖事業を主目的として松江春次が中心となって設立された会社である。南洋興発は，東洋拓殖からも出資を受けていた。南洋興発は，蘭印法に基づく会社組織として，蘭領ニューギニアで棉花栽培，グマール樹脂採集を主目的とする南洋興

発合名会社を設立した。南洋拓殖株式会社は，同じく南洋群島での拓殖事業を主目的として設立された会社である。南洋拓殖株式会社は，南洋群島以外の事業については，南拓興業株式会社を設立し，事業を行った。

台湾拓殖株式会社は，台湾での拓殖事業を主目的として設立された会社である。台湾拓殖は，佛印での鉄鉱石開発を主目的とする印度支那産業株式会社を設立した。また，その子会社の印度支那産業は，タイのバンコク近郊で綿花栽培事業を主目的とする台湾綿花株式会社を設立した。

第6は，個人による進出である。株式会社のような法人組織ではなく，個人企業として南洋に進出した中小企業の南洋進出である。小売，飲食，貿易，サービス，行商，宿泊，建築，製造，修理，職人，栽培等で，現地に滞在する日本人を主な顧客とする形で，南洋に進出したのである。当時の日本は，一獲千金を求めて南洋に進出するという南洋ブームもあり，かなりの日本人が南洋に関心を持ち，その中の一部は南洋に進出したのである。

以上のように，戦前期日本では，多様な日本企業や個人が南洋に投資し，活発な国際経営が行われていたのである。本書では，次章から日本の南洋での事業進出について多角的に研究していくこととする。

注

(1) 西川俊作・山本有造編著（1990）『日本経済史5　産業界の時代　下』岩波書店，94-96頁。
(2) 西川俊作・山本有造編著（1990）『日本経済史5　産業界の時代　下』岩波書店，56頁。
(3) 山崎一平・山本有造（1979）『長期経済統計14　貿易と国際収支』東洋経済新報社，56頁。
(4) 高村直助（1982）『近代日本と綿業』東京大学出版会，まえがき1頁。
(5) 岡部利良（1937）『在支紡績業の発展とその基礎』東洋経済新報社，3-6頁。
(6) 藤井光男・中瀬寿一・丸山恵也・池田正孝（1979）『日本多国籍企業の史的展開』大月書店，217-218頁。
(7) 南満州鉄道株式会社経済調査会（1936）『経調資料第104編　支那法令に於ける外国投資の制限』南満州鉄道株式会社，5-7頁。
(8) 金子文夫（1991）『近代日本における対満州投資の研究』近藤出版社，49-50頁。
(9) シー・エフ・レーマー（1934）（東亜経済調査局訳）『列国の対支投資』東亜経済調査局，邦訳470-472頁。
(10) シー・エフ・レーマー（1934）（東亜経済調査局訳）『列国の対支投資』東亜経済調査局，邦訳518-521頁。
(11) 満鉄調査課（1928）『満蒙に於ける日本の投資状態（満鉄調査資料第76編）』満鉄調査課，4-5頁。
(12) 満鉄調査課（1928）『満蒙に於ける日本の投資状態（満鉄調査資料第76編）』満鉄調査課，4-5頁。
(13) 満鉄調査課（1928）『満蒙に於ける日本の投資状態（満鉄調査資料第76編）』満鉄調査課，4-5頁。
(14) 矢内原忠雄（若林正丈編）（2001）『「帝国主義下の台湾」精読』岩波書店，122頁。
(15) 拓務省（1936）『拓務要覧昭和11年度版』拓務省，582頁。
(16) 樋口弘（1942）『南方に於ける資本関係』味燈書屋，2-3頁。

(17) 赤澤史郎・粟屋憲太郎・立命館100周年史編纂室編（1994,b）『石原廣一郎関係文書　下巻』柏書房，338-339頁をもとに著者作成．
(18) 拓務省（1936）『拓務要覧昭和11年度版』拓務省，582-583頁．
(19) 拓務省（1936）『拓務要覧昭和11年度版』拓務省，583-584頁．
(20) 拓務省（1936）『拓務要覧昭和11年度版』拓務省，584頁．
(21) 拓務省（1936）『拓務要覧昭和11年度版』拓務省，585-586頁．
(22) 拓務省（1936）『拓務要覧昭和11年度版』拓務省，591-593頁．
(23) 拓務省（1936）『拓務要覧昭和11年度版』拓務省，594頁．
(24) 拓務省（1936）『拓務要覧昭和11年度版』拓務省，595-596頁．
(25) 拓務省（1936）『拓務要覧昭和11年度版』拓務省，598-603頁．
(26) 拓務省（1936）『拓務要覧昭和11年度版』拓務省，604-609頁．
(27) 樋口弘（1941）『南洋に於ける日本の投資と貿易』味燈書屋，22-23頁．
(28) 拓務省（1936）『拓務要覧昭和11年度版』拓務省，588-589頁．
(29) 拓務省（1936）『拓務要覧昭和11年度版』拓務省，588-589頁，および樋口弘（1941）『南洋に於ける日本の投資と貿易』味燈書屋，22-23頁．
(30) 拓務省（1936）『拓務要覧昭和11年度版』拓務省，589-590頁．
(31) 樋口弘（1941）『南洋に於ける日本の投資と貿易』味燈書屋，24-25頁．
(32) 拓務省（1936）『拓務要覧昭和11年度版』拓務省，590-591頁．
(33) 樋口弘（1941）『南洋に於ける日本の投資と貿易』味燈書屋，22-23頁．
(34) 拓務省（1936）『拓務要覧昭和11年度版』拓務省，597-598頁．
(35) 拓務省（1936）『拓務要覧昭和11年度版』拓務省，613頁．
(36) 拓務省（1936）『拓務要覧昭和11年度版』拓務省，613頁．
(37) 樋口弘（1941）『南洋に於ける日本の投資と貿易』味燈書屋，26頁．
(38) 拓務省（1936）『拓務要覧昭和11年度版』拓務省，615頁．
(39) 拓務省（1936）『拓務要覧昭和11年度版』拓務省，616-619頁．
(40) 拓務省（1936）『拓務要覧昭和11年度版』拓務省，623-626頁．
(41) 東亜研究所（1941）『南洋諸地域の鉄鉱』東亜研究所，折込付録．
(42) 樋口弘（1941）『南洋に於ける日本の投資と貿易』味燈書屋，43頁．
(43) 樋口弘（1941）『南洋に於ける日本の投資と貿易』味燈書屋，45頁．
(44) 拓務省（1936）『拓務要覧昭和11年度版』拓務省，631頁，および樋口弘（1941）『南洋に於ける日本の投資と貿易』味燈書屋，54-60頁．
(45) 拓務省（1936）『拓務要覧昭和11年度版』拓務省，632頁．
(46) 拓務省（1936）『拓務要覧昭和11年度版』拓務省，631-634頁，および樋口弘（1941）『南洋に於ける日本の投資と貿易』味燈書屋，60-64頁．
(47) 樋口弘（1941）『南洋に於ける日本の投資と貿易』味燈書屋，65-66頁．
(48) 樋口弘（1941）『南洋に於ける日本の投資と貿易』味燈書屋，100-117頁において，南洋事業を以下の4つの企業形態に分類している．第1は，日本に本社を置く会社が現地法人を設立せず現地事業を行っている形態，第2は日本の親会社が全額出資し事業地域の法律により設立された外国法人の会社形態，第3は日本の内地の資本とは関係なく現地で蓄積された資本により南洋各地で法人となった形態，第4は現地の資本または第3国資本と日本企業との合弁会社として設立された形態．
(49) 樋口弘（1941）『南洋に於ける日本の投資と貿易』味燈書屋，100-101頁．
(50) 樋口弘（1941）『南洋に於ける日本の投資と貿易』味燈書屋，101-102頁．

〈参考文献〉

（南洋全般関連）

赤澤史郎・粟屋憲太郎・立命館100周年史編纂室編（1994,a）『石原廣一郎関係文書　上巻』柏書房．
赤澤史郎・粟屋憲太郎・立命館100周年史編纂室編（1994,b）『石原廣一郎関係文書　下巻』柏書房．
外務省調査課（1942）『東南亜細亜に於ける列国の投資』外務省調査課．
樋口弘（1941）『南洋に於ける日本の投資と貿易』味燈書屋．
樋口弘（1942）『南方に於ける資本関係』味燈書屋．
Helmut G. Callins（1941），*Foreign Capital in Southeast Asia*, Institute of Pacific Relations.（日本国際協会訳『東南亜細亜における外国投資』同盟通信社．）

石田龍次郎（1939）『世界地理第6巻　外南洋I』河出書房。
勝間順蔵（1924）『南洋の文化と富源の実際』白鳳社出版。
三菱経済研究所（1937）『太平洋に於ける国際経済関係』三菱経済研究所。
松澤勇雄（1941）『国策会社論』ダイヤモンド社。
西川俊作・山本有造編著（1990）『日本経済史5　産業界の時代　下』岩波書店。
南方年鑑刊行会（1943）『南方年鑑　昭和18年版』東邦社。
南洋団体聯合会（1942）『大南洋年鑑』南洋団体聯合会。
南洋協会（1939）『南洋協会主催　南洋経済懇談会参考資料（第4）企業投資関係調査』南洋協会。
南洋協会（1941）『大南洋圏』南洋協会。
南洋庁『南洋群島要覧（各年版）南洋庁。
杉山伸也／イアン・ブラウン編著（1990）『戦間期東南アジアの経済摩擦―日本の南進とアジア欧米』同文舘出版。
疋田康行編著（1995）『「南方共栄圏」―戦時日本の東南アジア経済支配』多賀出版。
拓務省（1936）『拓務要覧昭和11年度版』、拓務省。
東亜研究所（1941）『南洋諸地域の鉄鉱』東亜研究所。
台湾総督府官房調査課（1935）『南洋各地企業須知』台湾総督府官房調査課。
台湾総督府台湾支部編（1937）『南洋年鑑』南洋協会。
台湾南方協会（1941）『南方読本』三省堂。
山田毅一（1934）『南方大観』平凡社。
山崎一平・山本有造（1979）『長期経済統計14　貿易と国際収支』東洋経済新報社。
吉田信友編（1927）『南洋事情（上）（下）』海外事情普及会。
横浜正金銀行（1920）『横浜正金銀行史』横浜正金銀行。

（南洋関連雑誌）
比律賓協会編『比律賓情報』比律賓協会。
満鉄経済調査会編『新東亜』満鉄経済調査会発行。
南洋協会編『南洋』南洋協会発行。
南洋群島文化協会編『南洋群島』南洋群島文化協会。
南洋経済研究所編『南洋経済研究』南洋経済研究所。
太平洋協会編『太平洋』太平洋協会。
実業之日本社編『実業之日本』実業之日本社。

（中国（中華民国）関連）
シー・エフ・レーマー（1934）（東亜経済調査局訳）『列国の対支投資』東亜経済調査局。
岡部利良（1937）『在支紡績業の発展とその基礎』東亜経済新報社。
南満州鉄道株式会社経済調査会（1936）『経調資料第104編　支那法令に於ける外国投資の制限』南満州鉄道株式会社。
南鉄調査部（1940）『支那経済年報』改造社。
入江啓四郎（1937）『中国に於ける外国人の地位』東京堂。
樋口弘（1939）『日本の対支投資研究』生活社。
樋口弘（1940）『日本の対支投資』慶應書房。
英修道（1941）『支那に於ける外国権益』慶應出版社。
東亜研究所（1944）『列国対支投資と支那国際収支』実業之日本社。
藤井光男・中瀬寿一・丸山恵也・池田正孝（1979）『日本多国籍企業の史的展開』大月書店。
高村直助（1982）『近代日本と綿業』東京大学出版会。
藤井光男（1987）『戦間期日本繊維産業海外進出史の研究』ミネルヴァ書房。
桑原哲也（1990）『企業国際化の史的分析』森山書店。
森時彦編著（2005）『在華紡と中国社会』京都大学学術出版会。
柴田善雅（2008）『中国占領地日系企業の活動』日本経済評論社。
富澤芳亜・久保亨・萩原充編著（2011）『近代中国を生きた日系企業』大阪大学出版会。

（満州関連）
原田勝正（1981）『満鉄』岩波書店。
満鉄調査課（1928）『満蒙に於ける日本の投資状態（満鉄調査資料第76編）』満鉄調査課。
満州史研究会（1972）『日本帝国主義下の満州』お茶の水書房。

金子文夫（1991）『近代日本における対満州投資の研究』近藤出版社。
山本有造（2003）『「満洲国」経済史研究』名古屋大学出版会。
鈴木邦夫編著（2007）『満州企業史研究』日本経済評論社。
安藤彦太郎（1965）『満鉄―日本帝国主義と中国』お茶の水書房。
小林英夫（1996）『満鉄―「知の集団」の誕生と死』吉川弘文館。
松高夫・解学詩・江田憲治（2002）『満鉄労働史の研究』日本経済評論社。
加藤聖文（2006）『満鉄全史―「国策会社」の全貌』講談社。
南満州鉄道株式会社（1916）『南満州鉄道株式会社　十年史』南満州鉄道株式会社。
南満州鉄道株式会社（1928）『南満州鉄道株式会社　第2次十年史』南満州鉄道株式会社。
南満州鉄道株式会社（1938）『南満州鉄道株式会社　第3次十年史』南満州鉄道株式会社。
満鉄会（1986）『南満州鉄道株式会社　第4次十年史』満鉄会。
満鉄会編（2007）『満鉄四十年史』吉川弘文館。

（台湾関連）
久保文克（1997）『植民地企業の経営史論―「準国策会社の実証的研究―」日本経済評論社。
三日月直之（1993）『台湾拓殖とその時代』葦書房。
中村孝志編（1988）『日本の南方関与と台湾』天理教道社。
老川慶喜・須永徳武・谷ケ城秀吉（2011）『植民地台湾の経済と社会』日本経済評論社。
林玉茹（2012）『台湾拓殖株式会社の東台湾経営』汲古書院。
史明（1962）『台湾人四百年史』音羽書房。
東郷實・佐藤四朗（1916）『台湾植民発達史』晃文館。
竹越与三郎（1905）『台湾統治志』博文館。
持地六三郎（1912）『台湾殖民政策』冨山房。
台湾総統府官房調査課（1935）『台湾と南支南洋』台湾総統府官房調査課。
高橋亀吉（1937）『現在台湾経済論』千倉書房。
鶴見祐輔（1943）『後藤新平伝（上巻，下巻）』太平洋協会出版部，
台湾銀行（1939）『台湾銀行四十年誌』台湾銀行。
台湾銀行（1920）『台湾銀行二十年誌』台湾銀行。
台湾製糖（1939）『台湾製糖株式会社史』台湾銀行。
台湾総統府『台湾事情』台総時報発行所，各年版。
矢内原忠雄（1929）『帝国主義下の台湾』岩波書店。
矢内原忠雄（若林正丈編）（2001）『『帝国主義下の台湾』精読』岩波書店。

第4章

戦前期日本の南洋・南方への商業的進出と貿易

はじめに：日本の南洋ブームと南洋移民

　日本は，大正から昭和にかけた時期，南洋ブームがあった。日本は，植民地であった台湾，委任統治を行っていた南洋群島（当時は内南洋と呼ばれていた），および現在の東南アジア地域（当時は外南洋と呼ばれていた），いわゆる南洋に対して強い関心と興味を示したのである。さらに，南洋に対する日本の各種進出を促進する思想としての「南進論」が盛んに主張されてきた。南洋ブームに乗って，日本人の南洋への移民・殖民，投資，企業の設立，開拓事業，貿易，商業進出，資源開発，などが行われるようになった。南洋に関する多くの本も出版された。

　第二次大戦以前の1937（昭和12）年10月1日当時の外南洋（東南アジア）各地在留日本人の数をみると，3万9,246人である。国別にみると，フィリピン2万3,991人，英領マレー7,030人，蘭領東印度6,485人で，この外に，英領北ボルネオ921人，タイ521人，仏領印度支那241人などである[1]。その南洋日本人移民のほとんどが，民間人であった。フィリピン，英領マレー，蘭領東印度の3国が，日本人の外南洋での活動の中心で，在留者の数，事業，またその地域的な広さからいっても，外南洋の大部分を占めていた。外南洋は，豊富な資源と人口の多さで注目されていた。政治的には，日清戦争後，北守南進論が唱えられ，中国大陸とともに，南洋が取り上げられた。

　図表4-1は，1937（昭和12）年10月当時の南方在住日本人について，国ごとに職業をみたものである。これをみると，南洋での日本人の職業で最も多いのは，農業および商業で，次が水産業および工業である。国ごとにみると，フィリピンでは農業，英領マレーでは商業，蘭領東印度では商業が最も多い。この農業，商業，水産業，工業の四分野を中心として，日本人は南洋に進出したのである。業種別にみると，農業および工業者はフィリピンにおいて最も多く，水産業はフィリピンおよ

図表 4-1　南方国別日本人職業者数（昭和 12 年 10 月）

	フィリピン	英領マレー	蘭領東印度	総　数
農　業	6,055	148	278	6,481
鉱　業	16	214	18	248
水産業	1,194	1,187	307	2,688
工　業	1,834	263	274	2,371
商　業	2,594	1,358	2,312	6,267
交通業	126	12	34	172
公務及自由業	301	293	195	789
家事使用人	109	244	69	422
其　他	110	81	59	250
無職（主として家族）	11,649	3,230	2,939	17,818
合　計	23,991	7,030	6,485	37,506

（出所）　入江寅次（1942, a）『外南洋邦人の現勢と其の歴史的背景』10 頁。

び英領マレーに多い。商業はフィリピンおよび蘭領東印度であるが，英領マレーも相当の数があった。

　フィリピンが農業者数において，他の南洋諸国に比較して多いのは，ダバオにおけるマニラ麻栽培のためである。1937（昭和 12）年当時，フィリピン在住日本人 2 万 3,911 人の内，1 万 5,755 人がダバオ在住である。ダバオでは，主として日本人は，マニラ麻栽培事業に従事しているが，椰子の栽培に従事している者も多い。1937（昭和 12）年までに，ダバオにおいで日本人がマニラ麻事業のために投下した資本は約 6 千万円で，日系事業会社は約 30 社，自営個人約 3 千人，他はこれらの会社，個人，または外人経営耕地において労働に従事する者である。日本人によって生産される麻は，ダバオ全生産量の 4 分の 3，全フィリピンの 4 分の 1 に相当した[2]。

　南洋における日本企業のもう 1 つの柱は，ゴム栽培事業である。1937（昭和 12）年までに，南洋において日本人がゴム栽培事業のために投下した投資額は，8 千万円から 1 億円とされている。マレー半島，ボルネオ，スマトラ地方が，ゴム栽培の主たる生産地で，このために日本人が租借している土地面積は，1937（昭和 12）年当時，約 33 万町歩，その内植付面積が 13 万町歩である。その時期，南洋でゴム栽培に従事する日系会社は 24 社，日本人の個人経営は約 70 人，1 年間の生産量は，約 1 万 6 千トンであった[3]。

　ゴム栽培で使用する労働者は，南洋の現地人，および中国人，インド人，現地人などの苦力（クーリー）が中心で，日本人はそれほど多くなかった。これに対して，ダバオにおけるマニラ麻栽培事業は，その労働者は主として日本人が中心であった。

ゴム栽培だけでなく，古々椰子，油椰子，コーヒー，茶などの南洋での栽培事業でも，その労働者は必ずしも日本人ではなかった。南洋でのゴムなどの栽培事業では，日本人の移民を伴わなくても，その現場において容易に低廉な労働力を求め得ることができた。南洋での栽培事業の特徴が，その現地人などの外国労働力の使用にあった。戦前期の日本人の海外進出をみると，北米，ハワイ，およびブラジル，ペルーなどの南米などでは，まず日本人が移民し，事業に従事した。多くの日本人移民は，裸一貫で海外に出て，農地や工場などに身を投じて働いた。一方，南洋では，ダバオにおけるマニラ麻栽培を除いて，労働力は現地で得られる現地人や外国人を活用したのである。

　戦前の時代に南洋において日本人が進出したもう1つの事業に，水産業がある。歴史的にみると，明治20年代から日露戦事前に至る間，オーストラリアの木曜島付近を中心とする日本人の真珠貝採取への進出があった。南洋では，シンガポール，英領北ボルネオ，ジャワ，セレベス，中部および北部スマトラ，フィリピンのマニラ，ダバオ，その他各地において，日本の漁業者が進出した。

　戦前の時代において，小売，サービス，貿易等の商業的事業も南方進出の中心の1つであった。本章では，この南洋・南方における戦前期日本の商業的進出と貿易について，行商や商店の事例を含めて議論する。

第1節　南洋への商業的事業の進出

　南洋への貿易商社が進出したのは，1891（明治24）年，三井物産株式会社がシンガポールに支店を開設したのが最初である。日本人の個人商人の南洋進出は，さらに以前に遡るが，当時は行商人あるいは特産品の輸入を目的とする商人が主なもので，現地で商業事業を営む者は極めて少なかった。明治初期から南洋に日本人娼館が相次いで進出したのに伴い，先駆的商人の発展をみたが，その数は微々たるものであった。この娼婦を娘子軍，からゆきさんと呼ばれた。からゆきさんについては，森克己（1959）『人身売買―海外出稼ぎ女』，井岡伊佐治（1950）『井岡伊佐治自伝』，森崎和江（1976）『からゆきさん』，山崎朋子（1975）『サンダカン八番娼館』，清水洋・平川均（1998）『からゆきさんと海外進出』等の著書において，詳しい歴史的記述がある。特に，山崎朋子の『サンダカン八番娼館』は，熊井啓監督により映画

化され,世間で大きな関心を集めた。1907（明治40）年前後,南洋における日本人商業者数は700人程度で,シンガポール,マラッカ等に少数いた程度であった[4]。その後,南洋でゴム栽培事業に日本人が進出するに伴い,日本人商業者の数が漸次増加していった。

1. 日露戦争後の南洋への進出

南洋における日本人の事業発展としては,栽培事業,水産業,鉱業,製造業などの活動とともに,商業部門における進出があった。日本の戦前の南洋への商業的事業進出の時期は,日露戦争以後から第一次大戦までの時期,および第一次大戦から第二次大戦までの時期に大別することができる。地域的に進出先をみると,シンガポール,マレーシアなどのマレー半島,ジャワを中心とする蘭領東印度,マニラ,ダバオを中心とするフィリピンが主要な地域であり,その他の地域は,極めて少ない[5]。

2. 行商人の南洋への進出

1905（明治38）年の日露戦争終結後,日本人は南方への商業に進出する者が増えていった。その当時の日本人は,行商者も多かった。日本の農村地帯を売薬千金丹の行商で有名であった盛生薬館が南方進出を企て,バタピア（現在のジャカルタ）に拠点を置いたのは,1910（明治43）年頃である。盛生薬館の南方進出は不成功に終わった[6]。しかし,成功した行商もかなりあった。森下仁丹もその頃,南方に進出した。

行商の種類は,雑貨,売薬から,煎餅焼き,吹き矢,玉ころがし等があったが,行商人の多くは売薬を目的とするものであった。吹き矢,玉ころがし等の行商人は,田舎の盛り場を駆け回って賭博もやれば物産の仲買をする者もあった。マレー半島,ジャワ,スマトラ,ボルネオの方まで行商に行った。薬売行商は,派手で賑かで,1カ月500-600円の収益を得る者もいて儲けが多かったようである。日本人の売薬行商は,特に日露戦争直後などは,南洋の現地の至るところで非常な歓迎を受けたようである。当時日本は,大国ロシアに勝った戦勝国で,薬を売る日本人の行商人は,現地でこの戦争に従軍した者のように見られ,特に医術の心得さえあると受取る向きも少なくなく,事実そういう風に持って行った者も多かった[7]。その行商の

姿は，胸に従軍徽章や赤十字徽章をぶら下げた軍装のような恰好をし，手風琴を鳴らし，ヒゲを生やしたりして，これらの薬の効能を述べながら，南方の村々を回り歩いた。その薬が，かなりの高値を呼び，相当の利益を収めた人も少なくなかったようで，胸間に赤十字の徽章などをつけていたりしたのである。現地人住民からは，ジャパンドクトルと呼ばれていた[8]。千金丹，清心丹，實丹，頭痛膏，固腸丸などの日本の薬を，現地で日本よりかなり高い値段で売ることができた。

江川薫は，『南洋を目的に』という著書で，この行商の姿を以下のように記述している[9]。

「彼れ等は山間の僻地に至り，酋長を訪問して，多くこれが斡旋を待つなり。一日或る寒村を巡遊せし際，数人の日本人が石油の空罐を乱打して，何事をか叫びつつあるを耳にせり。何事ならんと顧みれば，我が同胞の行商人が，酋長を先頭に，売薬の広告をなしつつある光景にして，村民は業を休みてこれら一行に付従せるなりき。その滑稽なる恰も子供の遊戯の如く，抱腹せざるを得ざりき。」

「セレベス，メナド郷の一旅館に於て，行商人と語りし事ありしが，彼は行商の面白きを語りて，一日予に行商の同行を求めし事ありき。予は彼れの言ふがままに随行して寂しき村落に入り，二，三の民家を訪うて最終に酋長の家を訪問せしが，折善く酋長の愛嬢が腹痛の事とて，酋長の心配甚しく，予等売薬商人を見て拝がまんばかりに喜びぬ。予が同伴者は直ちに仁丹三，四粒を與ふれば，不思議にも愛嬢が腹痛は立處に癒えぬ。これを見し酋長の喜謂はんかたなく，喜々と懐中より五十金を與へ帰路遠ければとて，駿馬をも添へられたり。予等は酋長より贈られたる馬に乗りて，揚々立帰しが，馬は翌日二百円にて売却し，結局仁丹三粒は，三百五十金と化しぬ。」

以上のような話は，少し割引いて受け取る必要があるが，とにかくこういった種類の話があったようである。薬売行商は，ボルネオ，ジャワ，スマトラ，セレベスなどへ，舟を借りて部落から部落へ行商する者と，原住民の苦力を4〜5名雇って陸行しつつ行商する者がいた。そのいずれにしても，短いのは2〜3カ月，長いのは半年1年と奥地まで行商に回った。部落で滞在する時は，至る所で現地人に歓迎され（付近の原住民が大集会をなして歓迎会を開くという処もあった），宿料も食料も金で支払うことは少なかった。欧米人がほとんど入らない獰猛であるとされた部落にも日本人行商は何の差し障りもなく入った[10]。

この薬売行商による活躍は数年間続いたが，その後資金を蓄えた者は店舗を構へ

て小売商となり，さらにその商品も，単に薬品のみに止まらず各種の雑貨類を取扱うこととなった。トコ・ジャパンとして，雑貨店などを始めたのである。

南方のジャワでの日本商人の発展において重要な人物として，堤林数衛と小川利八郎がいる。

堤林数衛は，1898（明治31）年，初めてジャワに行き，ジャワの実情を見て，日本人による商業的発展の可能性を確信した。堤林数衛は，1907（明治40）年に16人の日本青年を率いてジャワへ渡り，ジャワで行商を始めた。その後，さらに多数の日本人青年をジャワに迎え，山村水廓，どんな僻村にも足を運んだ。その基礎が固まるにつれて，ジャワ全土に三十有余の支店を設置する大規模な商業事業に発展し，農園の経営にも進出しするようになった[11]。

3．南方の行商人：小川利八郎

小川利八郎は，千葉県の松尾藩の士族の家に生まれ，東京美術学校に入学，同校を第一期生として卒業し，画家を目指した[12]。フランスに留学したいと考え，シンガポールに渡航した。日露戦争が始まったため，しばらく形勢を見ていようと考え，シンガポールにとどまった。小川利八郎は，生活の資金を得るために，肖像画を描いたりしていた。ジャワに行くと中国人の金持が非常に多く，シンガポール以上に収入があるという噂を聞いた。それで，1905（明治38）年の日露戦争終結頃，ジャワに行く決意をした。ジャワに行って，中国人の富豪の肖像画を描くと，思った以上の収入があったが，何か財産が得られるようなその他の何か適当な商売はないかと考え，売薬を思いついた。当時東京の商業会議所の会頭であった中野武営に持っている金を全部送って，商業会議所で適当と思う売薬を見計って送ってもらった。当時は，交通不便な時であるため，数か月後にその売薬が手許に届いた。小川利八郎は，その売薬を持って町から町，村から村へと，山越えをしたりして，相当危険を冒して薬売行商して歩いた。それもただ行商するのではなく，自分は医学も心得ているといって，医者のような顔をして診察してやり，その病気にはその薬が適薬だと，自分の売薬を売りつけた。小川利八郎は医学も少し勉強し診察が適中すると，田舎の医者のいない村々では，特に歓迎され，薬は売れるようになった。薬ばかりでなく，その他の雑貨も売ろうと考え，それまでに売り上げで得た金をまた商業会議所に送って雑貨を買ってもらい，雑貨の営業を始めた。ちょうどその当時中部ジャワのスマラン（Semarang）に博覧会が開催されたので，それを機会として小川

利八郎氏はスマランの日本人会長となり，その会長の肩書を利用して，日本に帰って，その博覧会に出品する商品の運動を行った。その博覧会に日本商品を出品して広告したのが非常に好い結果を出し，ますます日本雑貨と売薬が現地で歓迎されるようになった。日本商品の雑貨や売薬が本当に認められたのはスマランの博覧会を契機としてである。この博覧会を巧みに利用したのは当時の小川利八郎と堤林敷衛で，その当時，ジャワにおける日本雑貨の小売店としては小川利八郎か堤林敷衛かといわれ，両方張りあって競争的に事業を拡張して行った。

　小川利八郎は，小川洋行としてジャワ全島に8か所の支店を設けるほど事業を拡張していった。その後，大倉粂馬等の出資も得て，大倉，小川共同で経営するという意味から，資本金150万円の共同商事株式会社を設立し，事業を継承した。しかし，この会社の経営は思うようにうまくいかず，会社は解散し，また元の小川洋行に逆戻りした。その結果，各地の店は閉め，スマラン，ソロ，マランの3か所の店のみとなった。

　このような，この時代における日本人商人のジャワを中心とした南方進出は，日本の南方への商業的事業発展の揺籃であった。また，小川利八郎のジャワでの成功談が日本において当時有名な雑誌であった「実業之日本」に掲載され，それに刺激されて南洋ジャワを憧憬して進出する者も多かったという[13]。大正3年に出版された大森清次郎（1914）『南洋金儲百話』南洋通商協会，という面白く興味深い本がある。この本は，南洋に志のある者に南洋の事情を知らしめ，いかにすれば南洋において金を儲けられるかについての事業ノウハウを紹介した本である。このような本が，かなり話題となったことをみても，当時，南方への事業・商業進出に世間の関心が少なからずあったことがわかる。

4．第一次大戦後の南方への進出

　明治の末期から大正時代にかけて，日本は，マレー半島においてゴム栽培事業を行う企業の進出に伴い，日本人商人の進出をみた。また，フィリピンにおいては，ベンゲット道路工事就労のための進出，次いで，ダバオでのマニラ麻栽培に従事する日本人の移住に伴って，商業的発展をみることとなった。

　1914（大正3）年，第一次大戦の勃発は，日本人の南洋への進出を促進することとなり，各方面において，著しい躍進ぶりを示した。戦争勃発によって，欧州品の南洋市場への供給は途絶え，また欧米人の投資手控え，農園売却等によって，企業，

商業両部門にわたって，日本人の新しい発展をみるに至った。欧州品に代わる日本商品の販売は，これを取扱う日本の貿易商，小売商の進出となった(14)。南洋の日本人商業者の人数は，1915（大正 4）年には 3,374 人，1918（大正 7）年には 4,639 人に増加した(15)。

5．昭和期の南方への商業進出

　昭和に入って，日本の商業の南洋進出はさらに加速する。日本人商人は，マレー，ジャワ，フィリピンその他各地において，貿易業者や小売業者として活躍した。フィリピンではバザー（Bazar）の名称を，また蘭領印度ではトコ（現地語で店舗の意）の名称の日本商店が，日本商品とともに各地に現れた。日本人の南洋での商業的発展の中で，幾度となく華僑の日貨排斥が行われた。しかし，日本商品の南洋市場における需要は強く，そのボイコットの結果，かえって日本小売商の活躍を増大することになった。1933（昭和 8）年当時，南洋での日本人商業本業者の総人数は 5,948 人で，その過半数の 3,383 人が銀行，会社および小店員で，物品販売業者が 1,365 人であった。国別にみると蘭領印度が 2,450 人と最も多く，フィリピンが 2,165 人，英領マレーが 1,113 人で，その他の国が 100 人以下であった(16)。

　日本の南方への商業進出は，南方居住者を対象とした小売，国内商業者，および外国貿易に関係ある貿易商社とに大別することができる。南方の日本人の小売業者は，そのほとんどが出稼資本による個人の零細な事業者である。その中には，初めより海外において商業を営む目的で渡航した者，日本人商社の店員，社員が経験と資本を得てその地に独立した者，当初農業移民として渡航したが商業経営に変わった者，等がいる。

　日本の貿易商社は，三井物産，三菱商事などの大貿易商社の支店，出張所等のほか，専門商社，中小の商社などがある。商社の中には，現地で設立された日本人経営の商社もあった。

　また，日本系資本による倉庫業では，南洋倉庫株式会社がある。南洋倉庫は，1920（大正 9）年に創立され，石原産業の南洋活動と深い関係がある。営業所をシンガポール，バタビア，スマラン，スラバヤ，チエリボン，プロボリンゴ，マカッサルに置いていた。同時に南洋海運会社の蘭印総代理店を行っていた。南洋倉庫は，南洋海運会社の投資会社でもあった(17)。

　第二次大戦が勃発し，日本が南方アジアを占領するようになると，日本の百貨店

などの大規模な小売企業が，軍の意向などにより，現地に進出するようになる。シンガポール（日本軍占領下では昭南島とよんだ）では，大丸，松坂屋，白木屋などの百貨店が進出した。伊勢丹は，インドネシアに進出した[18]。松坂屋は，シンガポール，マレー，ジャワ，スマトラに進出し，百貨店，ホテル，製菓工場，農場などを経営した[19]。

6. 南洋協会の商業実習生制度

戦前昭和期の日本の南洋・南方進出において，南洋協会の商業実習生制度が注目される。商業実習生制度とは，南洋協会が1929（昭和4）年から始めた南洋での商業従事者を育成する制度である。応募資格は中等学校または専門学校卒業者で，長男でない者，親元または保証人に一定の資産を有することが条件となっていた。毎年全国の応募者から当初10名程度，後に30名から40名に増員され，選抜された。1933（昭和8）年の第5回実習生から前期生と後期生の年2回の派遣となり，海外高等実務学校の修了生の採用割合が増えていった[20]。実習生は，南洋に主に日系の商業企業や小売店に実習生として配属された。当初はジャワに配属されたが，第4回から他の南方諸国にも配属された。1940（昭和15）年までに，派遣総数393名，そのうち南方で開業した者は44名，実習中の者は275名，帰国者64名，死亡者10名であった[21]。

7. 蘭領印度への商業進出

蘭領東印度における日本人の商業活動の歴史はかなり古く，1619（元和5）年頃，既にバタビヤ，アンボン島に日本人街があり，かなり活躍したが，徳川幕府の鎖国令により消滅した。蘭領印度は，歴史的に，流通部門では中国人の勢力が強かった。

その後，明治の初期より大正の中期，特に日露戦争後の海外進出の機運に刺戟されて，日本人の各種商業者，栽培業者，農園労働者等が蘭印に渡航し，その発展は目覚ましいものがあった。日本人商は，第一次大戦後の天然ゴムの市場価格の下落と華僑の日貨排斥等とにより苦境に陥ったが，徐々に克服していった。徐々に日本人輸入卸売業者，小売業者の進出が増え，昭和の初期には，日本商品は蘭印輸入総額の3割以上を占めるようになった。そのため，蘭印での欧商輸入業者，華僑小売業者の地位は日本人商に脅かされることになり，その防止策として従来の無差別関税

政策としての機会均等主義を放棄し，オランダ本国産業保護のため各種の輸入制限あるいは割当制を実施するとともに，1933（昭和8）年には入国令を改正し，1935（昭和10）年には非常時外国人勤労条例が出された[22]。日本人商業者のプレゼンスに対する警戒が生じたのである。

蘭領印度では，1937（昭和12）年当時，商業を営む日本人は約2,300人（家族店員を含む）で，その内小売商は1,000人程度であった[23]。貿易商が80人程度，綿糸布，絹布，セメント，陶磁器，硝子製品，電気機械，自転車，食料品，雑貨，薬品等の物品販売業者が645人程度であった。その分布状況はジャワが最も多く，総数の67.5%を占め，バタビヤ，バンドン，スマラン，スラカルタ，スラバヤ，ルマジャン，バニュワンギ，ケディリが中心地となっていた。第2位はスマトラで23.2%を占め，メダン，タンジョンバレー等が中心地で，その他セレベス島マカッサ，ボルネオ島ポンテアナにも多く，その分布地域は全蘭領印度にわたっていた。

日本人商業者の主なるものを挙げると，スラバヤ，バタビヤの三井物産，三菱商事を始めとして千田商会，大同貿易，東洋棉花，日本棉花，江商，守谷商会，大信洋行，メダンの杉本商店等がある。物品販売業にはスラバヤの松永洋行，シトアルジョの田中物産仲買店，ラワンの太陽商会，バンドンの佐藤商会，桜洋行，ケディリの山口商店，ブルオケルトの常盤商店，バレンバンの清栄商会等があった。スラバヤには千代田百貨店（トコ千代田）があった[24]。そのほかに，金融では，横浜正金銀行，台湾銀行，華南銀行，三井銀行等が支店をおいていた[25]。

8．英領マレーへの商業進出

1606（慶長8）年頃，当時ポルトガルの植民地であったマラッカに日本人町を建て交易に従事したが，徳川幕府の鎖国令によって日本人町は消滅し交易は途絶えた。その後，明治初期より大正中期にかけて日本人の渡航が相次ぎ，商業や栽培業に進出した。その後，大正末から第一次大戦後の不況と華僑の日貨排斥等によって日本人商は苦境に陥ったが，昭和に入ると日本の輸出貿易の進展に伴い，回復してきた。

1936（昭和11）年当時英領マレーには1,249人の日本人商業者がおり，シンガポールが最も多く，その他ペナン，ジョホール州等に分布していた[26]。このように，英領マレーでは，戦前昭和期，日本人の小売商はほとんどシンガポールに集中し，マレー半島には多少散在していた。マレーでは，中国人の流通での勢力は強く，インド人も次に強かった。この時期，英領マレー全体で，日本人経営の小売商は120

軒程度であった。小売商の取扱品は，雑貨，織物製品，呉服，硝子製品，陶磁器，薬品，食料品，自転車，医療器具等があった[27]。その主なるものとして，貿易商には三井物産と三菱商事のシンガポール支店を始め，野村商店，千田商会，加商，土母他公司，弘栄商会等があった。物品販売業には，南洋商行，日本売薬，越後屋呉服店，伊勢屋，桜商会，南洋印刷所，都電気商会，弘栄薬房，日本薬房，ロビン商会等があった[28]。そのほかに，ホテル，写真，金融などがあった。金融では，横浜正金銀行，台湾銀行，華南銀行が支店をおいていた[29]。

9．フィリピンへの商業進出

　フィリピンでの日本人商業の歴史を遡ると，1557年頃，既にマニラに日本本土から逃げたキリスト教徒などが集まり日本人町を作っていた。その数が当初は，500人ほどであったが，1606年頃になると1,500人程度に達していた。その後，徳川幕府の鎖国令によって南洋日本人町は消滅した[30]。
　1900（明治33）年初めて数名がフィリピンへ渡航してから日本人の渡航が相次ぎ，1903（明治36）年頃にはベンゲット道路工事のため多数の日本人が渡航した。ベンゲット移民は，工事が終わると，かなりの人がフィリピンに残り，麻栽培などに従事したが，ほかは現地で小規模な商業を始めた。その後，ダバオの麻栽培農業移民とともに商業移民の渡航が相次ぎ，外国貿易および小売商で活躍した。フィリピンでは，統治国アメリカの中国人排訴法により中国人の入国を原則禁止したため，ほかの南洋諸国に比較すると商業における華僑の力は弱かったので，日本人商人には多少有利な環境にあった[31]。
　1936（昭和11）年当時，フィリピンには2,349人の日本人商業者が在留し，貿易商，陶磁器，雑貨，食料品等の物品販売業等に従事し，マニラ，イロイロ，セブー，ダバオ，ザンボアンガ等の各地に散在していた[32]。特に，マニラは，日本人の商業者の中心地で，商社，卸売商，小売商があった。日本の商社には，大商社の支店の外に，フィリピンに本店を有する貿易商社も数社あった。小売商の取扱品は，日本製の綿布類，雑貨が中心であった[33]。主要な日本人貿易商として，マニラには三井物産，三菱商事の支店を始めとして岸本商店，大阪貿易，大同貿易支店，金貨メリヤス，紳戸バザー，森自転車店，ダバオには三井物産ダバオ出張所，太田興業，エス・ナカジマ等があった。物品販売業として，マニラには高橋商店，日本バザー，アイデアル・バザー，イロイロ州には東京バザー，村上商店，セブーには大正バザ

一，ザンボアンガには旭バザー，ダバオには大阪バザー支店，飯崎，松尾，山路商店等があった[34]。そのほかに，金融では，横浜正金銀行が支店をおいていた[35]。

10. タイへの商業進出

17世紀初頭，日本人はタイのアユタヤ，パクヒ等に移住し，相当の活躍を示し，山田長政のような人物を輩出した。その後徳川幕府の鎖国令によってタイでの日本人は途絶えた。

タイでは，他の南洋諸国と比較すると日本人の商業事業者は少なかった。タイは，中国人（いわゆる華僑）が既に15世紀末頃には強力な商権を獲得し，戦前期においても中国人が強固な勢力を持ち，タイ国内の商業の多くを支配し，外国貿易の大部分を取り扱った。日本の商業進出については，第一次大戦を契機とする日本品の進出に追従して，日本の商社の支店や出張所が，バンコクを中心として開設された。1937（昭和12）年当時，タイでの日本人営業の商業は卸売商46軒，小売商146軒あった[36]。主なる日本の商業事業者としては，貿易商に三井物産，山口洋行，江畑洋行，伊藤洋行等があり，物品販売業には日出薬房等があった[37]。

11. 仏領印度支那への商業進出

仏領印度支那（現在のベトナム，ラオス，カンボジア）は，日本人活躍の歴史が古く，現在のダナンの近郊のホイアンには17世紀前後の時期に南洋の日本人町があった。これも，徳川幕府の鎖国令によって消滅した。仏領印度支那は，統治国のフランスが外資の流入をかなり制限してということもあり，日本の商業事業者は極めて少なかった。商権の大部分は中国人の華僑によって占められていた。

戦前昭和期，日本の商社の支店や主張所がハノイやサイゴンなどにあったが，日本人経営の小売商は少数であった。これは，高率な輸入税，流通における華僑の強さ等によるものである[38]。1936（昭和11）年当時，仏領印度支那における日本人商業者は76人で，そのうち物品販売業が41人である。主なる日本人商業事業は，貿易商に三井物産，水谷商店，下村洋行，菊池漆行等があり，物品販売業には斉藤商店，長嶋洋行，山田商店，森瀬商店，中一洋行等があった[39]。金融では，横浜正金銀行のサイゴン支店があったが，昭和6年に閉鎖された[40]。

第2節　戦前期の南方への貿易

　戦前期の南洋・南方・東南アジアにおける日本との貿易についてみてみよう。その貿易は，基本的には，ゴム，砂糖，コプラ等の農産物や錫，鉄鉱石，原油等の鉱産物を日本に輸出し，一方織物，食料品，雑貨等の生活必需品や原料開発に必要な器械類その他工業製品を日本から輸入するという形であった。

　日本からみた場合，南洋・南方は，日本の各種工業に必要な原料供給地であり，また，日本の工業製品の販売地となっている。すなわち，日本は，南洋・南方から生ゴム，麻，木材等の工業用原料，砂糖，コプラ等の農産物，鉄鉱石，錫，原油，石炭等の鉱物・油等を主に輸入し，南洋・南方へ綿織物，絹織物，メリヤス，綿糸等の繊維品や硝子，陶磁器，鉄製品，玩具等の雑貨を輸出していた。

　日本と南洋・南方との貿易は，第一次大戦中頃から急速に発展した。それ以前は，メリヤス，絹織物が主要輸出品で，砂糖，米，麻，石油，錫等の輸入が多く，日本からみると南洋貿易は著しい輸入超過を続けていた。しかし，第一次大戦中，欧州と南洋との取引が途絶した機会に，日本商品は躍進的に進出し，第一次大戦後にはその貿易額は戦前の数倍に膨脹し，一躍輸出超過に転じた。1931（昭和6）年，日本が金輸出再禁止を行ってからは，円価の下落という円安もあり，日本の輸出品は南洋・南方を席巻し，1933（昭和8）年頃は，蘭印では欧米品をほとんど駆逐する状況となった。

　このように急速に発展した日本と南洋・南方との貿易は，1937（昭和12）年に空前の記録を作って，日本からの輸出は3億8,675万円，南洋からの輸入は3億7,360万円，合計7億6,000万円程度で約1,400万円の輸出超過となった[41]。しかし，支那事変が勃発し，国際情勢が変化するに従い，自由であった南洋貿易は次第にブロック的な貿易に一変し，日本商品は漸次進出の余地を狭められるとともに日本が最も必要とした重要物資である石油，錫，鉄鉱石，ゴム等の入手は極めて困難となった。特に第二次世界大戦が起こってからは，英・米勢力下にある南洋各地の貿易管理は強化され，日本の南洋貿易を著しく阻害するようになった。

1. 日本と蘭領印度との貿易

　蘭領印度は，貿易政策において，オランダ本国と他の諸国との間で，基本的には関税率に関して平等に取り扱い，オランダ本国に対して特恵関係を有しないという機会均等主義の政策をとった。これは蘭領印度の主要輸出品である砂糖やゴムなどをオランダ本国市場のみで吸収できないこと，またオランダ本国の製造工業が蘭領印度の需要に応じきれないこと，などのためである。このために，蘭領印度は，国内産業の保護，オランダ本国の優位確保，対外貿易の調整等の目的を，関税によるのではなく輸入制限によって達成するという政策を採った[42]。日本との関係では，戦前昭和期において，蘭領印度は最も重要な貿易相手国であった。

　図表4-2は，1939（昭和14）年における蘭領印度の主要相手国貿易額の図である。図表4-3は，1939（昭和14）年における蘭領印度の対日貿易額による品種別割合をみたものである。蘭領印度が輸出する主なものは，農産物ではゴムを筆頭に砂糖，茶，コプラ，煙草，キナ等で，鉱産物では石油を第一とし次いで錫等である。輸入品は綿織物などの繊維品を最大とし，食料品，機械器具，金属製品，化学製品等が主なものである。蘭領印度の日本よりの輸入は，綿織物が第1位，綿糸，人絹等の繊維工業品，自転車等の金属工業品がこれに次ぎ，他は陶磁器，硝子，セメント等であり，輸出はゴム，石油，木材，錫，キナ等であった。貿易額は日本からの

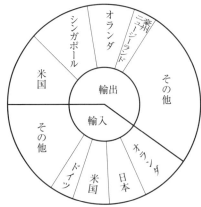

図表4-2　蘭印の主要相手国貿易額の図
　　　　（昭和14年）

（出所）　台湾南方協会（1941）『南方読本』
　　　　186頁。

図表4-3　蘭印の対日貿易額品種別の図
　　　　（昭和14年）

（出所）　台湾南方協会（1941）『南方読本』
　　　　188-189頁。

輸入は 1 億 3,780 万円，日本への輸出は 7,163 万円，約 6,600 万円の輸入超過であった。蘭領印度からの輸出の中での日本の割合は 3.3％，その輸入の中での日本の割合は 18.9％であった。

　日本が蘭領印度の貿易に確固たる地位を占めたのは，第一次大戦からで，その直前において，日本は，蘭印輸入貿易の中でわずか 1.3％を占めるにすぎなかったが，第一次大戦中 10％に躍進し，1931（昭和 6）年からは日本の綿織物の進出が著しく，遂に 17％を占めてオランダに代り第 1 位となった。その後，日本の輸出超過が続き，1933（昭和 8）年では，日本から蘭印への輸出が輸入より 1 億円も多いという片貿易で，その後，5，6 千万円の出超尻を続けていた。

　このためオランダ本国からの輸出は大打撃を蒙ったので，蘭領印度当局は日本よりの輸入割当制を実施し，さらに日本人の営業や入国を制限する等，いろいろな方法をとって日本品の進出を抑圧するようになった。

　ところが蘭領印度の貿易は第二次大戦の勃発によって大打撃を受け，貿易上の一大転換を余儀なくされた。この変化は 1940（昭和 15）年に入ってから次第に顕著となり，蘭領印度はオランダ本国はじめ欧州向輸出が激減し，これに代わってアメリカ，シンガポール，豪州，インド等への輸出が増大した。また蘭領印度は輸入においても，ドイツのオランダ侵入以後はオランダからの輸入は杜絶し，アメリカの鉄鋼，機械類と日本の綿製品の輸入が著しくなった。

　蘭領印度は，アメリカとの輸出入貿易の割合が 1939（昭和 14）年から高まり，1940（昭和 15）年に入ってからはゴム，錫の輸出が特に増大し，またアメリカからの輸入も激増した[43]。蘭領印度とアメリカは貿易上の相互依存関係を次第に深めた。1941（昭和 16）年，蘭領印度政府は英米に追従して日本と蘭領印度間の為替取引交換を停止，および日本・満州・支那・仏印への輸出と日本よりの輸入を許可制とし，日本との貿易関係を制限した。

2．日本と英領マレーとの貿易

　戦前期において，世界有数の中継貿易港シンガポールを擁する英領マレーと日本との貿易関係は，第一次大戦を契機として急速に進展した。綿織物を主とする日本商品の進出があまりに急激であったため，イギリスは自国製品が駆逐されることを恐れ，1934（昭和 9）年 7 月日本製の織物類に対し輸入割当を実施した。

　この結果，日本商品は全面的に大打撃を受けた。支那事変の発生に伴って起こっ

図表 4-4　英領マレーの主要相手国別貿易の図（昭和 14 年）

（出所）　台湾南方協会（1941）『南方読本』194 頁。

た華僑の日貨排斥は南洋華僑の中心地だけに猛烈を極め，イギリスの対日圧迫とともに日本のマレーとの貿易に二重の打撃を与えた。

　図表 4-4 は，1939（昭和 14）年における英領マレーの主要相手国貿易額の図である。マレーは，輸出では米国，英国，日本の順で，輸入では蘭印，タイ，英国の順である。輸出では圧倒的に米国が多く次に英国，日本が続き，輸入では蘭印が最も多く次にタイ，英国が続いた。

　日本は，戦前昭和期において，近代工業と軍需に不可欠のゴム，錫をはじめ鉄鋼石，燐鉱石，石油等をかなり多量にマレーから輸入し，日本はマレー貿易で莫大な輸入超過であった。マレーでは，当時石原産業等の日系企業が天然資源開発を行い，それを日本に輸出していたためであろう。1939（昭和 14）年，英領マレーが日本から輸入した商品は，綿糸および綿製品，人絹類などの繊維品が全体の半分近くを占め，石炭がこれに次ぎ，ほかは雑貨類であった。同年のマレーからみる貿易額は，日本からの輸入 2,243 万円，日本への輸出 1 億 1,584 万円で，9,340 万円の輸出超過であった[44]。

3．日本とフィリピンとの貿易

　フィリピンは元来農業国であり，その輸出品は，砂糖を始め，コプラ，麻，ヤシ油，葉煙草，漁業品，木材等の農水産物や木材が中心である。

図表 4-5 は，1939（昭和 14）年におけるフィリピンの主要相手国貿易額の図であり，図表 4-6 は，フィリピンの対日貿易額品種別の図である。戦前昭和期の 1939（昭和 14）年において，フィリピンの貿易に占めるアメリカの地位は圧倒的で，輸出では 8 割程度，輸入においては 7 割程度を占めていた。つまり，フィリピンはアメリカへの農産物供給国であるとともに，アメリカ製品の市場ともなっていた。

　日本は，この時期，輸出入とも第 2 位にあるが，アメリカの 1 割に過ぎない。アメリカが貿易の多くを占めているのは，属領という政治的関係から自由貿易制を採り，フィリピンの対米輸出には関税をかけないようにしていたためである。

　日本とフィリピンの貿易は，他の南洋・南方諸国と同様に，第一次大戦以後に急速に発展した。しかし 1937（昭和 12）年の支那事変の勃発により華僑の日貨排斥に遭い，日本からの輸出は激減し，著しく入超を示すに至った。フィリピンは，日本からの主な輸入品は綿糸布，綿織物，絹，人絹織物が過半を占め，その他がガラス，陶磁器，紙等で，輸出品はマニラ麻，木材を主とし，その他が鉄鋼および金属，葉煙草，革等である。1939（昭和 14）年における貿易額は，日本からの輸入 2,474 万円，日本への輸出 4,912 万円，2,438 万円の輸出超過であった。しかし，1941（昭和 16）年になるとアメリカは対日経済圧迫のために，フィリピンの重要輸出品についてアメリカ領以外への輸出をほとんど禁止した[45]。

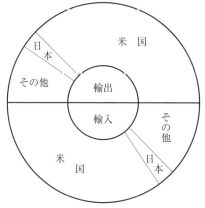

図表 4-5　フィリピンの主要相手国別貿易額の図（昭和 14 年）

（出所）　台湾南方協会（1941）『南方読本』195 頁。

図表 4-6　フィリピンの対日貿易額品種別の図（昭和 14 年）

（出所）　台湾南方協会（1941）『南方読本』195 頁。

4. 日本と仏領印度支那との貿易

　仏領印度支那はその貿易において極端なフランス本国偏重の政策を採った。仏領印度支那は，関税制度上準本国としての取扱を受け，フランス本国との貿易においては相互的に無関税で，外国よりの輸入に対しては最高最低の複数税制度を採用しており，そのためフランス本国との貿易は極めて密接であったが，他の国に対しては貿易障壁を設けていた(46)。

　図表 4-7 は，1939（昭和 14）年における仏領印度支那の主要相手国貿易額の図と，仏領印度支那の対日貿易額品種別の図である。輸出入ともにフランスが圧倒的に優勢で，輸出の 3 割以上，輸入の 7 割近くを占めていた。1939（昭和 14）年の仏領印度支那の輸出は，米が全体の約 40％で，その首位を占め，これに次ぐものはトウモロコシ，ゴム，石炭，魚類，錫等であり，輸入は綿織物が第 1 で麻袋，金属製品，機械，鋼油等がこれに次ぐ。貿易は第 1 位のフランスを除くと，主な輸出先はアメリカ，シンガポール，香港，英印，日本，輸入先は香港，印度，蘭印，日本の順位で，イギリス，アメリカとの取引がかなり密接であった。

　日本の仏領印度支那との貿易は，初めから仏印政府当局の排他的な本国偏重の貿易政策によって，日本商品は不利な待遇を受けていた。1932（昭和 7）年に成立した通商協定によって一時緩和されたが，これも永続せず 1934（昭和 9）年の関税改

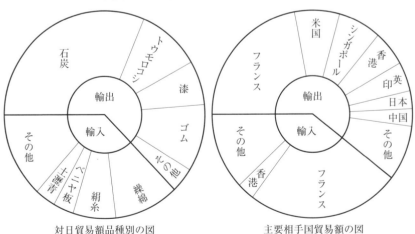

図表 4-7　仏領印度支那の貿易（昭和 14 年）

対日貿易額品種別の図　　　　　　主要相手国貿易額の図

（注）　土瀝青はアスファルトのこと。
（出所）　台湾南方協会（1941）『南方読本』191 頁。

正においてさらに一層苛酷な圧迫を加えられた。日本と仏領印度支那との貿易関係は，明治以来，他の南洋・南方諸国に比較して低調であった。

1939（昭和14）年，仏領印度支那が日本から輸入した主要品目は，第1位は繰綿，以下，絹糸，ベニヤ板，陶磁器およびガラス，アスファルト・ピッチ（土瀝青），絹および人絹織物，ジャガいも等がこれに次いだ。輸出品の主なものは，第1位は石炭，以下，ゴム，トウモロコシ等であった。日本との貿易額は，日本からの輸入1,980万円，日本への輸出2,665万円で，685万円の輸出超過であった[47]。

1940（昭和15）年9月に日本は仏領印度支那に軍が進駐し，1941（昭和16）年1月に日本と仏領印度支那との貿易関係を調整するために日仏印東京会談が開始され，同年5月に日・仏印経済協定が成立し，相互に貿易商品に対して最低税率を課すか免税とし，また，従来アメリカドルで貿易決済をしていたのを，直接に円とピアストル（仏印の貨幣単位で1ピアストルは約1円）で決済をし，決算尻が500万円を超える毎に外貨で超過金額を支払うということになった。また，仏印当局は仏印輸入組合を設け，種々の条件を付して日本商社の組合加入を妨げようと試みていたが，この協定によって緩和された。すなわち，日本で南洋貿易会を設けて対仏印重要輸入品に付き代行商社制を採用し，また，現地では日本商社が仏印輸入組合に加盟するとともに，日本人輸入同業会を組織した。これにより，仏印から日本へのゴム，米，石炭等の輸出が増加した[48]。

5. 日本とタイとの貿易

タイは，南洋・南方アジアの中で，唯一植民地化されなかった独立国家であった。その理由は，タイは長い歴史を持つ王政を採る国家であったこと，イギリスやフランスなどの欧米列強がその植民地をめぐる政治的対立を避けるためタイを緩衝地にしようと意図したことなどである。すなわち，1896（明治29）年の英仏宣言および1904（明治37）年の英仏協定によりタイにおける英仏の政治上の地位を確立するとともに，タイの独立が保護されるにいたった。タイは，伝統的にコメを中心とする農業国家である。そのため，タイは，基本的に農産物を輸出し，完成品などを輸入する構造となっていた。

日本とタイとは貿易において，古くから関係を持っていた。しかし，戦前期において，必ずしも日本とタイとの貿易は活発ではなかった。それは，タイの貿易が米に依存しているため米産の消長に左右されていたこと，国内開発が主としてイギリ

図表 4-8　タイの主要相手国別貿易額の図
　　　　　（昭和 14 年）

図表 4-9　タイの対日貿易額品種別の図
　　　　　（昭和 14 年）

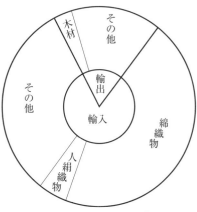

（出所）　台湾南方協会（1941）『南方読本』
　　　　　193 頁。

（出所）　台湾南方協会（1941）『南方読本』
　　　　　193 頁。

ス資本によってなされ，貿易もその圧迫を受けていたこと，華僑が商業の実権を握り支那事変以来日貨排斥を行っていたこと等のためである。

　図表 4-8 は，1939（昭和 14）年におけるタイの主要相手国貿易額の図であり，図表 4-9 は，タイの対日貿易額品種別の図である。タイの貿易品は，米が輸出の最も多く，1939（昭和 14）年においては全体の約 5 割を占め，これに次ぎ重要なものは錫，ゴム，チーク材，水産等であり，輸入では綿織物が第 1 位，次いで食料品，金属製品，麻袋，灯油，石油等である。日本よりの輸入は，綿糸，綿布，綿織物と人絹織物の繊維品が過半を占め，そのほか紙，鉄製品（ブリキ板），陶磁器およびガラス等が主なもので，日本への主要輸出品は米で，これに次ぐものはチーク材，皮革等である。1939（昭和 14）年の輸入は 2,600 万円，日本への輸出は 550 万円で，1,050 万円の輸入超過であった[49]。

おわりに：戦前日本の南洋への商業的進出と貿易

　戦前昭和期における日本の東南アジア・南洋・南方への商業的進出と貿易に関して，重要な点を考察しておこう。

　第 1 は，日本の南洋・南方への商業的進出のさきがけが，行商であったことである。行商でも，薬の行商である薬売行商であったことは興味深い。日本では，富山の薬売行商が有名であるが，言葉も通じず，気候が暑く，医療の進んでいない南洋・

南方アジアで，薬を行商で売るという発想は，非常に面白い発想であった。日本の薬売行商は，当時，中国，朝鮮の地などでも日本人の薬売行商が進出していたようなので，薬売行商の国際性がうかがえる。

　第2は，大正から昭和初期にかけて南洋ブームという，日本人の南洋進出熱の高揚期であったことである。日本人は，当時，一獲千金を狙って，個人，富豪，企業，財閥などが，盛んに移住・殖民，海外投資，海外企業設立，海外事業などを行い南方に進出した。特に，商業の分野の進出地は，シンガポール，マレー，蘭印，フィリピンなどが中心であった。また，南洋・南方に在住していた日本人の南方投資もあった。日本の南方への投資は，その他，ゴム，マニラ麻などの栽培事業への投資も多かった。その意味で，当時，南方への投資，事業進出という日本の国際経営活動が活発であった。

　第3は，昭和初期にもかなりの日本人が，南洋・南方に移住し，南洋移民として活発な活動を行っていたことである。大手や中小の貿易商社，日本人相手の小売店，卸売店，旅館や娯楽といったサービス業，ゴム園，マニラ麻園，各種栽培園，水産，工業，鉱業，林業，などに従事するかなりの数の日本人が南方に滞在していたのである。特に，シンガポール，マレー，蘭印，フィリピンでは，日本企業の進出につれて，日本人の移民・殖民・移住が増加したのである。

　第4は，欧米の植民地政策により，日本の南方進出が多く左右されたことである。仏領印度に日本企業の進出が極めて少なかったのは，統治国フランスの植民政策によるところが大きい。すなわち，仏領印度支那はその貿易において極端なフランス本国偏重の政策をとり，他の国に対しては閉鎖的であった。仏領印度支那は，関税制度上準本国としての取扱を受け，フランス本国との貿易においては相互的に無関税で，外国よりの輸入に対しては最高最低の複数税制度を採用しており，そのためフランス本国等の貿易は極めて密接であったが，他の国に対しては貿易障壁を設けていた。また，外国の仏領印度支那への投資についても，かなりの制限を設けていた。そのために，日本は，仏領印度支那への企業進出や，貿易は難しい状況であった。これに対して，蘭領印度は，貿易政策において，オランダ本国と他の諸国との間で，基本的には関税率に関して平等に取り扱い，オランダ本国に対して特恵関係を有しないという機会均等主義の政策を採った。このために，蘭領印度は，海外からの貿易や投資についても寛容であった。蘭印では，ゴム栽培などの事業の育成の為に，外国企業においても補助金を与える制度もあり，日本企業でもこの制度を受けられた企業もあった。また，マレーやシンガポールを統治したイギリス，および

フィリピンを統治したアメリカも，本国以外の国の貿易や投資に関して比較的寛容であった。しかし，日本が第二次大戦に進むような動きにつれて，イギリス，アメリカなどの諸国は，南方・南洋での日本の貿易・投資に関して次第に厳しくなってきた。

本章で明らかにしてきたように，戦前期において，日本は植民地でない南方・南洋・東南アジアの地において，活発な商業経営を行っていたのである。

注

(1) 入江寅次（1942）『外南洋邦人の現勢と其の歴史的背景』南洋資料第98号，南洋経済研究所，1頁。
(2) 入江寅次（1942）『外南洋邦人の現勢と其の歴史的背景』南洋資料第98号，南洋経済研究所，4頁。
(3) 入江寅次（1942）『外南洋邦人の現勢と其の歴史的背景』南洋資料第98号，南洋経済研究所，4頁。
(4) 台湾総統府調査課（1935）『台湾と南支南洋』台湾総統府調査課，106-107頁。
(5) 南方年鑑刊行会（1943）『南方年鑑　昭和18年版』東邦社，304頁。
(6) ジャガタラ友の会（1943）『ジャガタラ閑話―蘭印時代邦人の足跡』ジャガタラ友の会，93頁。
(7) 南洋団体聯合会（1942）『大南洋年鑑』南洋団体聯合会，339頁，および三省堂編（1944）『南方文化講座　日本南方発展史篇』三省堂，336-339頁。
(8) 入江寅次（1942）『邦人海外発展史』井田書店，138-139頁，および大森清次郎（1914）『南洋金儲百話』南洋通商協会，55頁。
(9) 江川薫（1913）『南洋を目的に』南北社，106-107頁。
(10) 多田恵一（1929）『南洋西ボルネオ』弘文堂書店，178-182頁，および南方年鑑刊行会（1942）『南方年鑑　昭和18年版』東邦社，304頁。
(11) 南方年鑑刊行会（1942）『南方年鑑　昭和18年版』東邦社，298頁。
(12) 南方の行商人，小川利八郎については，南洋経済研究所（1942）『日本売薬南方進出繁盛記』南洋資料第115，南洋経済研究所，において当時の貴重な証言がある。同書は，台湾銀行ジャヴァ（ジャワ）支店長として活躍した根本英次が，南洋の薬売行商について述べたものをまとめたもので，同書2-4頁に以下のような興味深い記述がある。

「ジャヴァに行って，支那人の富豪あたりの肖像書を描くと，思ったより収入があったので，そこで金は出来たが，唯金を貯めて居っただけぢゃ面白くない。何か適当な商売はないかと考へ出した。是は要するに，今迄は書家として立たうと思ったのが，金を取ると云ふ趣味を覚えたので，先づ財産を作って成功しようと云ふ風な気分になつたのぢゃないかと思ひます。そこで，商売には何が良いかと云ふことを色々考へた挙句，売薬がよいだらうと云ふので，当時東京の商業会議所の会頭であつた中野武営と云ふ人の許に，自分の持つて居る金を全部送って，商業会議所で適当と思ふ売薬を見計つて送つて貰った訳です。当時は交通不便な時でありましたから，何ヶ月か掛つてやつと其の売薬が手許に入つたので，それを持つて町から町，村から村へと，山越えをしたり何かして，相当危険を冒して行商して歩いたのであります。それも唯行商ばかりするのでなく，自分は医術も心得て居ると云つて，村長あたりの家に行くと，此の村には病人は無いか，若しあつたら俺が只で診察してやると，医者のやうな顔をして診察してやり，此の病気には此の薬が適薬だと，自分の売薬を売付けた訳であります。併しそうなつて来ると多少医術も心得て居なければ工合が悪いといふので，医学の本も読むといふことになり，自然いろいろ研究して，或る程度迄診察が適中するやうになつて来たので，田舎の医者の無い村々では，早く日本の医者が来さうなものだと待つて居るといふ位に歓迎され，従つて薬は売れるやうになつた。併し薬ばかりでなく，まだいろいろ入れる品物があるだらうといふので，それ迄に売上げて得た金を又商業会議所に送つて雑貨を買つて貰い，雑貨の営業を始めた訳です。丁度その当時スマランに博覧会が開催されたので，それを機会として小川利八郎氏はスマランの日本人会長となり，その会長の肩書を利用して，日本に帰って，その博覧会に出品する商品の運動をやつたのです。ところがその博覧会に日本商品を出品して盛に広告した

のが非常に好い結果を来して，益々日本雑貨と売薬といふものが歓迎されるやうになつたのです。日本商品たる雑貨や売薬が本当に認められたのはスマランの博覧会を契機としてぢやないかと思ひます。この博覧会を巧く利用したのは当時の小川利八郎氏と堤林数衛氏で，その当時，ジャヴァに於ける日本雑貨の小売店としては堤林か小川かと言われ，両方張り合つて競争的に事業を拡張して行つたのであります。

　小川利八郎氏はジャヴァ全島に八ケ所の支店を設ける位事業を拡張して行き，小川氏の店が一番盛大になつた当時，石井金吾といふ政友会の代議士が南洋に視察にやつて来，小川氏の盛んにやつて居るのを見て，これはも少し組織立つた方法に依り，資本家を入れて拡張したらどうかという話があつた。それから小川を誘つて内地に帰り，盛んに新聞や雑誌に小川君の成功談を書き立て，大倉粂馬氏を説きつけて出資させ，これを会社組織に変更して，経営したらどうかといふ問題が起った。大倉氏もこれに同意して，小川氏は現在の店舗と商品を提供し，大倉氏は現金の資を金供給するといふことで，大倉，小川共同で経営するといふ意味から，資本金百五十万円の協同商事株式会社といふものを拵へたのであります。これは一面非常に成功したやうに世間から見られ，小川君自身としても大成功の積りで，自分は専務取締役としてジャヴァに帰って来たのであります。」

(13)　ジャガタラ友の会（1943）『ジャガタラ閑話―蘭印時代邦人の足跡』ジャガタラ友の会，25頁。
(14)　南方年鑑刊行会（1943）『南方年鑑　昭和18年版』東邦社，305頁。
(15)　台湾総統府調査課（1935）『台湾と南支南洋』台湾総統府調査課，107-108頁。
(16)　台湾総統府調査課（1935）『台湾と南支南洋』台湾総統府調査課，110-111頁。
(17)　樋口弘（1941）『南洋に於ける日本の投資と貿易』味燈書屋，54-55頁。
(18)　清水洋（2004）『シンガポールの経済発展と日本』シモンズ，150頁。
(19)　清水洋（2004）『シンガポールの経済発展と日本』シモンズ 167-168頁。
(20)　南洋協会（1938）『南洋実習生名簿』南洋協会。
(21)　ジャガタラ友の会（1943）『ジャガタラ閑話―蘭印時代邦人の足跡』ジャガタラ友の会，173頁。
(22)　拓務省（1937）『昭和11年度　拓務要覧』拓務省，627-629頁。
(23)　南洋協会（1941）『大南洋圏』南洋協会，347頁。
(24)　拓務省（1937）『昭和11年度　拓務要覧』拓務省，628-629頁。千代田百貨店（トコ千代田）については，創業者の著書である岡田繁蔵（1942）『南洋の生活記録』錦城出版社，がある。
(25)　台湾総統府調査課（1935）『台湾と南支南洋』台湾総統府調査課，120頁。
(26)　拓務省（1937）『昭和11年度　拓務要覧』拓務省，630頁。
(27)　南洋協会（1841）『大南洋圏』南洋協会，351-352頁。
(28)　拓務省（1937）『昭和11年度　拓務要覧』拓務省，630頁。
(29)　台湾総統府調査課（1935）『台湾と南支南洋』台湾総統府調査課，120頁。
(30)　拓務省（1937）『昭和11年度　拓務要覧』拓務省，629頁。
(31)　台湾総統府調査課（1935）『台湾と南支南洋』台湾総統府調査課，115頁。
(32)　拓務省（1937）『昭和11年度　拓務要覧』拓務省，629頁。
(33)　南洋協会（1841）『大南洋圏』南洋協会，353-354頁。
(34)　拓務省（1937）『昭和11年度　拓務要覧』拓務省，629-630頁。
(35)　台湾総統府調査課（1935）『台湾と南支南洋』台湾総統府調査課，116頁。
(36)　南洋協会（1941）『大南洋圏』南洋協会，361-362頁。
(37)　拓務省（1937）『昭和11年度　拓務要覧』拓務省，631頁。
(38)　台湾総統府調査課（1935）『台湾と南支南洋』台湾総統府調査課，118-119頁。
(39)　拓務省（1937）『昭和11年度　拓務要覧』拓務省，631頁。
(40)　台湾総統府調査課（1935）『台湾と南支南洋』台湾総統府調査課，118頁。
(41)　台湾南方協会（1941）『南方読本』三省堂，185頁。
(42)　三菱経済研究所（1935）『日本の産業と貿易の発展』三菱経済研究所，627頁。
(43)　三菱経済研究所（1937）『太平洋に於ける国際経済関係』三菱経済研究所，373頁。
(44)　台湾南方協会（1941）『南方読本』三省堂，195頁。
(45)　台湾南方協会（1941）『南方読本』三省堂，196頁。
(46)　三菱経済研究所（1937）『太平洋に於ける国際経済関係』三菱経済研究所，415頁。
(47)　台湾南方協会（1941）『南方読本』三省堂，192頁。
(48)　日本貿易報国聯盟（1942）『大東亜産業貿易年報第一輯』商工行政社，118-119頁。

(49) 台湾南方協会（1941）『南方読本』三省堂，193 頁。

〈参考文献〉

江川薫（1913）『南洋を目的に』南北社。
樋口弘（1941）『南洋に於ける日本の投資と貿易』味燈書屋。
樋口弘（1942）『南方に於ける資本関係』味燈書屋。
長谷川新一郎（1922）『最新海外渡航案内』海外殖民通信社。
井岡伊佐治（1950）『井岡伊佐治自伝』南方社。
入江寅次（1942, a）『外南洋邦人の現勢と其の歴史的背景』南洋資料第 98 号，南洋経済研究所。
入江寅次（1942, b）『邦人海外発展史』井田書店。
入江寅次（1943）『明治南進史稿』井田書店。
伊藤長夫（1941）『南進日本商人』伊藤書店。
石田重忠（1941）『蘭印を解剖する』学術社。
ジャガタラ友の会（1943）『ジャガタラ閑話―蘭印時代邦人の足跡』ジャガタラ友の会。
室伏高信（1936）『南進論』日本評論社。
宮下琢磨（1929）『邦人活躍の南洋』岡田日栄堂。
南洋経済研究所（1942）『日本売薬南方進出繁盛記』南洋資料第 115 号，南洋経済研究所。
南洋団体聯合会（1942）『大南洋年鑑』南洋団体聯合会。
南洋協会（1938）『南洋実習生名簿』南洋協会。
南洋協会（1941）『大南洋圏』南洋協会。
南方年鑑刊行会（1943）『南方年鑑　昭和 18 年版』東邦社。
森克己（1959）『人身売買―海外出稼ぎ女』至文社。
森崎和江（1976）『からゆきさん』朝日新聞社。
松井清（1961）『近代日本貿易史』有斐閣。
三菱経済研究所（1933）『東洋及南洋諸国の国際貿易と日本の地位』三菱経済研究所。
三菱経済研究所（1935）『日本の産業と貿易の発展』三菱経済研究所。
三菱経済研究所（1937）『太平洋に於ける国際経済関係』三菱経済研究所。
松本忠雄（1940）『蘭印と日本』ダイヤモンド社。
日本貿易報国聯盟（1942）『大東亜産業貿易年報第一輯』商工行政社。
大形太郎（1942）『南洋華僑と経済』聖紀書房。
岡田繁蔵（1942）『南洋の生活記録』錦城出版社。
大森清次郎（1914）『南洋金儲百話』南洋通商協会。
清水洋・平川均（1998）『からゆきさんと海外進出』コモンズ。
清水洋（2004）『シンガポールの経済発展と日本』シモンズ。
三省堂編（1944）『南方文化講座　日本南方発展史篇』三省堂。
シンガポール日本人会（1978）『シンガポール日本人社会の歩み』シンガポール日本人会。
拓務省（1936）『昭和 10 年度　拓務要覧』拓務省。
拓務省拓務局（1937）『外南洋事情梗概』拓務省拓務局。
拓務省（1937）『昭和 11 年度　拓務要覧』拓務省。
台湾南方協会（1941）『南方読本』三省堂。
台湾総統府官房調査課（1933）『南洋貿易統計』台湾総統府官房調査課。
台湾総統府調査課（1935）『台湾と南支南洋』台湾総統府調査課。
台湾総統府殖産商工課（1935）『南支南洋の商業』台湾総統府殖産商工課。
多田恵一（1929）『南洋西ボルネオ』弘文堂書店。
坪井善四郎（1917）『最近の南国』博文館。
渡邉薫（1935）『比律賓在留邦人発達史』南洋協会。
渡邉薫（1942）『フィリピン図説』冨山房。
吉野作造編（1915）『南洋』民友社。
山崎朋子（1975）『サンダカン八番娼館』文芸春秋社。

第5章
戦前期日本の南洋・南方へのゴム栽培，農業栽培，林業，水産業進出の歴史と戦略

はじめに

　戦前日本の南洋・南方（東南アジア地域）における日本の直接投資で，歴史が古く，その投資額が多く，大手財閥も進出し，かつ事業地が南方各地域に分布しており，日本のその代表をなすものは，ゴム栽培事業である。また，ゴム栽培のほかに，マニラ麻栽培事業を始めとして，ココ椰子，油脂植物，茶，コーヒー，棉花，サイザル麻，規那，香料植物等の栽培事業もあった。さらに，南方への日本企業による水産，林業，製造業，鉱業，貿易，商業等への投資もあった。

　1939（昭和14）年までの日本の南方（東南アジア地域）への投資総額は約3億円とされ，その内訳は，ゴム栽培約8,000万円，マニラ麻栽培約2,000万円，ココ椰子栽培約4,400万円，その他栽培業約1,000万円，林業約1,600万円，水産業約1,200万円，鉱工業約6,000万円，商業約4,000万円であるとされている。以上のように，戦前の日本企業の南方アジアへの直接投資の代表はゴム栽培である。日本人経営のゴム園の分布を地域的にみると，マレー半島が最も多く，1942（昭和17）年当時，生産面積約6万エーカーであり，次にボルネオが約2万8千エーカー（内英領1万6千エーカー，蘭領1万2千エーカー），蘭領スマトラが1万8千エーカー，蘭領ジャワが3千エーカーであった。日本人のゴム栽培事業の中心地は，マレー半島であったと言える。日本人ゴム栽培業で最も古い企業として，日露戦争当時に進出した三五公司があり，他の多くは第一次大戦頃から進出したもののである[1]。

　これら南方各地の日本人ゴム園からのゴム産額は，1936（昭和11）年に1万6千トンで，世界生産額85万3千トンの1.9％，その投資額も，英米蘭の全世界における投資額が31億9千万円に対し，日本の投資額が1億円と仮定すれば，2.9％に過ぎなかった[2]。また，南方での日本企業の代表的なゴム栽培地である英領マレーのゴム園所有者を国ごとにみると，1937（昭和12）年当時，英米人が75.4％，中国人

が15.9％，インド人が4.5％であるのに対し，日本人がわずか3.4％であった[3]。しかし，当時，欧米の列強は，かなり以前から南方アジアに進出し，かつこの地域のほぼすべてを植民地（タイのみ植民地にならず独立国であった）にしていたことに対して，日本は南方への進出が欧米列強よりかなり遅く，南方に植民地は持たなかったこと（ただし南洋群島は日本の委任統治であった），かつ日本企業の南方方面への投資は明治の終わり頃から始まったこと，などを考えると，日本企業の南方への投資の意義は決して小さいものではない。特に，マレー半島でのゴム栽培については，日本企業の比重も他の地域に比較すると相対的に高かった。

本章では，このように戦前期日本企業の南洋・南方アジア（東南アジア）への直接投資を代表的するゴム栽培事業を中心として，その他の栽培事業，林業，水産業への投資と企業経営について考察する。

第1節　日本企業の南方へのゴム栽培事業への進出

1．南方へのゴム栽培事業投資の概要

戦前期の日本企業の南方・南洋への代表的な直接投資として，フィリピンにおけるマニラ麻栽培への進出，およびマレー半島を中心としたゴム栽培事業への投資があった。

日本企業の南方へのゴム栽培事業企業への進出は，1907（明治40）年頃からであるが，それ以前にもマレーのゴム園経営に乗り出した日本人も少数いた。1903（明治36）年，マレー半島のスレンバン付近に笠田直吉と中川菊蔵がゴム園を買収したのが，日本人の南方でのゴム栽培の嚆矢であるとされている[4]。1910（明治43），1911（明治44）年頃から，日本の南方へのゴム進出は本格化した。それは，その頃ゴム相場が急騰し，マレー半島を中心にシンガポール在住の日本人商人や日本在住の日本人，日本企業などがゴム園経営に乗り出したからである[5]。

南米を原産地とするゴムの樹が，南洋方面へ移し植えられたのは，1875（明治8），1876（明治9）年の頃である。はじめインドやシンガポール方面で試植され，後にマレー半島などでゴム栽培行われるようになった。日本では，1897（明治30）年以

後，台湾への移植が試みられるとともに，1902（明治35）年には，マレー半島におけるゴム園の経営に，初めて日本人が進出した。

1910（明治43），1911（明治44）年頃のゴムの市価は，1ポンド当たり5.6ドルの高価となり，ゴム景気が現出し，日本資本の南方へのゴム栽培事業への進出が行われるようになった。

以上のようなゴム相場の高騰以外にも，マレー半島にゴム栽培業が行われるようになった重大な原因がある。すなわち，1896（明治29）年にマレー連邦が成立するや，連邦政府はマレー半島に栽培業を発展させる方針を決定し，ゴム植付助成金の貸付を開始し，栽培者の国籍如何を問わずこれを保護する方針に出て，かなり低い価格で栽培地の貸下げを行った。1910（明治43）年前後，土地の払下げ代は，通常1エーカーに付き2-3ドル程度，地代は年約1ドル程度であった。さらに，ジョホール王は日本人のゴム栽培業者に対して特に好意的であったことも，マレーにおけるゴム栽培業を促進した。日本人栽培事業者も，この助成金の交付を受けて，ゴム栽培を行った事業家もあった[5]。

日本の大手財閥中にも，その頃何らかの形で，ゴム園経営に投資したものが少なくなかった。その進出先は，マレー半島のジョホール州が最も多く，それからセランゴール，ネグリスムビラン，ペラ，ケダーの各州に散在していた。1911（明治44）年にマレー半島における日本人経営のゴム園は，その数79，租借面積8万3,789エーカー，そのうち植付面積1万5,858エーカーであった。そのうち三菱財閥系の三五公司が最も大きいものであった[6]。

図表5-1は，大正初期のマレーのジョホールにある日本の財閥や富豪，ゴム事業家の投資した主要なゴム園をみたものである。三菱財閥系の三五公司を経営する愛久沢直哉を第1とし，三井，藤田，古河，森村等の諸富豪がゴム園に投資し，事業を行っていた。これらの日本人ゴム園の大部分は，1911（明治44）年前後に始められた。

しかし，このゴムの好況も，第一次大戦後に一変し，ゴムの市価は，1922（大正11）年には，1ポンド当たり21セントまで低落した。その頃の日本人ゴム園は，その一部が生産期に入った程度の状況が多く，がなりのゴム園が窮境に陥った。その3，4年後には，英国政府の採った生産制限措置の効も現れて，市況は回復した。この情勢に応じて，日本人ゴム園経営者中には，将来における採算上の考慮から，ゴム園を売却する者が出て，その数12会社，売却した租借面積7万2千余エーカー（邦人全租借面積の約19%に当たる），植付面積3万1,670エーカー（日本人全植付

図表5-1　大正初期のジョホールにある主要なゴム園

登記持主の名義	場所と耕園名	払下エーカー	開始年月	植付エーカー
愛久澤氏	ジョホールペンガラン 第一パンガランゴム園	2,299	1906年2月	2,214
	ジョホールペンガラン 第二パンガランゴム園	2,093	1906年2月	597
	ジョホールサンチ サンチゴム園	2,378	1911年	1,023
	ジョホール,セムブロン 第一バツ,パハットゴム園	3,175	1909年3月	2,956
	ジョホール,スリガーデン 第二バツ,パハットゴム園	9,671	1911年8月	4,662
藤田男爵	ジョホール河ナンヘン ナムヘングゴム園	5,839	1911年10月	4,154
三井男爵	ジョホール,チンジョン セリンデット サンギーパパンゴム園	5,017	1911年1月	4,768
南洋護謨 株式会社	ジョホール,チモン 南洋護謨園	3,315	1911年2月	1,830
森村氏	ジョホール河テロック 南亜公司第一ゴム園	2,978	1911年9月	1,778
	ジョホールバナン 南亜公司第二ゴム園	2,006	1909年10月	1,193
古河男爵	ジョホール河チラン サンギー,チラン,ゴム園	2,600	1910年	2,600
鈴木氏	ジョホール河チラン 鈴木ゴム園	2,310	1910年10月	1,400
井上氏	ジョホール河ズラカパンチョー 馬来護謨拓殖会社	1,890	1913年11月	1,110

（出所）　野村徳七（1916）『護謨と椰子』10-11頁。

面積の約23％に当たる）に達した。この売却の結果として，1925（大正14）年のはじめ，1億円以上にあった日本人の投資額は，8千万円程度となった。

　当時のゴムの消費は，自動車工業においてその量が最も多く，このためゴムの消費者としては，米国が第一であった。したがって，ゴムの市況は，自動車工業の消長によって左右されることが多く，その市価の高低も，極めて伸縮の幅が大きかった。これに対する措置としては，英国を中心として，必要に応じてその生産量を制限する国際協定が成立し，時には生産能力の50％しか，生産の許されなかったこともあった。このゴム市況の変動は，英米蘭諸国人経営のゴム園に比し，規模の遥かに小さかった日本人経営ゴム園の経営に，大きな影響を与えた[7]。

　以上のように，ゴムを取り巻く国際経営環境は厳しいものであったが，日本人経営のゴム事業は発展し，マレー半島のみにならず，スマトラ，ボルネオ，ジャワ方

面へも発展していった。

　図表5-2は，1911（明治44）年から1917（昭和6）年までの南方アジアにおける日本人経営のゴム栽培事業の租借面積，植付面積，生産高を表したものである。

　図表5-3は，1938（昭和13）年当時，南方地域別による日本企業のゴム栽培状況をみたものである。植付面積でみると，マレーが最も多く，次がスマトラで，その次が北ボルネオとボルネオとなっている。以上から，南方での日本企業のゴム栽培は，マレー，スマトラ，ボルネオがその中心となっている。

　図表5-4は，1940（昭和15）年と1941（昭和16）年当時の，主要な日系ゴム栽培会社の資本金，生産量，ゴム採取面積，植付面積をみたものである。

　日本企業の南洋・南方でのゴム栽培は急速に発展したのであるが，国際比較の視

図表5-2　南方アジアにおける日本人経営のゴム栽培事業の推移

年代	租借面積（エーカー）	植付面積（エーカー）	生産高（トン）
明治44年	82,820	16,453	—
大正6年	79,081	48,025	—
大正14年	323,652	135,328	8,500
昭和4年	361,560	111,970	12,500
昭和5年	498,999	119,282	13,000
昭和8年	514,505	121,890	18,000

（出所）　南方年鑑刊行会（1943）『南方年鑑　昭和18年版』302頁。

図表5-3　日本人ゴム事業状況（1938年）

（単位：1,000エーカー）

地方別	推定租借面積	植付面積	生産面積
マレー	104	78	60
北ボルネオ	23	14	13
サラワク	8	5	3
スマトラ	147	23	8
ボルネオ	41	14	12
ジャバ	5	4	3
セレベス	1	0.2	0.2
フィリピン	0.1	0.2	0.2
合計	329	139	111

（出所）　経済統計研究所（1942）『新南方資源論』217頁。

図表5-4　日本人ゴム統計

1　主要日本人ゴム生産量

社名	資本金		昭和15年生産量		昭和16年生産量		15年上期16年下期生産量比較
	公称 (千円)	払込 (千円)	上期 (ポンド)	下期 (ポンド)	上期 (ポンド)	下期 (ポンド)	(ポンド)
熱帯産業	6,500	5,525	1,030,438	1,286,985	1,321,134	1,496,543	466,105
昭和ゴム	10,000	6,542	1,983,523	2,210,426	2,732,892	2,744,627	761,104
南洋ゴム	5,000	3,500	1,007,602	1,021,419	1,920,079	1,220,630	213,028
スマトラ拓殖	8,000	6,500	965,819	1,196,577	1,178,090	1,392,306	426,487
馬来ゴム	4,700	4,700	1,230,909	1,349,978	1,496,351	1,632,226	401,317
ボルネオゴム	5,000	2,000	436,837	490,949	603,432	681,931	245,094
南国産業	3,500	3,000	446,283	498,680	446,930	454,096	7,813
日産農林	20,600	17,400	3,209,848	3,659,742	3,647,883	4,215,167	1,005,319

2　主要日本人ゴム採集面積

社名	昭和15年採集面積 (エーカー)		昭和16年採集面積 (エーカー)		15年上期16年下期採集面積比較
	上期	下期	上期	下期	(エーカー)
熱帯産業	5,197	5,367	6,325	6,750	1,553
昭和ゴム	7,909	9,355	11,783	11,967	4,158
南洋ゴム	6,356	6,187	6,074	6,219	-137
スマトラ拓殖	2,698	3,398	3,598	3,946	1,246
馬来ゴム	5,274	5,232	5,459	5,479	205
ボルネオゴム	2,423	2,423	2,416	2,279	-144
日産農林	16,113	17,475	17,482	17,701	1,588

（出所）　麻生奥志夫（1942）『南方圏のゴム資源』79-81頁。

図表5-5　蘭印のゴム栽培園の国別資本出資額

（単位：1,000ギルダー）

（1,000ギルダー）	1925年	1929年
オランダ資本	170,000	292,000
イギリス資本	194,000	193,000
フランス，ベルギー資本	53,000	66,000
アメリカ資本	27,000	53,000
ドイツスカンジナビア，スイス資本	18,000	12,000
日本資本	17,000	13,000

（出所）　W. K. Gretzer（1939）邦訳（1941）『蘭印の農業経済』223頁。

点でみると，日本の比重はそれほど高くないのは事実である。図表5-5は，蘭印でのゴム栽培について，その資本出資を国別にみたものである。1929（昭和4）年当時，日本の蘭印へのゴム栽培園の資本投資額は1,300万ギルダーで，オランダ（2億9,200万ギルダー）の20分の1以下，イギリス（1億9,300万ギルダー）の10分の1以下であった。

2．南亜公司株式会社の事例

　南亜公司株式会社は，1911（明治44）年に井上雅二の発案の基で設立された。井上雅二は，朝鮮総督府財務官，南亜公司社長，海外興業社長，衆議院議員などを務めた，戦前日本の海外・移民事業のパイオニアの一人である。井上雅二が，弱冠35歳の時に，1911（明治44）年始め外遊からの帰途，英領マレーを視察して，ゴム栽培事業がアメリカ自動車工業の著しい発達とともに将来有望な事業であることに着目した。この井上雅二の意見について，森村財閥の森村市左衛門（6代，男爵，森村組・森村銀行経営者）は，その調査を法華津孝治氏（昭和護謨初代社長）に命じ，永井儀三郎，川田鷹氏（後の熱帯産業社長，愛久沢直哉氏（三五公司創立者）などの意見を聞いて，ゴム栽培事業が確実に有利であり，その上国家的観点からも有意義であるという結果となり，森村市左衛門は創業を決意した[8]。南亜公司は，南亜細亜会社という意味をこめて井上雅二により名づけられたという[9]。南亜公司は，取締役会長を森村開作（昭和3年，7代市左衛門襲名男爵），常務取締役を井上雅二，法華津孝治，取締役を川崎栄助，大倉文二，監査役に藤井諸照，永井儀三郎として，資本金50万円の株式会社として1911（明治44）年10月に創立された。出資は森村市左衛門（6代，男爵）が最も多く，森村関係の人で約8割を占め，その他は森村と懇意の財界有力者が出資した。耕作地は，パラゴム栽培の好適地と認められている英領マレー，ジョホール州コタテンギ，トロスンガの6,147エーカーを創業の地に選定し，ジョホール政庁より租借することとした。創業後直ちに作業に着手し，その創業地をトロスンガ園（Teluk Sengat Rubber Estate）と名づけた。

　開墾作業ではマラリアその他の風土病に多数侵され犠牲者もでるという苦労を重ね，1913（大正2）年には病院を設けた。南亜公司は，マレーのジョホールでの事業を漸次拡張した。1914（大正3）年には渡辺氏経営のバーナン園を買収し，続いて朝日護謨会社，山崎氏経営の愛媛園および馬来護謨会社を買収または合併した。また，ジョホールのベールーにおいて粗製ゴム工場を設け，広瀬氏経営のスクダイ

園を買収した。1924（大正13）年には、バーナン園と愛媛園を売却したが、第1合同護謨会社を合併した(10)。現業従業員は、中国人とマレー人などの苦力を使っていた。1919（大正8）年1月当時の従業員総数は1,375人で、その内訳は日本人職員監督者が56人、苦力が1,319人（日本人57人、中国人896人、マレー人366人）と大規模であった(11)。

このように、南亜公司株式会社は、1937（昭和12）年当時、開墾、買収、合併等でトロスンガ、スンガラン、リオの3植林地となり13,256エーカーに達し、資本金は350万円、従業員は併せて2千人ほどのマレーでの有力な日系ゴム栽培会社となった(12)。

3. スマトラ興業株式会社の事例

スマトラ興業株式会社は、1918（大正7）年9月に明治製糖株式会社の子会社として、蘭領スマトラ島においてゴムその他の熱帯産物の栽培および製造を事業の中心として設立された。明治製糖は、事業地の台湾において砂糖キビ栽培が3年にわたり暴風被害に会うという自然被害を受けたことなどによる単一事業の危険を回避し、第一次大戦中の好況で生じた余剰利益の積立金運用策を考えている時であった。ゴム栽培事業は植林事業であるため、短期間の利益回収は望めないが、永続性のある事業として、砂糖事業に対する保険的経営になり得た。さらに、台湾で多年にわたり熱帯性作物の栽培に関する経験を持っていた。これらから、明治製糖株式会社は、南方での新事業を開拓するためにスマトラ興業を設立した(13)。スマトラ興業は、役員には専務取締役社長相馬半治、専務取締役有嶋健助、取締役に薄井佳久、植村澄三郎、千葉平次郎、谷井千次郎、菊地桿、監査役に山本直良、川原義太郎、高木鉄男を選任し、小川鈍古、武井守正、森村開作（市左衛門）が相談役に就任した。資本金を500万円とし、株式の約半数を明治製糖会社が引き受け、他の株式は同社の株主に割り当て、一般株式は募集しなかった。

親会社の明治製糖株式会社は、大正初期、台湾の砂糖キビ栽培の事業を行っていたが、南洋地方にゴムの栽培を中心とした新事業を開拓する計画を立てた。明治製糖がゴム事業に着目した理由は、ゴム樹は一般農作物に較べると天候による豊凶が極めて少ないこと、砂糖キビや棉花等のように季節による作業繁閑の煩いがないこと、ゴム製品は世界的商品として年々需要量を増加しつつあること等により、ゴム事業が確実性あると判断したことによる。スマトラ島を栽培事業地として選んだの

は，気候がゴム栽培の好適地であるマレー半島の西海岸地方に匹敵し，土地の肥沃なる点においてはゴム樹の発育がマレー半島に比べても良好であること，ゴム園経営上の主力たる現場従業員の確保において安くジャワ現地人を採用できること，統治国オランダはジャワに次いでスマトラ島を第2期蘭領東印度開発地として開放的方針を採り，各国に均等に投資の途を開き，大いに企業を歓迎する殖民政策を採っていたこと，などのためである。ゴム事業は一種の植林事業で，短期間に利益の回収は望めないものの，永続性ある企業の要素を具有していること，砂糖事業に対する一種の保険的経営に資すること，日本の南洋発展に貢献すること等で，明治製糖株式会社の傍系事業としてスマトラ興業株式会社を設立し経営することにしたのである[14]。

スマトラ興業株式会社は，1919（大正8）年9月，蘭領スマトラ島東海岸州，アサハンのシロトワにあるオランダ人経営のシロトワ栽培株式会社（設立1914年，資本金50ギルター，租借面積3,375エーカー，植付面積820エーカー）の買収に合意し，1920（大正9）年1月に正式に買収の手続きを終えた。直ちに採収液と開墾作業を行った。この園をシロトワ園と名づけ，全園ゴム樹を植え付けた。また，1920（大正9）年1月，シロトワ園から一農園を隔てた蘭領東印度栽培企業株式会社（本社オランダ）所有の未開墾地11,775エーカーを買収してブロマンデ園と名づけた。このブロマンデ園は開墾され，ゴムだけに限らず，スマトラ煙草，香料植物，シトロネラ，薬用植物，コカ，油ヤシ，カカオ等の植物も植付けられた[15]。

1937（昭和12）年当時，スマトラ興業は，資本金300万円，ゴムやカカオなどの植付面積5,965エーカー，これに従事する現業員の数944人，ゴム年産量230万ポンドであった[16]。現業員の内訳をみると，ジャワ苦力500人，スマトラ原住民334人，中国人110人の合計944人であり，これを日本人6人で統率し，開墾，植付，採取，および製造に従事していた[17]。図表5-6は，スマトラ興業のシロトワ園とブロマンデ園の1937（昭和12）年当時の状況を示したものである。

なお，スマトラ興業での農園労働者であるジャワ人の苦力（coolie）とは，植民地に出稼ぎしている労働者のことである。苦力は，当時のアジアの植民地でよくみられる労働者の形態であり，極めて興味深いので，少し詳しくみてみよう[18]。苦力の多くは，アフロス（東海岸州ゴム栽培協会）の手によってジャワより移民した労働者である。スマトラ興業などの日系栽培会社が，苦力を採用する手続きとしては，まず必要な苦力人数をアフロスに申し込むが，その際，募集費および手数料が必要である。アフロスは，苦力をジャワより募集して農園に引渡すまで一切の責任を負

図表 5-6　スマトラ興業のゴム園

(単位：エーカー)

	シロトワ園	プリマンデ園	計
租借地権許可年月日	1905 年 9 月	1900 年 10 月	
租借地総面積	3,375	11,639	15,014
ゴム植附地	2,475	3,470	5,945
カカオ植附地	―	20	20
建物敷地道路その他	42	24	66
未開墾地	858	8,125	8,983
植付護謨樹数	181,379 本	625,534 本	806,913
ゴム一箇年生産可能量	100 万ポンド	130 万ポンド	230 万ポンド
従業員社員	2 名	4 名	6 名
従業員現業員	582 名	362 名	944 名

(出所)　スマトラ興業株式会社 (1936)『スマトラ興業株式会社二十年史』15-16 頁。

　う。苦力がスマトラ上陸すると身体検査を行い，病毒者は本国に送還し，合格者を農園に引渡す。一旦引渡した以後は，苦力の逃亡者，命令違反者等が発生してもアフロスはこれに関与しない。この場合は，農園と警察とにおいて所定の手続きを行う。スマトラに来島した移民苦力は，すべてジャワにおいて指紋を採り，この指紋票はメダン指紋局に送付し，同局はこれを分類して保管し，苦力が逃亡した場合には農園指紋票と照合して容易に識別し，逃亡その他の不正行為を防止する。苦力の契約期間は 3 か年で，期間終了後は再契約ができる。再契約の場合は，13 か月以内に更新が必要である。農園では，苦力の宿舎を設けて収容し，再契約 5 か年以上の者で本人の希望があれば法規に基づいて園に付随した独立家屋を与える。苦力が病気の場合は，直ちに病院に送らなければならない。病気ではなく怠ける苦力は，巡査が来て用捨なく監獄に収容し，逃亡者は警察において処分をうける。もし苦力が仕事を怠け，または反抗する場合は農園の社員は口頭にて叱責できるが，殴打することは禁止されている。病院は，政府の命令する規定の下に会社は付近において白人の経営する 2 会社と共同して中央病院を設立し，白人院長を任用してこれに当たった。蘭領東印度において日本人の医者はドクターとして公認しなかった。

　農園は苦力の便益のため，米，塩，肴，砂糖，煙草，石油等の日需品を売店にて販売した。米は政府の指定単価で販売しなければばらないが，それ以外の衣類，家具，装飾品等はその制限を受けない。苦力の娯楽用として遊戯揚を設けて，ジャワ楽器等を置いた。蘭領原住民の大部分は，イスラム教の教徒であり，スマトラ興業での苦力も多くがイスラム教徒であった。酒を飲まないために乱暴者が少なく，苦

力として適しているとされた。

4．野村東印度殖産株式会社の事例

戦前，証券業を主力とした野村財閥は，南洋や南米でゴムなどの栽培事業を行うというユニークな海外事業を展開していた。野村財閥は戦前，南洋，南米，朝鮮などの海外事業に熱心であった。それは野村財閥の創立者野村徳七の意向によるところが大きい。海外事業はすべての野村財閥の直系海外子会社として，蘭領東印度の野村東印度殖産会社，朝鮮の野村林業，ブラジルの野村南米農場，シンガポール野村商店等を経営していた。これらの海外事業は，当初は1922（大正11）年に設けられた野村合名会社の海外事業部の直轄下にあったが，後には各海外子会社は独立して野村合名の傘下として統制された。1935（昭和10）年頃までに，野村財閥の南洋事業の投下資本は約1,000万円程度であった[19]。

野村財閥の南洋事業の歴史についてみてみよう。野村の南方事業は，野村徳七の慧眼によるところが大きい。1916（大正5）年，台湾総統府と大阪商船が主宰し，台湾研究所長高木友枝所長，新渡戸稲造が顧問となる南洋や豪州を一巡する南洋観光団が組織され，野村徳七もこれに加わった。その時の視察で野村徳七は大いに南方進出の重要性を認識し，ゴムと椰子の栽培業が将来有望であることを知った。また，野村徳七は，蘭領東印度では，外資に対して資源開発は原則として許可しないが，栽培農園の開発であれば許可するという方針であることを知った。そして帰国後，野村徳七は，『護謨と椰子』という著書も出した。さらに，専門家などに依頼して，南洋の栽培事業に関する実地の調査研究なども行った。

野村財閥は，1917（大正6）年，ドイツ人ヘルケスの所有していた蘭領印度ボルネオのダナム・サラック・ゴム園を約25万ギルダーで買収した[20]。これは，面積1,200ヘクタール，植付面積200ヘクタール，植樹数4万本のゴム園であった。このゴム園を主体として，1917（大正6）年に野村農園を設立し，1920（大正9）年に株式組織にして蘭領ボルネオゴム工業株式会社とした。1929（昭和4）年には，野村東印度殖産株式会社に社名を変更して，南洋事業を本格的に展開した。1937（昭和12）年当時，野村東印度殖産は，資本金500万ギルダー（日本円で約400万円），その内払込は250万ギルダーの蘭領印度の株式会社であった[21]。

野村東印度殖産株式会社は，設立後事業を拡張し，ゴム，油椰子（オイル・パーム），コーヒーなどの栽培およびその精製などの事業を行った。ボルネオでは買収し

た農園でのゴム栽培，1921（大正 10）年にはボルネオのバンジャルマシンにおいてゴムの精製事業を開始し，1923（大正 12）年にはスマトラのカラン・イヌの油椰子園を買収し，1926（大正 15）年にはスマトラのアランランデンにおけるプキット・トウサム珈琲園の買収を行い，野村東印度殖産株式会社の事業は蘭印から英領マレーまで及んだ[22]。

　ボルネオのゴム栽培農園は，租借面積の拡大，植栽面積の拡張等を行い，ボルネオ農園は3つとなり，1936（昭和 11）年当時，有権面積 8,546 ヘクタール，栽培面積 3,499 ヘクタール，年間生産高 1,886 トンと，買収当時と比較すると飛躍的に規模が増大した。また，ボルネオのバンジャルマシンに，ゴム精製工場を設けた。この工場は，直接ゴム採収液（ラテックス）を現地で購入して，標準シート，ゴムを生産した。1936（昭和 11）年当時，年間生産量はシート・ゴムが約 6,000 トン，ブランケット生ゴムが約 8,300 トンで，42 基のローラーを有していた[23]。

　スマトラのメグン奥地のカラン・イヌにあるカラン・イヌ農園では，油椰子（オイル・パーム）を栽培した。カラン・イヌ農園は，1937（昭和 12）年当時，有権面積 4,418 ヘクタール，栽培面積 1,720 ヘクタール，年間生産高は油約 2,900 トンと，核約 580 トンであった。また，スマトラでは，プキット・トウサムにあるプキット・トウサム農園でコーヒーを栽培した。プキット・トウサム珈琲農園は，1937（昭和 12）年当時，有権面積 1,623 ヘクタール，栽培面積 248 ヘクタール，年間生産高約 5,000 ピクルであった[24]。

　野村東印度殖産株式会社は，これらの蘭印での総投資額は 885 万グルデンに達し，日本の蘭印投資事業において最大のもの1つとなった[25]。なお，野村財閥は，南米ブラジルでも，野村南米農園を設立し，珈琲栽培を行っていた。

　野村財閥は，南洋において，その他に，1924（大正 13）年，シンガポールにシンガポール野村商店を設立した。シンガポール野村商店は，野村が持っていたこれらの栽培園や精製工場での生産品の販売・貿易，および各種南洋物産の貿易を目的とした。株式会社形態となったのは後の 1936（昭和 11）年で，資本金は 100 万シンガポールドルであった。1937（昭和 12）年には，中国人経営のゴム精製工場を買収し，1940（昭和 15）年にはタイのバンコクに支店を開設するなど商事関係以外にも業務を拡大した。シンガポール野村商店は，野村財閥の南洋事業での重要な役割を果たした[26]。

5. 昭和護謨株式会社の事例

昭和護謨株式会社は，1937（昭和12）年6月，明治製糖株式会社の傍系会社として蘭領スマトラ島東海岸州においてゴム，カカオの栽培を行っていたスマトラ興業株式会社（大正7年9月創業，資本金300万円）と，日本でラテックス製品の研究，製造，販売を行っていた明治護謨工業株式会社（昭和8年9月創業，資本金50万円），それに英領マラヤのジョホール州においてゴムの栽培を行っていた森村系の株式会社南亜公司（明治44年10月創業，資本金350万円），ならびに日本で各種ゴム製品の製造販売を行っていた東京護謨工業株式会社（大正6年5月創業，資本金100万円）の4社が合併して設立された。昭和護謨株式会社の資本金は1,000万円，総従業員数3,321名であった。取締役会長に相馬半治，取締役社長に法華津孝治，取締役副社長に右嶋健助，常務取締役に桜田益次郎，松本三郎，岩田毒雄，常任監査役に小川清，相談役に森村市左衛門を選任した。昭和護謨は，南洋でゴム栽培事業を行い，それを輸入してゴム製品を生産し販売するという原料から製品までという一貫体制が整えられた[27]。

昭和護謨の南方事業地は，前スマトラ興業の経営していた蘭領東印度スマトラ島東海岸州キサランのシロトワ園とブロマンデ園を総括してスマトラ農場と称し，前南亜公司の英領マレーのジョホール州のトロスンガ園，スンガラン園，蘭領リオ群局内リオ園を総括してジョホール農場と呼んだ。これらの農場は，マレー，蘭印地域を通じて屈指の日系ゴム栽培事業として，租借面積28,270エーカー（約11,500ヘクタール），植付面積16,455エーカーに及び，生ゴム生産高も4,500トン以上となった。

昭和護謨の南方事業は，創立から1941（昭和16）年12月の太平洋戦争勃発まで，戦時物資としての生ゴム市況の変動があったが，国際ゴム限産協定による統制により世界の在庫に合せて生産調整を行うことができたので，事業は順調に推移した[28]。

6. 日本産業護謨株式会社の事例

「日産コンツェルン」の母体である久原鉱山の創立者である久原房之助が，1916（大正5）年2月，英領北ボルネオのタワオにゴム栽培園を設けたのが，日本産業護謨株式会社の始まりである。久原鉱山は，北ボルネオ政庁と折衝を重ね，ゴム園経営に関する契約を政庁と締結した。これが，久原鉱業南方部タワオ農園である。タ

ワオ農園は，ゴム園480エーカー，椰子園，それにゴム園の北側の山林1,500エーカーの土地の租借権利があった。直ちに開墾開拓が開始され，1917（大正6）年には農園内にタワオ病院を建設，また日本人子弟の教育のためにタワオ小学校を日本人会に経営させた。その後さらに用地の租借拡張が進み，ゴム，ココヤシ，マニラ麻などの栽培を行った[29]。1919（大正8）年頃，久原鉱業タワオ農園の護謨園は，租借地21,322エーカー，植付面積3,000エーカー，採取面積500エーカーであった[30]。

1928（昭和3）年，久原鉱山は，鮎川義介が創立した日本産業株式会社（日産コンツェルン）の子会社となり，日産コンツェルンの関連会社となった。1934（昭和9）年3月，北ボルネオにおけるタワオ農園事業を日本産業より分離し，資本金350万円（全額払込）の日本産業護謨株式会社として創立された。代表取締役には，日本産業株式会社の常務取締役下河辺建二（後の当社社長）が専務取締役，田中誠吉が常務取締役に選任された。同年1934（昭和9）年5月に，マレー半島ジョホール王国バトパハにおいて大正3年以来ゴム園の経営を行っていた岡部常太郎（後の専務）を社長とするジョホール護謨栽培株式会社を吸収合併して資本金を430万円に，さらに同年6月，同所の「大和護謨栽培株式会社（代表者梅山柳吉）」および鷲尾，秋田の2農園を吸収して資本金を450万円とした。日本産業護謨株式会社の株主は，日本産業株式会社が80.5％，その他19.5％と，日本産業の子会社形態であった[31]。

1935（昭和10）年5月，日本産業護謨株式会社は，農園事業拡張のため資本金を600万円に増資し，タワオ農園隣接地を買収し，ゴムおよびマニラ麻の栽培地が拡張させた。さらに，マレー半島にある速水ゴム園を買収し，資本金を614万円に増資した。日本産業の栽培地は，1,000エーカー程度の増加し，事業地総面積は約3万3,800エーカーとなり，日本企業の南方での最大級のゴム栽培会社となった[32]。

7．マレー半島でのゴム栽培会社

図表5-7は，1919（大正8）年当時の日本人経営ゴム栽培会社をみたものである。その企業を中心として，これまで事例としてあげなかった栽培会社の中で，重要な会社について述べてみよう。

(1) 三五公司

三五公司のゴム事業は，1906（明治39）年10月，愛久沢直哉がジョホール州ペ

図表 5-7　日本人経営ゴム栽培会社（大正 8 年当時）

名称	創立年月日	資本金（円）	払込（円）	配当	総面積（エーカー）	植付面積（エーカー）	採液面積（エーカー）	産出量（1 年，斤）	事業地
南洋護謨株式会社	明治 44 年 2 月	2,000,000	1,250,000	1 割 2 分以上	5,828	3,339	1,734	128,150[1]	マレー半島及スマトラ
株式会社南亜公司	明治 44 年 10 月	2,500,000	1,562,500	1 割 2 分以上	8,007	6,890	1,950	580,000	マレー半島
馬来護謨公司	大正元年 4 月	1,000,000	625,000	1 割 2 分以上	5,323	1,823	1,623	490,000	同
大倉護謨公司	明治 44 年	200,000	100,000	—	1,029	305	146	20,816	同
朝日護謨株式会社	大正 2 年	700,000	405,000	—	1,079	850	500	38,000	同
日新護謨株式会社	大正 2 年 5 月	300,000	300,000	—	1,042	972	828	209,768	シンガポール
南洋護謨拓殖株式会社	大正 5 年 4 月	2,000,000	600,000	—	2,013	1,973	400	94,000	マレー半島
台湾拓殖株式会社	大正 5 年 10 月	1,000,000	250,000	—	2,050	1,570	266	62,000	マレー半島及リオ群島
日東護謨株式会社		1,500,000	375,000	—	5,450	1,800	500	—	マレー半島
宿久護謨株式会社	大正 6 年 7 月	300,000	210,000	8 分	875	369	50	19,040	同
ジョホール護謨栽培株式会社	大正 7 年 4 月	2,000,000	687,500	1 割	1,559	1,344	509	200,000	同
土乃護謨株式会社	大正 7 年 2 月	1,500,000	375,000	—	1,200	500	200	—	同
日南護謨株式会社		250,000	250,000	—	534	250	150	12,000	同
南国護謨株式会社	大正 7 年 7 月	1,000,000	250,000	4 分	1,000	300	150	—	リオ群島
ボルネオ護謨拓殖株式会社	大正 6 年 12 月	5,000,000	1,250,000	8 分	6,125	625	550	200,000	スマトラ
スマトラ護謨拓殖株式会社	大正 7 年 3 月	2,000,000	500,000	—	4,380	470	400	9,240	同
スマトラ興業株式会社	大正 7 年 9 月	5,000,000	1,250,000	—	7,500	950	540	13,000	同

注 1）　半期産出量
（出所）　加藤至悳（1919）『護謨栽培事業』127-128 頁。

ンゲランでのインド人経営ゴム園を買収したことに始まる。三五公司ゴム園は，最も早いマレーにおける大規模な日本資本のゴム栽培園である（愛久沢氏のゴム園については，図表 5-1 を参照）。愛久沢の経営する三五公司は，マレーでゴム栽培に参入する前に，台湾総督府民政長官であった後藤新平の支援で，中国の福建省などで事業を行っていた。その後，1906（明治39）年6月，三五公司はシンガポールに拠点を置き，ゴム栽培事業に着手し，1906（明治39）年10月にシンガポールに近いマレーのジョホール州のペンゲランのゴム園を 200 千海峡ドルで買収し，三五公司ゴム園として事業を開始した。ゴム園租借地面積は約 2,000 エーカーで，そのうち，200 エーカーはゴムの木が植付済みであり，ゴムが採取可能であった。三五公司は，経営者であった愛久沢直哉が三菱合資の出身であり，三菱財閥の岩崎家から資金支援を受けていたことから，三菱系のゴム園とされている。

このペンゲランのゴム園経営を皮切りに，三五公司はジョホール州においてゴム園経営を急速に拡張した。ペンゲランのゴム園は，土地の取得により第1植林地と第2植林地となり，合計 9,783 エーカーとなった。その他，三五公司は，1909（明治42）年にマレーのジョホール州バトパハで 15,487 エーカー，1911（明治44）年に 13,752 エーカーの租借権を取得し，また同年にはサンテイにも 2,378 エーカーのゴム園を取得した。その結果，1915（大正4）年頃で総面積 41,400 エーカー，開墾面積 22,196 エーカー，植付面積 8,744 エーカーに達しており，マレーにおける日系ゴム園として傑出する規模となった[33]。

(2) 三井護謨園

三井護謨園は，1911（明治44）年1月，三井財閥の三井家同族会（後に三井合名となる）によりマレーのジョホールに土地を租借し，事業を開始した。三井護謨園は，1911（明治44）年9月当時，租借面積約 5,000 エーカー，植付面積約 100 エーカーのゴム園を保有していた。三井合名のゴム園に対する累積投資額は，1913年5月まで 47 万 2 千円であった。1919（大正8）年頃で，三井護謨園は，租借地 5,880 エーカー，植付面積 5,318 エーカー，採取面積 1,752 エーカー，産出量年 123,555 斤であった[34]。

その後，三井護謨園は，第一次大戦期の 1915（大正4）年5月，熱帯産業株式会社となった[35]。

(3) 古河護謨園

　古河護謨園は，1911（明治44）年，古河財閥の当主である古河虎之助が個人ゴム園としてマレーのジョホール河西岸のチランに3,000エーカーの租借地を取得し，事業を開始した。1913（大正2）年6月，古河護謨園は，古河家林業部の管理に移り，古河家林業部ジョホールゴム園となった[36]。1919（大正8）年頃で，租借地2,804エーカー，植付面積2,804エーカー，採取面積1,000エーカー，産出量年61,423斤であった[37]。その後もゴム園の拡張を続け，1915（大正4）年に蘭領リオゥ群島バタム島で6,000エーカーの未墾地を取得した。

　1917（大正6）年12月，古河護謨園は，法人ゴム園に転じ，古河合名会社殖産部により管理され，古河合名護謨園となった。1918（大正7）年5月，スマトラのアチェ州で租借地30,000エーカー，ゴム園450エーカーを取得した[38]。

(4) 藤田組護謨園，後の南興殖産株式会社

　藤田組護謨園は，1911（明治44）年11月，藤田財閥の合名会社藤田組によりマレーのジョホール河西岸において租借地3,000エーカーを取得し南興護謨栽培所として開設された。その後。近隣のゴム園を買収し，規模を拡大させ，1913（大正2）年には，租借地6,493エーカー，植付2,744エーカーとなった[39]。

　その後，藤田組護謨園は，1919（大正8）年に資本金250万円（全額払込）で設立された南興殖産株式会社のゴム園として法人化された。南興殖産株式会社の社長は，藤田徳次郎（合名会社藤田組），最大株主は藤田組社長藤田平太郎であった[40]。

(5) 松方護謨園

　松方護謨園は，1910（明治43）年7月，川崎財閥の川崎造船所を経営する松方幸次郎により，マレーのジョホール州サンテイで4,500エーカーの租借地を取得し，ゴム栽培の事業を開始した。松方護謨園は，その後売却されて消滅している[41]。

(6) 大倉護謨株式会社

　大倉護謨株式会社は，1912（大正元）年，マレー半島ジョホール州ニュールに1,024エーカーの土地を租借し，資本金10万円で設立された。大倉護謨は，大倉財閥の大倉家の所有園である。

　その後，1917（大正6）年，資本金を20万円に増資し，1919（大正8）年当時，租借面積3,128エーカー，植付面積1,128エーカーであった[42]。

(7) 南洋護謨株式会社

　南洋護謨株式会社は，1911（明治44）年，資本金20万円でマレー半島のジョホール，パンチョールで土地を租借し，設立された。後藤吉武は，マレー半島で数年間栽培事業を経験した後，後藤周藏（前大倉組参事），大分県の二十三銀行などの出資を得て，南洋護謨株式会社を創立した。設立に先立つ1910（明治43）年，後藤吉武はマレー半島に渡り，ジョホール州チモンの地に1,000エーカーを払下げ，直ちに伐採に着手，翌1911（明治44）年にはさらに1,000エーカーを加えて合計2,000エーカーとし，引き続き開墾，植付除草，手入等に従事した[43]。その後，大分護謨株式会社の所有園，鵬州農園等と合併し，増資して資本金100万円となった。さらに，1919（大正8）年4月，蘭領スマトラ島東海岸州タナイタムのオランダ人企業に所有園を買収し，資本金を200万円に増資した[44]。社長は，長野善五郎（二十三銀行頭取），岡本貞悳，等が務めた。南洋護謨株式会社の出資者は，大分県の事業家が中心であった。同ゴム園には，1913（大正2）年から1917（大正6）年まで岩田喜雄を駐在させ，ゴム園経営に専念させた。岩田喜雄は，ゴム園経営者として頭角を現し，後に昭和ゴム社長となる人物である[45]。

　1919（大正8）年当時，マレー半島のジョホールに第1区本園（124ヘクタール），第2区分園（前大分農園，881ヘクタール），第3区分園（前鵬州農園，1,134ヘクタール），スマトラ農園（前オランダ企業，2,650ヘクタール）があった。土地は合計で5,828エーカーあり，その内訳は，ゴム植付地3,329エーカー，椰子及びゴム混植地25エーカー，その他2,474エーカーであった[46]。

(8) 馬来護謨公司

　馬来護謨公司は，1912（大正元）年4月，資本金50万円で創立され，マレー半島の中部ネグリスミラン州スレンバン市外に総面積約2,000エーカーの事業地を有していた。馬来護謨公司の出資者は，明治を代表する企業家である渋沢栄一と彼の知己の事業家，および大隈重信系の事業家が中心であった[47]。創業当初の社長は星野錫，取締役は池田龍一，増田義一（実業之日本社社長）である。

　その後，馬来護謨公司は，1917（大正6）年10月，トレンガス州の土地約3,000エーカーの未墾地を買収し，資本金を倍加して100万円とした[48]。1919（大正8）年頃で，馬来護謨公司は，租借地2,323エーカー，植付面積1,823エーカー，採取面積1,623エーカー，産出量年490,000斤であった[49]。

(9) 日新護謨株式会社

日新護謨株式会社は，シンガポール島内に事業地を有し，古河財閥と渋沢財閥系の資金により1913（大正2）年5月に設立された。交通利便の地にあった。資本金は30万円（全額払込）で，シンガポールの安茂郷のゴム園面積が，1,042エーカーであった[50]。

シンガポールを拠点とする日系ゴム園は，日新護謨のみであった。日新護謨は，1915年3月，シンガポールにゴム加工工場を稼働させ，ゴムの販売加工作業を開始した[51]。

(10) 熱帯産業株式会社

熱帯産業株式会社は，三井財閥が出資し経営していた三井護謨園の事業を継承する形で，マレーのジョホール州を栽培地として，1915（大正4）年5月，三井合名の半額出資にほか出資者は三井家事業者を中心に設立された。社長は川田鷹（海外興業株式会社取締役，東京電気鉄道取締役，東京移民合資社長，ブラジル拓殖取締役，南米移民取締役），取締役は有賀長文（王子製紙取締役），柴田栄吉（台湾拓殖製茶取締役），今村繁三（今村銀行頭取，台湾拓殖製茶取締役），川上精一，監査役は原邦造，三神敬長である。現地では，支配人として川上精一が経営に当たった[52]。

1920（大正9）年4月期では，資本金が500万円（払込125万円），栽培面積が約10,000エーカーで，農園の従業員が1,039人（日本人36人，中国人107人，インド人107人，マレー・ジャワ人376人）と，マレーの日系事業者の中では大きな規模のゴム栽培園に1つであった[53]。

(11) ジョホール護謨栽培株式会社

ジョホール護謨栽培株式会社は，1918（大正7）年4月，資本金25万円，全額払込で，岡部常太郎（三五公司でゴム栽培に関わった経験を持つ）の所有ゴム園（護謨園494エーカーと付属資産）を継承し設立された。同社は，同年11月ラサゴム園を買収し，175万円増資して資本金を200万円に改めた。1919（大正8）年当時の経営者は，常務取締役に岡部常太朗，監査役に辻川徳之助，取締役に犬塚信太郎，原田雄門，辻川敬三，白須金三郎，相生由太郎，監査役に柴崎雪次郎，秦傳次郎，小出熊吉，であった。岡部常太朗は，長く三五公司にいて，ゴム栽培に携わり，後に自ら護謨園を経営して，ジョホール護謨栽培株式会社の設立を主導した。1919

(大正8) 年当時の事業地総面積は，559エーカー程度であった[54]。

(12) 台湾拓殖株式会社のマレー護謨園

台湾拓殖株式会社は，1916 (大正5) 年10月，マレー半島ジョホール州鉄道沿線のラヤンラヤン駅付近のゴム園を買収し，ゴム園経営にも乗り出した。シンガポールの日本人栽培業者協会幹事であった小此木爲二が経営の任に当たった。その後，リオ群島に約10,000エーカー（内植付1,000エーカー）の事業地を買収した[55]。

1919 (大正8) 年頃，台湾拓殖株のマレー護謨園は，租借地1,059エーカー，植付面積270エーカー，採取面積266エーカー，産出量年62,000斤であった[56]。

(13) 宿大護謨株式会社

宿大護謨株式会社は，1917 (大正6) 年7月，マレーのジーホール州のスクダイで広瀬橘三・広瀬実光が保有していたゴム園を取得し，資本金30万円（払込9万円）で設立された。設立時の経営者は，専務取締役に広瀬橘三，取締役に法華津孝治であった。出資者は，保有ゴム園を売却した資金で出資した広瀬橘三，広瀬実光の外は，森村銀行を母体とする森村財閥の関係者である森村開作，法華津孝治（同じ森村財閥系のゴム栽培会社である南亜公司の取締役）であった。宿大護謨の社名はジョホール州の地名スクダイの音を当てたものである[57]。

森村財閥の関わるゴム園は，この宿大護謨公司と南亜公司となり，2園となった。ただし宿大護謨公司の事業規模は南亜公司に比べれば大きくない。その後，1920 (大正9) 年2月，45万円増資し，資本金75万円となった。事業も再生ゴム工場やジョホール政庁の要請による食糧生産とその販売，ゴム以外の栽培および農園の売買にも事業範囲を拡張し，事業が多角化した[58]。

1919 (大正8) 年頃で，宿大護謨は，資本金30万円，ジョホール州のスクダイにゴム園を保有し，租借地875エーカー，植付面積369エーカー，採取面積50エーカー，であった[59]。

(14) 士乃護謨株式会社

士乃護謨株式会社は，1918 (大正7) 年4月，社長が榎本春之助，払込資本金が2万5千円で設立された。士乃護謨株式会社は，マレーのジョホール州鉄道沿線のセナィに事業地を有していた常務取締役の池田旭所有の個人ゴム園を継承するものである[60]。社名は買収したゴム園の所在地がジョホール州セナィに所在していたこ

とに由来する。出資者は，池田旭，榎本春之助，原邦造（明治製糖取締役），川崎肇，榎本武憲（子爵），宇都宮金之丞，岩倉道俱（男爵，帝国倉庫取締役），松方正熊（帝国製糖専務），干田牟婁太郎（千田護謨園主）などである。

1919（大正8）年8月，同社ゴム園南側所在の華僑ゴム園489エーカーを買収し，1920（大正9）年9月にも，華僑ゴム園408エーカーを買収した[61]。1919（大正8）年頃で，士乃護謨は，資本金150万円，ジョホール州のセナイにゴム園を保有し，租借地1,200エーカー，植付面積500エーカー，採取面積200エーカー，産出量年19,040斤であった[62]。

(15) 株式会社南進公司

株式会社南進公司は，1918（大正7）年3月，1911年事業開始の旧南進公司のゴム園資産を買収して別法人として，資本金100万円（払込25万円）で設立された。設立時の南進公司の社長に平沼亮三（横浜電線製造株式会社取締役），取締役に頼母木桂吉（帝国通信社取締役，日本タイプライター株式会社取締役），飯塚茂（シンガポール在住の事業家），伊藤定七（日本セメント株式会社取締役，東京府農工銀行取締役），増田与一（増田貿易株式会社取締役，横浜在住），監査役中村房次郎（日本カーボン株式会社取締役，馬来護謨公司取締役，横浜生命保険株式会社取締役），監査役に橋本喜造（橋本汽船株式会社取締役，佐賀紡績株式会社取締役）である。南進公司の出資者は，橋本喜造，平沼亮三，中村房次郎などの横浜の事業家が中心であった。

南進公司の事業地は，ジョホール州スンゲイブロウで，ゴム園面積は1,300エーカーであった。さらに，南進公司は，1919（大正8）年11月，スンゲイブロウ植林地に隣接するゴム園を華僑経営者から買収した。これによりジョホールのゴム園は登記済1,689エーカーとなった[63]。

(16) 日東護謨株式会社

日東護謨株式会社は，1917（大正6）年2月，資本金60万円（払込15万円）で大分銀行が大分県の資産家の資金を集めて設立した。事業地は，マレーのジョホール州で，租借地1,000エーカーのゴム園を買収した。社長は小野駿一（大分銀行頭取），取締役は板井勘兵衛（大分銀行取締役），渡辺為喜（大分在住），原駿一郎（大分銀行取締役）などである。

その後ゴム園の買収と増資を行い，1919（大正8）年頃で，資本金150万円，ジ

ョホール州のレンガムとセナイの2園を保有し，租借地 5,450 エーカー，植付面積 1,800 エーカー，採取面積 500 エーカーであった[64]。

(17) その他のゴム栽培会社

マレーのジョホール州湖畔には，朝日護謨株式会社（設立 1913（大正 2）年），南洋護謨拓殖株式会社（設立 1916（大正 5）年 4 月），日南護謨株式会社（1911（明治 44）年 5 月創業），等の日系栽培会社があった。

その他に，ジョホール州湖畔には，個人経営の日本人ゴム園が多く存在した[65]。

8. ボルネオ・スマトラ等でのゴム栽培会社

蘭印のスマトラ島には，ボルネオ護謨，スマトラ護謨拓殖，スマトラ興業，南洋護謨園，新熱帯産業，南和公司などの邦人ゴム園があった。また，蘭印のリオ群島には，南国護謨などがあった。

(1) ボルネオ護謨株式会社

ボルネオ護謨株式会社は，スマトラ島東海岸アチエ洲スマントウ園を買収して 1917（大正 6）年 12 月に創立された。設立当初の資本金は 500 万円（払込 125 万円）で，経営者は，社長に横山章，常務取締役に浦渡襄夫，遠藤隆夫，上原鹿造，取締役に宇都宮金之丞，森盛一郎，野口勘三郎，平沼亮三，河野卓治，監査役に林熊徴，横山俊二朗，増田義一，佐藤甚九郎，天津淳三であった。その後，さらにその接続地トーランチョ栽培地 2,375 エーカーを約 1 万 9 千円で買収した[66]。1919（大正 8）年頃で，ボルネオ護謨は，資本金 500 万円，スマトラ島アチエにゴム園を保有し，租借地 6,125 エーカー，植付面積 625 エーカー，採取面積 550 エーカー，産出量年 200,000 斤であった[67]。

その後，1930（昭和 5）年に野村東印度殖産株式会社となった。

(2) スマトラ護謨拓殖株式会社

スマトラ護謨拓殖株式会社は，最も早く蘭領スマトラ島に赴き，ドイツ人経営のスンウロのゴム園を買収して，1918（大正 7）年 3 月に創立した。創立時の資本金は 200 万円（払込 50 万円）であった。社長は宇都宮壮十郎，三五公司にいた栗原一郎が常務取締役として経営にあたった[68]。取得したゴム園は，スマトラ東海岸州

スメルグンにあり，租借地面積 4,828 エーカー，既墾地 463 エーカーであった。

その後，1919（大正 8）年 3 月に，山地土佐太郎（山地汽船社長）は，社長であった宇都宮壮十郎から株式の大部分を買収して，スマトラ護謨拓殖の社長に就任し，以後終戦までスマトラ護謨拓殖の経営に携わった[69]。

(3) 南国護謨株式会社

南国護謨株式会社は，蘭領リオ群島を栽培地として，1918（大正 7）年 7 月，資本金 100 万円（払込 25 万円）で設立された。栽培面積は，約 1,000,000 エーカーである。蘭領リオ群島は，シンガポール沖にあり，交通の便の良いところである[70]。南国護謨の社長は島津久賢（貴族院議員，男爵，東京セルロイド取締役，大和護謨工業社長），取締役は，寺島誠一郎（八千代生命保険取締役），愛甲兼達（鹿児島紡織監査役，東印拓殖取締役，大和護謨工業監査役），児玉好熊（鹿児島在住），吉田啓蔵（大正板硝子取締役，南洋護謨常務取締役，大和護謨工業監査役）である。出資者は，宇都宮金之丞（大正板硝子代表取締役，鹿児島紡織社長），島津久賢，松方正熊（帝国製糖専務取締役），などである。鹿児島県人の出資が多かった[71]。

9．台湾でのゴム栽培会社

藤倉電線株式会社は，1912（明治 45）年 3 月に，台湾高雄の旗山郡杉林庄新庄において官有林 700 町歩の年期貸付を受け，ゴム栽培事業に着手した。この頃には高雄の下鳳山の藤井農場の他に，高山，村井等の有力農場もゴム栽培に着手していた。台湾では，大正の始めの頃にゴムの種子を輸入して苗木を育成し，これを植え付けたが，実際の栽培に障害が続出したことと，ゴム相場が暴落したために，事業を中止するものが続出した。藤倉電線のゴム栽培もその後，事業が停滞した状況が続いた[72]。

第2節 日本企業の南方へのその他の栽培事業,林業への進出

1. 栽培事業への進出

　南方での日本人経営の栽培事業は,ゴムのほかには,マニラ麻を始めとして,椰子,油脂植物,茶,コーヒー,綿花,サイザル麻,規那,香料植物等がある。その中で,椰子栽培事業は,日本の南方栽培事業として,ゴム,マニラ麻に次ぐ事業であった。1939(昭和14)年当時,日本の南方での椰子栽培事業は投資額800万円程度で,南方栽培事業の中で第3位にあった。ココ椰子は,食用油,石鹸等の原材料として使われた。主要な日本の椰子栽培会社として図表5-8のような企業があった。

　南方・東南アジアにおける主要栽培物と日系企業との関係ついて,ゴムとマニラ麻を除き,その概要は以下である[73]。

(1) **ココ椰子**

　ココ椰子の栽培は,戦前においては,南方における日本人の栽培事業中ゴム,マ

図表5-8　日本の椰子栽培会社(昭和16年当時)

ココ椰子	投資額	事業地
太田興業株式会社	7,000千ペソ	フィリピン・ダバオ
古川拓殖株式会社	1,150千ペソ	フィリピン・ダバオ
ビソ農牧株式会社	1,000千ペソ	フィリピン・ダバオ
パンラン興業株式会社	450千ペソ	フィリピン・サンボアンガ
サンボアンガ殖産株式会社	480千ペソ	フィリピン・サンボアンガ
タワオ・エステート・リミテット	―	英領ボルネオ,タワオ,サンダカンおよび西海岸州
台湾銀行	937千盾	ジャワ・ニシアル
南洋貿易株式会社	900千盾	セレベス,ミナハザ
セレベス興業株式会社	550千盾	セレベス,ミナハザ
台湾銀行	550千盾	ニューギニア,マコー島
油椰子		
野村東印度殖産株式会社	2,406千盾	スマトラ,アチェ州
東山栽培株式会社	3,763千盾	スマトラ東海岸
大倉スマトラ農場	1,140千盾	スマトラ東海岸

(出所)　樋口弘(1942)『南方に於ける資本関係』8-10頁。(盾:グルデン)

ニラ麻に次ぎ第3位を占める程，重要な産物である。日本人経営の椰子園はフィリピン，マレー半島，ジャワ，スマトラ，ボルネオ，セレベス等広く公布し，地域的にいえば，最も広範囲に及んでおり，その進出の時期は，おおむねゴムやマニラ麻への進出後間もない頃である。

ココ椰子栽培地は，マニラ麻の間作物として栽培されるフィリピンのダバオが最も多かった。ココ椰子の多くは，南方での日本資本の大規模栽培会社，もしくは，台湾銀行などの副業として栽培されていた。

(2) 油椰子

油椰子の栽培業へ初めて進出したのは，1923（大正12）年のことで，野村東印度殖産会社が，スマトラ島東海岸州において，外国人より油椰子園を買収し，その経営に着手した。

油椰子栽培地は，スマトラ島東海岸州が中心で，野村東印度殖産，東山栽培，大倉農業など財閥系の企業が栽培を行っていた。その3社の投資額は，1939（昭和14）年当時，150万円を超える金額であった[74]。

(3) 茶

南洋における日本人の茶の栽培は，1932（大正7）年末，南国産業株式会社がジャワにおいて，オランダ会社を買収したのに始まった。その後，南洋興発株式会社がジャワのハリムシで，チカネリー栽培株式会社がジャワのチカネリーおよびグンヌン・パデカで，茶園の経営に乗出した。

(4) コーヒーおよびカカオ

コーヒーの栽培は，ジャワのテンポアセオにおいて茶園経営の南国産業株式会社が，スマトラのアチェ州においては油椰子園経営の野村東印度殖産株式会社が，それぞれ本来の栽培業に遅れて着手した。また，フィリピンやセレベスには個人経営のコーヒー園もあった。カカオの栽培については，ジャワの南国産業株式会社，スマトラの昭和護謨株式会社が，試験的に栽培を行っていた程度である。

(5) 綿花その他の織維

綿花の栽培については，1933（昭和8）年以後，ニューギニアでの南洋興発株式会社，ミンダナオ島での太田興業株式会社等がある。サイザル麻の栽培については，

1918（大正7）年以降，中部ジャワにおいて東印拓殖株式会社が着手したが，その後に個人経営に移った。

(6) 米

米の栽培については，1929（昭和4）年以後，株式会社日沙商会がボルネオのサラワックにおいて，日本人米作移民の入植をも図って，水田の開発にあたった。タイ国においても，その頃からはじめは個人の経営として，後には三菱の手によって栽培された。

(7) 甘蔗（サトウキビ）

日本人の南方における糖業への投資としての甘蔗の栽培は，中部ジャワにおけるケダーレン農事株式会社が1社あるのみであった。この甘蔗園は，1920（大正9）年に，内外製糖会社がこれをオランダ人より買収経営し，その後1923（大正12）年に，その経営が大日本製糖株式会社に移った。

(8) その他

以上のほか，コシャム，デリス（トバ根），タピオカ，シトロネラ（香料），カボック等があったが，南方全体におけるこの種事業からみれば，日本人のそれは微々たるものであった。

以上のように，南方・東南アジアでの日本人の栽培事業は，かなり多方面に及んでいたといえよう。

2. 林業への進出

日本が南方への林業に進出し，森林を租借して伐採し，輸出するという林業事業に進出したのは，1918（大正7）年，1919（大正8）年頃からである。その後，進出が増え，1939（昭和14）年当時，日本の南方への林業投資額は2,000万円を超える規模であった[75]。その租借事業地は，フィリピンのルソン島，ミンダナオ島，ミンドロ島など，および蘭領ボルネオ，英領ボルネオ等であった。

南方での日本の林業事業は，三井，岩井，安宅，古河，栗林等，木材貿易業者の進出したものが大部分を占め，いずれも輸出業務を兼ねていた。このように，南洋での日系林業事業は，大手財閥，大手貿易会社が出資した企業が多かった。蘭領ボ

第5章 戦前期日本の南洋・南方へのゴム栽培,農業栽培,林業,水産業進出の歴史と戦略　179

図表 5-9　日本の主要な南方への木材会社(昭和16年当時)

(単位:千円)

	投資額	事業地	資本系統
比律賓木材輸出株式会社	1,900	フィリピン・ルソン	
日比興業株式会社	1,160	フィリピン・ルソン	栗林商店
日比企業株式会社	650	フィリピン・ホリコ	
ミンドロ木材株式会社	760	フィリピン・ホリコ	安宅商店
スマギー木材株式会社	619	フィリピン・ホリコ	岩井商店
北ミンダナオ木材株式会社	1,970	フィリピン・ミンダナオ	三井系
タゴン商事株式会社	270	フィリピン・ダバオ	三井系
ギングー木材株式会社	980	フィリピン・ミンダナオ	
ガルフ木材株式会社	2,290	フィリピン・ダバオ	古川拓殖
テイブンコ木材株式会社		フィリピン・ミンダナオ	古川拓殖
住友商店	200	フィリピン・ミンダナオ	―
南洋物産株式会社		フィリピン・ミンダナオ	
南洋林業株式会社	5,080	蘭領ボルネオ	東洋拓殖系
ボルネオ物産商会	751	蘭領ボルネオ	播磨造船所
雪本商店		蘭領ボルネオ	
日産農林工業株式会社	600	蘭領ボルネオ	日産系
タワオ・エステート・リミテッド		蘭領ボルネオ	三菱系
野村商事株式会社	200	蘭領ボルネオ(買材のみ)	
山田種章商店	500	蘭領ボルネオ(買材のみ)	
石原産業公司		マレー半島	
蘇島木材洋行		スマトラ	

(出所)　樋口弘(1942)『南方に於ける資本関係』15-16頁。

ルネオの東海岸には,東洋拓殖株式会社の資本による南洋林業株式会社が,1930(昭和5)年以来,事業を行っていた。英領ボルネオのクワオでは,三菱系のタワオ・エステート・リミテッドと日産農林工業株式会社が,ゴム,マニラ麻の栽培と同時に,森林を租借経営していた。マレー半島のジヨホールでは,石原産業公司が,森林伐採事業を行っていた[76]。

　主要な日本の林業会社として図表5-9のような企業があった。

(1)　フィリピンへの日系林業企業の進出

　戦前において,日本企業の南方における林業投資の中心地の一つはフィリピンであった。フィリピンへの日系林業企業の進出形態を,フィリピンの山林法による分類によれば,以下のような4つがある[77]。第1は,日本人の名義により伐権を有し,日本側が全額出資する直営の形態である。第2は,日本とフィリピンとの出資による共同名義という合弁の形態である。第3は,フィリピン人の名義によるが,日本側が全額投資する形態である。第4は,融資という形で投資する形態である。

第1の日本人名義による全額出資の形態は，一般に20年を限度とする長期採取権を有する。この形態の投資として，比律賓木材輸出株式会社，南国企業株式会社，古川拓殖株式会社等があった。比律賓木材輸出株式会社は，ルソン島カシグランに全額出資名義の事業地を持ち，木材輸出も自社で行う企業であった。南国企業株式会社は，ミンダナオ島ダバオに全額出資名義の事業地を持ち，木材輸出については三井物産が担った。古川拓殖株式会社は，ミンダナオ島ダバオに事業地を持ち，木材輸出については三菱商事が担った。しかし，フィリピンは，1935（昭和10）年11月以降，米比人または米比の資本60％以上の法人でなければ伐採権を許可しないと定め，日本人名義のみによる伐採許可は認められなくなった。

　第2の日比合弁による投資は，フィリピン人の投資額の比率が60％以上必要であると定められた。しかし，名義上はそのようになっていても，現実は日本側がそれを上まって出資する事例もあった。この合弁形態の企業の設立は，1935（昭和10年）年11月以降になされた。日本の木材市場に南洋材が大量に輸入され始めたのは，この頃からであった。この日比合弁形態の投資として，日比企業株式会社，南国企業株式会社，安宅商会，岩井商店，ボルネオ物産会社等があった。日比企業株式会社は，出資比率33％でルソン島デインガランに事業地を持ち，木材輸出は自社で行った。南国企業株式会社は，全額出資するが名義上は30％でミンダナオ島アグサンに事業地を持ち，木材輸出は三井物産が担った。安宅商会は，2つの事業があり，全額出資するが名義上は25％でミンダナオ島スリガオの事業地，および全額出資するが名義上は40％でミンダナオ島ナウハンの事業地があり，木材輸出については自社で行った。岩井商店は，全額出資するが名義上は40％でミンダナオ島スマギーに事業地を持ち，木材輸出は自社で行った。ボルネオ物産会社は，2つの事業があり，名義上20％でバシラン島バシランの事業地，およびミンダナオ島クリアの事業地があり，木材輸出については自社で行った。

　第3のフィリピン人の名義によるが，日本側が全額投資する形態は，かなり多くの事業地においてあった。これは，比律賓木材，南国企業等の日系木材企業，および商社等にあった。比律賓木材株式会社は，ミンダナオ島にこの形態で5つの事業地があった。南国企業株式会社は，ミンダナオ島にこの形態で3つの事業地があった。ギンダー木材株式会社は，ミンダナオ島ギンダーにこの形態で事業地があった。日比企業株式会社は，ポリロ島ポリロにこの形態で事業地があった。その他に，商社として，住友商会は，ミンダナオ島のルナオに，安宅商会は，ミンダナオ島のナツビットにこの形態で事業地があった。

第4の融資という形で投資する形態は，例えば融資する金額に相当する木材を相手方より入手することによって融資額の支払いを受けるような形である。この形態は，ギンクー木材，住友商店，ボルネオ物産，安宅商会などにあった。

(2) ボルネオの日系林業企業の進出

戦前において，日本企業の南方における林業投資のもう1つの中心地は，英領北ボルネオと，蘭領ボルネオといったボルネオであった。ボルネオの日系林業企業の進出では，事業地を日本人自らの手で経営して伐採ならびに日本への輸出を行う形態，および，外国業者の伐採された木材を購入し，これを輸出するという，2つの形態があった[78]。

英領北ボルネオでの日系木材企業として，日産農林工業株式会社，野村商事株式会社，山田商店等がある。日産農林工業株式会社は，英領北ボルネオを代表する日系木材企業で，同社はゴム園の開発が主目的であるが，その租借地を開墾するために伐採した木材を輸出した。日産農林工業は，北ボルネオにあって事業地を直営する唯一の日本企業で，事業地はタワオにあった。野村商事株式会社は，直営事業を行わず，外国木材伐採事業者との契約によって買材し，主として日本向に木材を輸出した。山田商店も，外国企業から買材し，これを日本内地または外地などに輸出した。

蘭領ボルネオでの日系木材企業として，南洋林業株式会社，ボルネオ物産会社，安宅商会，山田商会等があった。南洋林業株式会社は，蘭領ボルネオを代表する日系木材企業で，同社はタラカン，サンクランに事業地を経営し，主に日本向に輸出を行った。ボルネオ物産会社は，サマリンダ，プラオに事業地を有し，木材を輸出した。安宅商会は，パリックババン付近に事業地を有する雪本商会と提携し，木材を輸出した。その他，山田商店があった。

第3節 南方への水産業への進出

1. 南方への水産業への進出の概要

　日本の水産業の南方への進出は，長い歴史がある。南洋へ日本人漁夫の出漁を見たのは，かなり古いことと思われるが，組織的に出漁するようになったのは 1913（大正 2）年，1914（大正 3）年の頃からである[79]。日本の水産業の南方への発展は，マレー半島，スマトラ，ジャワ，ボルネオ，セレベス，フィリピン，オーストラリア等，極めて広大な地域に及んでいた。漁業は，鰹，鮪などの魚や，高瀬貝，蝶貝類の探取などがあった。日本漁船は，シンガポール，バタビヤ，アンボン，マカッサル，メナード，ダバオ，マニラ等の各港を根拠地として，漁業を行っていた。南方での日本の漁業は，企業組織，漁業組合，個人などによって営まれていた。日本の漁民は，南方でしばしば領海侵犯，関税法違反等の国際上の問題をも惹起するに至り，時に，昭和の倭寇とまで呼ばれていた。特に，満洲事変後，日本の南進に対する警戒的措置がなされ，この日本漁般の活動が，その警戒の対象となり，くり返し国際上の紛事を惹起した[80]。

　1940（昭和 15）年当時，日本の南方の水産業は，フィリピンのマニラとダバオ，英領マレーのシンガポール，英領北ボルネオのタワオ付近，蘭領ジャワの北部海岸，蘭領スマトラの東海岸，蘭領セレベスのメナド等を根拠として活躍する日本人水産業者は 6,000 人に達し，年産額 1,800 万円を挙げていた[81]。

　日本の南方での水産業において，企業的組織によるものは，北ボルネオのタワオにおけるボルネオ水産株式会社，フィリピンのザンボアンガを根拠地とする南洋水産株式会社（フィリピンの法人としてはシーフード・コーポレーションと呼ぶ），シンガポールを中心とした永福虎の大畠公司，蘭印のセレベス島のメナドを根拠とする大岩氏の日蘭漁業公司などがあり，何れも大正の末期から，昭和の初期にかけてであった[82]。

　ボルネオ水産株式会社は，1926（大正 15）年創立され，1927（昭和 2）年にその事業を開始した。ボルネオのタワオの沖合のシャミル島を根拠地として鰹，鮪漁業を行った。さらに 1938（昭和 13）年末に，北ボルネオの北端バンゲイ島に，第 2 の

漁業根拠地を設けて，漁業を営んだ[83]。

2．真珠貝漁業

　日本の海外漁業で，最も古い歴史を持つものとして，真珠貝採取事業がある。明治 20 年代より日本の真珠貝採取者数百人が北部オーストラリア方面へ渡り，オーストラリア人またはオランダ人経営の会社に雇われ，真珠貝採取を行った[84]。

　戦前の日本人の海外での真珠貝漁業には，3 つの形態があった。第 1 は，日本の南洋庁下の南洋群島を本拠とする真珠貝事業会社である。第 2 は，外国領土を根拠として日本人によって経営された真珠貝事業会社である。第 3 は，外国人経営の真珠貝事業に従業員として雇用され，真珠貝採取を行う者である。

　第 1 の南洋群島を本拠とする代表的な日本の真珠貝事業会社として，日本真珠株式会社があった。日本真珠株式会社は，1938（昭和 13）年に創業され，南洋群島パラオ諸島ならびにコロール島を根拠地として事業を行っていた。

　第 2 の外国領土を根拠とする代表的な日本の真珠貝事業会社として，鳳敦真珠株式会社，セレベス貿易株式会社などがあった。鳳敦真珠株式会社は，蘭領セレベス島内のブートン島にあった三菱系の企業である。鳳敦真珠は真珠養殖事業を行い，昭和 10 年代初頭には，日本人従業員 12 人，採貝船 3 隻，養殖真珠年間生産額約 12 万円であった。また，オーストラリアに近い蘭領トボには，セレベス貿易株式会社などが養殖採取事業を行っていた。

　第 3 の外国人経営の真珠貝事業に従業員として雇用される日本人真珠貝漁業者は，オーストラリアに多かった。オーストラリアでは，日本人経営の真珠貝漁業は原則として禁止されていたので，契約従業員として日本人が従事していた 1935（昭和 10）年頃の時点で，オーストラリアでの日本人真珠貝養殖の従事者は約 700 名程度で，木曜島，ダーウィン，ブルーム，コサック等で働いていた。ダーウィン，ゴサックでは，オーストラリアに帰化した村松松次郎の事業があった[85]。

3．南興水産株式会社の事例

　南洋群島での水産業においては，日本資本の南洋興発株式会社の関連会社である南興水産株式会社が代表的な企業である。

　南興水産株式会社は，1935（昭和 10）年 1 月，南洋群島での開発の中心的企業で

ある南洋興発株式会社の水産事業部が独立し，資本金120万円で設立された。主要な事業は，鰹漁業および鰹節の製造・販売である。さらに，当時南洋群島には水産業者のための金融機関や漁業資材等を供給する機関がなかったので，これらの事業を行った。1937（昭和12）年当時に，直営漁船21隻，共同出費漁船7隻，契約漁船16隻，計44隻を持ち，主として鰹漁業を営み，漁獲物（主として鰹）の取扱扱量約296万貫，鰹節製造高約50万貫であった。1938（昭和13）年3月，南興水産株式会社は，資本金を270万円に増資し，漁船，製氷工場，冷蔵庫等の事業設備を拡充し，続いて1939（昭和14）年12月，資本金総額を500万円に増資した。さらに，1941（昭和16）年，資本金総額を1,000万円に増資した[86]。

　1941（昭和16）年当時の事業状況をみると，所有漁船はパラオ島で30隻，サイパン島で16隻，トラック島で14隻，ポナペ島で4隻，合計64隻と多くの船を持っていた。パラオ，サイパン，トラックの各島に製氷冷蔵庫を有し製氷能力1日40トンであった。資本構成をみると，株式総数10万株のうち71,990株は南洋拓殖株式会社，24,610株は南洋興発株式会社が所有し，南洋拓殖系の子会社形態であった。取締役会長は南洋興発の松江春次，社長は杉田芳郎，専務は庵原市藏，常務は上野省三であった。従業員は約1,500人で，その家族は700人に上るが，関係漁船およびその家族を入れると総勢5,000人に上る多くの人を抱えていた。以上のように，南興水産株式会社は，南洋拓殖の子会社として，南洋における水産資源開発の先駆として事業運営にあたっていた[87]。

4．ボルネオ水産株式会社の事例

　ボルネオ水産株式会社は，戦前の英領ボルネオにおける唯一の日系漁業会社であった。大正の初め，台湾総統府関係の南洋開発組合がボルネオにおいて農園および病院の経営を行っていたが，農園従業員に新鮮な魚類を供給する目的で1918（大正7）年に新たに漁業部を設けて，漁船を廻航して延縄漁業を開始したのがボルネオでの日本人漁業の始まりである。この南洋開発組合の漁業部は，その後1921（大正10）年まで漁業を継続したが，組合事業縮小のため，漁業部の財産権利の一切を従業員の折田一二に譲渡し経営を委ねることになった。その後，1926（大正15）年，北ボルネオ政府からシャミル島を租借，同年8月ボルネオ水産公司（資本金30万円）の漁業合資会社を設立した。1927（昭和2）年3月より漁船2隻で鰹釣漁業，鮪延縄漁業及び鰹節製造事業を始め，製品は全部日本に輸出した。当時漁夫は20

人，職工5人で，1931（昭和6）年には80万ドルの水揚高を示した。1933（昭和8）年には漁夫80人，職工女工60人，幹部社員10人，従業員合計150人となった。1933（昭和8）年12月，合資会社形態から株式会社形態に変わり，資本金50万円のボルネオ水産株式会社となった。業務を拡張して，欧州向け鰹鮪罐詰の製造に着手し，製氷工場の増設も行った。1934（昭和9）年7月，資本金を200万円（半額払込）に増資した。同年7月，ボルネオ水産株式会社は，日本水産株式会社の支配下に入った。1938（昭和13）年1月，バンキー島に罐詰工場その他の附属施設の建造に着手し，翌年の1939（昭和14）年1月より業務を開始した。さらに1939（昭和14）年，資本金を250万円（50万円増額）に増資した[88]。

1941（昭和16）年当時，ボルネオ水産株式会社は，漁業者数では会社直属の者が81人，そのほか出漁団82人で，漁船は11隻，餌料船に使用する伝馬船大小7隻である。本社を東京に置き，クワオに事務所，シャミル，バンキー島に作業所，サンダカンに駐在所があった。製品は，罐詰が大部分で，ほかに鰹節製造がある。シャミル島は鰹節工場（1日生産3,000貫），罐詰工場（1日生産300ケース製造），製氷工場（日産10トン）等のほかに，修理工場，網修理場及倉庫，需品倉庫，病院，食堂，従業員宿舎等があった。さらにバンキー島には，罐詰工場（日産300ケース）があり，それに付属して鰹節工場及び製氷工場，修理工場，需品倉庫，病院，炊事場，従業員宿舎等の設備があった。罐詰事業は，欧米市場への輸出も多かった[89]。

5．大昌公司の事例

大昌公司は，1922（大正11年），永福虎によってシンガポールで設立された日本人経営の漁業会社である[90]。大昌公司は，シンガポールに本店を置き，設立以降，着実に発展し，シンガポールを中心とした南洋での代表的な日系水産会社となった。

大戦前の時期，大昌公司は，マレー方面日本人漁獲総高の約80％を占め，年間売上高は約100万ドル，その使用船舶は，運搬船25隻，発動機漁船30余隻，帆走漁船20隻，漁業漁夫は約700人，また最新式製氷工場と，冷凍倉庫を備えていた[91]。

6．日本真珠株式会社の事例

日本真珠株式会社は，1938（昭和13）年1月に南洋興発株式会社の出資により創業され，南洋群島パラオ諸島ならびにコロール島を根拠地として操業していた。南

洋の真珠貝は，鰹鮪漁業に次ぐ重要漁業であった。1941（昭和16）年当時の資本金は，150万円（全額払込）で，主要事業は，真珠貝の探取，運搬，保管，売買ならびに委託売買，真珠貝採取船の経営，真珠貝採取業者に対する物資の供給および金融，これに関連する代理業ならびに付帯事業である。操業区域は北豪州の沖合で，1941（昭和16）年当時，漁船は母船1隻，運搬船7隻である。社長は兒玉貞雄，専務は石川忠一であった。日本真珠株式会社の主要な出資会社は，南洋拓殖，南洋興発，南洋貿易等であった[92]。

おわりに：戦前日本の東南アジアへのゴム栽培，農業栽培，水産業進出の歴史と戦略

本章を終えるにあたって，戦前の日本企業の東南アジア・南洋・南方進出で，重要な点をまとめておこう。

第1は，戦前の日本企業の南方・南洋進出は，製造業は比較的少なく，栽培業，貿易，小売業等が中心あったことである。その中でゴム栽培は，フィリピンなどのマニラ麻栽培，南洋や台湾を中心とした砂糖キビ栽培と並ぶ，重要な事業であった。鉱業・資源開発は，石原産業などの少数の企業のみであった。ゴム産業は，世界的に自動車，軍事産業などの発展により，戦前期急速に需要が拡大し，その原料としての天然ゴムの需要は増加した。日本においても，急速にゴム製品の生産は増え，天然ゴムの重要性は高まった。これに対応して，日本は外国から天然ゴムを輸入するのではなく，独自に南方においてゴム栽培事業を行うという機運が高まったのである。日本企業の南方・南洋へのゴム栽培事業投資は，日本本土の資本が中心であったが，シンガポールなど南洋に在住していた日本人商業資本家の投資もあった。

第2は，日本の南方でのゴム栽培事業は，明治末期頃というかなり早い時期に進出し，日本企業の海外への直接投資の嚆矢であったことである。日本企業の南方へのゴム栽培事業企業への進出は，1907（明治40）年頃からであるが，それ以前にもマレーのゴム園経営に乗り出した日本人も少数いた。1903（明治36）年，マレー半島のスレンバン付近に笠田直吉と中川菊蔵がゴム園を買収したのが，日本人の南方でのゴム栽培の最初であるとされており，1910（明治43）年，1911（明治44）年頃から，日本の南方へのゴム進出は本格化した。その頃ゴム相場が急騰し，ゴム需要が拡大し，シンガポール在住の日本人，日本在住の日本人，日本の企業などがゴム園経営に乗り出した。この時期以降，日本は，海外移民が急激に増え，海外への企業進出も増加し，南洋ブームの観があった。そのため，南洋にはかなりの数の日

本人が在住し，ゴム栽培等の栽培事業，商業，貿易，その他のサービス業，水産業などに従事した。

　第3は，三菱，三井，森村，古河，藤田，川崎，渋沢，日産，野村などの日本を代表する財閥が，明治末期から大正にかけてこぞって南方へのゴム栽培への投資を始めたことである。その外に，台湾拓殖などの国策企業のゴム栽培への投資もあった。

　三菱財閥は，三五公司，三井護謨園およびその後の熱帯産業株式会社との関係が深かった。三五公司は，経営者である愛久沢直哉が三菱合資の出身であり，三菱財閥の岩崎家から資金支援を受けていた。三井護謨園は，1911（明治44）年1月，三井家同族会（後に三井合名となる）によりマレーのジョホールに土地を租借し，事業を開始した。その後，三井護謨園は，1915（大正4）年5月，熱帯産業株式会社となった。森村財閥は，南亜公司，宿大護謨との関係が深かった。南亜公司は，1911（明治44）年10月，取締役会長に森村開作，出資者に森村関係の人で8割を占める形で，英領マレー，ジョホール州コタテンギ，トロスンガの地を租借し，設立された。宿大護謨は，1917（大正6）年7月，マレーのジーホール州のスクダイで，広瀬橘三，広瀬実光のほか，森村銀行を母体とする森村財閥の関係者である森村開作，法華津孝治（同じ森村財閥系のゴム栽培会社である南亜公司の取締役）などの出資により設立された。古河財閥は，1911（明治44）年，当主である古河虎之助が個人ゴム園としてマレーのジョホール河西岸のチランの租借地を取得し，事業を開始した。また，古河財閥は，シンガポールに事業地を有し，1913（大正2）年5月，設立された日新護謨株式会社にも出資していた。藤田財閥は，1911（明治44）年11月，合名会社藤田組によりマレーのジョホール河西岸において租借地を取得し南興護謨栽培所として開設された。その後，1919（大正8）年，藤田組護謨園は，南興殖産株式会社となった。川崎財閥は，1910（明治43）年7月，川崎造船所を経営する松方幸次郎により，マレーのジョホール州サンテイでの租借地を取得し，松方護謨園としてゴム栽培の事業を開始した。渋沢財閥は，1912（大正元）年4月，渋沢栄一と彼の知己の事業家，および大隈重信系の事業家を出資者として，マレー半島の中部ネグリスミラン州スレンバン市外に租借地を取得し，馬来護謨公司として事業を始めた。また，渋沢財閥は，シンガポールに事業地を有し，1913（大正2）年5月，設立された日新護謨株式会社にも出資していた。日産財閥は，「日産コンツェルン」の母体である久原鉱山の創立者である久原房之助が，1916（大正5）年2月，英領北ボルネオのタワオに日本産業護謨を設けた。その後，1928（昭和3）年，

久原鉱山は，鮎川義介が創立した日本産業株式会社（日産コンツェルン）の子会社となり，日産コンツェルンの関連会社となった。1934（昭和9）年3月，北ボルネオにおけるタワオ農園事業を日本産業より分離し，日本産業護謨株式会社を設立した。野村財閥は，1917（大正6）年，ドイツ人が所有していた蘭領印度ボルネオのダナム・サラック・ゴム園を買収したのを発端として，野村東印度殖産株式会社によりボルネオとスマトラでゴム栽培，油脂植物栽培，珈琲栽培，ゴム精製工場など南洋での事業を拡大した。

以上のように，明治の終わりから大正にかけての時期に，日本の代表的財閥は，財閥の当主やその関係者などの個人出資を中心としてゴム栽培事業会社を設立する形で，南洋・南方に進出したのである。

第4は，日本の南洋・南方へのゴム栽培事業は，土地の租借により行われていたことである。英領マレーは，比較的外国資本に対しても土地の租借が認められた。むしろ，政策的に，栽培を目的とした土地の租借により産業を発展させようという方向性があった。また，蘭領印度においても，マレーほどではないが，外国資本の土地の租借に対して寛容であった。このような背景があり，日本企業は，外国の殖民地であったマレー，蘭領印度などの地域で土地を租借することにより，ゴム栽培園を作り，ゴム栽培事業に進出できたのである。

第5は，日本人経営のゴム栽培園の労働力の担い手は，現地人，苦力（coolie）であったことである。日本人は，ゴム栽培園の労働者としては少数であった。すなわち，日本人のゴム栽培園は，現地人や苦力が労働者の主体で，日本人はその労働者を管理するという，経営管理を行っていた。苦力とは，マレー，蘭印などの南方地域において栽植労働者などとして働く，現地人，中国人，インド人，ジャワ人等の出稼ぎ労働者のことある。蘭印の政府は，殖民的見地より可及的にジャワ人を移入させた結果，1925（大正14）年スマトラ東海岸における外国労働者19万6,708人中，62.5％はジャワ人，23.11％はジャワ婦人，13.62％は中国人であった[93]。南方での日本人経営のゴム園においても，現地在住の住民以外に，苦力を労働者として使用したのである。

第6は，南洋・南方への日本の海外進出で意外に知られていないが，興味深いのは水産業の進出である。大正の初め頃から，日本の水産業の南方への進出がみられた。日本の水産業の南方への発展は，マレー半島，スマトラ，ジャワ，ボルネオ，セレベス，フィリピン，オーストラリア等，極めて広大な地域に及んでいた。日本漁船は，シンガポール，バタビヤ，アンボン，マカッサル，メナード，ダバオ，マ

ニラ等の各港を根拠地として，企業組織，漁業組合，個人などによって，営まれていた。1940（昭和15）年当時，日本の南方の水産業は，フィリピンのマニラとダバオ，英領マレーのシンガポール，英領北ボルネオのタワオ付近，ジャバの北部海岸，スマトラの東海岸，セレベスのメナド等を根拠として活躍する日本人水産業者は約6,000人に達していた。

以上のように，戦前期においても，日本は南洋・南方（東南アジア）において，日本人は移住し，企業活動をするという活発な国際経営を行っていたのである。

〈参考資料〉

スマトラ興業株式会社定款 （昭和12年4月28日　定時株主総会改正）[94]

第一章　総則

第一條　本会社はスマトラ興業株式会社と称す。

第二條　本会社の目的左（以下）の如し。

一　砂糖，護謨其他熱帯農物の栽培，製造及費買並に之に関係する事業を営むこと。

二　会社用の鉄道，船舶に依り運輸業を営む事。

第三條　本会社は本店を東京市に置き其他適宜の場所に支店若くは出張所を置くことを得。

第四條　本会社の資本金は参百萬円とす。

第五條　本会社の存立期間は設立の日より満五十箇年とす。

第六條　本会社が法令又は定款に依りて爲すべき公告は東京市に於て発行する中外商業新報に掲載するものとす。

第二章　株式

第七條　株式は記名式にして壱株の金額を五拾円とし総株数を六萬株とす。

第八條　株券は壱株券，拾株券，百株券の三種とす。

第九條　新株式第二回以後の払込は事業の必要に応じて取締役に於て期日及金額を定め期日より三十日前に各株主に通知すべし。

第十條　株主若し株金の払込を怠るときは払込期日の翌日より現払込日まで其払込べき金額に対して金百円に付日歩金四銭の割合を以て遅延利息を徴収す。

第十一條　株式を譲渡したるときは会社の定むる所に依り当事者連署の請求書に株券を添へて名義書換を請求すべし。

第十二條　相続，遺贈又は公費，競売等に因りて株式を承継したる者は戸籍吏の証明書若くは会社に於て必要と認むる証拠書類に株券を添へて名義書換を請求すべし。

第十三條　株券の段損又ハ株式の分割，併合等の事由に因り新に株券の交付を請求する者あるときは会社は相当の手続を経て旧株券と引換に新株券を交付すべし。

第十四條　株券の盗難，紛失又は滅失等の事由に因り新に株券の交付を請求する者は其事実を明記し保証人二名以上の連署を以て申出つへし会社は其事実の証明を得たる後請求者の費用を以て其旨を公告し公告の日より六十日を経て異議を申立つる者なきときは新に株券を交付すべし。

第十五條　本会社は手数料として第十一條及第十二條の場合には株券壱通に付金拾銭第十三條及第十四條の場合には同参拾銭を請求者より徴収す。

第十六條　株主又は其法定代理人は氏名，住所及印鑑を本会社に届け出つへし其変更ありたるとき亦同し。

第十七條　本会社は公告を為して株主総会前其他必要の場合相当の期間を定め株式の名義書換を停止することあるへし。

第三章　株主総会

第十八條　総会は取締役，監査役其他法律に依りて招集の権を有する者之を招集す。総株金の十分の一以上に当たる会議の目的及招集の理由を示して請求するときは取締役之を招集す。

第十九條　定時総会は毎年四月及十月東京市に於て之を開き臨時総会は必要の場合に於て之を開く。

第二十條　定時総会に於ては前計算期の計算書類及報告書類を査定し且利益配当に関する議案其他取締役より提出する所の議案を決議す。
　　　　　臨時総会に於ては其目的たる臨時の事項を決議す。

第二十一條　総会の議事は予め通知したる目的及事項の外に渉ることを得す。

第二十二條　総会を招集するには総会の日時，場所，目的及決議すへき事項を記載したる通知書を会日より拾四日前に各株主に発すへし。

第二十三條　総会に於ける株主の議決権は壱株毎に壱個とす。
　　　　　　株主又は其法定代理人は他の株主を代理人として議決権を行はしむることを得。

第二十四條　総会の議長は取締役会長又は社長に任し其事故あるときは他の取締役之に任す。

第二十五條　総会の議長は議事を整理す又会議を延期し会場を移すことを得。

第二十六條　総会の決議は定款変更，社債募集，合併，解散其他法律に特別の規定ある場合を除くの外出席株主の議決権の過半数を以て之を可決す可否同数なるときは議長之を決す。
　　　　　　議長は株主として其議決権を行使するを妨げず。

第二十七條　総会の議事要領は議事録に記載し議長及監査役之に署名捺印す。

第四章　役員

第二十八條　株主総会に於て壱百株以上を有する株主中より七名以内の取締役，三名以内の監査役を選挙す。

第二十九條　取締役及監査役は任期は法定の最長期間とす但任期中の最終の配当記に関する定時総会の終結前に満了したるときは其終結に至るまで伸長す。

第三十條　取締役の互選を以て取締役會長又は社長を置く其他場合に依り取締役及常務取締役若干名で置くことを得。

第三十一條　取締役又は監査役に欠員を生したるときは臨時総会を招集して補欠選挙を行うものとす但役員か法定の員数を欠かす且業務執行上差支なきときは補欠選挙を行はさることを得。

　　　　　　補欠又は増員の選挙に依り就任したる取締役又は監査役の任期は他の同役の残るの期間とす。

第三十二條　取締役は其在任中所有の株式壱百株を監査役に預け置くべし此株式は退任するも株主総会に於て其在任中取扱ひたる事務の承認ありたる後にあらされは之を還付せるものとす。

第三十三條　取締役及監査役の給料又は報酬は株主総会の決議を以て之を定む。

第五章　会計

第三十四條　本会社の決算期は毎半箇年とし十月一日より翌年三月三十一日までを前半期とし四月一日より九月三十日までを後半期とす。

第三十五條　本会社は毎半期に於ける総収入より営業諸費，恩給扶助基金，損失及減価引除金を控除したるものを利益金とし左の通処分するものとす。

　　　　　　一法定積立金　　　　利益金百分ノ五以上
　　　　　　一取締役監査役手当　利益金百分ノ十以内
　　　　　　一株主配当金　　　　若干
　　　　　　一後期繰越金　　　　若干

　　　　　　前項の外株主総会の決議に依り配当準備積立金を設け其他必要の処分を為すこと得。

第三十六條　配当金は毎計算期末日に於ける株主名簿現在の株主に払渡すものとす但支払期日後五箇年間其支払の請求を受けざるときは之を本会社に収得すべし。株主は配当金の利息を請求すること得ず。

第六章　附則

第三十七條　外国に住所を有する株主は会社より発する一切の催告及通知を受領するため日本国内に仮住所を定め本会社に届出つべし。

　　　　　　前項の届出を為さざるときは会社は其発すへき諸般の催告又は通知に付一切其責に任せず。

注

(1) 樋口弘（1942）『南方に於ける資本関係』味燈書屋，4頁。
(2) 樋口弘（1942）『南方に於ける資本関係』味燈書屋，4頁。
(3) 内藤英雄（1942）『マレーの研究』愛国新聞社，189-192頁。
(4) 小林一彦・野中正孝（1985）『ジョホール湖畔―岩田喜雄南方録』アジア出版，96頁，野村貞吉（1941）『新嘉坡と馬来半島』寶雲舎，255頁。なお，マレーのゴム園王といわれた笠田直吉は，1851（嘉永4）年に天草に生まれた。幕末の1866（慶應2）年，黒船といわれた外国船の機関室のボイラーマンとなり，長崎と南洋を往来するようになった。笠田は，1872，1873（明治5,6）年頃，22歳の時にシンガポールで下船し，単身マレーの奥地に入り込んだ。マレーで中国人と知り合い，マレーで開墾に従事した。1892（明治25）年，笠田は，結婚し，マレーで珈琲園を経営する。その後，ゴム園開発などを始め，マレーにおけるゴム栽培の先駆者の一人となった（北野典夫（1985）『天草海外発展史（上巻）』葦書房，321-327頁，による）。
(5) 日本ゴム工業史編集委員会（1950）『日本ゴム工業史』ゴム時報社，167-168頁。なお，戦前期南洋での日本の栽培事業進出についての最近の優れた研究として，柴田義雄（2005）『南洋栽培会社の時代』日本経済評論社，がある。
(6) 南方年鑑刊行会（1943）『南方年鑑 昭和18年版』東邦社，301-304頁。
(7) 南方年鑑刊行会（1943）『南方年鑑 昭和18年版』東邦社，301-304頁。
(8) 昭和ゴム社史編集委員会（1969）『昭和ゴム30年小史』昭和ゴム株式会社，13頁。
(9) 井上雅二（1930）『移住と開拓』日本植民通信社，5頁。
(10) 井上雅二（1930）『移住と開拓』日本植民通信社，13頁。
(11) 加藤至徳（1919）『護謨栽培事業』南洋協会，135頁。
(12) 昭和ゴム社史編集委員会（1969）『昭和ゴム30年小史』昭和ゴム株式会社，13頁。
(13) 明治製糖株式会社（1936）『明治製糖株式会社三十年史』明治製糖株式会社，130頁。
(14) スマトラ興業株式会社（1936）『スマトラ興業株式会社二十年史』スマトラ興業株式会社，2-3頁。
(15) 昭和ゴム社史編集委員会（1969）『昭和ゴム30年小史』昭和ゴム株式会社，15頁，およびスマトラ興業株式会社（1936）『スマトラ興業株式会社二十年史』スマトラ興業株式会社，5-16頁。
(16) スマトラ興業株式会社（1936）『スマトラ興業株式会社二十年史』スマトラ興業株式会社，2頁，および39頁）。
(17) スマトラ興業株式会社（1936）『スマトラ興業株式会社二十年史』スマトラ興業株式会社，52頁。
(18) スマトラ興業株式会社（1936）『スマトラ興業株式会社二十年史』スマトラ興業株式会社，54-58頁。
(19) 栗林正修（1937）『日本コンツェルン全書8 証券財閥読本』春秋社，158-159頁。
(20) 村上順二編（1951）『野村徳庵（上）』野村徳庵翁伝記編集会，601-602頁。
(21) 栗林正修（1937）『日本コンツェルン全書8 証券財閥読本』春秋社，163頁。
(22) 村上順二編（1951）『野村徳庵（上）』野村徳庵翁伝記編集会，418頁。
(23) 栗林正修（1937）『日本コンツェルン全書8 証券財閥読本』春秋社，166頁。
(24) 栗林正修（1937）『日本コンツェルン全書8 証券財閥読本』春秋社，166頁。
(25) 村上順二編（1951）『野村徳庵（下）』野村徳庵翁伝記編集会，419頁。
(26) 村上順二編（1951）『野村徳庵（下）』野村徳庵翁伝記編集会，133-134頁。
(27) 昭和ゴム社史編集委員会（1969）『昭和ゴム30年小史』昭和ゴム株式会社，11-13頁。
(28) 昭和ゴム社史編集委員会（1969）『昭和ゴム30年小史』昭和ゴム株式会社，20頁。
(29) 昭和ゴム社史編集委員会（1969）『昭和ゴム30年小史』昭和ゴム株式会社，5-9頁。
(30) 加藤至徳（1919）『護謨栽培事業』南洋協会，154頁。
(31) 日産農林工業株式会社（1985）『日産農林工業社史』日産農林工業株式会社，27-32頁。
(32) 日産農林工業株式会社（1985）『日産農林工業社史』日産農林工業株式会社，32-34頁。
(33) 柴田善雅（2005）『南洋栽培会社の時代』日本経済評論社，43-47頁。
(34) 加藤至徳（1919）『護謨栽培事業』南洋協会，154頁。
(35) 柴田善雅（2005）『南洋栽培会社の時代』日本経済評論社，47-48頁。
(36) 柴田善雅（2005）『南洋栽培会社の時代』日本経済評論社，48-49頁。
(37) 加藤至徳（1919）『護謨栽培事業』南洋協会，154頁。

(38) 柴田善雅（2005）『南洋栽培会社の時代』日本経済評論社，494 頁。
(39) 柴田善雅（2005）『南洋栽培会社の時代』日本経済評論社，49 頁。
(40) 柴田善雅（2005）『南洋栽培会社の時代』日本経済評論社，94 頁。
(41) 柴田善雅（2005）『南洋栽培会社の時代』日本経済評論社，49 頁。
(42) 柴田善雅（2005）『南洋栽培会社の時代』日本経済評論社，38-39 頁。
(43) 日本ゴム工業史編集委員会（1950）『日本ゴム工業史』ゴム時報社，327-328 頁。
(44) 柴田善雅（2005）『南洋栽培会社の時代』日本経済評論社，102 頁。
(45) 岩田喜雄の伝記として，小林一彦・野中正孝（1985）『ジョホール湖畔—岩田喜雄南方録』アジア出版，小林一彦（1972）『アジアを駆ける男　岩田喜雄伝』国際ジャーナル社，がある。
(46) 加藤至徳（1919）『護謨栽培事業』南洋協会，129-132 頁。
(47) 柴田善雅（2005）『南洋栽培会社の時代』日本経済評論社，57-61 頁。
(48) 加藤至徳（1919）『護謨栽培事業』南洋協会，143 頁，および，柴田善雅（2005）『南洋栽培会社の時代』日本経済評論社，103-104 頁。
(49) 加藤至徳（1919）『護謨栽培事業』南洋協会，154 頁。
(50) 加藤至徳（1919）『護謨栽培事業』南洋協会，136-145 頁，および，柴田善雅（2005）『南洋日系栽培会社の時代』日本経済評論社，104-105 頁。
(51) 柴田善雅（2005）『南洋日系栽培会社の時代』日本経済評論社，62 頁。
(52) 柴田善雅（2005）『南洋日系栽培会社の時代』日本経済評論社，92-93 頁。
(53) 柴田善雅（2005）『南洋日系栽培会社の時代』日本経済評論社，175 頁。
(54) 加藤至徳（1919）『護謨栽培事業』南洋協会，140-143 頁。
(55) 加藤至徳（1919）『護謨栽培事業』南洋協会，145 頁。
(56) 加藤至徳（1919）『護謨栽培事業』南洋協会，154 頁。
(57) 柴田善雅（2005）『南洋日系栽培会社の時代』日本経済評論社，85-87 頁。
(58) 柴田善雅（2005）『南洋日系栽培会社の時代』日本経済評論社，86-87 頁。
(59) 加藤至徳（1919）『護謨栽培事業』南洋協会，145-146 頁。
(60) 加藤至徳（1919）『護謨栽培事業』南洋協会，146-147 頁。
(61) 柴田善雅（2005）『南洋日系栽培会社の時代』日本経済評論社，91-92 頁。
(62) 加藤至徳（1919）『護謨栽培事業』南洋協会，154 頁。
(63) 柴田善雅（2005）『南洋日系栽培会社の時代』日本経済評論社，87-88 頁。
(64) 加藤至徳（1919）『護謨栽培事業』南洋協会，154 頁。
(65) 加藤至徳（1919）『護謨栽培事業』南洋協会，143-147 頁。
(66) 加藤至徳（1919）『護謨栽培事業』南洋協会，136-140 頁。
(67) 加藤至徳（1919）『護謨栽培事業』南洋協会，170 頁。
(68) 加藤至徳（1919）『護謨栽培事業』南洋協会，143-144 頁。
(69) 柴田善雅（2005）『南洋日系栽培会社の時代』日本経済評論社，110-111 頁。
(70) 加藤至徳（1919）『護謨栽培事業』南洋協会，146-147 頁。
(71) 柴田善雅（2005）『南洋栽培会社の時代』日本経済評論社，111-113 頁。
(72) 日本ゴム工業史編集委員会（1950）『日本ゴム工業史』ゴム時報社，330-332 頁。
(73) 南方年鑑刊行会（1943）『南方年鑑　昭和 18 年版』東邦社，302-304 頁。
(74) 樋口弘（1942）『南方に於ける資本関係』味燈書屋，4-6 頁。
(75) 樋口弘（1942）『南方に於ける資本関係』味燈書屋，13-14 頁。
(76) 樋口弘（1942）『南方に於ける資本関係』味燈書屋，13-16 頁。なお，南洋での林業関連日系企業の沿革・概要については，南洋経済研究所（1942）『南洋林業関係企業者調』が詳しい。
(77) 高山慶太郎（1942）『南洋の林業』豊国社，191-199 頁。
(78) 高山慶太郎（1942）『南洋の林業』豊国社，271-235 頁。
(79) 南方年鑑刊行会（1943）『南方年鑑　昭和 18 年版』東邦社，301-304 頁。なお，戦前期南洋での日本の水産業進出についての最近の優れた研究として，片岡千賀之（1991）『南洋の日本人漁業』がある。
(80) 南方年鑑刊行会（1943）『南方年鑑　昭和 18 年版』東邦社，303 頁。
(81) 台湾南方協会（1941）『南方読本』三省堂，200 頁。
(82) 南方年鑑刊行会（1943）『南方年鑑　昭和 18 年版』東邦社，303 頁。
(83) 南方年鑑刊行会（1943）『南方年鑑　昭和 18 年版』東邦社，303 頁。なお，北ボルネオのシャ

ミル島での日本人移民については，松本國男（1981）『シァミル島―北ボルネオ移民史』が詳しい。
(84) 拓務省（1936）『拓務年鑑 昭和11年版』拓務省，620頁。なお，オーストラリアの真珠貝採取については，Mary Albertus Bain（1982），足立良子訳（1987）『真珠貝の誘惑』勁草書房が詳しい。
(85) 樋口弘（1941）『南洋に於ける日本の投資と貿易』味燈書屋，51-52頁。
(86) 水産経済研究所（1941）『南方漁業問題』水産経済研究所，64-66頁。
(87) 水産経済研究所（1941）『南方漁業問題』水産経済研究所，64-66頁。
(88) 水産経済研究所（1941）『南方漁業問題』水産経済研究所，67-68頁。
(89) 水産経済研究所（1941）『南方漁業問題』水産経済研究所，68-69頁。
(90) 渡邉東雄（1942）『南方水産業』中興館，208頁。
(91) 内藤英雄（1942）『マレーの研究』愛国新聞社，221-222頁。
(92) 水産経済研究所（1941）『南方漁業問題』水産経済研究所，69頁。
(93) 根岸勉治（1939）『栽植企業方式論』叢文閣，163頁。
(94) スマトラ興業株式会社（1936）『スマトラ興業株式会社二十年史』スマトラ興業株式会社，39-47頁。

〈参考文献〉

麻生輿志夫（1942）『南方圏のゴム資源』朝日新聞社。
浅香末起（1941）『南洋経済研究』千倉書房。
浅香末起（1944）『大南方経済論』太平洋書館。
浅野孝夫（1986）『アジアと日本 100年の経済ドラマ―マレー半島興隆記』東洋経済新報社。
藤野靖（1942）『大東亜経済地理』千倉書房。
藤山雷太（1927）『南洋叢談』日本評論社。
福原一雄（1942）『南方林業経済論』霞ヶ関書房。
外務省通商局（1911）『移民調査報告，第11』外務省通商局。
樋口弘（1941）『南洋に於ける日本の投資と貿易』味燈書屋。
樋口弘（1942）『南方に於ける資本関係』味燈書屋。
原不二夫（1986）『英領マラヤの日本人』アジア経済研究所。
原不二夫（1987）『忘れられた南洋移民―マラヤ渡航日本人農民の軌跡』アジア経済研究所。
濱田恒一（1941）『蘭印の資本と民族経済』ダイヤモンド社。
濱田恒一（1944）『南方経済資源総覧 ジャワ・スマトラの経済資源』日本経国社。
井上清（1913）『南洋と日本』大正社。
伊藤長夫（1941）『南進日本商人』伊藤書店。
伊藤兆司（1937）『植民地農業―経済地理的研究』叢文閣。
伊藤兆司（1938）『南洋農業資源論』日本評論社。
石田龍次郎（1940）『世界地理第7巻 外南洋Ⅱ』河出書房。
井出禎一朗（1929）『黎明の南洋』淳風書院。
入江寅次（1942）『邦人海外発展史』井田書店。
井上雅二（1942）『南方開拓を語る』畝傍書房。
石沢豊（1941）『蘭印現状読本』新潮社。
片岡千賀之（1991）『南洋の日本人漁業』同文舘出版。
小林一彦（1972）『アジアを駆ける男 岩田喜雄伝』国際ジャーナル社。
小林一彦・野中正孝（1985）『ジョホール湖畔―岩田喜雄南方録』アジア出版。
小林碧（1942）『南方圏の資源 マレー篇』日光書院。
小島精一（1941）『東亜経済論』千倉書房。
経済統計研究所（1942）『新南方資源論』長谷川書房。
勝間順蔵（1924）『南洋の文化と富源の実際』白鳳社。
景山哲夫（1941）『南洋の資源と共栄圏貿易の将来』八紘閣。
近藤康夫（1944）『南方経済資源総覧 南方農林水産資源総論』東亜政経社。
加藤至徳（1919）『護謨栽培事業』南洋協会。
片岡千賀之（1991）『南洋の日本人漁業』同文舘出版。
栗林正修（1937）『日本コンツエルン全書8 証券財閥読本』春秋社。

北野典夫（1985）『天草海外発展史（上巻）』葦書房．
Mary Albertus Bain（1982）, *Full Fathom Five*, Artlook Books.（足立良子訳（1987）『真珠貝の誘惑』勁草書房．)
明治製糖株式会社（1936）『明治製糖株式会社三十年史』明治製糖株式会社．
松本國男（1981）『シャミル島―北ボルネオ移民史』恒文社．
室賀信夫（1951）『世界地理政治体系・印度支那―仏印・タイ・ビルマ・英領マレー』白揚社．
宮下琢磨（1929）『邦人活躍の南洋』岡田日栄堂．
森村市左衛門（1915）『自助』栄文館書店．
森村商事（1986）『森村百年史』森村商事．
向井梅次（1943）『マライ政治経済論』千倉書房．
村上順二編（1951）『野村徳庵（上）（下）』野村徳庵翁伝記編集会．
南方年鑑刊行会（1943）『南方年鑑 昭和18年版』東邦社．
南洋協会（1921）『南洋の護謨栽培事業』南洋協会．
南洋協会台湾支部（1928）『比律賓，ボルネオ並びにセレベス近海に於ける海洋漁業調査』南洋協会．
南洋協会（1941）『大南洋圏』南洋協会．
南洋庁（1935）『南洋群島の水産』南洋庁．
南洋水産協会（1935）『暹羅の水産』南洋水産協会．
南洋経済研究所（1942）『南洋資料第107号 木曜島とトレス海峡』南洋経済研究所．
南洋経済研究所（1942）『南洋資料第115号 日本売薬南方進出繁盛記』南洋経済研究所．
南洋経済研究所（1942）『南洋資料第141号 南洋林業企業調』南洋経済研究所．
南洋経済研究所（1942）『南洋資料第985号 外南洋邦人の現勢と其の歴史的背景―昭和十四年』南洋経済研究所．
南洋団体聯合会（1942）『大南洋年鑑』南洋団体聯合会．
南洋栽培協会（1930）『東久邇宮御殿に於ける南洋事情講演集』南洋栽培協会．
南方農林協会（1935）『南洋の栽培事業』南方農林協会．
日産農林工業株式会社（1985）『日産農林工業社史』日産農林工業株式会社．
野村徳七（1916）『護謨と椰子』野村徳七．
野村貞吉（1941）『新嘉坡と馬来半島』寶雲会．
野村太郎（1942）『海洋漁業の話』海と空社．
永田秋壽（1943）『図南録』教育科学社．
内藤英雄（1942）『マレーの研究』愛国新聞社．
西村竹四郎（1941）『シンガポール三十五年』東水社．
農商務省資産局編（1914）『南洋之水産資源』農商務省資産局．
農商務省商務局商事課（1912）『南洋の産業及其富源』北文館．
日本貿易振興協会（1944）『マライの資源と貿易』日本貿易振興協会．
日本ゴム工業史編集委員会（1950）『日本ゴム工業史』ゴム時報社．
根岸勉治（1939）『栽植企業方式論』叢文閣．
根岸勉治（1962）『熱帯農企業論』河出書房新社．
小田脩（1941）『南洋農業読本』中興館．
緒方正（1941）『南方圏の経済的価値』南洋協会台湾支部．
大谷敏治（1943）『南方経済資源総覧 マライの経済資源』東亜政経社．
大谷光瑞（1940）『蘭領東印度地誌』有光社．
昭和ゴム社史編集委員会（1969）『昭和ゴム30年小史』昭和ゴム株式会社．
小笠原長丕（1940）『蘭印事情』羽田書店．
渋田紅塔（1917）『南洋眞事情』南洋協会．
スマトラ興業株式会社（1936）『スマトラ興業株式会社二十年史』スマトラ興業株式会社．
斉藤栄一（1942）『南方圏の水産』東京堂．
斎藤武治（1941）『蘭印読本』誠美書閣．
柴田善雅（2005）『南洋栽培会社の時代』日本経済評論社．
末広清信（1942）『宝庫スマトラ』立命館出版部．
堺利喜太（1912）『ばら護謨』博文館．
三省堂編（1944）『南方文化講座―日本南方発展史篇』三省堂．

下田博（1941）『南洋経済論』慶應出版社。
島津久賢（1915）『南洋記』春陽社。
シンガポール日本人会（1978）『南十字星―シンガポール日本人社会の歩み』シンガポール日本人会。
水産経済研究所（1941）『南方漁業問題』水産経済研究所。
佐藤定吉・森本条逸（1926）『護謨の研究』厚生閣。
新経済社南方研究会（1942）『南方概観・資源』新経済社。
柴田善雅（2005）『南洋日系栽培会社の時代』日本経済評論社。
台湾銀行調査課（1919）『南洋ノ護謨』台湾銀行調査課。
台湾総統府官房調査課（1930）『南支那及南洋調査第190号　馬来半島に於ける邦人経済事情』台湾総統府官房調査課。
台湾総統府官房調査課（1935）『南洋各地企業須知』台湾総統府官房調査課。
台湾南方協会（1941）『南方読本』三省堂。
田中長三郎（1943）『南方殖産資源論』養賢堂。
高山慶太郎（1942）『南洋の林業』豊国社。
武田尚子（2002）『マニラに渡った瀬戸内漁民―移民送出母村の変容』御茶の水書房。
拓務省拓務局（1931）『南洋於ける水産業調査書』拓務省拓務局。
拓務省拓務局（1934）『英領北ボルネオ・タワオ地方事情』拓務省拓務局。
拓務省（1936）『拓務年鑑　昭和11年版』拓務省
楢崎敏雄（1940）『図南経済論』千倉書房。
楢崎敏雄（1942）『広域経済と南方開発』東洋経済新報社。
谷沢龍次（1950）『シンガポールのゴムの思出』軽工物産株式会社。
谷口吉彦（1942）『大東亜経済の理論』千倉書房。
坪谷善四郎（1917）『最近の南洋』博文館。
辻森民三（1934）『宝庫スマトラの全貌』立命館出版部。
筒井千尋（1943）『スマトラ』大東亜出版。
渡邉勝家（1932）『護謨栽培事業の前途に就いて』南洋栽培協会。
渡邉東雄（1942）『南方水産業』中興館。
和田民治（1941）『蘭印生活二十年』大日本雄弁会講談社。
W.K. Gretzer（1939）, Gundlagen und Entwicklungsrichtung der landwirtschaft-lichen Erzeugung in Niederladich-Indien.（救仁郷繁訳（1941）『蘭印の農業経済』白揚社）。
吉野作造編（1915）『南洋』民友社。
山田毅一（1934）『南洋大観』平凡社。
山田文雄（1943）『南方経済資源総覧　南方経済資源開発概論』東亜政経社。
吉岡利起（1942）『マレーの実相』朝日新聞社。
吉田悟郎（1927）『南洋諸島の富』実業之日本社。
横浜高商太平洋貿易研究所（1942）『南方共栄圏経済研究』大東書館。
吉田信友編（1927）『南洋事情（上）（下）』海外事情普及会。

第6章
戦前期日本企業のフィリピン進出と ダバオへのマニラ麻事業進出の歴史と戦略

はじめに

　明治維新後の日本人の最初の海外進出として重要な出来事は，1884（明治17）年，日本ハワイ渡航条約および日本ハワイ労働移民条約に基づき，翌1885（明治18）年の正月に契約移民として965人がハワイに渡ったことである。その直後，1888（明治21）年12月，初めてフィリピンのマニラに日本領事館が開かれたが，数年後の1893（明治26）年9月に閉鎖された[1]。当時の日本とフィリピンの関係は極めて希薄であった。1898（明治31）年，ハワイはアメリカ併合となり，それまで盛んに行われていたハワイ移民が中断し，1900（明治33）年に契約移民が禁止されたため，日本人移民取扱業者としての民間の移民会社・殖民会社が新たに南洋移民に着目したことも一因となり，日本とフィリピンとの関係は年とともに深くなった。

　マニラ領事館は日清戦争終了の翌年，すなわち1896（明治29）年10月に再開された。これは日本が台湾の領有により南洋・南方の重要性が認識されたこと，南方に対する貿易伸張政策を採りだしたことなどからである。さらに，同年1896（明治29）年，マニラに日本商業館を開設した。マニラ日本商業館には，日本の各種商品見本などを展示し，公衆の閲覧に供した[2]。

　1910（明治43）年のマニラ領事館の本国政府への報告によれば，マニラの日本人人口は789名で，男性513名，女性276名である[3]。1891（明治24）年には，日本とフィリピンとの間の航路が開設され，日本郵船の敦賀丸がその第一船として就航した。また，翌1892（明治25）年には，日本艦隊がマニラを訪れている。

　その後，大正，昭和に入ると，フィリピンへの日本人移住者・日本企業進出は増加し，時期により増減があるものの，終戦までかなりの人数になった。最盛期の1939（昭和14）年当時では，日本人在住者は約2万9千名で，そのうちミンダナオ島のダバオに約1万8千人，マニラに約4千人である[4]。当時のフィリピンにおい

て，外国人としては中国人に次ぐ人数であった。日本人の事業は，ダバオではマニラ麻栽培事業に，マニラでは小売店が中心であった[5]。マニラ麻（アパカ）は，ロープ，製紙材料，織物用，漁業用品その他用途が広く，南方の資源として重要なものである。当時，日本人の小売店が，フィリピン全土に 388 軒あり，日本のフィリピンへの投資額は 2 億円を超えていた[6]。ミンダナオ島のダバオは，日本人租界地，植民地の観があるともいわれるようになった[7]。

本章では，戦前期の日本企業の南洋・南方進出の 1 つの拠点であったフィリピンについて，ダバオへの日本資本のマニラ麻事業進出[8]，および日本企業の小売業・製造業への進出を中心として考察する。

第 1 節　フィリピン・ダバオのマニラ麻への進出

1．ベンゲット移民

戦前の日本人のフィリピンへの進出のきっかけとなったのは，1903（明治 36）年のいわゆるベンゲット移民によってである。1899（明治 32）年にフィリピンは米国領となった。1903（明治 36）年，フィリピンは大凶作となり，アメリカ政府はその救済事業として，マニラからバギオまでの 45 マイルにいたるベンゲット（Benguet）道路の建設土木事業を行うこととなった。アメリカ人は，首都マニラの暑さを避けるため，高原都市バギオを避暑地とするための整備であった。1900（明治 33）年，その工事に着手し，フィリピン人労働者，中国人労働者，さらに白人労働者を加え約 1,200 人を動員して工事にあたったが，工事は難航した。1903（明治 36）年，工事主任にアメリカ人のケノン少佐を新任し，工事進捗につとめた。ケノン少佐は，北米カリフォルニアにおける日本人の開拓事業から，日本人が開拓事業に適すると考え，ベンゲットの難工事を成功させるためには，日本人労働者を新たに加えるべきだと考へ，マニラの日本領事にその斡旋を依頼した。日本の諸移民会社は，一斉に移民募集を開始した[9]。

移民募集の成果により，1903（明治 36）年 10 月 16 日第 1 回移民 125 名がマニラに上陸し，第 2 回 166 名，第 3 回，第 4 回と漸次増加した。そのうち最も多かった

のは沖縄県人であった。

　この難工事ベンゲット道路は，4年の歳月と600万比の巨費を投じて，1905（明治38）年1月に完成した。工事主任ケノン少佐の名を記念してケノン道路と命名された。この工事に携わった日本人労働者は約1,500名，実にその約半数の700名ほどが，工事の犠牲，病気などにより命を落とした[10]。ベンゲット道路は難工事であったが，なぜこのように多数の犠牲者を出さなければならなかったか。それは，この大工事に対して技術的準備が不充分で，未開の原始林での不完全な設備で体力の酷使となったこと，医療施設の不備，食糧に対する考慮がほとんど払われていなかったこと，等をその理由としてあげることができる。

　このベンゲット道路工事の完成により，これに従事した労働者は失業することになり，帰国の旅費すら貯蓄し得なかつた大多数はマニラに残らざるを得ないという悲惨な状態にあった。すなわち，フィリピン政府は，この工事を急がせたため工事完成は予想より早くなり，日本人労働者中で幸い旅費を有するものは帰国できたが，多数の日本人労働者は旅費がなく空しくマニラに在って失業苦に陥った。

2．ダバオの開拓

　このフィリピン在住の日本人を救済するのが，後にダバオ開拓の父と呼ばれた太田恭三郎である。太田は，当時マニラに在住し，雑貨輸入販売を業としていた。太田は，バギオに働く日本人労働者の生活を知り，これを救済する目的で政府と交渉し日本人に適した食糧の供給を一手に取り扱かった。ベンゲット工事終了後は契約労働者をルソン島南部ソルリゴン地方の麻園の労働者として入植するよう努力し，この経験に鑑み，日本人を率いて，ミンダナオ島に渡り，新開拓のダバオ地方に麻栽培事業を興さんとした[11]。ベンゲット工事完成の4か月前，1904（明治37）年9月，太田はまず先発隊として180名の日本人移民をミンダナオ島ダバオに送りこんだ。ベンゲット移民の失業が現実化すると，太田はベンゲット移民を招致してダバオでのマニラ麻開拓を行うこととなった。なお，太田に先立ってダバオにおける日本人の草分けとなったのは鹿児島県出身の須田良輔である。須田は1903（明治36）年，日本人農業移民30名を率いてダバオに入った。

　ダバオで本格的移民を誘致し，植民事業の基礎を確立したのは，前述したダバオ開拓の父と呼ばれた太田恭三郎である。太田は兵庫県出身で東京高等商業学校を中途退学し，はじめ豪州に渡ったが，後マニラに移り小雑貨商を営んだ。ベンゲット

工事完了後,移民失業者をダバオに招いて,ダバオ日本人の基礎を築いた。1905 (明治38) 年,ダバオに移住した太田は,次年の1906 (明治39) 年,当時日本人麻耕作者が多く集まっていたバコ地区を第1期栽培地とし,麻畑200町歩を買収した。その土地に麻の植え付けにかかろうとしたが,外国人に官有地使用権はないという理由で,地元の州より退去の命令が出された。太田は,官有地において麻耕作に従事する日本人は,その耕地に止まり従来どおり耕作収穫する,ただし収穫物の1割を地主すなわち政府に納付し,残り9割を耕作者の収穫とするという条件で,日本人耕作地の全部を無償で政府に還付した。この制度は,一種の耕地請負制度であり,バキヤオシステムとして知られ,後に1919 (大正8年) 年に至り,新たなる公有土地法の施行後も,この制度によって日本人の手による麻栽培が続けて利用された[12]。

太田はフィリピン公有土地法,会社法を調べ,外国人でもフィリピン会社法に従い,法人組織にすれば,官有農業地1,024町歩を買収,または租借の権利を持てることがわかった。それで,太田は,発起人を募って1907 (明治40) 年5月,太田興業株式会社を創立した。太田興業は,1,015町歩のバコ,ミンクルなどの土地を一町歩12比で払い下げを受けることができた。これによって日本人の麻耕作者は,会社所属の耕作請負者となり,先の政府との解決条件に準じて,耕作料として収穫麻価格の9割を収受することになり,初めて日系企業の耕地に日本人自営者が生まれることとなった。

太田興業株式会社の事業開始により,ダバオにおける日本人のマニラ麻栽培は,内外の注目をひくこととなり,日系の麻事業会社が相次いで新設された。太田興業株式会社とともに,日本人農業会社の双壁と言われた古川拓殖株式会社も,1914 (大正3) 年,第一次大戦の麻景気の最中に,伊藤忠財閥に関係の深い古川義三によって設立されたものである。

3. 日本人移民の増加

フィリピンでの日本人によるマニラ麻栽培の進展に伴い,日本人移民が増加した。特に,第一次世界大戦末期の好況時1917 (大正6) 年,1918 (大正7) 年,および大正の末から昭和の初期にかけての世界的好況期には,日本からの渡航者が増加した。図表6-1は,フィリピンでの日本人在住者数をみたものである。

第一次世界大戦に際し,世界的にマニラ麻の相場が暴騰し,麻景気となった1917 (大正6) 年,1918 (大正7) 年には3千名以上の日本人移民がフィリピンに渡り,

図表 6-1　フィリピンへの在住日本人数

明治 21 年	35 人	大正 10 年	8,612 人
明治 26 年	7 人	大正 11 年	7,587 人
明治 29 年	16 人	大正 13 年	8,390 人
明治 31 年	24 人	大正 15 年	10,124 人
明治 32 年	91 人	昭和 2 年	11,288 人
明治 33 年	167 人	昭和 3 年	14,242 人
明治 37 年	2,652 人	昭和 4 年	15,772 人
大正 3 年	5,298 人	昭和 5 年	19,628 人
大正 5 年	6,203 人	昭和 6 年	19,675 人
大正 6 年	6,867 人	昭和 7 年	20,316 人
大正 7 年	10,770 人	昭和 8 年	20,137 人
大正 8 年	9,871 人	昭和 9 年	20,558 人
大正 9 年	9,441 人	昭和 13 年	29,261 人

（出所）　大谷喜光（1942）『南方経済資源総攬　フィリピンの経済資源』550-551 頁。

日本人労働者数もダバオ地方だけで 8 千人以上にもなった。フィリピン渡航移民への旅券下付数調べによると，1916（大正 5）年は 1,029 人，1917（大正 6）年は 3,170 人，1918（大正 7）年は 3,046 人となっている[13]。1915（大正 4）年から 1918（大正 7）年に至る麻景気の時期，ダバオにおける日系資本の会社が一時はその数 65 社にも及ぶ，邦人会社の全盛時代を誇った[14]。1918（大正 7）年には，ダバオ日本人会が創立された。

　1918（大正 7）年，第一次世界大戦が終わると，麻価は下落し，麻栽培は困難な状況となったため，フィリピンへの渡航者は激減し，日本への帰国者が増えた。1918（大正 7）年の在住日本人総数 10,770 人であったが，1922（大正 11）年には 7,587 人に減少した。

　その後，1924（大正 13）年，1925（大正 14）年頃より，麻の需要増加によって麻価が高騰し，ダバオは再び活気を取り戻し，日本から移民が増加した。1926（大正 15）年，ダバオが開港場となり，移民も麻も直接ダバオ港に出入することができるようになり，日本人の発展は拍車をかけられた。この時期，特に婦人移民が増加した。また，沖縄出身者が増加し，ダバオでの約半数の日本人移民は沖縄県人であった[15]。1929（昭和 4）年からの世界大恐慌で，麻価が安くなったが，日本人のフィリピンへの移民者数は以降増加傾向であった。1939（昭和 14）年でのフィリピン在住日本人の数は，2 万 9 千人ほどである。そのうち，ダバオでの日本人は 1 万 8 千人と最も多く，次いでマニラの 4 千 700 人，以下マウンテン州の 1 千 100 人，セ

ブーの 650 人の順であった(16)。

　明治以来終戦までに 4 万人以上の日本人が移民としてフィリピンに渡航し，この地で出生したいわゆる第二世代の数も 1 万人を超えた。フィリピンに移民したものの，帰国する日本人も相当多く，在住日本の増加は緩慢であった。

　ダバオを中心としたフィリピンへの日本人移民の増加に伴い，主に日本人移民を対象とした医療施設，学校等が設けられた(17)。1918（大正 7）年 6 月に日本人病院として太田興業株式会社経営のミンタル病院が創立された。また，日本人の子弟の教育にあたる日本人小学校としてダバオ日本人小学校と，ミンタル日本人小学校が作られた。

　運輸交通については，1926（大正 15）年ダバオ開港後，従来のフィリピン島内汽船の外に，日，米，英諸国の定期および不定期船が頻繁に出入するようになった。ダバオに航路を持つ日本の汽船会社として日本郵船，大阪商船，三井物産船舶部，国際汽船，中村組汽船があった。その中で，日本郵船は豪州線，裏南洋線などの 4 航路がダバオに帰航しており，大阪商船のフィリピン航路とともにダバオ在留の日本人に浅からざる関係を有していた(18)。

4. ダバオにおけるマニラ麻（アパカ）栽培

　ダバオにおける日系企業のマニラ麻栽培権利地の過半は官有地を租借したものであり，その期限は 25 年であるが，満期後さらに 25 年間租借を継続することができるというものであった(19)。

　マニラ麻は，船舶用ロープ，油井用ロープ，農業用ロープ，製紙などの原料として使用され，主として日本に輸出された。

　1935（昭和 10）年のダバオ日本人会調査によると，ダバオにおける日本人の麻園投資額は 3,030 万ペソ，所有株数 3,700 万程度である。日本人が入植して以後，ダバオ地方のマニラ麻栽培は急激に増加し，1938（昭和 13）年にはフィリピン全島の生産額 115 万俵に対しダバオ州は 61 万俵を生産して総額の 53.3％を占めた。10 年前頃の 1927（昭和 2）年においては，それが総額 122 万俵中 14 万俵でわずかに 11.7％を占めるに過ぎなかった事実から，ダバオでの急速な麻栽培の発達をうかがうことができる。そして，このダバオ麻の約 75％すなわちフィリピン全島生産額の約 35％は日本人麻園の生産で，ダバオ麻の約 60％から約 70％は日本商人の手で輸出されていた(20)。このように，この時期でのフィリピンでの麻栽培とその輸出のかなり

の部分が，日本人の手によって担われていたのである。

　図表6-2は，フィリピン農商務部調査による1937（昭和12）年のダバオ州国籍別農業投資額をみたものである。このフィリピン農商務部調査によると，ダバオ州への農業投資のうち日本の割合は，20.74％で，海外投資国では第1位となっている。1938（昭和13）の統計によると，フィリピン全土のマニラ麻生産高は115万俵に対しダバオ産は61万俵で，ダバオの生産比率は過半数を超え53.3％である。そのダバオ産のマニラ麻の約70％が日系事業者によって生産されている。また，ダバオ産麻60～70％は，日系の商社によって輸出されていた[21]。このように，ダバオでのマニラ麻生産およびその貿易の両面において，日本の支配的な地位が確立されていた。

　第二次大戦直前頃の時期では，ダバオにおける日本人のマニラ麻栽培は，太田興業株式会社，古川拓殖株式会社などの約37社が栽培事業を行っていた。ダバオでの麻栽培の関係人数は約1万4千人，フィリピン日本人2万9千人のうち，ダバオ在住日本人1万7千人，その8割が麻栽培に従事していた[22]。

　ダバオでは，このようなマニラ麻栽培の日本人事業者以外に，木材，漁業，商業，鉄工所，写真，旅館，薬種商，病院，新聞社，サービス業等に日本人経営の事業者が多数存在していた。ダバオでの商業は，太田興業，大阪貿易会社を筆頭として，飯崎商店，大力商会，松尾商店，竹内商店，酒井商店，森商店，清本商店等が代表的である。鉄工所は，大江鉄工所，塚田鉄工所等をはじめ20数か所あるが，大江鉄工所が最も大きいものであった。鉄工業は農具製作が主である。写真業者には，幸，リサール，ミカド，林田等をはじめ約10軒，旅館は，柏原ホテル，紳戸館，上原ホ

図表6-2　フィリピン農商務部調査によるダバオ州国籍別農業投資額（昭和12年）

（単位：ペソ）

国籍別	投資額	百分率
フィリピン人	31,771,700	65.55
日本人	10,048,500	20.74
アメリカ人	2,853,700	5.90
中国人	2,201,800	4.54
スペイン人	856,200	1.77
イギリス人	342,900	0.71
その他	350,300	0.79
合計	48,455,100	100.00

（出所）　大蔵省管理局（1949）『日本人の海外活動に関する歴史的調査　第三十四冊』64-65頁，第二四表。

テルをはじめ大小20軒あった。薬種商は，瀧澤太陽堂，野澤薬局等をはじめ5軒，病院はミンタル病院，東洋人病院，瀧澤太陽堂病院の外，歯科医が6人程いた。新聞社は日比新聞社とダバオ新報社の2社があった。日比新聞は日刊紙で，岡崎平治，蒲原広二，星篤比古，川島正道などが経営していた。ダバオ新報は週刊で，眞英城信昌が経営していた[23]。

第2節　太田興業株式会社

本節では，ダバオにおけるマニラ麻栽培の中心的企業である太田興業株式会社，古川拓殖株式会社及びその他の日系企業の事業について考察する。

1．太田商会の設立と太田慕三郎

1906（明治39）年，太田慕三郎氏が日本人移民を主な顧客とする，食料，日用品，雑貨等を輸入・販売するために長兄作太郎氏とともに太田商会を設立したのが，太田興業の創始である。太田商店創立後，太田商会は，当時日本人が多く在住していたバゴ，ダリアォン，バンカス，タロモ等に支店を設けた[24]。

太田興業株式会社の創立者であり，ダバオ開拓の父であるといわれる太田慕三郎の経歴についてみてみよう。太田慕三郎は，1876（明治9）年，兵庫県竹田町に生まれた。東京一橋の東京高等商業学校に入学したが，1897（明治30）年22歳の時に中退した。1901（明治34）年，26歳の時に豪州の木曜島に渡り，後にマニラに転じた。太田氏は，ベンゲット道路工事の完成により，これに従事した労働者の失業を懸念して，工事完成の4か月前の1904（明治37）年9月，まず180名の日本人を先護隊としてダバオへ送り込んだ。1905（明治38）年1月には，さらに日本人100名をダバオへ開拓のために移送した。同年1905（明治38）年にベンゲット工事が完成し，太田氏は本格的にベンゲット日本人移民をダバオに誘致した。太田氏は，旅費がない者へは貸し与え，マニラ，ダバオ間を往来して移民就職の斡旋につとめた[25]。

2．太田興業株式会社の設立とダバオでのマニラ麻栽培事業

　太田恭三郎は，ダバオでマニラ麻栽培に目を付け，1906年（明治39）年1月，当時アメリカ人やフィリピン人が恐れて入らなかったバゴ地域とミンタル地域で，蕃族バゴボから麻園を買い取り，マニラ麻栽培の経営を始めた。1907（明治40）年5月，太田は，太田商店を引き継ぎ，栽培業，一般雑貨卸小売業，輸出入業，漁業などの事業を行うために，資本金10万比で太田興業株式会社を創立し，社長となった。前述したように，太田は外国人でもフィリピン会社法に従い法人組織にすれば，フィリピンの土地を買収または租借する権利を得ることができることがわかったので，株式会社組織として太田興業を設立して，マニラ麻栽培の事業を始めたのである。太田興業は，バゴ，ミンタルな包含する肥沃豊饒な土地1,015町歩の払い下げを政府に申請し，同年1907年（明治40）年12月に許可され，1町歩当たり12比でこの土地を購入した。

　太田興業株式会社が創立されると，バゴ，ミンタル地域内の邦人耕作者は，同社所属の請負耕作者となり，フィリピン政府との土地問題解決条項に準じ耕作料として収穫麻価格の9割を収受する事になり，邦人耕地に邦人自営者が生まれた。太田氏の勧誘により，他耕地で労働に従事していた者も来て入耕する者も多かった。それでも労働者が不足したので，沖縄県と福島県を中心として日本から移民労働者を募集した。このような日本人移民の誘致によって，太田興業の耕地内には多数の日本人自営者が生まれた。1909（明治42）年になると日本人移民のみでは足りなくなってきたので，労働者をフィリピンに求め，同年7月セブより約60名のフィリピン人移民を誘致したが，これがダバオ日本人農園におけるフィリピン人労働者の嚆矢である[26]。以上のように，太田興業株式会社は，ダバオのマニラ麻栽培の基礎を造ったのである。

　1909（明治42）年12月に太田興業本社をダバオからタロモに移した。1911年10月マニラ支店を開設した[27]。太田氏は，1917（大正6）年，42歳の若さで逝去した。その後，太田興業は，井上直太郎氏が社長となった。

3．太田興業の事業沿革と昭和初期の概況

　太田興業のその後の事業沿革は以下である[28]。
（1）1912（明治45）年10月，マニラに支店を開設し，麻の輸出，商品の仕入れ

に従事する。
(2) 1914（大正 3）年 6 月，資本金を 50 万比に増資する。
(3) 1915（大正 4）年 8 月，干ばつに備えるため，延長 11 キロに及ぶ大規模な灌漑水利工事を起工し，1918（大正 7）年 4 月完成する。
(4) 1918（大正 7）年 6 月，日本人保健衛生のため，ミンタル病院を設立する。
(5) 1920（大正 9）年 6 月，ハゴタン発明を完成し，ダバオ麻産業の発展に貢献する。
(6) 1926（大正 15）年 5 月，神戸に出張所を開設し，日本商品の仕入と輸出入に従事する。
(7) 1928（昭和 3）年 8 月，資本金を 200 万比に増資する。
(8) 1929（昭和 4）年 4 月，バゴに農事試験場を設置する。

　太田興業は，ダバオでの代表的な日系マニラ麻栽培企業で，1915（大正 4）年当時においても，日本人雇用者約 150 人，フィリピン人雇用者約 230 人，小作の独立農夫・自営農はほとんど日本人で約 450 人と，大規模な事業者であった[29]。太田興業は，当初ダバオでマニラ麻栽培に従事する日本移民を主として日本の移民会社である東洋移民株式会社と契約を結び，募集した[30]。
　太田興業株式会社は，戦前の 1937（昭和 12）年当時，資本金 150 万比，実際投費額 500 万比である。資本については，海外興業株式会社，海南産業株式会社，東洋拓植株式会社等から出資を受けている。なお，海南産業株式会社は 1920（大正 9）年に，太田興業が資金調達のために日本で設立した持ち株会社である。また，海外興業株式会社は 1917（大正 6）年 12 月に，国策会社である東洋拓植株式会社の資金供給の下に，東洋移民，南米殖民，森岡移民，ブラジル拓殖，日本殖民，日東殖民という移民会社が，政府の主導の下，合併し，設立された会社である。以上から，太田興業株式会社は，国策会社たる東洋拓植株式会社の系列の会社となった。[31]。
　太田興業の事業は，マニラ麻，椰子，苧麻の栽培及輸出，一般雑貨の輸入販売，各種代理店業務，付帯事業である。太田興業の事業は，農業，商業，付帯事業の 3 種に大別することができる。
　第 1 の農業関連事業では，同社所有土地が面積 1,026 町歩で麻 74 万株，椰子 2 万本を植付けていた。第 2 の商業関連事業では，麻取扱高約 15 万俵（全ダバオ産額の約 3 分の 1），コプラ 2 万ピクル，その他一般雑貨取扱高は本支店を合計すると 400

百万比を超えていた。日本郵船，東京海上火災保険，国際汽船，ブリヂストン・タイヤ，日本足袋等数社の代理店業務を行っていた。第3の付帯事業としては，投資額20万比のミンタル病院を初め，バゴ農事試験揚，360馬力のミンタル水力発電所，延長35キロの私設電話，延長16キロの灌漑用水道，ミンタル製氷所，私設タロモ桟橋，それに延長100キロに及ぶ私設道路等があった(32)。

太田興業株式会社の本社は，1909（明治42）年以来ダバオ市タロモに在り，東京および神戸に出張所を，マニラおよびバゴ，ミンタル，カリナン，サンタアナ，ワガン，カテガン（以上ダバオ市）の各地に支店を設けていた。

歴代社長は，第1代が太田慕三郎，第2代が井上直太郎，第3代が諸隈彌策である。諸隈彌策は，ベンゲット移民より身を起こした人物である。

第3節　古川拓殖株式会社とその他の日系会社

1．古川拓殖株式会社

古川拓殖株式会社は，太田興業とともにダバオの代表的事業会社であった。1913（大正2）年，当時東京帝大農学部を卒業した古川義三は，何か好適な事業地はないかとフィリピン群島を視察し，有望であることを確信して帰国した。翌年1914（大正3）年，古川義三は再び渡航し，同年1914（大正3）年12月にフィリピン法人法により，フィリピンのダリアオンに本社を置く古川拓殖株式会社を設立した。創立発起人は，古川義三，伊藤孝太良，レオボルド.R.アギナルド，芳竹良造，兒玉利三郎，大橋藤浩，小鳥政一である。1915（大正4）年，ダバオ州ダリアオンにアメリカ人私有地100町歩を購入して事業を開始した。

1916（大正5）年，古川拓殖は，ダバオでマニラ麻栽培に従事する日本移民300名を南米殖民株式会社と契約を結び，募集した。その後も引き続き日本で日本人移民を募集したが，南米殖民は他の複数の殖民・移民会社と合併し海外興業株式会社となったため，海外興業株式会社と移民契約を結び募集した(33)。

設立時の資本金は10万比，設立時払込は2万比，未申込資金の8万比は，1917（大正6）年に払込みが完了した。1922（大正11）年に50万比に増資し，払込は25

万比，未申込資本金の25万比は1924（大正13）年に払込みが完了した。1925（大正14）年に150万比に増資し，払込は75万比，未申込資本金75万比は1935（昭和10）年に払込みが完了した。1941（昭和16）年1,000万比に増資し，払込350万比，未申込資本金の650万比で終戦となった[34]。古川拓殖の資本系列は大阪伊藤忠商事である。

1937（昭和12）年当時，古川拓殖の私有土地総面積1,012町歩である。古川拓殖の事業は，マニラ麻の生産およびその取扱い，椰子栽培およびその取扱い，デシケート・ココナツの製造，一般商品輸入業，その他各種代理業務である。栽培事業においては，1937（昭和12）年当時，麻約40万株を植付けで，年産額1万ピクル，椰子は4万本から1万2千ピクルの生産であった。同社では，日本人入植者が自営者となり，会社から土地を借りて請負うという形式で，その売り上げの5％を自営者に，残りの15％を会社の収益とする方法が一般的であった[35]。付帯事業として，水力発電所，私設電話，上下水道等がある。古川拓殖のマニラ麻取扱高は，フィリピン島において大同貿易に次ぎ，ダバオにおいては全ダバオ産麻の約半分を一手に取扱い日系企業としては第1位であり，米国・日本はもとより欧州諸国および豪州にも広く販売網を有していた。古川拓殖は，代理業務として大阪商船の代理店の外，バーバー・ライン，カッスル・ライン，プリンス・ライン等の代理業務，ゼネラル・モータース，大同貿易等の各種商品の取扱店である。また，傍系会社として後述するテイプンコ木材株式会社がある。その他付帯事業として，私設発電所，上水道，約50キロの私設電話，桟橋，約100キロの私設道路等があった[36]。

2．ピソ農牧株式会社

ピソ農牧株式会社は，1917（大正6）年，ダバオのアメリカ耕地を買収し，設立した。社長は，神谷忠雄である。同社は，1937（昭和12）年当時，椰子栽培を中心とし，耕地面積1,204町歩，資本金17万5千比，実際投資額130万比を上っていた。植付椰子数は，95,000本，コプラ年産8,000ピクル，副業として耕地内に牧畜を営み，牛500頭，水牛100頭，馬100頭がその主なるものである[37]。

なお，同社は系列会社として，ダバオ商業株式会社を持ち，1937（昭和12）年当時，資本金10万比，実際投資額35万比であり，製氷，冷蔵，清涼飲料製造，代理店，コプラ売買，借家業等の事業を行っていた[38]。

3．サウザンクロス拓殖株式会社

　サウザンクロス拓殖株式会社は，1909（明治 42）年創立され，その後，村上忠二により買収され同氏が社長となった。村上忠二は京都府出身で，裸一貫より身を起こした立志伝中の人物である。

　サウザンクロス拓殖は，1937（昭和 12）年当時，資本金 10 万比，実際投資額 50 万比で，事業は麻と椰子の栽培，およびその輸出である。事業地は，ダバオ州パンガシナンで，ダバオにおける屈指の事業会社であった。同社の耕地面積は 800 万町歩，麻 65 万株，椰子 2 万本を植付け，麻年産 1 万ピクル，椰子 2 万ピクルの生産であった。同社は，耕地内の麻の 3 分の 2 を直営としていた。自営者 40 名が入耕し，日本人とフィリピン人を合せて数百人が働いていた。同社は，製俵器を据付け，輸出工程を全部社内において行い，麻およびコプラを直接日英米諸国に輸出していた[39]。

4．バヤバス拓殖株式会社

　バヤバス拓殖株式会社は，1916（大正 5）年，吉田円蔵により創立された。吉田円蔵は，福岡県の出身で，ベンゲット移民としてフィリピンに渡り，後にダバオに移ったダバオ日本人草分期の移民で，ダバオ日本人社会のリーダーの 1 人である。同社の事業地は，ダバオのマッキンレー山麓の高台にあった。

　バヤバス拓殖は，1937（昭和 12）年当時，資本金 6 万比，実際投資額 20 万比，耕地面積 786 町歩で，ここに麻 80 万株を植付け，年産は 1 万 3 千ピクルであった。同社は，すべて自営制度とし，日本人自営者約 80 名とその家族，その他フィリピン労働者約 200 名がいた[40]。

5．バト拓殖株式会社

　バト拓殖株式会社は，1918（大正 7）年，ベンゲット移民より身を起こし，社長となった只隈與三郎等により設立された。只隈與三郎は，バヤバス拓殖の吉田円蔵とともにダバオ日本人草分期の移民で，ダバオ日本人社会のリーダーの 1 人である。事業地は，ダバオより南西約 23 キロの高台にある。

　バト拓殖は，1937（昭和 12）年当時，資本金 2 万比，実際投資額 30 万比で，耕

地面積は 927 町歩，麻 80 万株および椰子若干を植付け，麻年産は 1 万 5 千ピクル であった。同社の特徴は，直営耕地の割合が高いことである。日本人自営者 55 名 で，その他にフィリピン人労働者 200 名を雇用した。麻の外に，椰子栽培あるいは 牧畜業と多角的農業を行った。只隈與三郎社長は，バヤバス拓殖社長吉田円藏と並 び称されるダバオでの日本人開拓者である[41]。

6. サウス・ミンダナオ興業株式会社

サウス・ミンダナオ興業株式会社，1911（明治 44）年に，赤嶺三郎により設立さ れた。同社は，ダバオにおける日本人創立の農事会社ではカタルナン農業，ミンダ ナオ農商の両会社とともに太田興業に次ぐ古い歴史を有する会社である。創立者で 社長の赤嶺三郎は，沖縄県の出身で，ベンゲット移民から身を起こし，ダバオ日本 人移民の中で著名な人物である。サウス・ミンダナオ興業の耕地は，ダバオ平原の 中心地に位置していた。

サウス・ミンダナオ興業は，1937（昭和 12）年当時，資本金 15 万比，実際投資 額 35 万比で，耕地面積 763 町歩に 65 万株の麻と若干の椰子を植付け，年間の麻生 産は 1 万ピクルであった。同社は，生産高の約 6 割は直営で，日本人入植者約 50 名 とその家族約 100 名，その他フィリピン人労働者が約 300 名いた[42]。

7. マナンブラン興業株式会社

マナンブラン興業株式会社は，1914（大正 3）年にダバオ開拓の先駆者である岡 田幸太郎によって創立された。岡田幸太郎は，広島県の出身で，ベンゲット移民の 成功者の 1 人である。

マナンブラン興業は，1937（昭和 12）年当時，耕地面積 666 町歩，資本金 15 万 万比，実際投資額 35 万比，年間の麻生産は 1 万ピクルであった。同社は，耕作地の 大部分が請負耕作で，日本人自営者約 60 名とその家族，およびフィリピン労働者を 合わせると 400 名を超えていた[43]。

8. 松岡興業株式会社

松岡興業株式会社は，1915（大正 4）年に日隈智敏によって設立された。日隈智

敏は，熊本県の出身で，ダバオでの日本人のリーダーの1人である。同社の耕作地は，ダバオ州タグム郡ラサン平原にあり，ラサンでの日系農事会社の中で最大の会社であった。

松岡興業は，1937（昭和12）年当時，資本金20万比，実際投資額約40万比であった。同社は，日本人自営者が約30名いた。同社は，耕地面積997町歩，そこに70万株の麻と若干の椰子を植付け，年間の麻年産は9千ピクルであった[44]。

9. サウザン・ダバオ興業株式会社

サウザン・ダバオ興業株式会社は，1917（大正6）年，柳原隆人により設立された。同社の耕作地は，ダバオ州タグム郡ラサンで，松岡興業と隣接していた。

サウザン・ダバオ興業は，1937（昭和12）年当時，資本金10万比，実際投資額200万比，耕地面積1,017町歩，そこに麻60万株を植付け，年間の麻生産は1万3千ピクルであった。同社は，日本人耕作者が約40名，およびフィリピン労働者約200名いた[45]。

10. ピンダサン拓殖株式会社

ピンダサン拓殖株式会社は，1916（大正5）年，渋谷信三郎が買収したものである。ダバオにおける屈指の日系農事会社である。同社は，すべて直営制をとっていた。

ピンダサン拓殖は，1937（昭和12）年当時，資本金50万比，実際投資額30万比，耕作面積654町歩，そこに麻40万株，椰子2万5千株を植え付け，年間の麻年産は8千ピクルであった[46]。

11. ダバオ農商株式会社

ダバオ農商株式会社は，1917（大正6）年，平沢鶴松により設立された。同社は，耕作地がダバオ州ラ・ウニウンで，ダバオにおける有力な日系農事会社である。同社は，すべて直営制をとっていた。

ダバオ農商株式会社は，1937（昭和12）年当時，資本金13万比，実際投資額65万比，耕作面積615町歩，そこに麻8万株，椰子2万5千本を栽培し，年間のコプ

ラ生産は5万5千ピクルであった[47]。

12. クゴン商事株式会社

クゴン商事株式会社は，ダバオでの林業事業を主目的とする，三井物産の子会社として，1928（昭和3）年に設立された。同社は，1937（昭和12）年当時，資本金25万比，実際投資額約50万比である。クゴン商事は，ダバオ州ラサンのクンボゴンに本社があり，約8万4千ヘクタールの伐採権をもち，ラワン等の丸太輸出とボードの製材を行っていた。生産された材木については，丸太材の輸出国は日本，中国，アメリカ等で，製材は現地での販売が中心であった[48]。

13. テイプンコ木材株式会社

テイプンコ木材は，1922（大正11）年，溝部長男が南洋材事業の個人経営として設立された。1928（昭和3）年，同社は，古川拓殖株式会社の古川義三による増資引き受けを得て，資本金16万円の株式会社組織となった。

テイプンコ木材は，その順調に発展し，テイプンコ海岸に大貯木場と製材所を設けている。同社は，1937（昭和12）年当時，30キロの私設鉄道，300トンの桟橋，その他大規模な施設を設け，実際投資は60万比であり，日本人社員が約100名，フィリピン人社員が約500名勤務していた，大規模な日系木材会社であった。同社は，租借面積1万3千町歩で，月に丸太150万ボード尺を産出し，丸太は主として日本へ，挽材は現地販売に外にアメリカに輸出された[49]。

14. その他のダバオ日系企業

1937（昭和12）年当時，ダバオにおけるその他の日系企業として図表6-3のようなマニラ麻栽培企業があった。

1929（昭和4）年からの世界恐慌によるマニラ麻価格の低下，1931（昭和6）年のマニラ麻栽培地の旱魃等の原因で，ダバオにおける日系マニラ麻栽培の事業環境が悪化し，経営に生き詰まり企業も現れ，特に中小の事業者は打撃が大きかった。そのような環境の中で，最大手の太田興業株式会社から資金や資本の援助を受ける形で，太田興業株式会社の関係会社となった日系栽培事業会社が1942（昭和17）年

第 6 章　戦前期日本企業のフィリピン進出とダバオへのマニラ麻事業進出の歴史と戦略　213

図表 6-3　ダバオの日系マニラ麻事業会社（昭和 12 年）

	推定投資額 （比）	生産高 （トン）	植付面積 （ヘクタール）
ミンタル拓殖株式会社	436,000	10,378	602
ギアンガ拓殖株式会社	60,000	5,274	288
ビアオ拓殖株式会社	241,000	15,515	787
リバーサイド拓殖株式会社	201,000	9,720	693
タロモリバー農業株式会社	130,000	10,264	605
ミンダナオ農商株式会社	220,000	3,843	378
ミンダナオ拓殖株式会社	65,000	6,624	380
ダリアオ拓殖株式会社	118,000	6,693	465
バヤパス拓殖株式会社	120,000	10,889	643
タダラノリバー拓殖株式会社	84,000	9,611	408
タグム拓殖株式会社	70,000	840	190
バンギー拓殖株式会社	43,000	1,112	74
赤峰兄弟拓殖株式会社	104,000	2,230	180
ラサン拓殖株式会社	110,000	6,275	342
ブナワン拓殖株式会社	167,000	4,976	375
パナボ拓殖株式会社	9,000	1,815	156
イースタロモ拓殖株式会社	78,000	785	4
ツインリバー拓殖株式会社	40,000	4,252	261
ムリグ農商株式会社	158,000	2,738	319
シラワン拓殖株式会社	51,000	1,220	126
ラヒリバー拓殖株式会社	250,000	6,281	166
カタルナン農業株式会社	90,000	1,460	119
タール拓殖株式会社	130,000	2,850	140
マタユル興業株式会社	110,000	5,421	528
ピンダサン拓殖株式会社	300,000	10,000	330
南洋拓殖株式会社	211,000	4,500	390
拓南拓殖株式会社	45,000	1,328	175

（出所）　麻船具社（1943）『マニラ麻大観』248-250 頁。

には 26 社となった。その 26 社は，ミンタル拓殖株式会社，ギアンガ拓殖株式会社，ビアオ拓殖株式会社，リバーサイド拓殖株式会社，タロモリバー拓殖株式会社，ミンダナオ農商株式会社，南ミンダナオ拓殖株式会社，ダリアオ拓殖株式会社，バヤパス拓殖株式会社，タクラノリバー拓殖株式会社，タグム拓殖株式会社，赤峰兄弟拓殖株式会社，ラサン拓殖株式会社，ブナワン拓殖株式会社，パナボ拓殖株式会社，ノースタロモ拓殖株式会社，ツインリバー拓殖株式会社，ムリグ農商株式会社，カタルナン農業株式会社，ギヒン拓殖株式会社，板倉拓殖株式会社，マナンプラン興業株式会社，松岡興業株式会社，メルセデス拓殖株式会社，パダダ農業株式会社，バンキット拓殖株式会社，である[50]。

　古川拓殖株式会社も，同時期に 5 社の関係会社を持つようになった。このように，

図表6-4　ダバオにおける邦人会社農園分布図

(出所)　東亜研究所（1941）『比律賓に於けるマニラ麻の生産』77頁。

ダバオでのマニラ麻栽培事業において,太田興業株式会社と古川拓殖株式会社という大手企業のプレゼンスは高まってきたのである。

図表6-4は,ダバオにおける邦人会社農園の分布図である。

第4節 フィリピンとの貿易と小売業・製造業の進出

1. 日本とフィリピンの貿易と小売業の進出

日本のダバオを中心とした麻栽培への進出とともに,日本とフィリピンとの貿易も拡大した。また,日本人のフィリピン小売業への進出も進展した。工業国としての日本と農産品輸出国としてのフィリピンは互恵的であった。この条件と日本とフィリピンが地理的に近接していることもあり,両国の貿易関係が拡大した。さらにダバオを中心とした日本人の農業開拓とともに,日本人の現地での小売商業が伸びていった。1935(昭和10)年頃,フィリピンの「北はアベリーから南はバハラン,スルー等に到るまで,恐らく日本人小売店のない所はない」[51]とまでいわれていた。フィリピンでの日本人小売店主の出身地は,第1位が沖縄県人で,長崎,広島,山口,福岡がこれに次いでおり,沖縄,中国,九州地方の出身者が多かった。

1937(昭和12)年では,ダバオ州1,200軒の商店の商品売上は合計1,400万ペソであり,このうち日本人商店425軒の取扱高は860万ペソ以上で,総額の6割以上となった[52]。日本人経営の商店には雑貨を取扱うものが最も多い。主要なフィリピン日本人商店として,大阪バザー,日本バザー,イデイアール・バザー,高橋商店(以上マニラ市),東京バザー,村上商店(イロイロ),大正バザー(セブ),旭バザー(サンボアンガ)等がある。さらに,太田興業と大阪貿易の本支店では雑貨を取扱い,ダバオ州では多くの日系資本農業会社の商品部が雑貨を取り扱った。

なお,大阪貿易は,1904(明治37)年に,松井傅三郎,澤松好之,森繁吉が合名会社松井商会として,マニラ市に「東京バザー」の名のもとに氷店を兼業する雑貨店を開設し,併せて菓子工場を兼営したのがその前身である。1919(大正8)年に資本金30万比で合名会社大阪バザーを設立し,松井商会の一切の権利を継承した。その後,同社は,菓子工場を閉鎖し,専ら雑貨輸入販売,米穀卸等の業務を行った。

1934（昭和9）年，松井商会は，株式会社組織とする大阪貿易株式会社に改称した。従来の称号である大阪バザーは小売部で使用された[53]。

　フィリピンでの貿易と商業の発展は日本の金融機関の進出を促し，横浜正金銀行と台湾銀行はマニラに支店を設けた。三井物産，三菱商事の両社が太田興業を並んで麻・コプラ等の輸出にあたり，日本商品を輸入していた。フィリピン貿易を主としていた大同貿易は，1920（大正9）年に伊藤忠商事より分離独立して設立された[54]。大同貿易は，1949（昭和24）年当時，資本金2,000万円で神戸に本社を置き，マニラ支店，セブ，イロイロ，ダバオに出張所を置いた。その他，岩井商店（本社大阪，支店マニラ），金貨メリヤス（マニラ）等が同様な活動を行っていた[55]。

2．日本のフィリピンへの工業部門への進出

　戦前，フィリピンでの日本人による工業関連部門への投資はそれほど多くないが，小規模な形での投資はあった。日本人の工業への投資はダバオ麻開拓以降の時期からで，ダバオにおける農業開拓に付随した諸製造工業と，マニラを中心とする貿易取引により興された事業との二大系統がある。太田興業，古河拓植等の事業内容のごとく農業開拓で必要な付帯事業として発電所，製氷場等が経営され，またダバオを中心とする工業投資は現地人の生活必需品を中心とした小規模な事業のものが多い。1938（昭和13）年のマニラ日本総領事館の調査によると，日本資本の製造業数は31企業，投資額は404万1,000ペソとしている。しかし，この日本の投資金額は，実際より過少評価されているという指摘もある[56]。

　1938（昭和13）年のマニラ日本総領事館の調査によると，日本人のフィリピンへの工業投資会社は以下である[57]。

　①　金貨メリヤス株式会社

　資本金：60万ペソ（全額払込）。設立年度：1921（大正10）年。事業内容他：比島法人，大阪金貨メリヤスの傍系会社，綿製品の輸入，および製造，従業員は日本人116名，フィリピン人600名以上，取引製造高は年320万ペソ以上，マニラ市所在。

　②　東洋興業株式会社

　資本金：40万ペソ（全額払込）。事業内容他：金貨メリヤス系の綿布・人絹製造会社，織機綿400台，人絹200台，使用人は日本人33名，比島人200名，年生産

額30万ペソ内外。

③　バリンタワク・ビール酒造株式会社

資本金：100万ペソ（76万5千ペソ払込済）。設立年度：1937（昭和12）年。事業内容他：三井物産，大日本ビールその他フィリピン有力者の共同出資で，フィリピンにおける年間30万箱の需要のうち5万を供給の目的で設立された。使用人は日本人38名，フィリピン人95名，マニラ市郊外所在。

④　東洋シャツ製造株式会社

資本金：8万ペソ。設立年度：1920（大正9）年。事業内容他：ワイシャツ，パヂャマ，ジャケット，帽子等の仕立・製造販売，使用人は日本人7名，フィリピン人10名，マニラ所在。

⑤　肥山ポマード製造所

資本金：2万ペソ。事業内容他：年産6万ペソ，使用人は日本人2名，フィリピン人5名，マニラ市所在。

⑥　行岡木工場

資本金：1万9千ペソ。事業内容他：年産2万2千ペソ，使用人は日本人4名，フィリピン人7名，マニラ市所在。

⑦　光安シャツ工場

資本金：1万3千ペソ。設立年度：1934（昭和9）年。事業内容他：年産6万ペソ，シャツ，帽子，ジャケット，ベルト等製造販売，使用人は日本人4名，フィリピン人25名，マニラ市所在。

⑧　廣島堂

資本金：1万ペソ。設立年度：1929（昭和4）年。事業内容他：菓子製造，生産高6万5千ペソ，使用人は日本人9名，フィリピン人20名，マニラ市所在。

⑨　タカハシ・ファニチュアー

資本金：1万ペソ。事業内容他：家具製造販売，生産高1万1千ペソ，使用人は日本人9人，フィリピン人8名，マニラ市所在。

⑩　ナショナル・ゴム工業株式会社

資本金：50万ペソ。設立年度：1934年。事業内容他：日比合併，ゴム底，ゴム製造販売，年産20万ペソ，使用人は日本人20名，フィリピン人400名，マニラ市所在。

⑪　サン・シャツ・ファクトリー

資本金：5千ペソ。事業内容他：ワイシャツ製造，年産9千ペソ，使用人は日本

人 2 名，マニラ市所在。

⑫　エス・マサキ

資本金：5 千ペソ。事業内容他：製菓卸小売，年産 1 万 5 千ペソ，マニラ市所在。

⑬　東京堂

資本金：5 千ペソ。事業内容他：製菓卸小売，年産 2 万ペソ，使用人は 2 名，マニラ市所在。

⑭　ヒロタニ・ファニチュアー

資本金：6 千ペソ。事業内容他：家具製造，年産 4 千ペソ，使用人は 10 名，マニラ市所在。

⑮　オーラッカ製菓株式会社

資本金：50 万ペソ。設立年度：1933（昭和 8）年。1934（昭和 9）年株式会社組織に改めると同時に，「マニラキャンデー・ファクトリー」の工場設備および権利を一切買収併合し，従来の製品にビスケット類を加えた[58]。事業内容他：菓子（キャンデー，ビスケット，チョコレート，ウェファー，チューインガム，マシュマロ等）製造，年産 150 万ペソ，マニラ市所在。

⑯　パラデセデ・ベンタ

資本金：16 万ペソ。事業内容他：造船鉄工，年産 20 万ペソ，使用人は 33 名，マニラ市所在。

⑰　中野

資本金：1 万ペソ。事業内容他：アイスクリーム・カップ製造・玩具販売，年取引高 4 万 1 千ペソ，使用人は 7 名，マニラ市所在。

⑱　大力商会

資本金：10 万ペソ。事業内容他：味噌・醤油製造（雑貨・食料品取扱兼業），取引高 31 万ペソ，使用人は日本 18 名，フィリピン人 17 名，ダバオ州所在。

⑲　ダバオ商業株式会社

資本金：10 万ペソ。事業内容他：製氷・冶蔵・清涼飲料水製造・年産 12 万ペソ，使用人は日本人 12 名，フィリピン人 12 名，ダバオ州所在。

⑳　ミンタル鉄工所

資本金：40 万ペソ。事業内容他：一般鉄工業，年取引高 4 万 1 千ペソ，使用人は日本人 6 名，フィリピン人 11 名，ダバオ州所在。

㉑　大江鉄工所

資本金：12 万ペソ。事業内容他：機械類販売，各種鋳物販売，年取引 22 万ペソ，

使用人は日本人16名，フィリピン人14名，ダバオ州所在。

㉒　タダ・ライム・キルン

資本金：8千ペソ。事業内容他：石灰製造，年産9千ペソ，バキオ所在。

㉓　ヘルス・ゴム工場

資本金：10万ペソ。事業内容他：ゴム靴製造，年産33万ペソ，使用人は日本人8名，フィリピン人86名，セプ市所在。

㉔　ネグロス・フレーニング・ミール

資本金：1万8千ペソ。事業内容他：家具製造販売，年産6万ペソ，使用人は日本人3名，・フィリピン人26名，西ネグロス所在。

㉕　ミサシス鉄工所

資本金：5千ペソ。事業内容他：一般鉄工，年間生産取引高は4千ペソ，コタバト州所在。

3．戦間期の日本企業進出

　フィリピンは，第二次大戦中に日本軍により占領されたこともあり，戦間期においても日本企業はフィリピンに多数進出した[59]。大蔵省管理局の『日本人の海外活動に関する歴史的調査』によると，フィリピンに戦時中に進出した日本企業の数は，その名称の判明している企業が128社，その中でその詳細が資料で判明している企業が82社である。しかしながら，進出企業の数はこれより多く，おそらく150社以上に達したものと推定され，さらにフィリピン人名義のもの，またはフィリピン人と合算の農業企業等を加えれば，その実数は一層多くなるであろうと推定される[60]。この資料で判明する会社82社につき，その報告を基礎とした資産の総額は，5億5,458万円（帳簿価格）である。図表6-5は，フィリピンに戦時中に進出した日本企業について，業種別，企業数，投資資産額をみたものである。この図表で明らかのように，戦時中の日本企業のフィリピン投資では，一般製造工業が企業数，投資額において首位で，次に鉱業となっている。

　工業部門では，旧リサール・セメント会社を継承した小野田セメント会社，旧バリンタワク・ビール酒造会社を継承した大日本ビール会社がある。さらに，内燃機関工業のサンフェルナンド会社等のように旧フィリピン企業を買収した企業のほかに，鉄鋼業，機械工業，化学工業，紡績業，製紙，製薬，製糖業その他各種の製造企業がある。

図表 6-5　フィリピンに戦時中に進出した日本企業

(単位：千円)

業　　種	企業数	投資資産額
農　業	4	46,245
林　業	7	87,257
漁　業	6	28,011
鉱　業	12	108,664
工　業	36	128,284
商　業	11	56,688
交通運輸業	5	49,097
保険業	1	1,212
計	82	505,458

(注)　外務省管理局および日本銀行宛の報告ならびに在外資産に関する調査書より作成。なお本表には資産額を中心として計上し、その不明なる数社分に就いて投資額のみを計上した。
(出所)　大蔵省管理局（1949）『日本人の海外活動に関する歴史的調査　第三十四冊』90頁。

鉱業部門では、12社を数えるが、三井鉱山の4,000万円を筆頭に石原産業、古河鉱業、石産精工業等いずれも約1,500万円の投資をしている。

林業部門では、ダバオの太田興業が2,500万円、古川拓殖が1,400万円の投資をしている。

林業部門では、日比興業、南国企業、日本木材、山九木材等が、いずれも2,000万円に近い投資をしている。

漁業部門では、太平洋水産が15万円の投資をしている。

交通運輸部門では、フィリピン運航会社が沿岸航路を担当し、山九運輸とともにおのおの約2,000万円の投資をしている。

この大蔵省調査では、戦時中の日本企業のフィリピン投資額の合計は、5億円を超えるが、この資料で不明の46社、さらに相当数の名称すら判明しない企業を加算すると、おそらく終戦時までの総投資額は7億円に達するであろうと想像される[61]。

おわりに：戦前日本のフィリピン進出の歴史と戦略

戦前日本企業のフィリピン進出、特にダバオへのマニラ麻栽培事業進出に関して、国際経営、歴史と戦略という視点での特徴について最後に考察してみよう。

第1は、ダバオは、戦前における南方地域において日本人入植者の一大拠点であったことである。1935（昭和10）年10月1日当時における、在留ダバオ日本人の

数は 13,984 人で，同期における南洋各地における在留日本人総数は 36,134 人であることから，南洋在留日本人の約 39％はダバオに在留していたことになる(62)。フィリピンのダバオは，南方・南洋の日本人移民の中で，最も人口の多い地域であった。ベンゲット道路工事のため日本人移民が渡ったのは，1903（明治 36）年からで，かなりの歴史を有している。太田興業，古川拓殖といったダバオへのマニア麻事業会社の歴史もかなり古く，多数の日本人移民を入植させた。

　第 2 は，ダバオでは，マニラ麻という栽培事業が中心であり，ダバオにおけるマニラ麻栽培事業の中で日系企業の比重が高かったことである。戦前の南方における日本人の海外事業として多いのは，このダバオでのマニラ麻以外には，ゴム，砂糖キビなどの栽培事業が中心であった。ゴム栽培は，主として，マレー半島やインドネシアにおいて日系のゴム栽培事業者が多かった。また，砂糖キビ栽培は，主として，南洋群島及び台湾において日系の砂糖キビ栽培事業者が多かった。

　フィリピンのダバオのマニラ麻産業は，当時，世界硬質繊維界においてかなりの地位を占めていた。ダバオ地域において日本人は，地主数の約 33％，投資額の約 38％，所有麻株数の約 36％を占めていた。最盛期日本人のダバオでの麻耕作地は，私有地買収，賃借，公有払下げ，租借により，栽培面積は約 5 万町歩であった。ダバオの麻産業は日本人 1 万人以上が麻産業に参加し，かつ日本人はフィリピン人を 3 万数千人雇用していた(63)。ダバオでのマニラ麻の輸出においても，日本の栽培会社・商社が大きな比重を占めていた。1937（昭和 12）年当時，ダバオにおけるマニラ麻の輸出に関する統計によると，古川拓殖，太田興業，三井物産の 3 社の手によるアメリカ・日本・欧州向けの輸出額は 28 万 5,916 俵で，ダバオ全体の 6 割 5 分以上を占めていた(64)。

　このように，ダバオでのマニラ麻栽培事業は，資本，労働，商品，輸出のかなりが日本により担われており，戦前の日本企業の南方進出形態として注目に値する。

　第 3 は，ダバオでの日本企業の事業における労働者の中心は，日本人移民・殖民であったことである。日本企業が麻園を経営する方法として，直営制度と請負制度があった。第 1 の直営制度は，会社，個人が耕作地で日本人あるいはフィリピン人を使用して直接経営する。この直営麻園では中央集権的な一律耕作度が顕著となる。第 2 の請負耕作制度は，会社が土地を獲得し，自ら開墾するとともに，一部を日本人移民に開墾，耕作を請負わせ，請負者は日本人ならびにフィリピン人労働者を雇用する。この場合，中央集権的支配は間接的となる。日本のマニラ麻栽培会社はこの両方式を適当の割合に併用していた。

図表6-6　経営形態別会社数

階級	直営(%)	会社数	会社名
直営全部	100	4	ノースタロモ拓殖，古川拓殖，南ミンダナオ農業，ビンダサン拓殖
直営支配	75-99	3	太田興業，板倉拓殖，マヌエル興業
直営稍多	50-74	3	ミンタル拓殖，ミンダナオ農商，南ミンダナオ興業
小作稍多	25-49	5	マナムブラン興業，バダダ農業，イホ拓殖，松岡興業，バト拓殖
小作支配	1-24	11	リバーサイト拓殖，ピアオ拓殖，ギヤンガ拓殖，クロモリバー農業，ギヒン拓殖，ムリーグ農商，ミンダナオレクラメーション会社，バヤバス拓殖，武奈湾拓殖，巴奈保拓殖，サウザンダヴァオ興業
小作全部	0	0	タガラノリバー拓殖，ツインリバー拓殖，ダリアオ拓殖，パンキット拓殖，ラサン拓殖，赤峯兄弟拓殖

(出所)　根岸勉治（1939）『植栽企業方式論』463頁。

図表6-6は，ダバオ日系栽培企業の制度を示したものである。

日本人労働者という観点に立つと，ダバオの日本人労働者は，この2つの種類の労働者が存在した。第1は，直営形態では，日本人労働者は，会社に直接雇用され，会社の直轄栽培地で耕作する雇用労働者である。第2の請負耕作制度では，会社から耕作地を請け負い，独立して耕作する自営農である。

大戦直前後の時期での日本人のダバオでのマニラ麻移民の統計によると，日本人耕地内の自営者30.93％，外人耕作地の日本人自営者22.25％，個人自営者0.30％，会社，自営者ならびに農園労働者46.53％であった[65]。日本人のダバオでのマニラ麻移民は，自営者が半数をやや超える程度の割合で存在していたのである。

請負耕作制度における日本人自営農を分類すると，麻挽請負労働者，短期請負耕作者，長期請負耕作者などがある。麻挽請負者は，麻株を切倒し，会社，自営者が持つ設備である麻挽機械で繊維を抽出し，生産物を会社4割，請負者6割に分配する。短期請負耕作者は，請負期間は通常3年で，請負者は生産品の約3割5分を地主に納入する。長期請負耕作者は，典型的耕作形態であり，請負者は耕作に必要な設備をもち，開墾，耕作，収穫，加工等の全作業を請負い，契約期間は通常約12年である。請負者は生産品の1割5分を地主に納付し，8割5分を取得する[66]。

このようにダバオでの日系企業のマニラ麻事業は，自営農と請負という形態でのほぼ日本人移民により成り立っていたのである。

第4は，日本人の移民・殖民の採用・募集において，日本の海外移民仲介会社である移民・殖民会社により担われていたことである。

1903(明治36)年,ベンゲット道路建設のために,多くの日本人がその工事に携わった。主にその工事のための労働者として日本人移民を募集したのが日本の移民会社であった。1903(明治36)年1月,日本政府は自由移民に限り,移民会社の取扱を許可した。アメリカは1898(明治31)年のフィリピン領有と前後して,ハワイを合併し,移民条例を実施したため,日本の移民会社のハワイ契約移民取扱が一切中止となったこともあり,多くの日本の移民会社が生き残りをかけてベンゲット移民の募集事業に殺到した。1903(明治36)年,1904(明治37)年の2年で,移民会社により,フィリピンに渡った日本人移民は,3,096人に達し,ほかに移民会社によらない日本人独力渡航者が2,020人を超えたという。その各移民会社別の移民者数の内訳は以下の図表6-7である。これら移民会社取扱移民の中にも,またこれによらない独力渡航者中にも,ベンゲット道路以外の,例えばマニラ鉄道会社の使役とか,マッキンレー兵舎建築とかに従事した者も少なくない。

その後,ダバオでの日系マニラ麻栽事業においても,日本人移民の募集において,日本の移民会社が重要な役割を果たした。ダバオでの代表的な日本企業である太田興業は,当初ダバオでマニラ麻栽培に従事する日本人移民を主として日本の移民が会社である東洋移民株式会社と契約を結び,募集した。また,その代表的企業である古川拓殖は,ダバオでマニラ麻栽培に従事する日本移民を南米殖民株式会社と契

図表6-7 明治36年と明治37年の移民会社によるフィリピンへの日本人移民取扱い数

取扱会社	明治36年度移民輸送人数	明治37年度移民輸送人数
広島移民合名会社	—	52
関西移民合名会社	—	40
帝国殖民合資会社	358	455
大陸殖民合資会社	37	14
中国移民合資会社	52	—
神戸渡航合資会社	102	19
東京移民合資会社	—	135
森島壽雄	143	143
海外渡航株式会社	290	468
防長移民合名会社	326	80
合資会社三丸商会	162	—
森岡眞	—	41
山陽移民合資会社	—	24
皇国殖民合資会社	—	139
小見孝	—	22
合計	1,470	1,626

(出所) 入江寅次(1942)『邦人海外発展史』428-429頁。

約を結び，募集した。その後，両社とも引き続き日本で日本人移民を募集したが，1917（大正6）年東洋移民と南米殖民は他の複数の移民・殖民会社と合併し海外興業株式会社となったため，両社とも海外興業株式会社と移民契約を結び募集した。ダバオにあった他の日系麻栽培事業会社においても，日本の移民会社により多くの日本人移民が募集された。日本人移民には，出身地に地域的特徴があって，沖縄が断然多く，広島，熊本，福島などの県も多かった。

第5は，ダバオにおいて日本企業のかなりの金額の直接投資が行われ，戦前の南方地域での日本企業の直接投資の中においてもかなりの比重を占めていたことである。

戦前における日本企業の南方への投資という視点から，フィリピン，ダバオへの投資についてみてみよう。1939（昭和14）年の調査によると，日本の南方地域への投資は3億円内外とされ，栽培業が第1位で約1億4,000円程度，これに鉱業，林業が続いている。図表6-8は，その日本の南方地域への投資調査の結果である[67]。

地域別にみると，フィリピンが最も多く，英領マレー，蘭領印度が続いている。フィリピンの産業別の内訳をみると，栽培業が6,700万円とフィリピンへの投資額8,798万円の約76％と圧倒的な比重を占めている。また，フィリピンの栽培業への投資額が6,700万円は，日本の南方地域への投資総額2億6,017円に対して，約26％を占めていることになる。フィリピンへの栽培業等のほとんどがダバオを中心としたマニラ麻投資であることを考えると，戦前日本の南方投資の中でダバオへのマニラ麻投資は重要であることがわかる。

第6は，直接投資と移民・殖民が結びついた形での海外進出であったことである。戦前の日本人移民が多かったハワイや南米などとは異なった形である。ハワイや南米などの日本人移民は，栽培事業などに従事し，開拓移民という形が主流であった

図表6-8　日本の南方諸国への投資（昭和14年）

（単位：千円）

産業別	英領マレー	英領北ボルネオ	サラワク	蘭領印度	フィリピン	仏領印度支那	タイ国	その他	計
鉱業	42,675	—	—	2,543	1,330	—	237	14,419	61,314
林業	600	6,294	—	—	12,237	—	—	3,000	22,131
水産業	2,614	—	—	3,542	—	—	—	5,380	11,536
商業	3,256	61	—	8,838	7,419	903	434	—	20,911
栽培業	30,679	13,730	—	27,373	67,000	—	5,500	—	144,282
計	79,934	20,085	—	42,296	87,986	903	6,171	22,799	260,174

（出所）　南洋協会（1941）『大南洋圏』113頁。

が，日本からの直接投資額はそれほど多くなく，また日本企業が進出するケースはそれほど多くなかった。戦前の日本のハワイや南米への進出は，直接投資ではなく，移民・殖民という人が中心であったといえるであろう。これに対して，ダバオを中心としたフィリピンへの日本企業の直接投資はかなりの金額で，戦前の南方地域での日本企業の直接投資の中においてもかなりの比重を占めていたことは，前述したとおりである。フィリピンへの日本の進出は，人と資本という2つを伴った進出であったといえるであろう。

第7は，ダバオにおいて最初は日本資本のマニラ麻栽培事業が中心であったが，徐々に日本人が増えてくると，日本人の経営する商店，サービス業，工場，旅館などの事業が進出し，ダバオの一地区は日本人街，日本人町の様相を呈してきたことである。さらに，日本のフィリピン投資は，ダバオからマニラ，その他の都市に拡大していった。日本人は，フィリピンで栽培事業，水産業，林業，鉱業，製造工場，小売商店，旅館，その他のサービス業などの多様な業種で事業を行うようになった。特に顕著なのは，小売店などの商業投資であった。しかし，当時のフィリピンでは，中国系の華僑がかなりの商業投資を行い，流通分野でかなりの優位を持っていた。1935（昭和10）年当時の統計によると，フィリピンへの商業投資額の約42％が華僑で，次にフィリピン人が29.6％，アメリカ人が8.5％で，日本人は7.93％であった[68]。このように，流通分野で華僑が優位という状況の中で，日本人商店は主として日本人を顧客としながら，フィリピンで徐々に事業を拡大していった。

第8は，フィリピンへは日本の植民地・統治地域でない日本政府の統制の効かない，純粋の外国での海外事業経営であったことである。この観点からみると，戦前日本における満州，朝鮮，台湾，南洋群島での日本企業の現地経営とはかなり異なっている。日本企業は，海外の地域において，日本政府に頼ることなく自力で国際経営を行っていたのである。そのため，ダバオにおける現地経営では，土地問題，日本人入植問題，資金調達等で大きな問題を抱えていた。さらに，日本からの直接投資のプレゼンスに対して，現地政府や植民地支配国からの警戒心や政治的軋轢もかなりあった。その意味では，現在の日本企業のアジアでの海外展開の課題に通じるものがある。戦前日本企業のアジア進出の1つの典型的な事業展開が，ダバオでの日系企業のマニラ麻栽培事業であるといえるであろう。

このように，戦前，戦中の時期において，ダバオを中心としたフィリピンへの直接投資，移民・殖民はかなりの規模となったが，終戦とともに，すべてが崩壊し，ほとんどのフィリピン在住日本人は日本に引き上げたのである。

注

(1) 渡邉薫（1935）『比律賓在留邦人発達史』南洋協会，21-23頁。
(2) 渡邉薫（1935）『比律賓在留邦人発達史』南洋協会，25-26頁。
(3) 佐藤寅男（1949）『フィリピンと日本』サイマル出版会，54頁。
(4) 佐藤寅男（1949）『フィリピンと日本』サイマル出版会，54頁。
(5) 松本悟朗（1941）『南方共栄圏読本』新興亜社，143頁。
(6) 佐藤剱之助（1941）『比島の危機』比律賓協会，335頁。
(7) 仲原善徳（1941）『比律賓紀行』河出書房，137頁。
(8) 戦前における日本企業のダバオでのマニラ麻への進出とその経営に関する最近のまとまった研究として，早瀬晋三（1989）『「ベンケット移民」の虚像と実像』同文館出版，柴田善雅（2005）『南洋日系栽培会社の時代』日本経済評論社，などがある。特に，柴田善雅（2005）は，ダバオのマニラ麻と南方のゴム栽培に関する日本企業の進出と経営について詳細に分析しており，史料的価値もある研究である。
(9) 大谷喜光（1942）『南方経済資源総覧　フィリッピンの経済資源』東亜政経社，540-541頁，および大蔵省管理局（1949）『日本人の海外活動に関する歴史的調査　通巻第三十四冊　南方篇第五分冊　各論　比島篇』大蔵省管理局，43-44頁。なお，フィリピン政府代表ケノン少佐と神戸渡航合資会社稲葉代理人との間にとり交された契約条件は以下である。
　「1. 雇用人員合計1,022名
　　道路改築労働者　900人　日給米貨62.5セント（1ペソ25セント）
　　石壁築造職工　100人　日給1ドル（2ペソ）
　　邦人労働者監督　20人　日給1ドル25セント（2ペソ50セント）
　　英語通訳主任　1人　月給90ドル（180ペソ）
　　同助手1人　月給50ドル（100ペソ）
　2. 一般労働者，監督，通訳の食事ならびに医薬はすべて官費を以て支弁の事。
　3. 人夫は百人まで妻を帯同する事を許し，宿舎に同居する事を得，但し妻の食事は支給せず。
　4. 第1回移民は，1903年9月30日迄に，マニラに来航する事，第2回以降の移民は，人数のまとまり次第多少に拘らず毎月別々に移入する事。
　5. 日曜及フィリピン政府の公休日には仕事するとせざると随意なり，その場合には時間に応じ，その割を以て日給を給与す，但し疾病その他の事故を以て休む時は給料を支給せず。尚毎日就業せざる時間に対しては，その時間だけ給料をさし引くものとす。
　6. 労働時間は毎日十時間とす，午前は六時より十一時迄，午後は一時より六時迄。
　7. 人夫，監督及通訳の給料は毎月末移民代理人稲葉卯三郎に手交すべし。
　8. 移民の給料は，マニラ上陸の日より支給すべし，移民は上陸後政府の費用を以て，ベンゲットに送付すべし。
　9. 前記移民はルソン島ベンゲット州に於ける道路改築工事に従事するものにして，十五哩の道路を日本人，支那人及フィリピン人労働者の三者に各五哩づつ分割割当改築せしむ。而して工事の竣工迄には一ケ年を要する見込にして，此間引続き雇傭使用すべし。」
(10) 大谷喜光（1942）『南方経済資源総覧　フィリッピンの経済資源』東亜政経社，542頁，および大蔵省管理局（1949）『日本人の海外活動に関する歴史的調査　通巻第三十四冊　南方篇第五分冊　各論　比島篇』大蔵省管理局，44頁。
(11) 大蔵省管理局（1949）『日本人の海外活動に関する歴史的調査　通巻第三十四刷　南方篇第五分冊　各論　比島篇』大蔵省管理局，45-46頁。
(12) 大蔵省管理局（1949）『日本人の海外活動に関する歴史的調査　通巻第三十四冊　南方篇第五分冊　各論　比島篇』大蔵省管理局，48頁。
(13) 大谷喜光（1942）『南方経済資源総覧　フィリッピンの経済資源』東亜政経社，548頁。
(14) 蒲原廣二（1938）『ダバオ邦人開拓史』日比新聞社，92頁，および95-97頁。以下は，その時期のダバオでの日系企業のリストである。
　（A）Land Snrveyed
　1. Akamine Brothers Plantation Company　　2. Bato Plantation Company
　3. Bayabas Plantation Company　　4. Biao Plantation Company
　5. Bunauan Plantation Company,　　6. Catalunan Agricultural Company
　7. Duman Plantation Company,　　8. Furukawa Plantation Company

第6章 戦前期日本企業のフィリピン進出とダバオへのマニラ麻事業進出の歴史と戦略

9. Fnkuiehi Aragaki.	10. Hijo Plantation Company
11. Ichisuke Agari	12. Lahi River Plantation Company
13. Lasang Plantation Company	14. Lipadas Development Company
15. Manambulan Development Company	16. Manuel Development Company
17. Matsuoka Development Company	18. Mindanao Agricultural & Commercial Company
19. Mindanao Plantation Company	20. Mindanao Reclamation Company
21. Mintal Plantation Company	22. Mulig Agricultural & Trading Company
23. Nanyo Plantation Company	24. North Talomo Plantation Company
25. Ohta Developmant Company	26. Pendasaan Plantation Company
27. Piso Coconut and Cattle Ranch	28. Riverside Plantation Company
29. Mirawan Plantation Company	30. Month Mindanao Agricultural Company
31 Month Mindanao Developmenl Company	32. Southern Cross Plantation Company
33. Southern Davao Development Company	34. Tagurano River Plantation Company
35. Tween River Plantation Company	

（B）Land Unsurveyed

36. Central Bunanan Company	37. Daliao Plantation Company
38. Davao Farming and Trading Company	39. Fujishige Plantation Company
40. Guianga Plantation Company	41. Gregorio Plantation Company
42. Gui Hing Plantation Company	43. Itakura Plantation Company
44. Libuganon Agricultural Company	45. Maco Plantation Company
46. Maputi Plantation Company	47. Nanyo Plantation Company
48. Nanpi Plantation Company	49. Ohtakara Plantation Company
50. Panabo Plantation Company	51. Panguit Plantation Company
52. Padada Plantation Company	53. Saisho Plantation Company
54. Shimamura Plantation Company	55. South Sea Agricultural Company
56. Taisho Industrial Company	57. Takagi Panning Company
58. Tagum Plantation Company	59. Talomo River Plantation Company
60. Terajima Plantation Company	61. Tonan Development Company
62. Toyo Plantation Company	63. Tuganay Plantation Company
64. Yoshi Kotani	65. Katoo Company

（15） 蒲原廣二（1938）『ダバオ邦人開拓史』日比新聞社，177-179頁。
（16） 佐藤剱之助（1941）『比島の危機』比律賓協会，335頁。
（17） 太田興業株式会社（1932）『ダバオとマニラ麻』太田興業株式会社，24-26頁。
（18） 太田興業株式会社（1932）『ダバオとマニラ麻』太田興業株式会社，26-29頁。
（19） 太田興業株式会社（1932）『ダバオとマニラ麻』太田興業株式会社，21頁。
（20） 大蔵省管理局（1949）『日本人の海外活動に関する歴史的調査 通巻第三十四冊 南方篇第五分冊 各論 比島篇』大蔵省管理局，53頁。
（21） 太平洋協会（1942）『フィリピンの自然と民族』河出書房，372頁。
（22） 大谷喜光（1942）『南方経済資源総覧 フィリッピンの経済資源』東亜政経社，557頁。
（23） 仲原善徳（1941）『比律賓紀行』河出書房，163頁。
（24） 蒲原廣二（1938）『ダバオ邦人開拓史』日比新聞社，73-74頁。
（25） 蒲原廣二（1938）『ダバオ邦人開拓史』日比新聞社，57-60頁，古川義三（1956）『ダバオ開拓記』古川拓殖株式会社，119-122頁。
（26） 蒲原廣二（1938）『ダバオ邦人開拓史』日比新聞社，84-87頁。
（27） 古川義三（1956）『ダバオ開拓記』古川拓殖株式会社，122頁。
（28） 蒲原廣二（1938）『ダバオ邦人開拓史』日比新聞社，574-575頁。
（29） 土屋元作（1916）『比律賓跋渉』同文館，236頁。
（30） 古川義三（1956）『ダバオ開拓記』古川拓殖株式会社，259頁。
（31） 柴田善雅（2005）『南洋日系栽培会社の時代』日本経済評論社，22頁，457-463頁，および海外移住事業団（19733）『海外移住事業団十年史』海外移住事業団，6-8頁。
（32） 蒲原廣二（1938）『ダバオ邦人開拓史』日比新聞社，577-579頁，大谷喜光（1942）『南方経済資源総覧 フィリッピンの経済資源』東亜政経社，556-558頁。
（33） 古川義三（1956）『ダバオ開拓記』古川拓殖株式会社，259頁。
（34） 古川義三（1956）『ダバオ開拓記』古川拓殖株式会社，247頁。

(35) 南洋協会（1942）『南方の全貌』湯川弘文社，171 頁。
(36) 蒲原廣二（1938）『ダバオ邦人開拓史』日比新聞社，576-579 頁。
(37) 蒲原廣二（1938）『ダバオ邦人開拓史』日比新聞社，580 頁。
(38) 蒲原廣二（1938）『ダバオ邦人開拓史』日比新聞社，580 頁。
(39) 蒲原廣二（1938）『ダバオ邦人開拓史』日比新聞社，580-581 頁。
(40) 蒲原廣二（1938）『ダバオ邦人開拓史』日比新聞社，581 頁。
(41) 蒲原廣二（1938)『ダバオ邦人開拓史』日比新聞社，581 頁。
(42) 蒲原廣二（1938）『ダバオ邦人開拓史』日比新聞社，582-583 頁。
(43) 蒲原廣二（1938）『ダバオ邦人開拓史』日比新聞社，583 頁。
(44) 蒲原廣二（1938）『ダバオ邦人開拓史』日比新聞社，583-584 頁。
(45) 蒲原廣二（1938）『ダバオ邦人開拓史』日比新聞社，584 頁。
(46) 蒲原廣二（1938）『ダバオ邦人開拓史』日比新聞社，584-585 頁。
(47) 蒲原廣二（1938）『ダバオ邦人開拓史』日比新聞社，585 頁。
(48) 仲原善徳（1941）『比律賓紀行』河出書房，161 頁，蒲原廣二（1938）『ダバオ邦人開拓史』日比新聞社，617-618 頁。
(49) 仲原善徳（1941）『比律賓紀行』河出書房，161-162 頁，蒲原廣二（1938）『ダバオ邦人開拓史』日比新聞社，616-617 頁。
(50) 柴田善雅（2005）『南洋日系栽培会社の時代』日本経済評論社，472-485 頁。
(51) 渡邉薫（1935）『比律賓在留邦人発達史』南洋協会，104 頁。
(52) 大蔵省管理局（1949）『日本人の海外活動に関する歴史的調査　通巻第三十四冊　南方篇第五分冊　各論　比島篇』大蔵省管理局，57 頁。
(53) 渡邉薫（1935）『比律賓在留邦人発達史』南洋協会，145-146 頁。
(54) 渡邉薫（1935）『比律賓在留邦人発達史』南洋協会，123 頁。
(55) 大蔵省管理局（1949）『日本人の海外活動に関する歴史的調査　通巻第三十四冊　南方篇第五分冊　各論　比島篇』大蔵省管理局，59-60 頁。
(56) 大蔵省管理局（1949）『日本人の海外活動に関する歴史的調査　通巻第三十四冊　南方篇第五分冊　各論　比島篇』大蔵省管理局，72-73 頁。
(57) 大蔵省管理局（1949）『日本人の海外活動に関する歴史的調査　通巻第三十四冊　南方篇第五分冊　各論　比島篇』大蔵省管理局，73-76 頁。
(58) 渡邉薫（1935）『比律賓在留邦人発達史』南洋協会，143-145 頁。
(59) 大蔵省管理局（1949）『日本人の海外活動に関する歴史的調査　通巻第三十四冊　南方篇第五分冊　各論　比島篇』大蔵省管理局，89-91 頁。
(60) 大蔵省管理局（1949）『日本人の海外活動に関する歴史的調査　通巻第三十四冊　南方篇第五分冊　各論　比島篇』大蔵省管理局，89-90 頁。
(61) 大蔵省管理局（1949）『日本人の海外活動に関する歴史的調査　通巻第三十四冊　南方篇第五分冊　各論　比島篇』大蔵省管理局，91 頁。
(62) 台湾総統官房外事課（1937）『南洋年鑑』南洋協会台湾支部，104 頁。
(63) 南方年鑑刊行会（1943）『南方年鑑　昭和 18 年度版』東邦社，64-65 頁。
(64) 麻船具社（1943）『マニラ麻大観』麻船具社，38-39 頁。
(65) 南洋団体聯合会（1942）『大南洋年鑑』南洋団体聯合会，65 頁。
(66) 南洋団体聯合会（1942）『大南洋年鑑』南洋団体聯合会，64-65 頁。
(67) 南洋協会（1941）『大南洋圏』中央公論社，113 頁。
(68) 南方年鑑刊行会（1943）『南方年鑑　昭和 18 年度版』東邦社。

〈参考文献〉

麻船具社（1943）『マニラ麻大観』麻船具社。
浅香末起（1941）『南洋経済研究』千倉書房。
Alan Takeo Moriyama（1985）*Imingaisya: Japanese Emigration Companies and Hawaii*, University of Hawaii Press.
アラン・T・モリヤマ『日米移民史学』PMC 出版。
新井恵美子（1993）『ダバオの君が代―比国に新天地を求めた人々―』近代文藝社。
天野洋一（1990）『ダバオ国の末裔たち』風媒社。

古川義三（1942）『フィリピン事情』京都商工会議所。
古川義三（1956）『ダバオ開拓記』古川拓殖株式会社。
福田要（1942）『南方資源経済論』千倉書房。
福原一雄（1942）『南方林業経済論』霞ヶ関書房。
外務省通商局第三課（1930）『移民地事情　第二十五巻　比律賓「ダバオ事情」』外務省。
外務省調査部（1941）『比律賓民族史』日本国際協会。
外務省調査部（1942）『調第230号　東南亜細亜に於ける列国の投資』外務省。
具志川市史編さん委員会（2002）『具志川市史　第四巻　移民・出稼ぎ　論考編』具志川市教育委員会。
早瀬晋三（1989）『「ベンケット移民」の虚像と実像』同文舘出版。
早瀬晋三（2012）『フィリピン現代史のなかの日本人―植民地社会の形成と移民・商品』東京大学出版会。
伊藤兆司（1935）『南洋農業論』九州帝国大学農学部。
伊藤兆司（1937）『植民地農業』叢文閣。
岩崎照彦（1989）『南方軍政論集』巖南堂書店。
猪谷善一（1940）『南方経済論』一元社。
鈴木信之・佐藤弘（1942）『南洋地理体系2　海南島・フィリィピン・内南洋』ダイヤモンド社。
小林徳治（1923）『比律賓史』南洋協会台湾支部。
黒瀬郁二（2003）『東洋拓殖会社―日本帝国主義とアジア太平洋―』日本経済評論社。
賀川英夫（1942）『南方諸国の資源と産業』ダイヤモンド社。
金ケ江清太郎（1963）『歩いてきた道―ヒリッピン物語―』国政社。
河野辰二（1943）『新フィリピン読本』東都書籍。
蒲原廣二（1938）『ダバオ邦人開拓史』日比新聞社。
景山哲夫（1941）『南洋の資源と共栄圏貿易の将来』八紘社。
片岡千賀之（1991）『南洋の日本人漁業』同文舘出版。
金武町史編纂委員会（1996）『金武町史　第1巻　移民・本編』金武町教育委員会。
海外移住事業団（19733）『海外移住事業団十年史』海外移住事業団。
三菱経済研究所（1937）『太平洋に於ける国際経済関係』三菱経済研究所。
森良治（1941）『亜細亜年鑑（南洋版）昭和16年版』亜細亜年鑑発行所。
室伏高信（1936）『南進論』日本評論社。
松本悟朗（1941）『南方共栄圏読本』新興亜社。
松下正壽（1942）『フィリピン』朝日新聞社。
南洋協会（1941）『大南洋圏』中央公論社。
南洋協会（1942）『南方の全貌』湯川弘文社。
南洋団体聯合会（1942）『大南洋年鑑』南洋団体聯合会。
南方研究会（1942）『南方概観・資源』新経済社。
南進日本社編（1941）『大南洋の国々』南進日本社。
日本経済研究会編（1941）『南進日本人』伊藤書店。
樋口弘、（1942）『南方に於ける資本関係』味燈書屋。
仲原善徳（1941）『比律賓紀行』河出書房。
根岸勉治（1939）『植栽企業方式論』叢文閣。
根岸勉治（1962）『熱帯農企業論』河出書房新社。
日本植民協会（1932）『南洋案内』東方書院。
日本放送出版協会（1941）『大南洋講座』日本放送出版協会。
南方年鑑刊行会（1943）『南方年鑑　昭和18年度版』東邦社。
入江寅次（1942）『邦人海外発展史』井田書店。
今野敏彦・藤崎康夫（1985）『移民史Ⅱ　アジア・オセアニア編』新泉社。
大谷喜光（1942）『南方経済資源総覧　フィリピンの経済資源』東亜政経社。
大谷純一（1938）『比律賓年鑑（昭和14年版）』大谷純一。
大蔵省管理局（1949）『日本人の海外活動に関する歴史的調査　通巻第三十四冊　南方篇第五分冊　各論　比島篇』大蔵省管理局。
太田興業株式会社（1932）『ダバオとマニラ麻』太田興業株式会社。

緒方正（1941）『南方圏の経済的価値』南洋協会台湾支部。
大形太郎（1943）『南方圏経済論』東都書籍。
小田修（1941）『南洋農業読本』中興館。
佐藤寅男（1949）『フィリピンと日本』サイマル出版会。
佐藤秀男（1941）『フィリッピンの研究―人・文化・歴史』清水書房。
佐藤剱之助（1941）『比島の危機』比律賓協会。
三省堂編（1944）『南方文化講座，日本南方発展史篇』三省堂。
柴田賢一（1979）『ダバオ戦記―南洋開拓の栄光と悲惨の歴史―』大陸書房。
柴田善雅（2005）『南洋日系栽培会社の時代』日本経済評論社。
菅沼貞風（1942）『新日本の図南の夢』岩波書店。
下田博（1941）『南洋経済論』慶應出版社。
志々目義忠（1942）『南方開発の手引き』矢貴書店。
台湾総統官房調査課（1929）『比律賓ダバオ州に於ける邦人産業調査』台湾総統官房調査課。
台湾総統官房外事課（1937）『南洋年鑑』南洋協会台湾支部。
台湾南洋協会（1941）『南方読本』三省堂。
太平洋協会（1942）『フィリピンの自然と民族』河出書房。
田中長三郎（1943）『南方殖産資源論』養賢堂。
樽崎敏雄（1940）『図南経済論』千倉書房。
樽崎敏雄（1942）『広域経済と南方開発』東洋経済新報社。
坪内善四郎（1917）『最近の南国』博文館。
東亜経済調査局（1939）『南洋叢書第五巻　比律賓篇』東亜経済調査局。
東亜研究所（1941）『比律賓に於けるマニラ麻の生産』東亜研究所。
土屋元作（1916）『比律賓跋渉』同文館。
渡邉薫（1935）『比律賓在留邦人発達史』南洋協会。
渡邉薫（1936）『比律賓の現状を語る』南方経済調査会。
渡邉薫（1942）『フィリピン図説』冨山房。

第7章
戦前期日本企業の南洋・南方への鉱物資源投資
―石原産業を事例として―

はじめに

　第二次大戦前，日本企業は中国，満州，朝鮮，台湾，南方，南洋などのアジア地域へ直接投資による進出を行っていた。戦前期の日本企業のアジア投資は，植民地であった満州，朝鮮，台湾などが多かったが，鉱物などの資源開発，製糖，ゴム，栽培事業などを中心とした南洋・南方地域への投資もかなりあった。戦前期，南洋・南方での日本の鉱物資源開発企業としてユニークで，歴史的にも極めて注目されるのは，石原産業グループ（石原産業コンツェルン）である。本章では，戦前日本の南方への鉱物資源企業，特に代表的な東南アジア・南方進出企業である石原産業を中心として，戦前期の南洋・南方への日本企業の鉱物資源投資について，その歴史と戦略という視点から考察する。

第1節　戦前日本企業の南洋での鉱物資源投資

　戦前に日本企業が南方・南洋で採掘事業を行った鉱物は，鉄鉱石，マンガン鋼，銅，金，ニッケル，クローム，錫，ボーキサイド，雲母，石油等があった。その鉱物採掘は，マレー半島において最も盛んに行われた。
　日本人の南方・南洋での鉱物採掘事業が始まったのは，大正に入ってからである。1916（大正5）年には久原鉱業がマレー半島トレンガヌ州ヅングンの鉄鋼を調査し，租借権を得た。本格的な南方・南洋での鉱物採掘事業に着手したのは，本章で詳しく研究する石原産業を創設した石原廣一郎である。1918（大正7）年頃，石原廣一郎，新三郎，儀三郎の石原兄弟は，マレー半島のジョホール州のバトパハで鉄鉱山

を発見し，その開発に着手した。その後，石原産業は，南方・南洋で多くの鉱物採掘事業を行うようになり，南洋事業を拠点とする巨大な鉱業会社として発展した。

1931（昭和6）年に満州事変が勃発し，日本は準戦時経済体制に移行とともに，南洋の鉄鋼資源に対する関心は高まった。日露戦争後の日本鉄鋼業の黎明期より，日本の鉄鋼業の有力な鉱石供給地であった大冶，桃沖などの中国の鉄鉱山も中国の抗日運動の激化，鉱山地域での共産運動の昂揚，運輸問題等で，その鉄鉱供給量が漸減した。そのようなこともあり，南洋の鉄鋼資源に対する関心は高まり，日本鋼管株式会社，日本鉱業株式会社などがマレー半島で鉄鉱開掘事業を始めた。さらに，ニューカレドニア，オーストラリア，仏領印度支那の鉄鉱資源にまで視野は拡大し，それに対する具体的進出が行われた。1926（昭和1）年から1936（昭和11）年までの日本の製鉄業の原料としての鉄鉱石の供給国をみると，日本約10%，朝鮮約20%，マレーおよびフィリピン約36%，中国約31%，豪州その他3%であった[1]。

1937（昭和12）年支那事変が始まり，日本は戦時体制へと進んでいき，南方・南洋での鉄鉱石以外の鉱物に対する関心が高まっていった。マンガン，ニッケル，錫，銅，金，ボーキサイドなどの鉱物の採掘が行われるようになった。

戦前の時期に，石原産業以外で南方・南洋で鉱物採掘事業を行っていた主要な日本企業と現地日系企業として以下があった[2]。

1．日本鉱業株式会社

日本鉱業株式会社は，日本企業では早い時期から，石原産業とともに南方での鉱物採掘事業を行い，マレー半島で鉄鉱石，マンガン鋼の採掘事業を行った。

鉄鉱石採掘事業として，ヅングン鉱山があった。ヅングン鉄鉱山は，マレー半島トレンガヌ州ヅングンにあった。1915（大正4）年頃，日本鉱業の前身久原鉱業が当該地域の調査を行い，約500平方メートルの6鉱区について国より租借権での採掘許可を得た。翌年，32キロに及ぶ難工事の鉄道敷設などを行い，採掘を開始した。しかし，英国の管理組織の変更によって，1927（昭和2）年改めて採掘権の許可を得た。1930（昭和5）年より鉄鉱石の採掘事業を開始した。1934（昭和9）年には61万トン，1936（昭和11）年には103万8千トン，1939（昭和14）年には120万トンを主として日本製鉄八幡製鉄所向けに輸出した[3]。

マンガン鋼採掘事業として，タンドウ鉱山があった。タンドウ鉱山は，マレー半島ケランクン州タンドウにあった。日本鉱業が1932（昭和7）年採掘権を得て，翌

昭和8年から採鉱を始め，1936（昭和11）年より本格的採掘に着手した。

2．飯塚鉄鉱株式会社

マレー半島で鉄鉱石に採掘を主な事業とする飯塚鉄鉱株式会社があった。飯塚鉄鉱は，マレー半島ジョホール州エンダウにあるエンダウ鉱山を経営し，1936（昭和11）年より鉄鉱石の採掘を開始した。飯塚鉄鉱の経営にあたる飯塚茂はゴム栽培の南進公司の社長であり，出資は主として渋沢財閥系によるものであった。1937（昭和12）年には5万3,852トン，1938（昭和13）年には17万4,982トンを主として日本製鉄向けに輸出した[4]。

3．南洋鉄鋼株式会社

日本鋼管株式会社出資の子会社（ボルネオ護謨会社系の資本と共同出資）として設立された南洋鉄鋼株式会社は，マレー半島で鉄鉱石の開発事業を行った。南洋鉄鋼は，マレー半島ケランクン州ケランタン県にタマンガン鉱山を経営した。タマンガン鉱山は，1937（昭和12）年より稼行した。1937（昭和12）年には4万9,223トン，1938（昭和13）年には15万9,900トンを主として日本鋼管向けに輸出した[5]。

4．三菱鉱業株式会社

三菱鉱業株式会社は，タイ国スラタニ県バンナ郡コブケブに錫採掘のコブケプ鉱山を経営した。コブケプ鉱山は，1939（昭和14）年より錫の出鉱を開始した。

5．日比鉱業株式会社

フィリピンに本社を置く日系資本の日比鉱業株式会社は，マンガン鉱採掘の事業を行っていた。日比鉱業は，ブスアンガ鉱山を経営し，所在地は，フィリピン国パラワン州ブスアンガ島にある。ブスアンガ鉱山は，1937（昭和12）年より稼行し，マンガン鉱を産出した。

6. 太洋鉱業株式会社

　太洋鉱業株式会社は，ニューカレドニア東海岸に鉱区を得て，1936（昭和11）年からニッケル鉱を産出した。大洋鉱業は，日本鉱業，日本曹達，住友鉱業，増田屋の4社の共同事業である。

7. ボルネオ石油株式会社

　1921（大正10）年，三井物産と日本石油は共同して資本金200万グルデンのボルネオ石油株式会社を設立し，蘭領ボルネオの東海岸ナンクリランにイーストボルネオ会社所有の地域に採油権を買収し，日蘭合弁事業として1930（昭和5）年より原油の試掘を開始した。その後カリオラン区域にも試掘を開始した。

第2節　石原産業と石原廣一郎

1. 戦前の南方財閥石原産業

　石原産業は，南方諸国の鉄鋼石採掘を中心とした戦前の代表的な南方進出企業グループである。石原産業の主要な南方事業として，以下のような企業があった[6]。
　石原産業公司（資本金300万シンガポールドル）は，シンガボールに本社を置き，マレーシア半島のスリメダン，ケママンの鉄鉱石とマンガン鉱，パセルのボーキサイドなどを採掘している。石原鉱山株式会社（資本金50万グルデン）はジャワのバクビアに本社を置き，ジャワのソロ銅鋼山などを目的としている。マニラ石原産業会社（資本金百万比）はマニラに本社を置き，フィリピンのルソン島などで鉄鋼を採掘する会社である。南方の石原系各社の原鋼石の運搬には石原系の石原産業海運などがあたり，倉庫業務を同じく石原系の南洋倉庫が担っていた。
　石原産業の南方事業の基礎を築き，その中心はマレーシア半島の鉄鉱石である。石原は南方の事業家として鉱山を経営し，海運も自ら行った。その事業規模とスケールは戦前日本の代表的な南方海外事業財閥であるといえる。

2．石原廣一郎の人となり

　石原廣一郎の経歴をまずみてみよう[7]。

　石原産業の創業者である石原廣一郎は，1890（明治23）年，京都で農家に生まれた。石原は，弟2人とともに裸一貫で南方に進出し，石原産業を築きあげた。1909（明治40）年，石原は18才で京都の桂農林学校を卒業し，京都府の農林技手となった。1916年（大正5）年までの9年間農林技手として働いた。彼は勉学意欲が盛んで，1910（明治43）年，立命館大学専門部の夜学に入学して法律学を学んだ。

　その当時は，米国への農業移民が最も盛んな時期であり，桂農林学校卒業の先輩同業たちは相次いで渡航した。石原も，海外への夢を強く持っていた。彼は弟の新三郎に対し「自分は渡米して一旗あげたいが到底ゆけぬから自分の身代わりとして出稼ぎにいって成功してくれ」と語っていた[8]。ところが当時（1907-10年頃）米国においては黄色人種排斥運動が熾烈となり，日本人の渡米移民は困難となってきた。そこで海外出稼ぎ志望者達は米国の代わりに南方へ行くようになり，その結果同地におけるゴム栽培はかなり有望視されていたのである。そこで石原は弟新三郎に対しても南方進出を説き，その結果新三郎は南方へ出稼ぎに行くことになり，1911（明治44）年マレー半島ジョホール州における日本人ゴム栽培会社三五公司[9]に就職した。新三郎は三五公司で4年間働いた後に，独立してゴム栽培事業を営むべくジョホール州バトパタのパンシュールにある約20エーカーの土地を買収し，未開地での開拓にあたっていた。石原廣一郎を中心として三人兄弟相談した結果，兄弟一致協力して南方で事業を起すことを決めた。まず弟の新三郎と儀三郎が渡南し，石原廣一郎は1916（大正5）年，27歳の時に妻トミと長女正枝を伴ってマレー半島に渡南した。

　石原三兄弟は，マレー半島ジョホール州バトパタのパンシュールでゴム園の開墾に着手した。しかし，ゴム園の経営はうまくいかず，結局ゴム園を1万ドルで売却し，その代金で新たな商売を始めることにした。石原らは，住居をシンガポールに移し，1917（大正6）年に石原洋行の名で貿易商を開始した。石原洋行は，初めは日本から自転車の部品，瓦斯器具などを輸入し，後にはゴムや椰子その他の南洋物産を日本や米国に輸出した。しかし，この石原洋行の経営もうまくいかなかった。

　その打開策として石原は人跡未踏の奥地に鉱山探険に出かけることとなった。この探険は幸運の緒となり，1919（大正8）年，石原はマレー半島のバトパハの奥地のスリメダンに一大鉄鉱脈の露頭を発見した。彼は早速試掘権を出願し鉱山開発資

金獲得の為に帰国した。

この時の鉱山の発見について，石原廣一郎は以下のように記している[10]。

「路上の石から鉄鉱発見，スリメダン鉄鉱山発見

　この頃私の胸に去来することは，過ぐる日，シンガポールに上陸第一歩を印した時，陽光に鮮かに照り映える植物園舗道の砂利の色であった。路上一面に惜しげもなく敷きつめられたその褐色のバラストこそ，実は鉄鉱石であったのである。私はそのひとかたまりを握りしめたとき，かつて幼少の頃教えられた「日本には石炭があるから，鉄さえあれば必ず世界の強国になれる」という言葉が，忽然と脳裡に浮びあがった。

　もともと，私の渡南の目的は先に述べたようにゴムの栽培であったが，この瞬間，私はマレーのどこかに必ず鉄が豊富にあるに相違ない。それを発見して，祖国日本の繁栄に貢献せねばならぬという大きな啓示に強く打たれたので，その日から私は余暇を作っては，隈なくマレー各地の鉱山踏査に精魂をつくした。

　大正八年八月，友人田所久吾氏から「バトパハの奥地に鉄鉱の山があるとの噂をきいているが，調べに行かないか」との誘いをうけたので，直にバトパハに住む同氏を訪ね，同志の東条次氏を加え三人がサンパン（丸木舟）を仕立て，二人のマレー人に漕がせて川を遡った。これはシンパンキリ川という褐色の濁流で，両岸にはギッシリとニッパ（椰子の一種）が繁りあい，岸辺のところどころには鰐が甲羅を干している薄気味の悪い川である。ゆくことおよそ十時間，夕方近くなって，行手にチラホラ土民の部落が見え始め，やがてパレスロンというところに着き，村長を訪ねてそこに一夜の宿を求めた。

　村長の家といったら立派にきこえるが，僅か二間にベランダを取りつけた小さな掘立小屋である。翌朝，ここからまた丸木舟に乗って上江した。このあたりから川幅は次第に狭くなって，両岸の椿樹は川面に枝を垂れて，川を覆うように繁りあい，陽も透らずに薄暗く，見上げると，樹の枝には幾百匹の野猿が群れ遊んでおり，見馴れない人間どもの突然の来訪に白い歯をむき出して啼き叫び，盛んに枝をゆさぶる光景は凄倦というほかない。

　このようにして六時間も遡って，漸く昼すぎにベトメダンの岸にたどりつくことができた。三人はハンマーを手にして，雑木の繁った丘陵地を，鉱石を求めて登って行った。マレーの鉄鉱資源探査を思い立ってから，北はイッポウ州から遠くタイ国境に，またあるときはトレンガヌ，パハン両州の奥地に苦難と危険を冒して探索を続けてきたのであったが，これという鉱山も発見できず，今度もまた失敗に終るのではないかと思いながらも，一同の希望を抱いて密林の中を分け進んだ。どこまで行っても巨木は鬱蒼と茂り，足元は薄暗く，名も知らぬ鳥が突如大きな羽ばたきをして飛び立ち，一同の胆を冷やし

た。こうして二時間も過ぎた頃，前方が次第に明るくなってきた。その方に歩みを進めると，急に巨木が消えたようになくなり，一面の潅木の木立に変って視野がひらけ，今まで暗さに慣れた眼は，照りつける陽光に痛いほどであった。さてここらで一休みしようと腰をおろしかけて脚下を見ると，オヤ黒い岩だ，岩肌はつやつやと黒光りしている。これは変だとあたりを見回すと，約一反歩の潅木地一帯に黒光りのする熔岩が流れているではないか，早速腰にしたハンマーでカー杯岩を砕くと，割った面は金属光沢に輝いている。これは鉄鉱石だぞと，三人は期せずして歓声をあげた。さあこうなると，心ははずんで休むどころではない。なおも付近をあちらこちらと回って，手あたり次第割ってみたが，鉱石ばかりで石ころは一つもない。

　しめたしめたと，初めて鉱石の上に腰をおろし，周囲に転がっている鉱石を割ってみる。ふと磁石を携帯しているのに気づき，鉱石に当ててみると石には何の反応もない。鉄鉱ならば必ず感応があるはずだ。喜びもほんの束の間で，不安な気持に襲われた（赤鉄鉱は磁気の感応がないことがあとで分った）。暫く休んでまた山の頂上を目ざして登って行ったが，どこまでも山肌は鉱石ばかりでほかの石は見あたらない。頂上近くに来ると，一，二丈もある断崖があり，全面見事な鉱石である。この調子では何千万トンもあろう…鉄鉱でなくとも，何かの鉱石には違いない。時間も忘れてさまよっているうちに，早や陽は傾いて，たそがれの影がしずかに潅木の梢に忍びよっている。三人は初めて帰らねばならぬことに気がついたが，さて帰る道が分らない。こんなところで野宿はできず，困ったなあと互に顔を見合せ，さっきの喜びもどこへやら心細い限りである。躍起となって，あちらこちらと帰り道を探し回るうちに，夕方近くやっと川岸にたどりつくことができた。大急ぎで丸木舟を仕立て，川を下り始めたが，間もなく日はとっぷりと暮れ果て，一面漆のような闇である。ときどき怪鳥が鳴きさけび，土民のあやつる竿の水掻く音を聞いていると，もの凄さが身に沁みる。鉱石発見の元気はどこへやら，三人は黙りこんで下江した。やっとのことで十時過ぎ，昨夜泊ったパレスロン村長の家に着いたが，その時初めて人心地にかえり，まずよかった…ヤレヤレと安堵の胸を撫でおろした。狭いベランダの床の隅で一夜を過したが，渡南して四年の間に，この夜だけは初めて大厦高楼で休むに似た喜びを感じた。

　翌朝空が白むのをまち切れず床から出て鉱石見本を携え，ふたたび丸木舟の人となってバトパハまで下り，その日の夕方，七十トンぐらいの中国船のデッキ・パッセンジャーとなって，意気揚々とシンガポールに帰り着いた。

　顧みると過去四年間，われわれの血ににじむ苦闘も酬いられず，次から次へとつづく業績不振で資金的に行き詰り，永い間陰惨な空気にとぢこめられていたのであったが，

ここに鉄鉱石発見の曙光を見出し，その夜は弟二人と妻もまじえ，祖国日本へ鉄鉱石を供給する大企業の目論見と遠大な構想について語りあい，希望と喜びとに夜の更けるのも忘れた。そうしていろいろと協議した結果，私が企業化の段取りのため早急に帰国することに決定した。

これを企業化するため，大正八年八月二十七日，ジョホール政庁に試掘権許可申請の手続をすませ，帰国の船待ちの間に，さまざまに企業化の構想を練ってみると，次の三つの難関が浮んできた。

第一は，鉄鉱採掘という軍需産業に密接な関係のある事業を，果して外国人たる日本人に許可するかどうか。

第二は，かりに採掘権が許可きれたとしても，バトパハは開港場でないから，鉱石を小舟でシンガポールに運んで本船に積替え，日本に送るとすれば経費高となり，採算上事業の経営は成り立たない。バトパハを開港場とすることができるかどうか。

第三は，この鉄山の開発には莫大な資金を要するが，三十才になったばかりの一介の青年で家に恒産なく，また有力な後援者といってもない私に，どうしたらこの大金を作ることができるか。

これらの難事を解決することは尋常一様のことではないが，私は祖国日本の産業振興と国家繁栄のためには身命を賭して，この困難を打開し，石原終生の事業として必ずこれを達成しようとの決意を更に強く固めたのであった。」

3．石原の南方鉱山開発の出発点：スリメダン鉄鋼鉱山の採掘事業

石原は帰朝と同時に資金獲得に奔走したが，多くの困難を伴った。当時の日本では，海外において鉱山開発を行う事業は先例がなかったため，石原の言に耳を傾ける者はほとんどいなかった。ところが，当時台湾銀行副頭取であった中川小十郎（石原の母校立命館大学総長）がその事業の有望性に着眼し，八幡製鉄所長官白仁武とともに後援することとなった。八幡製鉄所からまず技師を南洋に派遣され，現地調査の結果，品質優良，鋼量750万トンの見込みとなった。八幡製鉄との間で，スリメダン鉱山から鉄鉱石「大正10年5万トン，11年10万トン，12年以降10万トン以上」という納入契約を締結した[11]。

一方，マレーのスリメダン鉱山の現地においては，1920（大正9）年にジョホール政府の採掘権の正式認可が下りた。さらに，同年11月，隣接の港町バトパハが鉄鉱積出港として政府により正式に指定され，開港場となった。鉱山開発の資金は困

難を極めたが，川崎造船所の松方幸次郎社長の個人保障や担保提供などの支援もあり，台湾銀行から貸出総額75万円の借入が認められ，スリメダン鉱山の開発を行うことができた。翌1921（大正10）年1月26日，ついに数年の労苦の結晶としてスリメダン鉱山の3千トンの鉄鉱石が第1回積出船である三井船舶の夕張丸により日本に向けて運ばれた。

スリメダン鉱山では，1925（大正14）年に年産50万トン以上を出鉱できる設備を完成させた。鉱山の施設，日本人の専門技術者も充実され，従業員も漸次増加し，中国人，マレー人等の労働者を合せれば約3千名を越すという従業員数となった。また隣接する港町バトパハの街には艀修理ドックができ，病院，分析所，職員住宅，事務所，倶楽部，小学校，寺院等が建設され，山上には日本式神社として吉祥院天満宮も作られた。

スリメダン鉱山が日本に供給した鉱石は，985万トン，ほかにインドのタク製鉄所に供給したのが5万トン，これが1941（昭和16）年事業閉鎖までに採掘積出した数量であった。

図表7-1　日本の鉄鉱石の供給元

（単位：トン）

摘要＼年次	大正9年	大正10年	大正11年	大正12年	大正13年	大正14年
石原産業（南洋）	19,971	138,660	199,617	238,328	273,267	305,224
中国	364,000	408,000	537,000	591,000	672,000	645,000
朝鮮	235,000	176,000	95,000	95,000	99,000	116,000
その他	149,000	72,000	36,000	15,000	12,000	5,000
計	767,971	794,660	867,617	939,328	1,056,267	1,071,224

摘要＼年次	昭和1年	昭和2年	昭和3年	昭和4年	合計
石原産業（南洋）	357,923	581,265	872,103	966,818	3,953,176
中国	274,000	387,000	612,000	628,000	5,118,000
朝鮮	137,000	206,000	187,000	212,000	1,558,000
その他	35,000	34,000	45,000	34,000	437,000
計	803,923	1,208,265	1,716,103	1,840,818	11,066,176

（出所）石原廣一郎（1956）『創業三十五年を回顧して』15頁。

図表7-1は，大正末期から昭和初期までの日本向け鉄鉱石供給先をみたものである。石原産業は，日本においてかなりの量の鉄鉱石を日本に供給していたことがわかる。石原自身の講演によると，1929（昭和4）年には，八幡製鉄所所要鉄鉱石の約65％，日本の全製鉄消費原料の約5割を石原産業のスリメダン鉱山により供給された[12]と述べている。

第3節　石原産業グループの発展

1．南洋鉱業公司の誕生

石原は，スリメダン鉱山の開発が軌道に乗ると，日本における事業会社として1920（大正9）年に南洋鉱業公司を設立した。この会社は，資本金10万円の合資会社で，現在の石原産業株式会社の起源である。当時の出資者は，石原廣一郎と田中慎吉氏（松方氏の代理者），松方幸次郎氏の3名で，石原が無限責任社員となり，石原の個人経営に属していたスリメダン鉱山の鉄鉱採掘販売その他同事業に関する一切を継承し，本社を大阪市西区に置いた[13]。

2．ケママン鉱山の開設

石原は，スリメダン鉱山の開発に成功した後に，同じマレー半島にあるケママン鉱山の開発事業に着手した[14]。

ケママン鉱山の開設の経緯は以下のようである。マレー半島のケママン在住の日本人佐藤作次氏は，ケアマンのマチャンスタウンを調査した結果，かなりの鉄山であることがわかり，政庁から採掘権を取得した。その後，佐藤氏は開発資金の調達が困難であるという事情もあり，石原氏にマチャンスタウンの鉱山権を50万円で譲ることにした。石原氏は，1923（大正12）年に日本での大蔵省の低利資金の融資を受け，3隻の船を買い，佐藤氏からマチャンスクウンの鉱山を買収した。石原氏は，さっそくマチャンスクウンのケママン鉱山の建設を始め，わずか一年足らずの間に，マチャンスクウンの採鉱設備や，ここから艀積込場スンガイピナン川岸までの5マ

イルに及ぶ軽便鉄道敷設を開設した。また，ケママン港の開港場許可の申請をし，1924（大正13）年6月10日，政府より正式に開港の許可が下りた。翌1925（大正14）年6月，第一回船の銀泉丸を迎え，同船は230トンの鉄鉱マンガンを積み取って，日本に向け出帆した。この年には建設も一応完了し，鉱山の名称もマチャンスタウンを太陽鉱山と命名して，スリメダンの第二鉱山として内堀向け鉱石輸送を開始した。

このような石原産業のマレーでの鉱山開発の成功が日本で注目されるようになり，日本鉱業株式会社などその他の日本企業が，マレー半島などの南方地域の鉱山開発へ進出するようになった。

3. 海運への進出

石原は，鉄鉱石の運搬を自家船舶で行うという計画を立てた[15]。1924（大正13）年6月，輸入船の金泉丸（7,060重量トン）と銀泉丸（6,690重量トン）を購入し，次いで同年10月には大阪商船から馬来丸（6,960重量トン）を購入した。こうして鉱石輸送船三隻を所有することとなり，1925（大正14）年，海運業を行うために船舶部を創設した。その航路は当初マレー日本間であったが，次第に発展し，1931（昭和6）年3月にはジャワ定期航路を開設した。

石原産業は，積極的に船舶を増強し，1920（大正9）年スリメダン鉱山開設以来12年目の1932（昭和7）年末には，合計15隻，12万トンを有する船主となり，石原産業が産出する鉱石の殆ど全量を社船によって輸送することができるようになった。

このように，石原産業は自家輸送の基礎を固め，1929（昭和4）年に石原産業海運合資会社を設立し，日本の南方方面での船舶業において，確固たる地位を築いていった。その後，1935（昭和10）年に，石原産業および大阪商船，東洋郵船，日本郵船の4社の出資により蘭印航路を中心とした南洋海運株式会社も設立された。

4. 南洋倉庫への経営参加

1920（大正9）年，日本の華南，南洋への経済的発展の基地を台湾に置いて，南方貿易を隆昌に導く方策の1つとして台湾銀行の支援のもと南洋倉庫株式会社が台北市に創設された。南洋倉庫は，広東，海防，サイゴン，シンガポール，バタヒヤ，

チェリボン，スマラン，スラバヤなどのアジアの主要都市に倉庫を設け，同時に華南銀行が創立されるなど，積極的な施策を行った。しかし，第一次大戦終結後の世界経済情勢の変化と，戦争中における日本の経済的発展に対する列国の反感から，世界の随所に深刻な日貨排斥運動が起こるようになり，南洋倉庫は，創立以来業績不振に陥っていた。

石原は，このような厳しい状況の南洋倉庫を支援するために，経営に参画することとなった[16]。石原は，最高顧問に就任し，経営陣を刷新し経営の再建にあたった。南洋倉庫の資本金500万円を50万円に減資し，新たにセレベスのマカッサに出張所を開設した。またチェリボン，スマラン，プロポリンゴの倉庫が手狭で，ジャワの主産物である砂糖の収容力が不足なので，倉庫を増大する等，積極的な営業方針を推進した。また，石原産業の南洋航路の開設と相まって，南洋倉庫の更生を実現した。

5．マレーのボーキサイト開発

石原産業は，マレーで既に操業していたスリメダン鉄鉱石鉱山に近いバトパハでボーキサイト鉱山を発見した。バトパハ郊外の政府土木局所有の土石採取場であったブケ・パセル地区が，ボーキサイトの豊富な場所ということが判明した。石原産業は，ブケ・パセルのボーキサイト採掘権に関する採掘権許可申請を現地政府に行い，許可され開発の準備に着手した[17]。

スリメダン鉄鉱山でも，その鉱山内部にボーキサイト鉱床（のちの東山鉱山）があることを発見した。10年間も操業してきたスリメダン鉄山とその周辺に，2か所もボーキサイトが賦存していたのである。

ブケ・パセルのボーキサイト鉱山は1936（昭和11）年から日本向け積出を開始

図表7-2　ボーキサイト鉱山からの供給

(単位：トン)

摘要＼年次	昭和11年	昭和12年	昭和13年	昭和14年	昭和15年	昭和16年	合計
パセル産	958	22,184	45,637	39,105	40,251	18,752	166,887
東山産	—	—	8,768	51,360	35,932	16,593	112,653
計	958	22,184	54,405	90,465	76,183	35,345	279,540

(出所)　石原廣一郎（1956）『創業三十五年を回顧して』93頁。

した。一方，スリメダンの東山ボーキサイト鉱山も，1938（昭和13）年から日本向け積出を開始した。

採掘されたブケ・パセルとスリメダン東山のボーキサイト鉱石は，すべて日本の日本電工（現在の昭和電工）に供給された。図表7-2は，1936（昭和11）年から1941（昭和16）年までの間にブケ・パセルとスリメダン東山の2つのボーキサイト鉱山から日本電工に供給したボーキサイト鉱石をみたものである。パセル及び東山開発以後日米戦勃発までに，日本電工に供給したボーキサイト鉱石は，約28万トンにも及んでいる。

第4節　石原産業の南方事業の拡大

石原産業は，マレーでのスリメダン鉱山などの開発に成功した後に，南方事業を拡大していった。南方事業での資源開発事業の母体会社として，南方事業を統括するシンガポール石原産業公司（資本金300百万海峡ドル）を1925（大正14）年を創設した。スリメダン鉱山の鉱業権を出資にあて，マレーなどにおける南方鉱山経営の一切を管掌した。

1. フィリピンのパラカレ鉱山の開発[18]

石原産業は，マレーでの鉱山開発に成功してから，その後積極的に東南アジア・南方地域での鉱山開発を推し進めた。

フィリピン進出の足掛かりとして，1937（昭和12）年に資本金100万ペソ（当時ペソは邦貨円と等価）で現地資本との合弁企業としてマニラ石原産業株式会社をフィリピンに設立した。まず，ルソン島の東部カマリネスノルテ州にあるパラカレ鉱山の開発を計画した。パラカレ鉱山は，当初アグサン・ゴールド・マイン会社の所有であったが，同社と契約をむすんで同鉱山の調査に着手した。

その当時のフィリピンの法規では，外国人による鉱山開発の場合，資本金の60％以上をアメリカ人またはフィリピン人の所有とする合弁会社によるべきことを規定し，また外国人の船舶所有の場合，資本金の75％以上をアメリカ人またはフィリピン人の所有とする合弁会社である必要があり，かつその専務取締役または社長が，

アメリカ人またはフィリピン人であることとしていた。石原産業では，パラカレ鉱山については，以下の2社の合弁会社を設立して，現地で鉱山開発を行うこととなった。鉱山開発だけを目的とする日本側出資40％，アメリカ，フィリピン出資金60％の合弁会社，および，船舶所有を目的とする日本側出資25％，アメリカ，フィリピン出資75％の合弁会社の2社を1938（昭和13）年設立した。鉱山と船舶を切り離して，鉱山開発を目的とするインシュラー・マイン・オペレーターズ会社，船舶所有を目的とするルソン・ライターレーヂ会社という2社を設立し，実質的にはマニラ石原産業がこの2社を管理運営するという形態を採った。

パラカレ鉱山は，採掘は露天掘で，艀積込場までは軽便鉄道を敷設して，ディーゼル機関車により搬出し，艀に積み替えた上，沖に碇泊の本船に積み込んだ。1938（昭和13）年の開山から戦争による1941（昭和16）年の閉山まで，約43万トンの鉄鉱石を日本へ供給した。

2. 中国の海南島での鉱山開発[19]

1939（昭和14）年，日本軍は中国海南島の上陸作戦に成功し，海南島を占拠した。海軍当局から石原産業に対して海南島の資源開発に関する調査の指令があり，その調査に着手した。海南島の南部楡林港付近にある田独鉄山が埋蔵量150万トン程度で，事業化し得る見込があることがわかり，同年に田独鉄山の開発を始めた。

この田独鉄山開発では，まず軽便鉄道の敷設，桟橋の建造，採掘現場の施設，本船荷役用の艀および曳船の用意などを行った。そのための建設資材は，当時の日本では鉄材不足などの状況であったため，マレーにある石原産業のスリメダン，ケママン両鉱山にあったこれらの資材を海南島に移送して調達した。田独鉄山の第一期計画である年30万トン出鉱建設は，1940（昭和15）年3月に完了した。日本軍海南島上陸後1年余の同年7月に，第1回積取船南光丸により7千トンの鉱石を満載し日本に向けに出帆した。

田独鉄山の第2期建設計画として，第1期の倍量である年60万トン出鉱とし，1941（昭和16）年9月に完成した。当時戦局はますます拡大し，日本における重要資材，特に鉄材の不足は深刻を極め，軍官民一体となってこの解決に腐心していた。このような状況の下で，田独鉄山の第3期建設計画として，年間100万トン出鉱計画し，1942（昭和17）年2月に工事に着手した。時局は最悪への道をたどりつつあり，相次ぐ船舶の喪失により，内地からの資材輸送も途絶えがちであり，現地では

労務者の不足，悪疫の流行，食料の欠乏その上治安の不安定等，幾多の障害に遭遇した。翌年1943（昭和18）年2月についに100万トン計画を完成した。この第3期の総工費は約2,000万円を要した。当時の中国人労務者は7,500名で，邦人従業員は約450名であった。

1944（昭和19）年頃から戦局は悪化の一途をたどり，翌1945（昭和20）年1月に田独鉄山は休山した。

海南島の田独鉄山は，1939（昭和14）8月の開山から，1944（昭和19）年の閉山までの日本向け積出量及び採鉱量は以下である。

```
1940（昭和15）年　採鉱量　169,599トン　積出量　167,991トン
1941（昭和16）年　採鉱量　355,921トン　積出量　306,634トン
1942（昭和17）年　採鉱量　892,824トン　積出量　805,098トン
1943（昭和18）年　採鉱量　918,511トン　積出量　832,214トン
1944（昭和19）年　採鉱量　354,778トン　積出量　296,020トン
採鉱量（合計）　2,691,633トン　積出量（合計）　2,407,957トン
```

第5節　石原産業の戦間期までの南方事業

　石原産業は，このように南方での資源開発事業を拡大し，戦時中は軍の事業委託による資源開発もあり，南方での資源開発コングロマリットといわれるような新興財閥として発展していった。

　図表73は，終戦前における石原産業の南方事業地をあらわした地図である。石原産業の終戦までの南方での主要な事業は，以下のようである[20]。

1．マレー半島

① スリメダン鉄山（ジョホール州）

　スリメダン鉄山は石原の発見により，1920（大正9）年7月24日採掘権の許可を得て開発に着手した。鉱区面積は531ヘクタールで，鉱石は赤鉄鉱を主とし，品位は60％以上であった[21]。太平洋戦争勃発直前の1941（昭和16）年9月に閉鎖されるまで，約1千万余万トンの鉄鉱石を日本に輸出した。本鋼山の発見が石原の事業の出発点となった。

図表 7-3　終戦前における石原産業の南方事業地略図

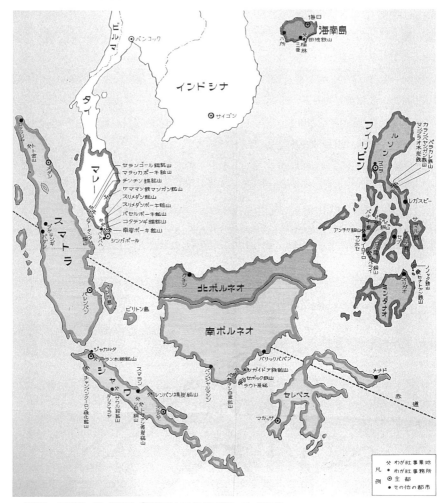

（出所）　石原廣一郎（1956）『創業三十五年を回顧して』190頁。

② ケママン鉱山（トレンガヌ州）

ケママン鉱山は，1923（大正12）年買収し開発に着手した。鉱区面積は511ヘクタールで，鉱石はマンガン鉄鉱で，品位はマンガン約16％，鉄約35％である。このほか，赤鉄鉱を主とした品位約60％の鉱石がある[22]。太平洋戦争勃発直前の閉鎖までの間，鉄鉱石およびマンガン鉱石を数百万トン日本に輸出した。

③ バトパハ鉱山（ジョホール州）

バトパハ鉱山は，1935（昭和10）年，石原産業の社員により発見され，開発に着

手した．太平洋戦争勃発で閉鎖されるまで，十数万トンのボーキサイト鉱石を日本に輸出した．1942（昭和17）年2月日本陸軍が同島を占領し，石原産業に採掘命令を出したので，再び採掘を開始しそれ以降約20万トンのボーキサイト鉱石を日本に輸出した．

　④　マラッカボーキサイト鉱山（マラッカ州）

　マラッカボーキサイト鉱山は，1940（昭和15）年，石原産業の社員により発見され，マラッカ政庁に試採掘の認可申請を行ったが，不許可となったため未着手のままであった．1942（昭和17）年2月日本陸軍が同島を占領し，石原産業に採掘命令を出したので初めて採掘に着手し，それ以降約12万トンのボーキサイト鉱石を日本に輸出した．

　⑤　南岸ボーキサイト鉱山（ジョホール州）

　南岸ボーキサイト鉱山は，1937（昭和12）年，石原産業の社員により発見され，ジョホール政庁に試採掘の認可申請を行ったが，不許可となったため未着手のままであった．1942（昭和17）年2月に日本陸軍が同島占領し，石原産業に採掘命令を出したので初めて採掘に着手し，それ以降約3,000余トンのボーキサイト鉱石を日本に輸出した．

　⑥　セランゴール錫鉱山（コーランポール州）

　1942（昭和17）年2月に日本軍が同島を占領した際，同鉱区の一部が石原産業に割り当てられ，既存設備を利用して錫鉱石の採掘に着手したが本格的稼業に至らない前に終戦となった．

　⑦　ムアータンタル鉱山（ジョホール州）

　1942（昭和17）年2月に日本陸軍が同島を占領した際その命令により採掘に着手し，若干の雲母（うんも）を産出した．

2．フィリピン

　①　パラカレ鉄山（ルソン島）

　パラカレ鉄山は，1937（昭和12）年，石原産業の社員により発見され，採掘権の許可を得て開発に着手した．太平洋戦争勃発直前に閉鎖されるまで，十数万トンの鉄鉱石を日本に輸出した．パラカレ鉄山開発は石原産業のフィリピンにおける鉱山開発の最初のものである．

② カランバヤンガン鉄山（ルソン島）

カランバヤンガン鉄山は，1942（昭和17）年6月，日本陸軍が同島を占領した際その命令により既存設備を利用して採掘に着手した。終戦までに約20万トンの鉄鉱石を日本に輸出した。

③ アンチケ銅山（パナイ島）

アンチケ銅山は，太平洋戦争勃発前に既に調査中であったが，1942（昭和17）年に日本陸軍が同島を占領した際，その命令により初めて採掘に着手し，終戦までに約2万トンの銅鉱石を日本に輸出した。

④ シバライ銅山（ネグロス島）

シバライ銅山は，太平洋戦争勃発前既に調査中であったが，1942（昭和17）年に日本陸軍が同島を占領した際，その命令により初めて採掘準備に着手したが，出鉱なく終戦となった。

⑤ ピラカピス銅山（パナイ島）

ピラカピス銅山は，1942（昭和17）年に日本陸軍が同島を占領した際，その命令により採掘に着手し，約6,000トンの銅鉱石を日本に輸出した。

3．スマトラ

トト鉱山（スマトラ島アチュ州）は，日本陸軍のスマトラ島占領の後その命令により，1944（昭和19）年に砂金の採集を開始したが，すぐに終戦となった。

4．ジャワ

ソロ銅山（ジャワ島スラカルタ州）は，1932（昭和7）年に買収により取得し，1935（昭和10）年に採掘権の許可を得て数年間調査をしたが，事業化するに至らず休止状態となっていた。1942（昭和17）年に日本陸軍のジャワ島占領後，その命令により採掘に着手したが，終戦までは出鉱僅少で，その全部を現地で使用した。

5．ボルネオ

ラウト炭鉱（ボルネオラウト島）は，日本海軍がボルネオ島占領後，その命令により1943（昭和18）年に採炭に着手し，終戦までに約2万2,000トンの石炭を現地

海軍に供給した。

6. 中国海南島

　田独鉱山は，1939（昭和14）年2月に日本海軍の中国海南島占領直後，三井，三菱，住友，日本鉱業の4社に対して割当命令があり，4社にて踏査した結果，営利的価値なきものとし放棄したものを同年5月に石原産業が引請けて開発に着手したものである。終戦まで約270万トンの鉄鉱石を日本に輸出した。田独鉱山の開発は，日本軍占領地域における石原産業の最初の事業である。

おわりに：戦前の石原産業の南洋・南方進出

　石原産業の海外展開，戦前の日本企業の南洋・南方アジア進出の代表的ケースである。戦前期の石原産業の南洋・南方進出の特徴として以下を指摘することができるであろう。

　第1は，戦前期における最初の南方・南洋アジア地域への本格的な資源開発のための海外直接投資であったことである。1920（大正9）年にマレー鉱山開発を目的でシンガポールに本店を置く現地法人としてシンガポール石原産業公司が設立された。最初のマレー鉱山となるスリメダン鉱山の建設が完成し，日本に初めて鉄鉱石を積み出したのは，その翌年の1921（大正10）年であった。このような時期に南方で資源開発を行っている日本企業は皆無であり，石原産業は日本企業で最初の南方資源開発企業であったといえる。石原産業の南方投資は，その金額，規模，地域的広がり等において戦前における代表的な海外進出の事例である。その他の大戦前における南方での資源開発の日本企業として，日本鉱業，鋼管鉱業，ボルネオ産業，興南産業などがあるが，いずれも1鉱山のみの規模である。それに対して，石原産業は，大戦前に11鉱山を有していた[23]。石原産業は，海外事業運営においては，現地法に基づく海外子会社を完全所有形態や合弁形態で南方地域に設立していた。図表7-4は，戦前の石原産業の運営系統，海外事業組織をみたものである。石原産業の南方事業は，シンガポール石原産業公司を統括会社として，現地運営会社としてジャワ石原鉱山，マニラ石原産業などを設立していた。

　第2は，石原産業の南洋・南方への進出は，当時の日本企業に多かった朝鮮・満州・台湾・南洋群島等の植民地・統治地域への進出とは性格を異にする，いわば日

図表 7-4　石原産業の海外事業組織

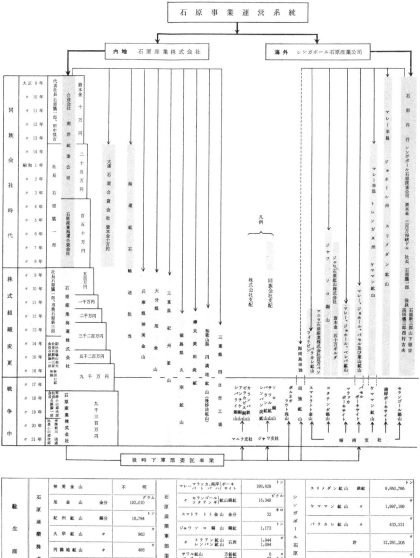

（出所）　石原廣一郎（1956）『創業三十五年を回顧して』166頁。

本の支援なしの独力での海外直接投資であったことである。大戦前の南方地域は，英領マレー，蘭領東印度，仏領印度，アメリカ統治のフィリピンといった欧米列国の植民統治地域が多く，石原産業はそのような国際政治状況の中で，現地政府と協議しながら，現地政府の許認可，現地法により事業展開しなければならなかった。石原産業の南方進出は，資金的には台湾銀行等の日本関連機関の支援を受けたものの，事業展開においては独力で行わざるを得なかった。

　第3は，石原産業のマレーでの鉄鉱石開発において，統治国イギリス，現地政府からその開発に反対されることなく支持を得たことである。天然資源開発は，本質的にナショナリズムを伴うものであり，外国人が参入するのは容易でない。石原産業のマレー鉱山開発において，現地のジョホール政府とジョホール国王イブラヒム殿下の理解があったことが幸運であったと石原は述べている[24]。当時，石原産業や南洋鉄鋼（日本鋼管の関連会社）などの日本資本の企業が鉄鉱石開発を行ったジョホール州などの諸州は，マレー半島の中でも開発が遅れている地域であり，統治していたイギリス行政当局は州の歳入を増加させることになる開発を歓迎したという事情もある。また，イギリス資本はマレーの錫や金などの鉱石の採掘には関心を持っていたが，鉄鉱石にはあまり関心を持たなかったようである[25]。このようなこともあり，石原産業は，イギリス当局から拒絶されることなく，資源開発の権利と採掘を行うことができた。

　第4は，石原産業の南洋・南方での鉱山では，現場労働者が日本人ではなく，ほとんどが外国人のいわゆる苦力（coolie）であったことである。石原産業の最初の鉄鉱山であるスリメダン鉱山の労働者は，主として中国人で，大戦前頃の時点で，採掘夫が約600人，運搬夫が約150人で，採掘一切は中国苦力の請負であった[26]。ケママン鉱山の労働者は，1939（昭和14）年当時，ほとんどが苦力で，マレー人が592人，中国人が307人，インド人が177人の1,076人であった。賃金は，マレー人より中国人の方が高く，苦力頭は中国人を使用した。以上のように，石原産業の鉱山の現場労働者は，中国人やマレー人を中心とした苦力であった[27]。

　第5は，南洋・南方進出における台湾の役割の重要性である。台湾は，日本の植民地として戦前の日本の南方進出の拠点であった。台湾銀行，台湾拓殖，台湾製糖・明治製糖・大日本製糖等の製糖会社などの台湾の企業が，日本企業の南方進出に対して援助・支援ならびにその担い手として重要な存在であった。石原産業においても，最初のマレーでのスリメダン鉱山開発に対する融資は，台湾銀行からのものであった。その後の事業においても，台湾銀行からの融資が重要な役割を担った。後

に経営を引き継ぐ南洋倉庫は，もともと台湾に関係の深い企業であった。1920（大正9）年，時の台湾総督明石大将が，日本の華南，南洋への経済的発展の基地を台湾に置いて，日本の南方貿易を促進する方策として，台湾銀行頭取中川小十郎氏の主導のもと，南洋倉庫株式会社を台北市に創設した。しかし，南洋倉庫は，創立以来業績不振であった。このような南洋倉庫を，石原産業は，台湾総督府からの助成金の増額，金融支援等を行い再建させた。南洋倉庫は，もともと台湾華僑との合弁会社であったため，石原産業の経営参加後も経営陣は，創立以来総理の職にあり，台湾の有力者で，当時勅選貴族院議員であった林献堂がそのまま総理を務めた。以上のように，石原産業の設立，その後の事業運営において，台湾銀行，台湾華僑を中心とした台湾と密接な関係にあったのである。

　第6は，戦前期の南洋・南方コンツェルン，資源開発コングロマリットとしての石原産業である。戦前の石原産業は，南方での資源開発，船舶事業（石原海運），倉庫事業（南洋倉庫）等の海外事業，および日本での金山（神美金山，旭金山など），鉱山（紀州鉱山，妙法鉱山，久宗鉱山，試掘鉱山など），炭鉱（美炭鉱，北松炭鉱など），四日市精錬工場などの内地事業を営む，石原産業コンツェルンといわれる企業集団であった。石原産業の性格は，資源開発を中心とし船舶輸送，倉庫，精錬事業などを含む垂直統合型で，南方アジアを中心としたグローバル展開が進展しているコンツェルンであった。戦前期の新興コンツェルンとしては，特異な存在であった。

　第7は，石原産業の南洋・南方での成功が，大戦での日本軍の南方進出，太平洋戦争に間接的ではあるが，関連していることである。いわば，石原産業の南方進出の成功が，日本の南方関与，南方進出の正当性をもたらしたともいえるのである。戦争での日本の大東亜共栄圏の構築において，そこでの資源開発・調達が大きな目的となっていた。石原産業の南方での資源開発の成功は，戦前や戦時中の多くの著書などで紹介され，利用された。戦時中は，軍の南方占領地域の資源開発の事業割当（14鉱山で戦前より3鉱山増加）を受けた。さらに，石原産業と軍部・日本政府との密接な関係も指摘された。このような事情から，石原廣一郎は戦後，A級戦犯として巣鴨刑務所に収監された。結局石原は釈放され，戦後の石原産業の経営者として復帰した[28]。石原産業の南方進出は，戦争遂行という政治的に利用されたともいえるかもしれない。なお，石原産業は戦後解体されず，現在まで存続している。

　以上のように，石原産業の南洋・南方進出は，戦前期の日本企業のアジア進出において極めて注目すべき事例であるといえるであろう。

注

(1) 日本鋼管株式会社（1942）『日本鋼管株式会社三十年史』，218頁。
(2) 樋口弘（1941）『南洋に於ける日本の投資と貿易』，7頁，および37-48頁。
(3) 内藤英雄（1942）『マレーの研究』愛国新聞出版社，246頁。および日本鉱業株式会社（1957）『五十年史』116頁。
(4) 大谷敏治（1943）『南方経済資源総覧　マライの経済資源』東亜政経社，348頁。
(5) 大谷敏治（1943）『南方経済資源総覧　マライの経済資源』東亜政経社，345頁。
(6) 樋口弘（1941）『南洋に於ける日本の投資と貿易』，112頁。
(7) 赤澤史郎・粟屋憲太郎・立命館100周年史編纂室編（1994,b）『石原廣一郎関係文書　下巻』柏書房，288-312頁。
(8) 赤澤史郎・粟屋憲太郎・立命館100周年史編纂室編（1994,b）『石原廣一郎関係文書　下巻』柏書房，294頁。
(9) 三五公司は，愛久沢直哉が1902年中国の華南で設立した。1906年ジョホールでゴム園を買収し，マラヤでのゴム栽培事業に乗り出し，マレーでの代表的な日系ゴム園企業となった。
(10) 石原廣一郎（1956）『創業三十五年を回顧して』石原産業株式会社，6-10頁。
(11) 石原廣一郎（1956）『創業三十五年を回顧して』石原産業株式会社，14頁。
(12) 南洋栽培協会（1930）『東久邇宮御殿に於ける南洋事情講演集』南洋栽培協会，33頁。
(13) 石原廣一郎（1956）『創業三十五年を回顧して』石原産業株式会社，21-22頁。なお，当時の南洋鉱業公司定款の要領は以下である。

「総則（南洋鉱山公司定款）
第一条　当会社は合資会社南洋鉱業公司と称す。
第二条　当会社は鉱物の採掘販売並にこれに付帯する事業を営むをもって目的とする。
第三条　当会社は本店を大阪市に置く。
第四条　社員の氏名，住所，出資の種類，価格及び責任左の如し（住所略）
　無限責任　石原廣一郎
　　アジア州ジョホール王国バトパハ州バトメダン
　　鉄鉱試掘権　350エーカー及び採掘権50エーカー
　　共有持分　100分の50　この価格5万円なり
　無限責任　田中慎吉
　　アジア州ジョホール王国バトパハ州バトメダン
　　鉄鉱試掘権　450エーカー及び採掘権50エーカー
　　共有持分　100分の5　この価格5千円なり
　有限責任　松方幸次郎
　　アジア州ジョホール王国バトパハ州バトメダン
　　鉄鉱試掘権　450エーカー及び採掘権50エーカー
　　共有持分　100分の45　この価格4万5千円なり」

(14) 石原廣一郎（1956）『創業三十五年を回顧して』石原産業株式会社，44-54頁。
(15) 石原廣一郎（1956）『創業三十五年を回顧して』石原産業株式会社，170-186頁。
(16) 石原廣一郎（1956）『創業三十五年を回顧して』石原産業株式会社，170-186頁。
(17) 石原廣一郎（1956）『創業三十五年を回顧して』石原産業株式会社，87-93頁。
(18) 石原廣一郎（1956）『創業三十五年を回顧して』石原産業株式会社，137-150頁。
(19) 石原廣一郎（1956）『創業三十五年を回顧して』石原産業株式会社，150-163頁。
(20) 赤澤史郎・粟屋憲太郎・立命館100周年史編纂室編（1994,b）『石原廣一郎関係文書　下巻』柏書房，299-302頁。
(21) 拓務省『拓務要覧昭和11年度版』拓務省，623-624頁。
(22) 拓務省『拓務要覧昭和11年度版』拓務省，623-624頁。
(23) 赤澤史郎・粟屋憲太郎・立命館100周年史編纂室編（1994,b）『石原廣一郎関係文書　下巻』柏書房，343頁。
(24) 石原廣一郎（1956）『創業三十五年を回顧して』石原産業株式会社，24-29頁。
(25) 杉山伸也／イアン・ブラウン編著（1990）『戦間期アジアの経済摩擦—日本の南進とアジア・欧米』同文舘出版，57頁。
(26) 大谷敏治（1943）『南方経済資源総覧　マライの経済資源』東亜政経社，325-326頁。

(27) 大谷敏治（1943）『南方経済資源総覧　マライの経済資源』東亜政経社，336頁。
(28) 石原廣一郎のA級戦犯容疑に関する裁判関連資料については，赤澤史郎・粟屋憲太郎・立命館100周年史編纂室編（1994, a, b）『石原廣一郎関係文書　上巻，下巻』柏書房，に記載されている。

〈参考文献〉

赤澤史郎・粟屋憲太郎・立命館100周年史編纂室編（1994,a）『石原廣一郎関係文書　上巻』柏書房。
赤澤史郎・粟屋憲太郎・立命館100周年史編纂室編（1994,b）『石原廣一郎関係文書　下巻』柏書房。
C.G. Warnfork（1907），*Mining in for Gold and Tin*.（小西善治（1943）『マライの鉱業とイギリスの政策』東世社。）
樋口弘（1941）『南洋に於ける日本の投資と貿易』味燈書屋。
樋口弘（1942）『南方に於ける資本関係』味燈書屋。
Helmut G. Callis（1941），*Foreign Capital in Southeast Asia*, Institute of Pacific Relations, New York，（日本国際協会編訳（1942）『東南亜細亜における外国投資』同盟通信社。）
小林碧（1942）『南方圏の資源　マレー篇』日光書院。
満鉄東亜経済調査局（1938）『南洋叢書第3巻　英領マレー』慶應書房。
南洋栽培協会（1930）『東久邇宮御殿に於ける南洋事情講演集』南洋栽培協会。
石原廣一郎（1932）『国難に直面して』（非売品）。
石原廣一郎（1934）『新日本建設』立命館出版部。
石原廣一郎（1940）『南洋の重要性』日本拓殖協会。
石原廣一郎（1940）『転換日本の針路』三省堂。
石原廣一郎（1940）『今後日本は何うなるか』新日本建設青年連盟出版部。
石原廣一郎（1942）『南日本の建設』清水書房。
石原廣一郎（1942）『南方経営の具体的方途』交通展望社。
石原廣一郎・鵜崎多一（1943）『南島開発事情　比島産業ノ話』南方事情叢書，帝国農会。
石原廣一郎（1956）『創業三十五年を回顧して』石原産業株式会社。
石原廣一郎（1962）『予感』新小説社。
石原廣一郎（1970）『八十年の思い出』石原産業株式会社。
井原憲（1939）『熱血児　石原廣一郎』東海出版社。
正田健一郎編（1978）『近代日本の東南アジア観』アジア経済研究所。
日本貿易振興協会（1944）『マライの資源と貿易』日本貿易振興協会。
日本経済新聞社（1980）『私の履歴書　経済人8』日本経済新聞社。
日本鉱業株式会社（1957）『五十年史』日本鉱業株式会社。
日本鋼管株式会社（1942）『日本鋼管株式会社三十年史』日本鋼管株式会社。
日本製鉄株式会社（1959）『日本製鉄株式会社史』日本製鉄株式会社。
奈倉文二（1980）『日本鉄鉱業と「南洋」鉄鋼資源』国際連合大学。
南洋団体聯合会（1942）『大南洋年鑑』南洋団体聯合会。
大谷敏治（1943）『南方経済資源総覧　マライの経済資源』東亜政経社。
柴田善雅（2005）『南洋栽培会社の時代』日本経済評論社。
杉山伸也／イアン・ブラウン編著（1990）『戦間期アジアの経済摩擦―日本の南進とアジア・欧米』同文舘出版。
田中弥十郎（1942）『興亜人物伝』遠藤書店。
台湾総統府官房調査課（1935）『南洋各地企業須知』台湾総統府官房調査課。
台湾総統官房外事課編（1937）『南洋年鑑　昭和12年版』南洋協会台湾支部。
台湾総統官房外事課編（1942）『南洋年鑑　昭和17年版』南洋協会台湾支部。
台湾銀行（1919）『台湾銀行20年誌』台湾銀行。
拓務省『拓務要覧昭和11年度版』拓務省。
安保保吉（1980）「石原廣一郎と資源確保論」東南アジア研究18巻3号。

終章

日本企業の南洋進出の歴史と国際経営

はじめに

　明治・大正・昭和初期の戦前期日本において，南洋（東南アジア）投資の金額は総額で約3億円（当時の1円を現在の1,000円であると仮定すると現在価値で3,000億円となる）程度とそれほど多くないが，ゴム，麻，砂糖キビなどの各種栽培，鉱物採取，農業栽培，天然資源，商業，サービス，貿易，水産，林業などへの企業や個人の進出数は多く，戦前期日本の国際経営において南洋の重要性は高いといえる。日本の戦前期の南洋進出は，土地租借権の取得という少ない投資額で事業を営むことのできる各種栽培事業が中心であったこともあり，中国，満州，台湾等と比較すると投資額は多くなかった。しかし，南洋進出は，進出の業種が多様であったこと，企業のみではなく個人の進出も多かったこと，それに伴い日本人南洋移民が多かったこと，南洋ブームと呼ぶべき社会風潮が起こったこと，悲劇的結果となったが政治的・侵略的な南進となったこと等，日本の歴史，政治，社会，経済，経営，思想に大きな痕跡を残した。また，国際経営の視点でみると，南洋群島を除く東南アジア地域の南洋は，欧米列国の植民地（タイを除く）で，まったくの外国での事業であったため，日本企業の南洋進出は現地で企業を興し運営するという，まさに国際経営そのものであった。その意味で，本書が取り上げた戦前期日本の南洋進出は，日本の国際経営，特に日本企業の東南アジア進出のルーツであったのである。
　以上のように，戦前期の日本の南洋進出は，国際経営論の観点からも重要なテーマであるが，今日まであまり研究されず，注目されてこなかったといえるのではないか。それは，戦後，日本の南洋進出については，日本の戦争責任に絡めて，その責任を追及，解明するということに重みを置く研究がほとんどであったからであろう。また，この分野の研究のほとんどが，第二次大戦戦間期，または南方地域占領の時期での日本の南洋進出であるというのもそのためである。

本書は，繰り返し述べてきたが，従来の多くの研究と違い，日本の戦争責任といった観点からではなく，一貫して純粋に明治から戦前昭和期までの日本の南洋進出を国際経営という視点で研究してきた。本書の目的は，戦前期日本の南洋・南方・東南アジア進出の全貌を当時の史料や最近の研究などに基づいて学術的に解明したものである。その点において，本書は新しい視点を提供したのではないかと考えている。終章において，前章までの議論を踏まえて，戦前期日本企業の東南アジア・南洋進出の歴史と戦略と視点から，結論として考察してみたい。

第 1 節　明治から戦前昭和期までの日本企業の南洋進出の歴史と日本移民

1. 日本企業の南洋進出の歴史

　日本の明治から戦前昭和期までの日本企業の南洋進出の歴史を簡潔に振り返ってみよう。

　南洋で最も早いのは，明治初期，シンガポール，マレー半島，蘭印などを中心とした日本人移民である。特に有名なのは，「からゆきさん」，「娘子軍」などと呼ばれる日本人遠征娼婦である。当時，南洋各地に，かなりの数の「からゆきさん」がいた。この多くは，日本で誘拐されて南洋に連れてこられた女性であった。その女性などの主に日本人を顧客として，日本人の商店がシンガポールなどの南洋に創られた。1885（明治 18）年，シンガポールに呉服，食料を扱う中川商店ができたのが，シンガポール邦人店の元祖であるといわれている[1]。

　1905（明治 38）年の日露戦争終結後，日本人は南方への商業に進出する者が増えていった。その当時の日本人は，行商者も多かった。行商人の多くは売薬を目的と薬売行商であり，マレー半島，ジャワ，スマトラ，ボルネオの方まで行商に行った。

　明治末から大正，戦前昭和期にかけて，日本は南進論が主張され，南洋ブームもあり，南洋に多くの日本人が関心を示した。かなりの日本人がマレー，シンガポール，蘭印，フィリピンなどの南洋に行った。その中には，南洋で農業栽培事業を営む企業や個人が出た。南洋進出はブームとなり，貿易，小売，サービス，農業栽培などを行う日本人が南洋に移住した。

日露戦争に日本は勝利した後の明治末の1907（明治40）年頃から，最初はマレーのゴム栽培事業に，その後スマトラ，ジャワ，ボルネオなどの蘭印へ日本の財閥，企業家，個人がこぞって進出した。代表的財閥として三井，三菱，古河，大倉，日産，野村，明治製糖などがあった。その他に，現地に設立された三五公司，南亜公司，熱帯産業などの日系企業が栽培事業を営んだ。

　その後，フィリピンのベンゲット道路工事のための日本人移民の救済をきっかけとして，ダバオ開拓の父と呼ばれた太田慕三朗が設立した太田興業などの会社が，1907（明治40）年頃からフィリピンのダバオを中心としてマニラ麻栽培を始めた。1918（大正7）年には日系栽培会社が約66社，在留日本人が約1万人であった。その後，新土地法の制定による日本人の土地獲得の制限，第一次大戦後の世界的不況による麻価格の暴落等，経営環境は困難を極め，一部の日系企業は撤退したが，1924（大正13）年頃から麻市場が好転したこともあり，徐々にダバオ日本人麻産業は回復し事業の拡張も行われるようになった。1924（昭和13）年頃には，ダバオ在留の日本人は，約1万7千人に達した[2]。

　1918（大正7）年，第一次大戦が終わり，日本は南洋群島を委任統治することになり，本格的に南洋群島に進出するようになる。大正から戦前昭和期まで，松江春次が社長の南洋興発株式会社を中心として多くの日本企業が現地に設立され，多数の日本人が移民として主に砂糖キビ栽培に従事した。

　1920（大正9）年から始まった石原産業によるマレーのスリメダン鉱山の鉄鉱石開発は，日本の戦前における最初の南方アジア地域への本格的な資源開発のための直接投資であった。同年，マレー鉱山開発を目的でシンガポールに本店を置く現地法人として石原産業公司が設立された。その翌年の1921（大正10）年，日本に初めてスリメダン鉱山から鉄鉱石を積み出した。このような時期に南方で資源開発を行っている日本企業は皆無であり，石原産業は日本企業で最初の南方資源開発企業であった。石原産業は，その後，南洋を中心として，各種の天然資源開発，海運，倉庫等に事業を拡張し，南洋財閥と呼ばれる企業集団・コンツェルンに成長した。石原産業の南方投資は，その金額，規模，地域的広がり等において戦前期における代表的な海外進出の事例であった。

　その他に，戦前昭和期までに，各種栽培，小売，サービス，商業，貿易，海運，金融，製造，水産，林業などの業種の日本企業が，マレー，シンガポール，蘭印，フィリピン，南洋群島を中心とした地域に進出し，かなりの日本人が南洋に居住するようになったのである。

第二次大戦の戦間期，日本は南洋のかなりの地域を占領することとなり，軍の命令により，主として日本の大企業による南洋進出が行われた。その中心は，鉄鉱石，原油など天然資源開発事業であった。その他に，製造業，サービス業，小売業などの多くの業種が，日本軍の指名により南洋進出を行った。

　しかし，日本の敗戦により，南洋での日本の事業はすべて消滅することとなった。終戦時，南洋群島では，約1万人の民間人が犠牲となり，残った日本人は，収容所での生活を長く余儀なくされた。東南アジアでは，多くの日本人民間人が犠牲となり，残りの人は苦労して日本に引き上げた。

　南洋財閥として君臨した石原産業，南洋興発などの南洋事業は，すべて破壊されたか，現地に接収された。戦後，石原産業は，日本に事業を持っていたため，現在まで会社は存続している。しかし，南洋興発は，すべて南洋群島での事業であったため，会社は戦後すぐ消滅した。石原産業と南洋興発は，戦後対照的な運命をたどった。

2．日本の移民・殖民と南洋：沖縄移民の重要性

　戦前期，日本の人口過剰，貧困は，海外への移民の促進要因となり，ハワイ，北米，南米，南洋，オーストラリア，中国，満州などへの日本移民の増加となった。特に沖縄からの移民は多かった。沖縄以外では，熊本，広島，和歌山，山形などの地域に日本人移民が多かった。南洋では，フィリピンのダバオ，南洋群島などで，沖縄からの移民の割合がかなり高かった。明治以降，日本では，積極的に殖民・移民すべきという主張を持つ殖民論や殖民思想が唱えられ，国も殖民政策を遂行した。また，大学でも殖民政策に関連する講座が開設され，殖民・植民論を研究する学者も増え，社会的風潮として移民・殖民に関して高い関心を示すようになった。さらに，日本の農民，商人，企業家などが，開拓者精神を持って海外進出をうかがっていた。政府としては，主に海外の植民地や委任統治地などを管理するために拓務省，台湾総統府，南洋庁などを設置し，その統治と移民政策を推進した。このように，戦前期日本の南洋進出は，日本の殖民政策，移民の動向と密接に関連がある。

　本書では第1章で，明治期の移民，移住・殖民政策を論じたが，大正，戦前昭和期の南洋移民の多くを占めたのは，沖縄県人であった。太平洋戦争直前の1939（昭和14）頃，南洋地域での日本移民全体に占める沖縄県移民の割合をみると，南洋群島では約6割，フィリピンのダバオでは約7割であった[3]。また，シンガポール，

マレー，蘭印においても，沖縄県人の割合は高かった。以上のように，戦前期日本の南洋進出において，沖縄移民の果たした役割は大きかったのである。

第2節　南洋の国際経営環境
──西欧植民地と委任統治地──

　明治から戦前昭和期，南洋諸国・地域の国際経営環境に関して重要であると考えられる西欧植民地としての東南アジア，および委任統治地としての南洋群島について検討してみよう。

1．西欧植民地としての東南アジア

　戦前日本の南洋進出の国際経営環境として最も重要なのは，タイを除く東南アジアは西欧列国の植民地で，南洋群島は日本の委任統治地であったことである。東南アジア地域は，統治国の植民政策によって支配された。そのため，統治制度，関税，貿易，外資政策，土地制度，外資企業の許認可等が統治国の政策に左右された。また，西欧列国の植民地支配の影響で，東南アジアの社会がヨーロッパの支配国民，東洋外国人（華僑，インド人），土着原住民の3重の社会階層の併存という「複合社会」が形づくられた[4]。統治国の植民政策は，イギリス，フランス，オランダ，アメリカで微妙に相違があった。日本の東南アジア進出において，仏領インドシナ（現在のベトナム，ラオス，カンボジア）への進出が極めて少ないのは，フランスの統治政策が，外資を制限し，フランスとの交易を第一とする政策を採ったこともその1つの理由である。オランダは，外資に対した寛容であったため，蘭印（現在のインドネシアの多く）には比較的進出しやすかった。なお，オランダは，蘭印に対して，強制栽培制度[5]をとっていた。イギリスは，アジアに多くの植民地を持っていたが，シンガポールとマレーでは，鉄鋼石を中心とした資源開発，ゴム栽培，商業，貿易等では比較的外資を受け入れた。アメリカも，フィリピンへの外資投資については，原則として受け入れた。

　植民地と本国との貿易関係において重要な問題は，関税政策であった。当時の植民地関税政策には，同化関税政策，差別関税政策，無差別関税政策の3つがあった[6]。

同化関税政策とは，植民地を本国の関税区域内に包容するもので，植民地と本国との交易品には原則として関税を課さないとするものである。植民地に輸入する外国品に対しては，関税を課す。フランスの植民地政策は，この政策を採っていた。同化関税政策は，本国に対する植民地原産品の供給を容易にし，植民地市場における本国品を保護する上で極めて有利な制度である。しかし，本国以外の国との外国貿易を阻害する恐れがある。事実，仏印と日本との貿易については，かなりの関税がかかったため，貿易は活発ではなかった。

差別関税政策とは，本国と植民地ともに同一関税制度を適用されず，別個の関税政策を適用するものである。本国と植民地間では，相互に特恵的税率を規定する。イギリスの植民地政策は，この政策を採っていた。すなわち，植民地と本国，植民地と外国とで，違った税率を課し，植民地と本国では安い税率という特恵的税率を課すという制度である。差別関税政策は，外国の競争に対し，植民地市場における本国の優位性を確保し，本国に対する植民地原料品の供給を容易にする。同化関税政策とこの点ではほぼ共通するが，差別関税政策の方が植民地産業に対する拘束は緩やかで，外国貿易をまったく阻害するものではない。イギリスが統治したマレーと日本との貿易については，関税はかかったが，貿易もかなりあった。

無差別関税政策とは，本国品，外国品を問わず，同一の関税を課すというものである。オランダは，ほぼこの政策を採った。オランダは，原則として関税を低率にした形での無差別関税政策であった。蘭印と日本との貿易については，関税に関しては有利なため，かなりの交易関係があった。

昭和に入る頃になると，国際経済はブロック経済の傾向が表れてきた。ブロック経済とは，強国が自己の植民地・勢力圏を確保し，他の勢力を排除しつつ，これを政治的・経済的に支配統制しようとする結合である。具体的な支配統制の内容は，関税障壁，輸入割当，割当制などの貿易政策，資源の開発，資金の移転，移植民などの統制，その他政治的・軍事的関係に及んだ。当時は，イギリス・ブロック，アメリカ・ブロック，フランス・ブロック，ソビエト・ブロック，などがあった。このように，昭和から戦前期にかけて，世界がブロック経済の方向に動いたので，日本の南洋進出も国際経営環境として困難な問題に直面した。

以上のように，南洋・東南アジアでは，国・地域により国際経営環境はかなり相違していた。それは，統治国の植民地政策に違いがあったからである。関税，貿易，外資政策，土地制度，許認可等は統治国の政策に左右された。明治から戦前昭和期までの日本企業の南洋進出環境は，その国の政策によりかなり影響，規定されたの

である。戦前期日本の南洋進出は，国際政治・国際経済等の国際経営環境に翻弄された歴史である。その意味において，南洋・東南アジアは，日本の支配が及ばない外国であり，台湾，朝鮮，満州，中国とは異なった，日本企業が独力で海外での現地経営，国際経営を行ったのである。

2．委任統治地としての南洋群島

本書では，第2章において日本の南洋群島への企業進出については，南洋興発，南洋拓殖，南洋貿易を中心として詳しく考察した。南洋群島は，南洋・東南アジアと違い日本が支配する委任統治地であった。厳密にいえば委任統治地は，国際連盟に統治内容等を報告する義務があり，完全な日本の殖民地ではない。しかし，日本は南洋庁などを設置して，準植民地として実質的に支配した。

南洋群島での日本の統治では，砂糖キビなどの栽培事業と製糖業，各種製造業，小売，サービス，漁業，天然資源開発などの拓殖事業を，日本人移民を中心として行われた。南洋群島は，日本が委任統治を行っていたことから，東南アジア諸国と比較すると，日本企業の現地経営での自由度が高く，会社設立，各種許認可，関税といった点で障害がかなり少なかった。

第3節　思想の基盤としての南進論

明治，大正，戦前昭和期とも，内容には変遷があるが南進論が議論され，主張された[7]。大正期の南進関連の代表的文献として，井上清（1913），大森清次郎（1914），吉野作造編（1915），永田秋濤（1917），江川薫（1913），佐野実（1913），梶原保人（1913），山崎直方（1916），内田嘉吉（1913），島津久賢（1915），庵崎貞俊・古山鉄郎（1915），副島八十六（1916），山田毅一（1916），八木實通（1916），鶴見祐輔（1917），山本美越乃（1917），佃光治・加藤到徳（1919），田沢震五（1921），等がある。戦前昭和期には，極めて多くの南進関連の書籍，雑誌，報告書等が出されたが，代表的な民間人のものとして室伏高信（1936），東郷實（1936），井出謙一朗（1929），武井十郎（1930），山田毅一（1934），立野斗南（1936），井上雅二（1941），井上雅二（1942），石原廣一郎（1942），澤田謙（1943），大川周明（1943），野間海造（1944），

等がある。また，南洋記や南洋紀行として原勝郎（1928），島崎新太郎（1931），徳川義親（1931），最上政三（1939），松本忠雄（1940），金子光晴（1940），高見順（1941），石川達三（1943）等の多くの本が出版された。その中で，南方開拓の第一人者で，海外興業社長であった井上雅二の著作は注目される。本書の第1章で論じたように，明治期の南進論は政治的支配という意味での南進論ではなく，南洋貿易，企業や個人の南洋進出の促進論という傾向が強かった。このような南進論に触発されて，多くの個人や企業が南洋に関心を持ち，その中で，南洋進出を果たした者や企業もかなりあった。しかし，昭和に入り政治的な南進論が強まった。

　昭和期の南進論で代表的なものとして，1936（昭和11）年に出版された室伏高信『南進論』（日本評論社）がある。室伏の南進論は，当時ベストセラーとなり，開戦前の世相に影響を与えた。室伏高信は，1892（明治25）年に生まれ，明治大学法科を中退後，「二六新報」，「時事新報」，「朝日新聞」等の政治部記者を務め，1934（昭和9）年には「日本評論」の主筆となった。この著書で室伏高信が最も主張したいと思われる主要な部分を，少し長い文章であるが，以下に記してみよう[8]。

　「南洋貿易は主として農産物と原料の輸出，工業製品の輸入である。南洋は農業の国であり，原料国であり，世界の工業国にとっての市場である。そしてその明日は益々農業の国，原料の国であり，そして工業国の市場である。

　ここに南洋の重要さがある。われわれは南洋の明日について次のやうな結論を導き出すことができよう。
　一．益々増大する原料地としての希望
　二．農業投資地としての希望
　三．移民への希望
　四．工業企業地としての希望
　五．益々拡大する工業市場としての希望

　南洋はまだ処女地である。処女地といふ言葉が南洋の現代世界における本質を規定する。ここは広大な処女地だ。ジャワのやうに既に開拓された国でさへも，1千5百米から一歩を出づると，すなわち一層によき気候へと登れば登るほど，尚は千古人跡を絶った処女林が欝々として繁茂し，奇鳥怪獣の棲むに任せている。スマトラ，ボルネオ，ニュウ・ギネア，それからシャム，仏領印度支那の奥地になると，人跡未踏の処女地が限りなきまでに打ちつづき，未だ斧鉞を知ることなき密林が，上には珍果を実らせ，下には未調査の砿鉱を埋没しつつ，昼なほ暗きまでに連り，そしてそれ等の一切は土人たちの力を越えて，新しい文明と技術と知識と労働とを待っている。

「熱帯を征する」ものが世界を征するかどうかは別である。ここにあまされた土地と資源とがあり，これが開拓されなければならないものであり，開拓をまちつつあり，そして開拓されつつあることは明白である。

　南へ，南へ，われわれの視野を南の処女地へと向けよう。北方の雪と氷とにではなく，またゴビの沙漠にではなく，そしてまた古代文明の重圧のもとに喘いでいる北支にでも，銃剣の林立する満ソ国境にでもなく，処女地の南洋へ，処女林限りなく打ちつづく平和の国の南へ。」

室伏高信は，最後の部分で，以下のように結論づけている[9]。

「われわれは既に南へ南へといって来た。われわれはこの言葉のうちに既に王者の道を見る。北は侵略を意味し，南は解放を意味するとわれわれはいって来た。北進は覇道であり南進は王道である。

　われわれはもとより南方世界の開放を叫ぶであらう。われわれは不当な独占を否定する。人類のために自然が開放されなければならないことを主張する。誰がこれをもって帝国主義といひうるか，誰がこれをもつて侵略主義といひうるか。

　南方の世界を侵略し，搾取したものは誰か。南方の広大な世界 ――神にのみ属するこの広大な大陸と島々とに縄張りをつくり，そしてわれわれの東方人を駆逐しようとするものは誰か。そしてまた更に印度の三億の人民を搾取し，圧迫し，鉄鎖のもとに繋いでいるものは誰か。

　われわれはこの開放を，また解放を要求する。帝国主義に対して反帝国主義を要求する。この要求を不当とし，不正とし，不徳とするものがどこにあるか。われわれは自ら反省するとともにまた世界の反省を要求する。白人的帝国主義には終りが与へられなければならぬ。白人の世界支配には終りが与へられなければならぬ。

　その時が来たのだ。われわれの民族的覚醒は既にその時に達し，そしてその覚醒は全亜細亜民族のうちに呼び起こされている。

　白人をしてこのことを知らしめなければならぬ，言葉によって，行動によって，力によって。

　日本は大海軍をもっている。この海軍の使命は大きく，この海軍は益々拡張されるであらう。太平洋の波が静かなものになるまで，太平洋が自由の大洋となるの日の来たるであらう日まで。

　だが，このことは武力の使用をも，戦争をも意味しない。日本はもとより戦争を望みもしないし，日本と戦ふことのできるものも ――少くとも東方において日本と戦ふこと

のできる一つの国家もあらうとは思へない。

われわれは平和を愛し、そして平和的に進出し、発展することをもとめる。三百年前の日本の南方発展が１つの土地の独占をも、民族の征服をも、国家の犠牲をも要求しなかったやうに、われわれが今日南進といふも、凡ては平和的であり ——凡ては道徳的であり、日本のもとめるものは王道蕩々といはれたもののほかの何ものでもない。

この立場に立つてわれわれは要求する、

土地の開放、

資源の開放、

自然の活用、

民族の自由と平等。

そしてまた凡ての民族の生存の権利を。

日本の要求には掛け引もなく、陰謀もなく、策略もない。われわれは公然としてこれを世界の表面に要求する。われわれには隠くすべき何ものもなく、言葉にすべからざる何ものもない。日本は王者の道を行くからである。またゆかなければならないからである。これが国民的必要であり、要求であり、また国民的使命であり、理想である。

日本が方向転換の時に来たのだといふことをここにくりかへさう。北から南へ、追ひこめられまった雪と氷と朔風と沙漠の北から、処女地と資源とスコウプの南へ。追ひつめられて来た北方へ運命の代りに、自由な、朗らかな地理的自然の南の処女地へ、そしてわれわれの祖先が嘗つて目ざし、今日目ざさなければならない南の海と島と大陸へ。

これを侵略から解放へといふもく、帝国主義から王道主義へといふもよい。日本はあくまでも侵略の国であってはならない。日本はあくまでも解放の国、自由の国、王道の道をゆく偉大な国民でなくてはならない。

ヨォロッパ的帝国主義の時代が終ったのだといふことをわれわれは宣言する。18世紀的な侵略主義の時代が終ったのだといふことを宣言する。これ等の一切は白人のものであり、白人主義の終るところに終らなくてはならぬ。

白人の世界支配、白人主義の終るところに新しい世界の舞台が開ける。世界史の新しいペエヂがはじめられろ。「新に歴史をつくる力」とニイチユのいふたものがここにある。日本の民族的使命とはこのほか何ものでもない。世界史の新しい展開とはこのほかの何ものでもない。舞台は東方と南方である。日本国民、老年日本でなくて青年日本がここに先駆し、東南方の世界に呼びかけ、そして世界史の新しい第一頁を、静に、しかし威厳をもってはじめる。人よ、この偉大な機会を認識し、そしてこれを把握し、実践しよう、実に日本の偉大な明日のために、ひろく東方民族のために、そしてひろく人類

の明日のために。

　南へ，南へ！

　人よ，南への方向がただ日本の国際政治を指し示したものと思ってはならない。これは日本の全生活の更新を意味する。日本の全面的な新方向を，革新を，若返りを，飛躍を，天才的な跳躍を。

　老年日本から青年日本へ！」

　室伏高信（1936）『南進論』は，戦前昭和期の南進論の考え方を代表している。彼の南進論の主張を要約すると以下である。

　南洋は，日本にとって原料地，農業投資地，移民地，工業企業地，工業市場として重要な地である。南洋はまだ広大な処女地で，未開拓な地域である。日本の南進は，白人支配のアジア・南洋を開放するものである。すなわち，日本の南進は，アジア・南洋において土地の開放，資源の開放，民族の自由と平等，そしてまたすべて民族の生存の権利を回復するものである。日本の南進は，侵略ではなく，帝国主義から解放へという王者の道である。

　このような当時の典型的な南進論を，室伏高信の『南進論』は，文学的，理想主義的に，力強く表現していた。当時この本がベストセラーになったということもうなずける。

　しかし，歴史が証明しているのは，日本の戦争による南進が失敗したということである。明治期，大正期，戦前昭和期と時代が移るにつれて，日本の南進論は貿易，企業進出，移民から，南洋地域の政治的支配へと思想が変貌していったといえるであろう。それが悲劇の始まりあったのである。

第4節　南進の拠点としての台湾の重要性

1. 南進の拠点としての台湾

　戦前期，日本の南洋進出において，台湾の役割は重要である。台湾は，いわば南進の拠点・基地であった。歴史的にみると，日本は1895（明治28）年に台湾総統

府を設置し，台湾は最初の植民地であった。台湾での統治，植民，企業進出，拓殖事業，栽培農業等は，日本の南進の足掛かりとして，重要な経験であった。日本の南洋進出における台湾の役割・意義として以下があるであろう。

第1は，南に位置する台湾の領有が日本の南洋・南方への関心を高めたことである。南国台湾の植民地経験は，日本の海外，南洋進出のきっかけとなり，南洋・南方地域への経済的，政治的，文化的な関心が高まった。

第2は，日本の台湾統治が植民地統治の経験となり，南方経営の蓄積となったことである。台湾の植民地化は，南洋への殖民・移民，拓殖事業，栽培事業，企業進出等の基礎的経験となった。

第3は，台湾が南洋研究・情報の拠点であったことである。台湾総統府の各種南洋調査活動，および台湾帝国大学の南洋農業研究，熱帯医学研究，南洋地域研究，等は特筆すべき研究調査活動である。

第4は，台湾が南洋・南方の海運・輸送の拠点であったことである。南洋・南方への船舶の中継地として，貿易の中継基地として台湾の意義は大きかった。

第5は，台湾が南洋・南方への投資の1つの拠点であったことである。1916（大正5）年，台湾拓殖は，マレー半島のゴム園を買収しゴム園経営に乗り出した。また，大日本製糖，台湾製糖などの製糖会社を中心とした台湾日系企業は，海外直接投資を行い南洋・南方へ事業進出した。

第6は，台湾が南洋・南方への資金供給の拠点，南洋拓殖事業の拠点であったことである。台湾銀行，華南銀行，台湾拓殖などの会社が，この点で重要な役割を果たした。これについては，次に詳しく考察する。

2．台湾銀行の南洋での活動

台湾での中央銀行と民間銀行としての役割を担っていたのが台湾銀行である。
台湾銀行の設立の理由書は，以下のように記している[10]。

『台湾銀行は台湾の金融機関として商工業ならびに公共事業に資金を融通し台湾の富源を開発し，経済上の発達計り，尚進みて営業の範囲を南清地方及南洋諸島に拡張し，是等諸国の商業貿易の機関となり，以て金融を調和するを以て目的とす。』

台湾銀行は，台湾を根拠とし，南部中国や南洋などにも範囲を拡張し，日本の対外貿易・進出の機関とすることを設立以来の使命としたのである。台湾銀行は，開

業当初神戸に，後に大阪をはじめ日本各地に支店網を増設するとともに，海外においては開業当初厦門支店，香港支店を，その後中国各地，シンガポール，スラバヤ，スマラン，バタピア等の南洋各地，ロンドン，ニューヨーク，ボンベイに至るまで支店もしくは出張所を開設して，日本の対外貿易および海外進出の発展を援助した[11]。台湾銀行の南洋での活動では，日系の汽船会社，貿易会社，ゴム会社，砂糖会社などの企業家に対する金融的支援を行った。また，台湾銀行は，台湾内の産業開発のみならず，南支那・南洋を主とする対外貿易および投資のための機関であった。すなわち，台湾銀行は台湾の植民地銀行だけにとどまらず，台湾を基礎とする日本の南支那・南洋への発展のための金融機関であった。要するに，日本の北方への進出を担う銀行が朝鮮銀行であったのに対して，南支那・南洋を担うのは台湾銀行であったのである。

　台湾銀行の南洋での活動について，少し詳しくみてみよう。

　台湾銀行は，1912（大正元）年シンガポールに店舗を設けて，マレー，バンコク，ジャワ等の南洋各地に対する輸出貿易の為の為替業務を行った。その後，ジャワにおいては1915（大正4）年にスラバヤ支店，その後にスマラン支店，バタピヤ支店等を開設し，フィリピンにおいては，1938（昭和13）年にマニラ支店等を開設し，南洋在留日本人貿易業者ならびに小売商に対して金融上の支援，あるいは日本製品輸入に関する組合の組織を奨励し，その他の支援業務を行った。また，台湾銀行の店舗がない地域の日本人に対しては，取引関係を有する外国銀行を通じ手形の仕向，送金等につき便宜を図る等，貿易の促進を担った。すなわち，台湾銀行は，南洋の日系貿易業者・商工業者に対する融資・貿易業務等，さらに日本人移民に対する日本への送金取扱，預金，貸付等の業務を行った。具体的には，台湾銀行は，南洋各地における農園，椰子園，ゴム園，製油会社等の拓殖事業，日本人経営の南洋漁業等に，低利で必要な資金を融資してその育成を図った[12]。また，台湾銀行は，石原廣一郎が主にマレーでの鉱山開発を目的として設立した南洋鉱業公司に対して巨額の融資を行い，石原産業の南洋での発展に資金的側面から援助した[13]。さらに，1936（昭和11）年より，南洋在留日本人に対して，低利の特別助成資金の貸出を行った。

　このような銀行業務以外に，台湾銀行は，南洋に各種の会社を設立した。台湾銀行が出資した代表的会社として南洋倉庫株式会社がある。南洋倉庫株式会社は，1920（大正9）年，資本金500万円で台湾銀行を中心として出資して設立された。また，同社に対して台湾銀行は所要資金の多くを供給した[14]。

その他に，台湾には日系銀行として華南銀行があった。華南銀行は，主に華僑に対する銀行を目的として，台湾銀行が中心となり，外務・大蔵・農商務の各省庁や台湾総統府の支援の下に，台湾の名門林熊徴氏などの協力により，1919（大正8）年資本金1,000万円で設立した。華南銀行は，南支那，南洋方面における主に華僑に対する地方的金融，ならびに拓殖的資金供給を目的した。南洋倉庫株式会社と華南銀行とも，設立においては，日本と台湾中国人との共同出資による合弁形態で行った(15)。

台湾銀行は，南洋に関する調査活動も積極的に行った。台湾銀行は，調査課を設け，南洋の調査研究を行い，各地の産業状態，輸出入品の取引関係などを始め，南洋各地の地理，制度等の踏査研究も行い，その調査報告書を出版した。調査報告書には，台湾に関してはもちろん，南支那および南洋方面における金融機関の活動状況，貨幣制度・通貨の現状，その他一般金融事情をはじめとして，為替事情，各種商品の取引状況，貿易の趨勢あるいはゴム，砂糖，椰子等の栽培，その他諸般の事業に関する調査，さらに華僑の活動，一般居住民の生活状態より地理，風俗，慣習等に至るまで各方面にわたり，これに統計書の類を加えると，その報告書等の数は1918（大正7）年までに358冊あった(16)。

以上のように，南洋での日本人の事業において台湾銀行の果たした金融的援助・貿易支援・海外投資の担い手としての役割は極めて大きかったのである。

3．台湾拓殖株式会社の南洋での活動

台湾拓殖株式会社は，特別法（台湾拓殖株式会社法）により1936（昭和11）年に，政府と民間の出資により設立された。公称資本金は3,000万円で，総株式数40万株のうち，政府株は30万株で全額払込1,500万円，民間株は30万株で半額払込750万円，合計して払込資本金は2,250万円であった(17)。

台湾拓殖の事業目的は，台湾・南支那・南洋での拓殖，資源開発，拓殖資金の供給等である。台湾では，土地の貸付・分譲，土地の開墾，干拓，造林，綿花・麻・バナナ等の栽培，鉱業，畜産，漁業，移民事業，投資，拓殖金融等を行った。南支那および印度支那，タイ，英領マレー，フィリピン等の南洋においては，在留日本人企業助成のための拓殖金融や，子会社を通じて鉱物の開発，特に鉄鉱の採掘や農業経営等を行った(18)。

台湾拓殖が出資した企業として，台湾棉花，台湾海運，台湾国産自動車，台湾バ

ルブ工業,台湾畜産興業,東邦金属製錬,星規那産業,台湾化成工業,拓洋水産,新興窒素,南日本化学工業,台湾産金,飯塚鉄鉱,南興公司等があった。台湾拓殖が出資した中国(支那)企業として,中支那振興,福大公司があった。

台湾拓殖が出資した南洋企業として,南方産業(フィリピンを主とする南洋の山林開発事業とベニヤ板の製造販売),開洋燐鉱(パラセル諸島における燐鉱採掘販売),印度支那産業(仏印のハノイ),イヅナ商事建物(椰子油,落花生油の製造),印度支那鉱業(仏印のハノイ)等があった。1940(昭和15)年3月までで,台湾拓殖の台湾および海外の投資会社は25社で,総投資額は808万6千円であった[19]。

以上のように,台湾拓殖は,台湾の拓殖を事業の中心とするが,南洋の拓殖をも目的とする国策会社でもあった。台湾銀行とともに台湾拓殖は,戦前日本の南洋進出を支援・援助する大きな役割を果たしたのである。

第5節　日本の南洋関連団体と調査研究機関
―南進の推進機関,情報機関―

1. 南洋協会

南洋協会は,戦前期,南洋関係の一般機関として代表的で,最も重要な機関であった。南洋協会は1915(大正4)年に創立された南洋に関する総合的機関であり,南洋主要地(台北,パラオ,シンガポール,マニラ,ダバオ,バクビア,スマトラ,バンコク等)に支部を置き,南洋調査研究,出版などを行った。また,1918(大正)7年にシンガポール,1924(大正13)年にジャワのスラバヤに,商工省の委嘱により商品陳列所を設け,商品見本等の陳列,商品の紹介,商取引企業の紹介仲介,南洋特産品の蒐集,商品の立会検査および証明発給,取引紛議の調停斡旋,売掛代金の取引その他の斡旋,内外商社の資産信用調査,商標保護公示に関する斡旋,など,日本の南洋貿易および南洋進出を促進するための業務を行った。さらに,南洋商業実習生制度を設け,日本人の南洋商業進出の人材を育成し,南洋での独立開業を後援した。会頭は近衛文麿,副会頭藤山雷太(後は藤山愛一郎)が長く務め,台湾総統府からもかなりの補助を受けていた。南洋協会の設立目的は以下であった。

(1) 南洋における産業,制度,社会その他各般の事情を調査すること。

(2) 南洋の事情を本邦に紹介し本邦の事情を南洋に紹介すること。
(3) 南洋事業に必要なる人物の養成をなし，本邦の技芸その他学術の普及を図ること。
(4) 雑誌その他出版物を発刊し，時々講演会を開くこと。
(5) 南洋博物館及び図書館を設けること。
(6) その他必要なる事項。

その機関誌「南洋」(当初は，「南洋協会雑誌」)は，当時の南洋に関して有益な情報を提供したのみならず，日本人の南洋に関する関心を高めた。南洋協会は，会員企業等の会費(昭和12年当時，本部会員数412，南洋支部会員数860で，合計会員数1,272)，事業収入，台湾総統府補助金，寄付金等を収入源とする財団法人形態の民間団体であったが，その役割は日本企業の南洋進出を促進する準公的機関であった。

南洋協会の活動で現在ほとんど忘れられているが特筆すべきすべき事業として，ベトナムのサイゴンでの南洋学院の設立がある。南洋学院は，南洋地域での日本の専門学校レベルの高等教育機関を目的として，1942(昭和17)年に設立された。第1回新入生は，全国から集まった30名であった。しかし，設立が戦時下であり，日本の終戦とともに南洋学院は終わりを遂げた[20]。南洋協会は，日本の南洋進出に関する情報機関，支援機関，教育機関として大きな役割を果たしたのである。

2．その他の南洋関連団体

戦前には，南洋協会以外に，南洋関係の各種団体，機関，組織が多く存在していた。それらには，以下のように南洋関係一般機関，南洋関係企業の共同機関，貿易関係の機関，現地の各種機関，などがあった。

第1の南洋関係一般機関として，南洋各国の会員・親善の機関である暹羅協会，日本ビルマ協会，印度支那協会，日本蘭領協会，比律賓協会，日豪協会，南洋群島文化協会，南洋群島産業協会などがあった。このうち，暹羅協会が「暹羅協会報」，比律賓協会が「比律賓情報」，南洋群島文化協会が「南洋群島」，という機関誌を出していた。

第2の南洋関係企業の共同機関として，南洋栽培協会，南洋水産協会，南洋真珠貝採取協会，日本南洋材連合会，などがあった。これらは，南洋に進出した企業を

中心とした，業種別の団体である。これらの団体は，南洋栽培協会が「南洋栽培協会」，南洋水産協会が「南洋水産」，南洋真珠貝採取協会が「南洋真珠貝採取協会会報」，日本南洋材連合会が「日本南洋材連合会」，という機関誌を発行した。これら機関誌は，貴重な研究史料となっている。

第3の貿易関係の代表的な機関として，貿易組合中央会，南洋貿易会があった。貿易組合中央会は，日本の貿易会社の連合体であり，貿易の斡旋および現地の調査を行うため，バンコク，シンガポール，ラングーンなどに出張所を置いていた。1941（昭和16）年には，南洋関係の貿易の統制，総合的運営の機関として南洋貿易会が設立された。このように，南洋貿易企業の組織化，支援体制の確立，等が行われた。

第4の現地の各種機関として，南洋各地に日本人会，商工会議所，商業協会などが作られた。南洋での日本人や企業の組織化である。日本人会は，現地日本人の親睦・情報交換，小学校等の教育運営，等を目的とする。商工会議所，商業協会は，現地企業，商業者，事業者，栽培者などが，地域別に組織化したものである。日本は，戦前から，海外では日本人は少数ということもあり，海外在住日本人や企業同士が組織化し，密接に交流・協力し合って，お互いを守るという伝統があった。

以上のように，戦前多くの南洋関連団体・機関が設立され，これらは日本の南洋進出に大きな役割を果たしたのである。

3．南洋の調査研究機関：南進の情報機関

戦前日本では，南洋地域に関する調査研究機関が数多く設立された。その中で重要な研究機関として，南洋協会，南洋経済研究所，太平洋協会，東亜研究所，南洋群島文化協会，南洋群島産業協会などがある。

南洋協会は，前述したように有力な南洋関連団体で，機関誌「南洋」を出し，多くの報告書，書籍を出版した。

南洋経済研究所は，機関誌「南洋経済研究」を出し，200号以上の「南洋資料」を公表し南洋地域や現地経営に関する貴重な資料・情報を提供した。「南洋資料」は，戦前期の南洋研究において原史料として価値のあるものが多い。

太平洋協会は，機関誌「太平洋」を出し，環太平洋地域関連する多数の書籍を出版した。太平洋協会は，鶴見祐輔が専務理事を長く務め，東西両半島の太平洋地域の問題に関して，政治，外交，文化，国防，経済，通商，交通，産業，金融，資源，

土地利用，人種，社会状況等を調査研究する戦前を代表する研究機関の1つであった。

　東亜研究所は，機関誌「東亜研究所報」を出し，中国や南洋といったアジア地域に関連する多数の書籍を出版した。

　南洋群島文化協会は，機関誌「南洋群島」を出し，南洋群島に関連する書籍を出版した。南洋群島文化協会は，パラオ島ココール町にあった日本の南洋庁内にあった。「南洋群島」は1935（昭和10）年に創刊され，月刊で，南洋庁や南洋群島に進出した企業や社員などの会員組織の非売品であった[21]。「南洋群島」は，当時の南洋群島を知る貴重な史料である。

　南洋群島産業協会は，南洋群島の産業関係者が組織した機関である。本部は，パラオ島のココールの南洋庁内にあり，「産業の南洋」という機関誌を出していた。

　その他に，南支調査会，日本拓殖協会，南方産業調査会，南方経済調査会，南方産業調査会，台湾南方調査会，拓殖奨励館，東洋協会，国際交通文化協会，国際文化振興会，文明協会，東亜同文会など，南洋やアジアに関する調査研究等を行う機関が設立された。また，三菱経済研究所，世界経済調査会，太平洋問題調査部，野村南方調査室，などの研究機関でも南洋に関する研究が行われた。

　日本の海外の政府機関や国策会社である台湾総統府，満鉄などでも，南洋に関する調査研究活動が行われた。台湾総統府官房調査課，満鉄調査部，満鉄東亜経済調査局などが代表的な機関である。満鉄東亜経済調査局は，機関紙「新亜細亜」を出版し，アジアへの啓蒙活動に貢献した。

　このような調査機関の中には，日本の南進政策を推進するという相当政治的色彩の強い機関もあった。民間，国の南洋研究調査機関の設立は，日本企業の南洋進出に有益な情報を提供し，日本の南進施策を支えたのである。

第6節　南洋進出の国際経営戦略と現地経営

　戦前期日本の南洋進出を国際経営理論の観点から，当時の現地経営について検討してみよう。

終章　日本企業の南洋進出の歴史と国際経営　273

1．南洋日系企業の出資形態：完全所有子会社と合弁会社

　海外子会社の形態を国際経営理論からみると，直接投資により海外子会社を設立する場合，100％出資の完全所有子会社と，現地企業などと共同で出資して設立する合弁会社の形態がある。よりコントロールの程度を最大化したい企業では，完全所有子会社を選好する。一方，現地政府が特定の産業などで外資の完全所有を規制している場合や，市場でのリスク・不確実が高い場合，現地資本との合弁事業を採る場合がある。戦前期の南洋では，この理論がほぼ当てはまり，日本が委任統治をしていた南洋群島と東南アジア諸国では，事情が異なっていた。

　内南洋としての南洋群島は，そもそも現地資本が育っていなく，日本の委任統治でリスク・不確実が低い状況にあったため，現地日本企業形態は日本側100％出資の完全所有子会社，および日本企業や日本の統治地域の日系企業（台湾，朝鮮，満州など）が複数出資した合弁企業であった。いわゆる外国資本や現地資本との合弁会社は，南洋群島では，日本が委任統治時地域ではほとんどなく，それ以外の南洋群島やパプアニューギニア等で若干の外国資本との合弁企業が存在する程度であった。

　これに対して，東南アジア地域の外南洋では，純粋な日本資本による日系企業以外に現地企業等との合弁会社もかなり存在した。当時の外南洋は，タイを除いて欧米列国の植民地であり，現地政府が許認可，投資などで規制している場合あり，市場でのリスク・不確実が高い状況であった。特に，天然資源開発については，日本側100％出資について規制がある国もあった。また，栽培事業のほとんどが，土地は租借であった。そのため，東南アジアの日系企業では，合弁事業を採る企業がかなり存在したのである。

2．南洋日系企業の性格・目的

　南洋日系企業の性格・目的を国際経営理論からみると，現地市場型，資源開発型，輸出型，部品・工程分業型，製品分業型，などに分類できる[22]。なお，現地への直接投資では，1つの目的のみではなく，複数の目的で設置される場合がある。

　第1の現地市場型の海外直接投資は，進出国での市場での販売，サービスを目的とした投資が現地市場型直接投資である。この形の投資は，従来の輸入から現地生産への転換という意味で，輸入代替型直接投資ともいわれる。現地市場型投資は，

大規模な市場や急速な市場成長が見込まれる諸国，および，関税の付加，あるいはそのおそれに反応してしばしば行われる。さらに，現地市場への輸出の増大によって，現地政府との通商政策上の軋轢が生ずる可能性がある場合，現地生産に切り替えるという貿易摩擦回避のための直接投資がある。戦前期の中国や満州での主に繊維産業の日本企業進出（在華紡）は，ほぼこれに当てはまるであろう。一方，戦前期の南洋では，南洋群島以外，製造業での輸入代替型直接投資は少なく，現地市場型の海外直接投資のほとんどが現地市場でのサービスを目的とした比較的小規模な投資であった。戦前期南洋では，小規模なサービス産業の直接投資が多かった。この形態の投資では，小売，行商，卸売，貿易，飲食，宿泊，運送，金融，各種サービスなどの業種が中心であった。

　第2の資源開発型の海外直接投資は，鉱物，農作物，畜産，木材，水産などの資源を開発するための直接投資である。戦前の日本企業の南洋投資は，このような資源を求めて南洋に進出するという目的が最も多かった。マレーやボルネオを中心としたゴム栽培，フィリピンのダバオを中心としたマニラ麻栽培，南洋群島を中心とした砂糖キビ栽培をはじめとする各種栽培事業，および石原産業を中心とするマレーなどの鉱山開発は，資源開発型の海外直接投資である。この資源開発を目的とした鉱山事業は，比較的大規模な投資であった。その他に，南洋では，資源開発関連投資として，林業，水産業関連などの投資もあった。大企業の天然資源開発を目的とした南洋投資の場合は，自社やグループ会社で原材料を調達するという垂直的統合を目的とする海外直接投資でもあった。

　第3の輸出型の海外直接投資は，完成品・部品などの輸出拠点として設置するための投資である。理論的には，この型での直接投資の主要な動機は，進出国での各種のコスト優位性を利用することによって輸出競争力を高め，企業の優位性を獲得しようとする海外生産戦略である。この形の投資には，労働コスト削減型，原材料コスト削減型，部品コスト削減型，タックスヘブン（税金回避）型などがある。戦前期日本のアジア・南洋投資では，中国，満州への繊維産業，いわゆる在華紡の進出がこの輸出型の海外直接投資の代表であった。日本の繊維企業は，中国や満州での低賃金の労働力を利用し，また繊維材料を安く入手し，輸出拠点および現地市場向けに直接投資を行ったのである。在華紡には，2種類の企業形態があった。1つは，中国や満州の法令により日本側が100％出資の完全所有子会社や現地資本との合弁企業として設立された企業である。2つは，当時の中国・満州では外国企業の治外法権が認められており，中国や満州の法令によらず日本の法律により現地に工

場を設立することができたため，日本の国内工場の分工場として設立した形態である。一方，南洋地域においては，当時，日本資本の製造業の進出が少なく，そのため製造業における輸出型の海外直接投資はほとんどなかった。

　第4の工程分業型の海外直接投資は，国際的なレベルで，部品・工程の分業を目的とする投資が部品・工程分業型直接投資である。この型での直接投資の主要な動機は，進出国での各種の優位性を利用することによって，部品・工程生産の最適立地を狙った投資である。戦前期日本のアジア・南洋投資では，製造業においては，この形の投資はほとんどなかった。しかし，資源開発投資（栽培業など）においては，資源を加工したり，製品化するという工程分業型の投資はあった。当時は，製造業においては，現在のようにグローバルなレベルで工程分業型を行うというまで国際経営が進展していなかったので，当然であろう。

　第5の製品分業型の海外直接投資は，完成品を国際的に分業することを目的とする投資が，製品分業型直接投資である。製品分業には，理論的には，技術レベルがそれほど違わない製品を各国で分担生産する形と，技術レベルの異なる製品を分担生産する形がある。戦前期日本のアジア・南洋投資では，この形の投資もほとんどなかった。戦前期ではグローバルなレベルで製品分業を行うまで，国際経営が進展していなかったのである。

　以上のように，戦前の日本企業の南洋投資は，第1の南洋進出国での市場での販売，サービスを目的とした現地市場型の海外直接投資，および第2の鉱物，農作物，畜産，木材，水産などの資源を開発するための資源開発型の海外直接投資および，第4の工程分業型の海外直接投資（資源の加工・製品化のみ）がほとんどであった。ただし，中国，満州への在華紡の進出については，第3の輸出型の海外直接投資であった。第5の製品分業型の海外直接投資については，南洋地域，中国，満州，台湾ともほとんどなかった。

3．南洋日系企業と現地経営

　南洋日系企業の当時の現地経営について検討してみよう。

　南洋での日系企業の経営管理として，日本人が直接，経営者，管理者として経営・管理していたが，現場の労働者については，地域により相違があった。ほとんど地域の南洋日系企業は，現地人に経営を任せるのではなく，日本人が経営・管理を担った。しかし，現場の労働者については，日本人中心の地域と，現地人中心の地域

があった。

　日本が委任統治した南洋群島については，実際に作業する労働者は，ほぼ日本人であった。日本人移民を募集して，日本の移民によって作業が担われた。南洋群島での日本の事業の中心は，南洋興発等による砂糖キビ等の栽培事業であるが，その労働者は，現地人ではなく日本人であった。また，フィリピンのダバオを中心としたマニラ麻栽培に従事する労働者についても，現地人ではなく日本人労働者が中心であった（農園労働者としてフィリピン人も使用した）。

　これに対して，マレー，蘭印での日系企業のゴム等の栽培事業は，労働者はほとんどが現地人か苦力（coolie）であった。マレーでは，ゴム栽培に従事する労働者は，日本からの日本人移民によって担われたものではなかった。ゴム栽培園で実際に作業したのは，苦力と呼ばれる中国人，マレー人などを中心とした現地人であった。

　なぜ南洋の地域によって，このような労働者が日本人か，現地人かという差異が生じたのであろうか。

　第1は，南洋群島は現地人の人口が少なく，現地人は労働に適さないと判断し，日本人移民の受け入れによる労働力確保という戦略をとったと考えられる。フィリピンにおいては，ダバオでのマニラ麻栽培が日本人事業の中心で，ダバオでの最初のマニラ麻栽培園がベンゲット道路工事完了で失業した日本人によって担われたという歴史もあり，日本人移民の受け入れによる労働力確保という戦略を採った。マレーでのゴム栽培は，日本企業のみではなく，イギリス人，ドイツ人，フランス人，アメリカ人などの西欧諸国の経営するゴム園が多数あった。そこでの労働は，苦力を中心とする現地人が働いていた。マレーでは，当時，現地人をゴム園労働者として供給する制度・システムが存在していた。日本企業は，この労働者供給制度から，労働者を提供してもらい，労働者として働かせていたのである。

　第2は，南洋での日系現地企業の企業形態は，日本側100％出資が中心であったが，現地資本等との合弁企業形態も少数存在したことである。南洋群島は日本の移民統治地ということもあり，ほぼすべての現地企業が，日本側出資100％の完全所有形態の企業であった。その中には，日本企業，または日本が植民地などに設立した企業など，複数の日本企業が出資する現地企業もあった。これに対して，東南アジアの南洋地域は，欧米列強の植民地であったこともあり，多少事情が違っていた。蘭印，マレー，フィリピンなどの南洋において，栽培事業は100％日本出資の現地企業がほとんどであったが，鉱物などの天然資源開発などの現地企業については一

部現地等との合弁企業形態が存在していた。これは，天然資源開発は，日本側100％出資の形では，現地政府の許可が得られず，資源ナショナリズムもあり，合弁形態を採る現地日系企業も一部存在した。合弁形態の現地企業では，労働者は現地人が中心とならざるを得ない。ただし，東南アジア南方地域の日系企業の多くは，合弁形態であっても，日本人経営者を派遣し，日本人による経営・管理を重視していた。

　第3は，南洋群島は，日本の委任統治地ということもあり，日本人の移民地という視点を重視したためである。日本は，過剰人口を抱え，特に沖縄はその傾向が強かった。移民地としての南洋群島であったのである。南洋群島では，沖縄県人が半数以上を占め，1940（昭和15）年には，約5万人の沖縄県民が居住していた。貧困や人口過剰を抱えていた沖縄県人が新天地を求めて南洋群島に移民した。南洋群島は沖縄県人にとって南国は暮らしやすかったこともある。また，フィリピンのダバオへの日本人移民も，同じような背景がある。日本の南洋への進出は，日本人移民と密接な関連があるのである。

第7節　南洋への日本の投資事業と戦略

　明治から戦前昭和期までの日本企業の南洋投資事業に関する重要な点を検討してみよう。

1．ゴム，麻，砂糖キビ等の栽培事業への南洋進出

　戦前における欧米の植民地事業の中心は，プランテーション（plantation）であった。英，仏，蘭，米などの欧米列国の植民地統治において，ゴム，麻，砂糖キビ，コーヒー，茶，香辛料等の各種栽培事業は重要であった。当時の世界の国際経営の1つがプランテーション経営で，それが植民地支配に結びついていた。すなわち，当時の国際経営は，多くの側面で植民地支配と密接に結びついていたのである。

　戦前期日本の南洋進出においても，このような欧米列国の状況と密接に関係していた。日本の委任統治地であった南洋群島においては，砂糖キビを中心としたプランテーション事業がその中心であった。フィリピン，マレー，蘭印などの東南アジ

ア地域においては，欧米列国の植民地支配のもとで，日本はゴム，麻，砂糖キビ，等の栽培事業に進出した。すなわち，戦前の日本企業の南方・南洋進出は，農業栽培のプランテーション事業に重点があった。マレー，蘭印ではゴム栽培，フィリピンでは麻栽培，南洋群島や台湾では砂糖キビ栽培が重要な事業であった。

2．天然資源開発への南洋進出

　当時の世界の国際経営の主要事業のもう1つは天然資源開発であり，それも植民地支配・統治とかなり結びついていた。鉄，銅，原油などの重要資源は，資源ナショナリズムを生み，周知のように戦争の原因の1つともなった。欧米列国のアジアでの植民地支配においても，天然資源開発については当然センシティブであった。このような国際環境下で当時日本の南洋での資源開発は難しい状況にあったが，本書の第7章で詳述したように石原産業株式会社の南洋での資源開発は，極めてユニークなものであった。

　石原産業は，1920（大正9）年，マレーのスリメダン鉱山で鉄鉱石の採掘を目的としてシンガポールに本店を置く現地法人として設立された，南洋発祥の南洋財閥であった。石原産業は日本企業で最初の南方資源開発企業であるといえる。石原産業は，その金額，規模，地域的広がり等において戦前期の代表的な南洋地域の資源開発企業である。創立者の石原廣一郎は，戦前期日本の南洋進出を象徴する人物である。石原産業の海外事業運営では，現地法に基づく海外子会社を完全所有形態や合弁会社を南方地域で設立していた。石原産業の南方事業は，シンガポール石原産業公司を統括社として，現地会社としてジャワ石原鉱山，マニラ石原産業などを設立して，大戦前には南洋で11鉱山を有する南洋資源財閥に成長した。石原産業の戦略の特徴としては，資源開発を中心として，船舶輸送，倉庫，精錬事業などを含む垂直統合型であったことである。戦前の日本企業として，このような海外での資源開発から輸送，倉庫，精錬にいたる垂直的統合戦略を採った企業は少なく，石原産業は戦前期のコンツェルンとしては，特異な存在であった。

　このように，石原産業がイギリスの植民地支配が行われていたマレー鉱山開発が成功したのは，統治国のイギリスがマレーでの天然資源開発を外国企業にも認めていたこと，現地政府とその国王の理解があったこと，またその他の南洋地域での事業では現地資本と合弁企業形態で事業展開を行ったこと，などがその要因であろう。さらに，資金的には台湾からの支援，特に台湾銀行からの融資が大きく，また，鉄

鉱石の販売では八幡製鉄が安定的に大量に購入する契約を結んだこと，などもその要因として挙げられるであろう。

戦前期，南洋で石原産業以外に資源開発の投資を行った日本企業として，日本鉱業，鋼管鉱業，飯塚鉄鉱，ボルネオ産業，興南産業などがあるが，いずれも１鉱山のみの規模であった。

しかし，第二次大戦の戦間期になると，日本の南方地域占領により，軍の指名により三菱，三井，住友などの主要財閥企業や大手企業が相次ぎ南洋に進出し，資源獲得を目的とした資源開発が行われるようになった。

3. 拓殖会社の南洋進出

戦前，朝鮮，台湾，南洋群島など日本の殖民地や移民統治地の拓殖事業を行う目的で準国策企業として拓殖会社があった。朝鮮では東洋拓殖株式会社，台湾では台湾拓殖株式会社，南洋群島では南洋拓殖株式会社が設立された。南洋興発株式会社も南洋群島で拓殖事業に関連する会社として設立されたユニークな会社であった。これらの拓殖会社は，その地での拓殖事業はもちろんであるが，南洋進出においても重要な役割を果たした。

東洋拓殖株式会社は，マレーのジョホールでゴム栽培園を直営した。その他に，東洋拓殖は，蘭領ボルネオにゴム，椰子の栽培を主目的とする蘭領印度拓殖株式会社，および林業を主目的とする南洋林業株式会社を設立した。また，東洋拓殖は，フィリピンのダバオのマニラ麻事業を主に行う太田興業株式会社に対して，かなりの額の事業融資を行った。

台湾拓殖株式会社は，1916（大正5）年にマレー半島ジョホール州のゴム園を買収し，ゴム園経営に乗り出した。戦前昭和期，台湾拓殖は中国の海南島でも各種事業を行ない，仏領印度では鉄鉱開発を主目的とする印度支那産業株式会社を設立した。また，その子会社の印度支那産業は，タイのバンコク近郊で棉花栽培事業を主目的とする台湾棉花株式会社を設立した。さらに，台湾拓殖は，南洋において在留日本人企業助成のための拓殖金融などを行った。

南洋拓殖株式会社は，南洋群島以外の地域で南拓興業株式会社を設立し事業を行った。南洋興発株式会社は，蘭領ニューギニアで棉花栽培，グマール樹脂採集を主目的とする南洋興発合名会社を設立した。

以上のように，拓殖会社は，南洋進出企業への資金支援や出資，または拓殖会社

自身が南洋で事業を行ったり子会社を設立するなど，日本の南進の重要な支援・拠点企業であった。

4．商業・小売・サービス・貿易の南洋進出

　日本人の南洋への貿易や商業の進出の歴史は古い。豊臣秀吉の時代に，南洋には多くの日本人町があり，タイのアユタヤ，ベトナムのホイアン，フィリピンのマニラなどが有名である。その後，江戸時代に入り鎖国となったため，南洋の日本人町は消滅し，南洋との交易は長崎の出島でのオランダ貿易により細々と行われるのみとなった。明治に入ると，状況は一変し，明治初期には日本人が南洋各地に渡って商売を営むようになった。最初は，からゆきさん，それを経営する者，行商人，商人，農業栽培者など雑多で多様な日本人が一獲千金を目指してベンチー精神で南洋に赴いた。商業・貿易の海外進出は，もともと最も古い国際経営の形態であり，南洋では歴史的に華僑の海外進出が盛んであった。日本人の明治期の商業進出で注目されるのは，行商である。南洋に日本人行商の多くは薬の行商で，南洋以外に朝鮮，中国等にも多く進出していた歴史があった。このように，日本の薬売行商の国際性，先進性は極めて興味深い。日本の薬売行商は，日本国内でも古い歴史があり民俗学や歴史学等の観点からも注目される存在であるが，南洋での行商の研究蓄積が少ないことから，今後一層の解明が望まれるであろう[23]。

　南洋に進出した商業者は，南洋移民として商売を始めた個人や中小企業がほとんどであった。多様な業種・形態で南洋に進出した。南洋での日本人の商業，小売，卸売，サービス業は，多くは現地市場，特に現地日本人への販売・サービスを目的としたものであった。小売，飲食，貿易，サービス，行商，宿泊，建築，製造，修理，職人，栽培等で，現地に滞在する日本人を主な顧客とする形で，南洋に進出した。

　大正から，昭和にかけて，南洋ブームもあり，多くに日本人が南洋に関心を示し，南洋で商売をするものが増加した。日本人は，当時，一獲千金を狙って，個人，富豪，企業，財閥などが，盛んに移住・殖民，海外投資，海外企業設立，海外事業などを行い南方に進出した。特に，商業の分野の進出地は，シンガポール，マレー，蘭印，フィリピンなど中心であった。また，南洋・南方に在住していた日本人商業資本家の南方投資もあった。

　戦前昭和期にも，かなりの日本人が，南洋・南洋に移住し，活発な商業活動を行

った。日本人相手の小売店，卸売店，旅館や娯楽といったサービス業，貿易などに従事するかなりの数の日本人が南方に滞在していた。特に，シンガポール，マレー，蘭印，フィリピン等を中心として，商業目的の日本人の移民・殖民・移住が増加した。

　第二次大戦期では，軍の指名などにより占領した地域を中心に，デパートや大規模小売店などが相次いで南洋に進出するようになった。

　戦前期の日本の南洋への商業進出を総括すると，日本人の南洋への商業進出は徐々に増加してきたが，もともと南洋・南方では華僑が商業・流通に確固たる地位を築いたため，日本人商人はこの華僑の支配を崩すことができず，日本人相手の商売に留まっていた。すなわち，華僑の商業・流通優位の南洋では，日本の商業支配は困難であったのである。

5．製造業の南洋進出

　戦前期の日本企業の南方・南洋進出は，日本の委任統治地であった南洋群島を除くと，製造業は比較的少なく（フィリピンは多少進出していた），農業栽培，商業，小売，サービス，貿易，等が中心であった。戦前期南方・東南アジアでは，製造業の経営は，中国，欧米，現地資本がほとんどで，日本資本は極めて少なかった。日本の製造業の南洋進出は，時期的には戦前昭和期には入ってからである。大工，石工，塗工，洗濯業者，飲食料品，嗜好品製造等の現地日本人を顧客とする事業者がほとんどで，工業的技術は高くない業種に従事する者が多く，小規模な事業が多かった。

　蘭領印度は，日本人の製造業者は少なく，規模も小規模であった。比較的大きな日系製造企業としては，スマトラの熱帯産業のゴム乾溜工場，ボルネオの野村東印度殖産のゴム乾溜工場と，ジャワのケゲレン農作会社の製糖工場などがあった。フィリピンは，ダバオにマニラ麻栽培の日本人が多くいたため，南洋諸国において最も多くの工業者がいた。製材，製菓，シャツ製造，味噌醸造，家具製作，木炭製造，靴製造，清涼飲料水製造等を行っていた。1935（昭和10）年頃から日本とフィリピンの合弁企業として，ナショナル・ゴム工業のゴム靴製造，バリンタワク・ビール酒造会社の麦酒醸造，南洋水産株式会社の缶詰製造などが設立された。英領マレーは，日本人工業者は少なく，日本の製造企業も少なく小規模であった。仏領印度支那は，統治国フランスの植民地政策により外国資本の進出を妨げていたため，日本

の製造業の進出は極めて少なかった。タイも日本の製造業の進出は極めて少なかった。

以上から，戦前期日本の南洋への製造業への進出は，フィリピンが最も多く，次に蘭印，マレーで多かったが，仏領印度支那，タイでは極めて少なかった。フィリピン，蘭印，マレー等の小規模な製造業者は，在留日本人を中心とした現地市場への供給・販売を目的とするもの，および日本へ原材料などを輸出するもの，等が多かった。戦前期日本の製造業の南洋進出は，南洋群島を除くと極めて遅れていたといえるであろう。

6．水産，林業の南洋進出

戦前期日本の南洋進出で重要であるにもかかわらず，意外に知られていないが，興味深いのは水産業の進出である。明治初期の1883（明治16）年，オーストラリアの木曜島に真珠貝移民として日本人が移住したことなどが端緒となる，日本人の南洋への真珠貝採取事業への進出があった。

大正の初め頃から，日本の水産業の南方への進出が本格化した。日本の水産業の南方への発展は，マレー半島，スマトラ，ジャワ，ボルネオ，セレベス，フィリピン，オーストラリア等，極めて広大な地域に及んだ。日本漁船は，南洋の各港を根拠地として，株式会社，漁業組合，個人などによって営まれた。このような南洋の水産業の担い手は，沖縄県人が多かった。南洋での歴史が古い真珠貝採取事業では，戦前昭和期も盛んで，場所はオーストラリアとパプアニューギニアの間のアラフラ海，事業の基地はパラオで，採取船は多い時には240隻程度，少ない時でも80隻程度出漁して活躍していた[24]。また，オーストラリアの木曜島とブルームでも日本人移民による真珠貝採取事業が行われていた。さらに，ニューギニアのニューブリテン島のラバウルでも日本人移民による高瀬貝採取の漁業が行なわれていた[25]。

以上のように，南洋への日本の水産業の進出は，戦前期日本の南洋進出の隠れた側面を現しているといえるであろう。

日本の南方への林業の進出は，1918（大正7）年，1919（大正8）年頃からである。その後，進出が増加し，1939（昭和14）年当時，日本の南方への林業投資額は2,000万円を超える規模となった。その事業地は，フィリピンとボルネオが中心であった。南方での日本の林業事業は，三井，三菱，日産，岩井，安宅，古河，栗林，東洋拓殖等の大手財閥，大手貿易会社が出資した企業が多かった。これらの日系林

業企業は，木材輸出を自社で行う企業，および商社に委ねる企業があった。

7．商社，金融，海運，倉庫の南洋進出

　戦前期日本企業の南洋進出で，それを間接的に支援した企業として商社，金融，海運，倉庫等の存在があった。

　戦前期南洋には，三井物産，三菱商事などの総合商社，各種の専門商社，特定の国に設立された日系資本の地場商社，小規模な貿易会社等，多様な商社があった。戦前期日本の南洋進出において商社の役割は大きかった。南洋での商社は，貿易活動が中心であったが，海外経営のサポート，海外直接投資の支援・サービスや現地情報の提供機関としても重要な存在であった。また，商社は，領事館とともに現地日本人会，商工会の中心的な役割も果たしていた。特に財閥系の三井物産は，南洋進出が古く，1891（明治24）年にシンガポールに出張所（明治25年に支店となる）を開設，その後南洋各地に支店を開設し，戦前期の南洋貿易で大きな役割を果たした[26]。

　銀行等の金融機関も，戦前期南洋に進出した。南洋での日系銀行の活動は為替業務が中心であったが，各種金融的サービスも行っていた。南洋での日系銀行は，現地日系企業や日本人に対して融資や預金等の業務を行っていたが，融資の額はそれほど多くなかった。南洋で支店等を持ち，活動していた銀行として，横浜正金銀行，台湾銀行，華南銀行，三井銀行等があった。横浜正金銀行は，シンガポール，マニラ，バンコク，スラバア，バクビア，スマランの南洋各地に古くから支店を設けており，戦前期日本の南洋進出，特に貿易に関連する為替業務においてに大きな役割を果した。台湾銀行は，台湾に設立した日系の銀行であるが，シンガポール，マニラ，スラバア，バタビア，スマランに支店を持ち，南洋の日系企業，日本人に対して為替，預金，融資等の業務を行う，いわば日本の南進のための銀行であった。華南銀行は，台湾で日本資本と台湾資本との合弁で設立された銀行であるが，シンガポール，スマランに支店を持ち，主に南洋の華僑に対して為替，預金，融資等の業務を行った。三井銀行は，スラバヤにのみに支店があった。

　銀行ではないが，南洋での融資業務を担ったのが，日系の拓殖会社である。特に，東洋拓殖は，南洋において各種の長期融資を行った。

　海運，輸送，倉庫企業の南洋進出も，南洋での現地経営のサポート，インフラとして重要な存在であった。戦前期に南洋航路を開設していた企業として，日本郵船，

大阪商船，南洋海運，石原産業海運，三井物産船舶部，等があった。これらの南洋航路は，南洋での貿易，商業，投資，移民等において極めて重要なものであった。また，南洋での倉庫企業として，石原産業系の南洋倉庫があった。

　以上のように，明治から戦前昭和期にかけて，日本の南洋進出を促進したインフラ要因として，海運，金融，倉庫などの進出，および通信の発達は重要であった。明治から南洋の多くの地で，日本との南洋航路が開設され，南洋には，人，物の交流が本格化した。銀行を中心とした金融の南洋進出は，日本の南洋進出での貿易為替，融資，預金等において強力なサポートとなった。資金通信の発達では，国際電話，電信，無線の発達により，海外でビジネスが容易に行えるようになったのである。

おわりに：戦前日本の南洋進出の評価と戦後の国際経営への継承・遺産

　戦前日本の南洋・南方進出を国際経営の観点からどう評価するか。すなわち，戦前期，日本の南洋群島，台湾，東南アジアなどの南洋への日本企業の直接投資による進出を，国際経営の観点からどう捉えればよいのか。最後にこの点について考察してみよう。

　第1に，戦前期日本の南洋進出は日本の国際経営の端緒であったことである。南洋は，委任統治地であった南洋群島，日本の殖民地であった台湾以外の東南アジア南洋地域は，日本の植民地ではなく，日本企業が独力で南洋への海外進出を果たした。マレー，シンガポール，フィリピン，インドネシア（当時は蘭印），タイ，ベトナム（当時は仏印）などの南洋への日本の企業進出は，ほぼ西欧列国の植民地支配下にあった南洋の政治環境下において，現地政府の許認可を受け，日本企業が直接投資を行い，自力で事業を始めたのである。さらに，戦前期日本の直接投資は，中国，満州，朝鮮，台湾，南洋以外の地域では，極めて少なかった。このように，戦前期日本の南洋への企業進出は，日本の国際経営の出発点であったのである。

　第2に，戦前期日本の南洋進出は多様な担い手による国際経営であったことである。多様な個人，企業の南洋進出が特徴であった。日本の雑多な人が，新たな夢，情熱，エネルギー，希望を持って，新たなフロンティアを求めて，新天地南洋を目指した。明治維新の後，日本の新たな開国により，明治初期，マレー，シンガポールを中心とした東南アジアに，行商，商人，からゆきさん，前科者，農業栽培者，貿易商，職人など多様な人が南洋に出た[27]。日本の財閥，大手企業，一般企業，中小企業などの日本企業も南洋に強い関心を持ち，その中で一部は南洋に進出した。

三井，三菱などの大手財閥，野村，日産，古河，川崎などの財閥，明治製糖，大日本製糖，日本鋼管，播磨造船所などの大手企業があった。三井物産などの大手商社，横浜正金銀行，台湾銀行，三井銀行などの商社や金融があった。また，東洋拓殖，台湾拓殖，南洋興発などの国策の拓殖会社，石原産業，太田興業などの南洋発祥の南洋コンツェルンがあった。さらに，南洋土着の個人や中小の資本，日本の中小企業や個人などがあった。このように，多くの企業や個人が南洋に投資した当時の日本社会の背景として，南洋ブームがあった点も見逃せない。

第3に，戦前期日本の南洋進出は，南洋での資源獲得のための投資が主流であったことである。戦前期日本の南洋事業は，農園・プランテーション・農業栽培，水産，林業，天然資源開発，が主要な分野で，製造業の進出は少なかった。南進による企業進出の目的は，南洋での資源獲得・調達，すなわちゴム，砂糖キビ，麻などの農業栽培物開発，漁業や真珠貝採取などの水産，林業，および鉄鉱石，銅，原油などの天然資源開発にあった。それに付随して，主として現地日本人を対象としたサービス業や商業の南洋進出も行われた。一方，製造業の進出は少なく，資源の加工以外では輸出拠点としての製造業の海外進出はほとんどなかった。

第4は，南洋で誕生し，根拠地とするユニークな南洋財閥・南洋コンツェルンが誕生したことである。このような南洋コンツェルンは，現在日本ではなく，戦前期の国際経営の独自性，ユニークさを象徴している。石原産業，南洋興発，太田興業などは，南洋コンツェルンの代表的存在である。石原産業を創業した石原廣一郎，南洋興発を創業した松江春次，太田興業を創業した太田慕三郎の3名は，戦前期の南洋進出を象徴する人物であろう。戦前のこのような南洋財閥・南洋コンツェルンが誕生したのは，海外での拓殖事業があったこと，最初に南洋に進出し事業を興した日本人企業家が南洋で事業を拡大したこと，南洋の資源開発は国策上重要であるため各種支援を行ったこと，などのためであろう。

次に南進論，南洋日本人移民と国際経営について検討してみよう。

日本は，明治期から南洋に対して高い関心を持っていた。明治期，大正期，日本では南洋や南進論に関連する多くの著書が発行され，社会の関心を集めた。また，「実業之日本」を代表とする南洋開発の記事を多く掲載した雑誌が発行された。戦前昭和期に入り，南洋についての関心はさらに高まり，南洋関連の著書が数多く出版され，南洋ブームと呼ぶべき社会状況となった。漫画の世界においても，島田啓三が描いた南洋での冒険漫画『冒険ダン吉』がベストセラーになった[28]。このような南洋ブームに乗って，日本の企業や個人が南洋に進出した。また，移民として南洋

に行く人も増えていった[29]。しかし，南進論は，時代につれて変遷した。明治期の南進論は，南洋への企業進出や貿易が中心であったが，昭和に入りとどちらかというと政治的侵略に重点がある南進論に移っていった。

戦前期の南洋での国際経営は，多くは，移民，殖民と結びついていた。南洋では，日本企業の活動を伴った移民であったのである。一方，戦前期，ハワイ，南米，北米では，日本企業の進出はほとんどなく，日本人移民のみの活動であった。ハワイ，南米，北米の日本移民は，現地の栽培農園，企業に雇われるか，またはここから脱した半独立的請負農業者や独立農家が多かった。これに対して，南洋の移民は，何らかの直接投資を伴う現地経営が多かった[30]。南洋移民は，日本の人口過剰，貧困等の日本の社会状況を反映したものであった。戦前期の南洋移民において，移民会社の役割も重要であった。日本からの移民人材の確保という点で，戦前期日本の南洋での国際経営において移民会社の役割は大きかった。

以上のように，戦前期の日本の南洋での国際経営は，南進論，南洋日本人移民と密接に結びついていた。戦前の国際経営の特徴として，南進論，移民，資源，拓殖事業がキーワードであろう。日本は，明治初期から戦前昭和期にかけても，制約された国際環境の中で，日本人移民を伴い，活発に国際経営が行われていた。戦前期，南洋への日本の直接投資の金額は少ないが，その歴史的意義は大きいのである。

戦前期の日本の国際経営は，海外の現地情勢に大きく左右された。そして，その情勢に日本企業は適応することで国際経営が行われた。戦前期の国際経営は，国際政治・経済・社会などの国際経営環境の大きな制約の中で，うまく現地情勢に対応した経営戦略を行なうことが海外で生き残る上で最も重要なことであった。

最後に，戦前期日本企業の南洋進出はどのように戦後日本の国際経営に継承していったかについて検討してみよう。

第二次大戦後，日本企業は，敗戦による破壊的な打撃を受け，海外事業も全て喪失した。しかし，戦後の復興は早く，昭和20年代には日本企業は海外への進出を果たすことができた。このように日本企業が，戦後スムーズに海外進出ができたのは，戦前期の国際経営，現地経営の経験，人材，ネットワーク等があったからこそである。戦前期の南洋事業経営の経験と人的ネットワークも，戦後の日本企業の海外進出に生かされたのである。その意味において，日本の国際経営を研究する場合，戦前期から考察することが必要である。日本の国際経営は，戦前期と戦後期は決して断絶していないのである。

日本は敗戦により，かつての南洋での事業遺産はすべて喪失した。しかし，国際

経営研究において戦前期の日本企業の南洋進出は再評価されてよいと思う。戦前期の南洋進出は，大戦以降から現在までの日本の国際経営，特に日本企業の東南アジア進出のルーツであり，それが現在の日本企業の国際経営の遺産として継承されているからである。

注

(1) 入江寅次（1942）『邦人海外発展史』井田書店，236 頁。
(2) 樋口弘（1941）『南洋に於ける日本の投資と貿易』味燈書屋，12 頁。
(3) 沖縄県教育委員会（1974）『沖縄県史 7 移民』沖縄県教育委員会，388 頁，360 頁。
(4) 「複合社会」という概念は，イギリスのファーニヴァルがインドネシアの植民地社会を分析した結果作り出されたものである。ファーニヴァルの邦訳（南太平洋研究会訳（1942）『蘭印経済史』実業之日本社，605-635 頁）参照。
(5) 蘭印への統治国オランダの強制栽培制度とは，村落の全耕地の約 5 分の 1 については，その作物の種類は農民でなく政府が決め，収穫物は政府が一方的に決めた価格で買い取る制度である。作物の主たるものは，コーヒー，藍，砂糖キビ，茶，煙草，綿花，胡椒などであった。しかし，この強制栽培制度は，19 世紀末にはほぼ廃止された（大林太良（1984）『東南アジアの民族と歴史』山川出版社，280-281 頁）。なお，蘭印への統治国オランダの植民政策については，レーベル・I.（池田雄蔵訳）（1941）『蘭領東印度』が詳しい。
(6) 堀眞琴（1939）『植民政策論』河出書房，255-269 頁。
(7) 昭和期になると，文学者による南洋記も多く出版された。代表的なものとして，金子光晴（1940），石川達三（1943），中島敦（2001），中河興一（1934）などがある。また，南洋各地への旅行記，滞在記，南洋事業者が記した書籍，などが多く出版された。さらに，大正から昭和にかけて主要大学で殖民・植民講座が開設され，植民論に関連する著書が出版された。代表的なものとして，矢内原忠雄（1912）『植民及植民政策』，稲田周之助（1912）『植民政策』，松岡正男（1926）『植民及移民の見方』，加田哲二（1940）『植民政策』，河津遷（1940）『植民政策』，黒田謙一（1942）『日本植民思想史』，秋保一郎（1942）『東亜植民政策論』，などがある。
(8) 室伏高信（1936）『南進論』日本評論社，221-222 頁。
(9) 室伏高信（1936）『南進論』日本評論社，263-267 頁。
(10) 台湾銀行（1939）『台湾銀行四十年誌』台湾銀行，7 頁。
(11) 矢内原忠雄（若林正丈編）（2001）『「帝国主義下の台湾」精読』岩波書店，123 頁。
(12) 台湾銀行（1939）『台湾銀行四十年誌』台湾銀行，251-261 頁。
(13) 台湾銀行（1939）『台湾銀行四十年誌』台湾銀行，267-270 頁。
(14) 台湾銀行（1939）『台湾銀行四十年誌』台湾銀行，260-261 頁。
(15) 台湾銀行（1939）『台湾銀行四十年誌』台湾銀行，258-259 頁。
(16) 台湾銀行（1939）『台湾銀行四十年誌』台湾銀行，270-272 頁。
(17) 松澤勇雄（1941）『国策会社論』ダイヤモンド社，65 頁。
(18) 松澤勇雄（1941）『国策会社論』ダイヤモンド社，26 頁，および 184 頁。
(19) 松澤勇雄（1941）『国策会社論』ダイヤモンド社，187 頁。なお，民間では，大日本製糖，明治製糖，台湾製糖，三井合名などが出資した。
(20) 南洋学院の 1 期生が執筆した亀山哲三（1996）『南洋学院―戦時下ベトナムに作られた外地校』芙蓉書房出版は，南洋学院の歴史的記録として貴重である。なお，同書 12-14 頁によると南洋協会が南洋学院を設立した趣旨は以下である。

　「南洋学院設置の趣旨
　南洋協会は大正四年創立以来三十年の永きに亘り，我国の南方発展のため努力しつつあるが，此の間，当協会が南方諸地域に於ける各種の経済的，文化的事業中特に鋭意努力し来りたるものは，わが対南経済発展の第一線に活躍すべき人材を南方の現地に於て養成する事業である。即ち昭和四年以降最近に至るまで，この種人材の養成（商業実習生及び実業練習生制度）に当り，既に養成したる青年の数は六百余名に上り，その大多数は今日いづれもわが南方建設に活躍中であり，また現在仏領印度支那及び泰国に派遣され，現地の商社に勤務実習中の青年もまた二百余名の多きに達して

いる。
　当協会は大東亜戦争勃発前の数年間に於ける国際情勢の推移に鑑み，我国の南方発展については，南方の諸地域に於けるわが経済発展の第一線に活躍すべき前記人材の養成と併行して，更にその指導的人材をも南方の現地に於て養成するの緊急なることを痛感し，つとにこの計画を樹立してその実現に遭進しつつあったものである。前年，大東亜戦争の勃発にともない，聖戦完遂のため南方建設が焦眉の急務となったのであるが，外務省を初めとし関係諸官庁のご指導により，さきに帝国政府と仏領印度支那政府との間に成立せる了解に基き，主として仏領印度支那に於ける邦人発展の第一線に活躍すべき優秀なる人材養成のため，現地教育機関として南洋学院を仏領印度支那の西貢（サイゴン）に開設し，当協会がその経営の任に当り，聖戦必勝の教養と練成により，わが南方建設に挺身すべき指導的人材を養成することになった。
当学院の特色
　当学院は専門学校令に準拠し，皇国精神の涵養，人格の陶冶，身体の鍛練及び現地語学の修得に重点を置き，現地の事情に即し，農業及び経済を綜合したる科目を修得せしめ，聖戦完遂に必須なる教養と練成により，主として仏領印度支那に於ける邦人発展の第一線に活躍すべき優秀なる指導的人材を養成する現地教育機関として設置するものであることは前項のとおりであり，外務，文部両省の指導援助の下に当協会がこの経営の任に当るものである。
　当学院は我が国が南方に開設した最初の，しかも今日唯一の専門学校であるのみならず，農業と経済を綜合した科目を修得せしめて，わが南方建設に最も適切なる指導的人物を養成することを主眼とするものであるから，この点に於てもまた特異の施設と称することができよう。
　学院は仏領印度支那の西貢（サイゴン）ーショロン合併市に在り，修業年限は三ヶ年，生徒人員は一学級三十名である。生徒は中等学校の卒業者の中から体格，人物及び学業の成績を綜合考査の上選抜して，通常は（毎年四月）現地に渡航せしめ，就学せしめる。
　生徒はすべて寄宿舎に収容し，全寮制度により，徹底せる規律訓練を行い，心身の錬磨には特に留意すると共に実習・実験及び修学調査旅行の活用と相まって，現地の実情に即した実業専門教育の実を挙げ，以て我が南方建設の指導的人材を養成せんとするものである。
　入学を許可された生徒に対しては現地渡航に要する経費を初めとし教科書，文房具，被服費，食費等を給与する外に学資として毎月一定額を支給する。但し，父兄と生徒及び学院との関係を密接ならしめる趣旨から生徒の父兄から年額三百六十円を年二回に分けて納付せしめ，それ以外には一切の経費を徴収しない。
　卒業生に対しては学院に於てその就職先を指定し，卒業生は指定された官公庁，商社等の就職先に於て少なくとも三年間勤務する義務を有する。」

(21)　菊池正夫（1937）『躍進の南洋』東亜協会，251頁。
(22)　この分類は，丹野勲・榊原貞雄（2007）『グローバル化の経営学』実教出版，67-90頁による。
(23)　当時の南洋での日本人行商については，当時の行商人からの聞き取りでまとめた，以下の本は，貴重な歴史的記録である。南洋経済研究所（1942）『日本売薬南方進出繁盛記』南洋資料第115号，南洋経済研究所。
(24)　森田幸雄（1940）「楽土南洋を語る」『楽土南洋』（昭和15年12月号）輝文館・大阪クッパ社。なお，オーストラリアの木曜島やブルームの真珠貝採取事業においては，和歌山県（特に太地，古座，勝浦，三輪崎など）からの移民が多かった。これら地域での真珠貝採取事業は，いわゆる宝石としての真珠の養殖ではなく，貝の商品化を目的としたもので，ボタン，装飾品，美術工芸材料などとして使用されるものである。
(25)　オーストラリアの日本人移民による真珠貝採取事業については，多くの研究があるが，Mary Albertus Bain（1982），Noreen Jones（2002），和歌山県（1957），小川平（1976）などが代表的研究である。小川平（1976）『アラフラ海の真珠』は，和歌山県出身の豪州木曜島を中心とした日本人移民について記した素晴らしい史料である。また，小林織之助（1942）『東印度及豪州の点描』にも当時の詳しい記述がある。ニューギニアのラバウルでの日本人移民の高瀬貝採取漁業については，拓務省拓局（1938）『豪州委任統治領ニューギニア事情』91-92頁に詳しい記述がある。
(26)　日本経営史研究所（1976）『挑戦と創造―三井物産100年の歩み』三井物産株式会社，58頁。
(27)　マレーへの日本人移民については，吉岡利起（1942），小林一彦・野中正孝（1985），原不二夫（1986）が詳しい。シンガポールへの日本人移民については，西村竹四朗（1941），野村汀生（1937），シンガポール日本人会（1978），が詳しい。蘭印への日本人移民については，ジャガタラ友の会（1943），小林一彦・野中正孝（1985），松本國男（1981），が詳しい。フィリピンへの日本人移民に

ついては，古川義三（1956），蒲原廣二（1938），渡邉薫（1935），が詳しい。
(28) 漫画以外にも，南洋ものといわれる冒険小説も数多く出版された。代表的なものとして，山中峯太郎（1932），南洋一郎（1935），南洋一郎（1937）などがある。
(29) 南洋への渡航案内も多く出版された。代表的なものとして，越村長次（1919），多田惠一（1929），東亜旅行社（1942）などがある。また，近江一郎（1934）のようなユニークな南洋記も出された。
(30) 根岸勉治は，『熱帯農企業論』（1962）において，ブラジルでの日系移民形態を「移民労働型」，フィリピンのダバオでの日系移民形態を「移民資本型」，南洋群島での日系移民形態を「資本労働型」と類型化した。

〈参考文献〉

秋保一郎（1942）『東亜植民政策論』時潮社。
朝日新聞大阪本社編（1942）『南方圏要覧』朝日新聞社。
庵崎貞俊・古山鉄郎『新南嶋大観（1915）』南洋研究会。
江川薫（1913）『南洋を目的に』南北社。
越村長次（1919）『南洋渡航須知』南洋協会台湾支部。
遠藤正（1942）『蘭印の設営』湯川弘文社。
古川義三（1956）『ダバオ開拓記』古川拓殖株式会社。
ファーニヴァル（南太平洋研究会訳）（1942）『蘭印経済史』実業之日本社。
樋口弘（1941）『南洋に於ける日本の投資と貿易』味燈書屋。
堀眞琴（1939）『植民政策論』河出書房。
原勝郎（1928）『南海一見』東亜堂書房。
原不二夫（1986）『英領マラヤの日本人』アジア経済研究所。
濱田恒一（1941）『蘭印の資本と民族経済』ダイヤモンド社。
入江寅次（1942）『邦人海外発展史』井田書店。
稲田周之助（1912）『植民政策』有斐閣。
井出諦一朗（1929）『黎明の南洋』淳風書院。
井上清（1913）『南洋と日本』大正社。
井上雅二（1941）『南進の心構え』刀江書院。
井上雅二（1942）『南方開拓を語る』畝傍書房。
井上寿一（2011）『戦前日本の「グローバリズム」』新潮社。
石川達三（1943）『赤虫島日記』東京八雲書店。
石原廣一郎（1942）『南日本の建設』清水書房。
ジャガタラ友の会（1943）『ジャガタラ閑話―蘭印時代邦人の足跡』ジャガタラ友の会。
亀山哲三（1996）『南洋学院―戦時下ベトナムに作られた外地校』芙蓉書房出版。
小林織之助（1942）『東印度及豪州の点描』統正社。
小林織之助（1942）『南太平洋諸島』統正社。
小林一彦・野中正孝（1985）『ジョホール湖畔―岩田喜雄南方録』アジア出版。
梶原保人（1913）『図南遊記』梶原保人。
菊池正夫（1937）『躍進の南洋』東亜協会。
金子光晴（1940）『マレー蘭印紀行』山雅房。
国松久弥（1941）『新南洋地誌』古今書院。
Mary Albertus Bain（1982）, *Full Fathom Five*, Artlook Books.（足立良子訳（1987）『真珠貝の誘惑』勁草書房。）
最上政三（1939）『南方遊記』交通研究社。
室伏高信（1936）『南進論』日本評論社。
室伏高信（1937）『室伏高信全集（前15巻）』青年書房。
室伏高信（1942）『新青年の書』育生社弘閣。
室伏高信（1960）『戦争私書』全貌社。
松澤勇雄（1941）『国策会社論』ダイヤモンド社。
松岡正男（1926）『植民及移民の見方』日本評論社。
松本國男（1981）『シャミル島―北ボルネオ移民史』恒文社。
松本忠雄（1940）『蘭印と日本』ダイヤモンド社。

日本南方協会編（1942）『南方事情—資源開発と其経営』教育研究会。
日本経営史研究所（1976）『挑戦と創造—三井物産100年の歩み』三井物産株式会社。
南洋経済研究所（1942）『日本売薬南方進出繁盛記』南洋資料第115号，南洋経済研究所。
南洋一郎（1935）『海洋冒険物語』大日本雄弁会講談社。
南洋一郎（1937）『日東の冒険王』大日本雄弁会講談社。
中河興一（1934）『熱帯紀行』武村書房。
日本評論社編（1935）『南洋読本』日本評論社。
根岸勉治（1962）『熱帯農企業論』河出書房新社。
野間海造（1944）『人口問題と南進論』慶應出版社。
永田秋璿（1917）『図南録』実業之日本社。
西村竹四朗（1941）『シンガポール三十五年』東水社。
西野睦夫（1943）『人口問題と南方圏』室戸書房。
野村汀生（1937）『シンガポール中心に同胞活躍　南洋の五十年』新嘉坡南洋之日本人社。
中島敦（2001）『南洋通信（中公文庫）』中央公論新社。
Jones Noreen (2002), *Number 2 Home*. (北条正司他訳『第2の故郷—豪州に渡った日本人先駆者たちの物語』創風社出版)。
蒲原廣二（1938）『ダバオ邦人開拓史』日比新聞社。
加田哲二（1940）『植民政策』ダイヤモンド社。
景山哲夫（1941）『南洋の資源と共栄圏貿易の将来』八紘閣。
河津遷（1940）『植民政策』有斐閣。
黒田謙一（1942）『日本植民思想史』弘文堂書房。
小林一彦・野中正孝（1985）『ジョホール湖畔—岩田喜雄南方録』アジア出版。
沖縄県教育委員会（1974）『沖縄県史7　移民』沖縄県教育委員会。
小川平（1976）『アラフル海の真珠—紀州のダイバー百年史』あゆみ出版。
大川周明（1943）『大東亜秩序建設』第1書房。
大森清次郎（1914）『南洋金儲百話』南洋通商協会。
大林太良（1984）『東南アジアの民族と歴史』山川出版社。
近江一郎（1934）『小舟を住家に南洋へ』平野書房。
『楽土南洋』（昭和15年12月号）輝文館・大阪クッパ社。
レーベル・I.（池田雄蔵訳）（1941）『蘭領東印度』岡倉書房。
シンガポール日本人会（1978）『南十字星』シンガポール日本人会。
島田啓三（1976）『冒険ダン吉（少年倶楽部文庫）』講談社。
島崎新太郎（1931）『南洋へ—蕃島を踏破して』新時代社。
島津久賢（1915）『南洋記』春陽堂。
佐野実（1913）『南洋諸島巡航記』鍋島能寛。
澤田謙（1943）『海外発展と青年』潮文閣。
副島八十六（1916）『帝国南進策』春陽堂。
占領史研究会編（1942）『CHQに没収された本』サワズ出版。
台湾銀行（1939）『台湾銀行四十年誌』台湾銀行。
台湾総統府（1933）『台湾事情　昭和8年版』台湾総統府。
拓務省拓務局（1938）『豪州委任統治領ニューギニア事情』拓務省拓務局。
田沢震五（1921）『南洋見たま、の記』新高堂書店。
武井十郎（1930）『踏査二十三年　富源の南洋』博文館。
多田惠一（1929）「南洋楽土　大ボルネオ　附　南洋渡航案内」南洋開発社出版部。
鶴見祐輔（1917）『南洋遊記』大日本雄弁会。
鶴見良行（1990）『ナマコの眼』筑摩書房。
佃光治・加藤到徳『南洋の新日本村』南北社出版部。
東郷實（1936）『人口問題と海外発展』日本青年館。
立野斗南（1936）『南方経論』秋豊園出版社。
徳川義親（1931）『じゃがたら紀行』十文字書店。
高見順（1941）『蘭印の印象』改造社。
丹野勲・榊原貞雄（2007）『グローバル化の経営学』実教出版。

東亜旅行社（1942）『東印度諸島』東亜旅行社。
地理教育研究会（1939）『地理教育　南洋研究号』第30巻第5号，中興館。
内田嘉吉（1913）『国民海外発展策』拓殖新報社。
宇都宮謙（1942）『大東亜共栄圏　南方大観』日本歴史研究会。
和歌山県（1957）『和歌山県移民史』和歌山県。
渡邉薫（1935）『比律賓在留邦人発達史』南洋協会。
矢内原忠雄（1912）『植民及植民政策』有斐閣。
矢内原忠雄（若林正丈編）（2001）『「帝国主義下の台湾」精読』岩波書店。
山崎直方（1916）『我が南洋』広文堂書店。
山田毅一（1910）『南洋行脚誌』弘道館。
山田毅一（1916）『南進策と小笠原諸島』遊天義塾出版部。
山田毅一（1934）『南洋大観』平凡社。
山本美越乃（1917）『我国民ノ海外発展ト南洋新占領地』京都法学会。
吉岡利起（1942）『マレーの実相』朝日新聞社。
山中峯太郎（1932）『亜細亜の曙』大日本雄弁会講談社。
八木實通（1916）『爪哇とセレベス』進省堂。
吉野作造編（1915）『南洋』民友社。

あとがき

　本書は，私のライフワークである「日本企業のアジア進出の歴史と戦略」の拙い成果の1つである。今，ライフワークの1つを書き終えて，ほっとしている気持ちである。今後は，本書の研究を深めること，第二次大戦後から現在までの時期での日本企業のアジア進出に関してまとめること，およびもう1つのライフワークである「日本的経営の国際比較と歴史比較制度」研究に精進していきたい。

　私は，経営学，国際経営，比較経営が専門である。なぜ国際経営において歴史的視点の重要性を認識したかについては，国際比較経営研究の延長としてであった。私は，前著『アジアフロンティア地域の国際経営』（文眞堂）において，アジア各国の経営制度を中心として，その現地経営の比較を行った。その研究後に強く感じたのは，比較経営研究において，現時点での比較のみでなく，歴史的観点に立脚した比較経営の重要性である。すなわち，歴史的発展・推移に基づいて各国の企業経営，経営制度，国際経営を分析するアプローチである。この立場は，「歴史比較制度」という視点である。本書は，日本企業の南洋・東南アジア進出に関して，この考え方を基礎として考察したものである。歴史学からみると，いろいろ不十分で，分析の足りなさなどの点があろうかと思うが，国際経営学者の視点からの1つの成果である。

　私の手元には，占領史研究会編（1942）『CIIQに没収された本』（サワズ出版），西尾幹二（2008）『CHQ焚書図書開封』（徳間書店）という本がある。これによると，CHQが戦後に発禁，没収した本，いわゆる焚書の数は7,119点になるという。このリストをみると，本書で参考にしたかなりの書籍が没収リストにあった。戦後，戦前期南洋の企業経営に関連する研究がきわめて少ないのは，このような事情があったのかもしれないと思う。CHQ焚書図書は，現在すべて公にされているので，本書では発禁・焚書であった本の中で学術的価値のあるものについては発掘し利用した。その意味で，多少新しい事実を明らかにできたのではないかと思う。

　本書を執筆して強く感じたのは，戦前期においても海外に目を向け，海外事業に取り組んだ意欲的な日本人が多くいて，現実に多くの海外投資をしたことである。その中には，南洋移民として行動する人もいた。起業家，行商，商人，貿易者，栽

培者，職人，サービス等で海外に飛躍する者も多かった。私は，戦前期においても，海外に夢を求めた日本人のエネルギーを感じるのである。そして，日本は活発に国際経営を行っていたことを確信するようになった。

　また，名の知れたまたは無名の南洋移民・南洋実業家当事者が記した記録・史料が想像以上に残されていることに気が付いた。このような埋もれていた史料をできるだけ掘り起こして，世に知らしめるのも本書の目的の1つであると考えている。当時は，国策ということもあり南洋関連の研究がかなり多かったというのも新たな発見であった。

　昨年2016年は，安倍総理大臣とオバマ大統領が，広島と真珠湾を訪問するという戦後の転換期の年であった。戦争に関係なく，海外に飛躍し，事業を営んだ多くの無名の日本人がいたことは忘れてはならない。彼らは，戦争とは無縁で南洋の地で精一杯事業を営んだ。今やはり，冷静に戦前を振り返る時期であろう。

　戦前期の日本企業の国際経営について学術的観点から，さらなる研究の進化を願っている。戦後70年以上たつ現在，イデオロギーから脱却して，真っ白な視点で戦前期の国際経営をみることは，現在最も必要なことであろう。忘れられていた明治維新から戦前昭和期までの日本企業の南洋進出や南洋日本人移民について少しでも関心を持ってもらえればと思う。

　本書を書き終えて，著者として多くの課題が残っていると強く感じている。

　各章で，分析，研究がまだ足りないところが多いと感じている。各章ごとに，もっと深い分析・研究が必要であろう。あえていえば，各章のテーマは，1冊の著書として研究する内容であろうと思う。本書のテーマは，歴史的にもきわめて重いものであるので，今後とも解明するところは多いであろう。本書では，分量の制約から，深い分析ができなかったところについては，今後研究を深めていきたい。

　南洋で活躍した日本人事業家・南洋移民をもう少し描きたかった。本書では，南洋財閥の石原産業コンツェルンを創設した石原廣一郎，南洋興発を経営した松江春次，南洋の先駆的行商人である小川利八郎，ダバオ開拓の父と呼ばれた太田恭一郎，については詳しく書いたが，彼ら以外に南洋で成功した日本人は多い。例えば，南方開拓の第一人者で，海外興業社長であった井上雅二などはきわめて興味深い人物である。私の今後の課題として，戦前期南洋に飛躍した日本人について，機会があれば書き残したい。

　戦前期の日本人の海外移民に対して大きな役割を担った移民会社について，わか

っていないことも多い。戦前期の移民会社の研究もできれば今後深めていきたい。

　本書のテーマである「日本企業の東南アジア進出のルーツと戦略─戦前期南洋での国際経営と日本人移民の歴史─」は，私にとって新たな発見があり，研究をやっていておもしろかったというのが実感である。実際に南洋群島，東南アジア，台湾，オーストラリアなどに赴き，現地調査も行うことができた。現地に足を運ぶと，当時の遺産がまだ残っており，新たなる発見も多かった。

　本書をきっかけとして，明治維新から戦前昭和期までの南洋群島，東南アジアといった南洋での国際経営の重要性を再認識していただき，戦前期日本の南洋進出に関する研究が活発になることを期待している。また，一般の人においても，このテーマに関心を持つ人が増えることを希望している。

　最後に，著者に対して快適な研究環境を提供していただいた神奈川大学の教員や職員　の方々，および私事になるが研究を家族としてサポートしてくれた妻眞紀子と長男憲太（大学1年）にも感謝したい。

　　2017年1月13日

丹野　　勲

事項索引

あ行

朝日護謨株式会社……………………… 174
安宅商店………………………………… 180, 181
油椰子（の栽培）……………………… 110, 177
アユタヤ（王朝）……………………… 1, 2, 280
アラフラ海……………………………… 71, 282

飯塚鉄鉱（株式会社）………………… 6, 279
石原鉱山株式会社……………………… 123, 234
石原産業…… 114, 120, 122, 123, 136, 186, 220, 231, 257, 258, 274, 278, 284, 285
石原産業海運（株式会社）… 115, 116, 120, 123, 234, 284
石原産業海運公司……………………… 114
石原産業海運合資会社………………… 241
石原産業株式会社……………… 102, 115, 240, 278
石原産業公司…………………… 123, 179, 234, 257
石原産業コンツェルン………………… 231, 252
一屋商会………………………………… 22, 51
委任統治………………………… 276, 277, 281, 284
移民会社………………… 9, 14, 15, 16, 36, 223, 286
移民保護法……………………………… 14, 15, 16
岩井商店………………………………… 180
インシュラー・マイン・オペレーターズ会社
　……………………………………………… 244
印度支那鉱業…………………………… 269
印度支那産業（株式会社）… 100, 122, 124, 269, 279

ヴェルサイユ講和条約………………… 48, 49
請負……………………………………… 77
請負耕作制度…………………………… 221, 222
内南洋…………………………………… 4, 273

大倉護謨株式会社……………………… 169
大倉財閥………………………………… 169
大倉スマトラ農場……………………… 122
大阪商船………………………… 120, 202, 208, 284
大阪バザー……………………………… 215
大阪貿易（株式会社）………………… 215, 216
太田興業（株式会社）……… 109, 120-123, 177, 200, 203-206, 212, 215, 220, 221, 223, 257, 279, 285
大畠公司………………………………… 182
オーラッカ製菓株式会社……………… 218
小野田セメント会社…………………… 219
オランダ東インド会社………………… 3

か行

海外興業（株式会社）… 16, 17, 37, 56, 159, 206, 207, 224
海外子会社……………………………… 273
海外殖民合資会社……………………… 14
快通社…………………………………… 51
海南産業株式会社……………………… 17, 206
海洋殖産株式会社……………………… 71
海洋拓殖株式会社……………………… 66
開洋燐鉱………………………………… 269
カカオの栽培（栽培事業）…………… 112, 177
華僑……………………………………… 118, 281
華南銀行………………………… 100, 119, 139, 268, 283
鴨南運輸株式会社……………………… 66, 68
からゆきさん…………………… 4, 131, 256, 280, 284
ガルフ木材株式会社…………………… 114
川崎財閥………………………………… 74, 169, 187
川崎造船所……………………………… 239
完全所有子会社………………………… 273
カンボジア……………………………… 87

機会均等主義…………………………… 142, 149
喜多合名会社…………………………… 58
北ミンダナオ商事株式会社…………… 122
規那栽培事業…………………………… 113
行商（人）………………… 4, 117, 132, 148, 256, 280, 284
強制栽培制度…………………………… 259
金貨メリヤス（株式会社）…………… 139, 216
ギンダー木材株式会社………………… 180
金本位制度……………………………… 88

グアム島移民…………………………… 10, 11, 37
苦力（coolie, クーリー）…… 130, 161, 188, 251, 276
クゴン商事株式会社…………………… 121, 212
薬売行商………………… 4, 132-134, 148, 256, 280
久原鉱業………………………… 115, 165, 231
久原鉱山………………………………… 187
ケグレン農作（農事）………… 118, 112, 121, 281
ケママン鉱山…………………… 115, 240, 246, 251
現地市場型の海外直接投資…………… 273, 275

鋼管鉱業………………………………… 249, 279
豪州農業移民…………………………… 12
恒進社…………………………………… 51
紅茶栽培事業…………………………… 111
工程分業型の海外直接投資…………… 275

興南産業…………………………………249, 279
神戸移民会社……………………………………13
合弁会社………………………………273, 278
合弁企業形態………………………………276
コーヒー（珈琲）の栽培（業）………111, 177
コカ栽培事業……………………………………113
古河財閥…………………………………………187
国際連盟…………………………………………48
国際連盟の委任統治条約………………………49
古々（ココ）椰子…………………………110, 176
小作人……………………………………………77
小作農家…………………………………………59
胡椒栽培事業…………………………………113
ゴム栽培事業……… 102, 105, 130, 153, 154, 186, 257
ゴム栽培投資額……………………………108
ゴム輸出制限の制………………………105, 108
米の栽培………………………………………178

さ行

在華紡………………………………91, 92, 93, 274
サウザン・ダバオ興業株式会社……………211
サウザンクロス拓殖株式会社………………209
サウス・ミンダナオ興業株式会社…………210
鎖国令………………………………………3, 10
砂糖キビ栽培事業……………………………112
甘蔗の栽培……………………………………178
差別関税政策…………………………………260
三五公司……… 121, 153, 155, 166, 168, 187, 235, 257
シーフード・コーポレーション……………122
資源開発型の海外直接投資……………274, 275
資源開発コングロマリット……………245, 252
実業乃日本…………………………32, 135, 170, 285
士乃護謨株式会社……………………………172
渋沢財閥…………………………………171, 187
清水兄弟商会………………………………53
シャム（タイ）……………………………………1
ジャワ石原鉱山……………………………249, 278
朱印船貿易……………………………………2, 3
宿大護謨（株式会社）……………………187, 172
商業実習生制度……………………………………137
昭和護謨株式会社………………………122, 165, 177
殖民協会…………………………………18, 38, 39
ジョホール護謨栽培株式会社………………171
シンガポール石原産業公司………243, 249, 278
シンガポール野村商店…………………………164
神社……………………………………………64, 76
真珠貝移民……………………………………………12
真珠貝採取（事業）………… 71, 131, 183, 282, 285
水産業…………………………………………131
水産業（へ）の進出……………………182, 188

垂直的統合戦略………………………………278
垂直的統合を目的とする海外直接投資………274
錫鉱山…………………………………………117
スマギー木材株式会社………………………122
スマトラ興業株式会社……… 100, 112, 160, 161
スマトラ護謨拓殖株式会社…………………174
スマトラ拓殖株式会社………………………122
住友商店………………………………………181
スリメダン鉱山………………… 115, 238, 239, 251
スリメダン鉄山……………………………245, 249

製品分業型の海外直接投資…………………275
世界恐慌………………………………………108
セレベス興業合資会社…………………………70
セレベス貿易株式会社………………………183
千田護謨園……………………………………121

S・A・P・T（Sociadate Agricola Patriae Trabalbo）
…………………………………66, 70, 111, 112
蘇島木材洋行…………………………………114
外南洋………………………………………4, 273

た行

タイ………………………………………………87
大昌公司………………………………………185
大同貿易………………………………………216
タイとの貿易…………………………………147
大日本製糖（株式会社）…… 100, 112, 120, 178, 266, 285
大日本ビール会社……………………………219
大平鉱業株式会社……………………………122
太平洋協会……………………………………271
太洋鉱業株式会社…………………………117, 234
大和商会…………………………………………70
台湾銀行……99, 100, 119, 122, 139, 216, 238, 251, 252, 266, 267, 268, 278, 283, 285
台湾銀行古々椰子農園………………………122
台湾製糖（株式会社）…… 99, 100, 111, 112, 113, 266
台湾拓殖（株式会社）…100, 120, 122, 124, 172, 266, 268, 279, 285
台湾綿花（棉花）株式会社………………124, 279
タゴン商事株式会社……………………………114
田独鉱山（鉄山）……………………………244, 249
ダバオ…………………………………109, 110, 118, 123
ダバオ開拓……………………………………199
ダバオ農商株式会社…………………………211
タワオ・エステート・リミテッド…… 114, 121, 179

治外法権…………………………………93, 274
チカネリー栽培（株式会社）……111, 112, 113, 121, 177
茶の栽培………………………………………177

事項索引 299

直営制度‥‥‥‥‥‥‥‥‥‥‥‥‥‥‥‥‥‥‥‥‥‥ 221

テイブンコ木材（株式会社）‥‥‥ 114, 121, 208, 212
鉄鉱石採掘‥‥‥‥‥‥‥‥‥‥‥‥‥‥ 102, 114, 232
天然資源開発‥‥‥‥‥‥‥‥‥‥‥‥‥‥‥‥ 277, 278

東亜研究所‥‥‥‥‥‥‥‥‥‥‥‥‥‥‥‥‥‥‥ 272
同化関税政策‥‥‥‥‥‥‥‥‥‥‥‥‥‥‥‥‥‥ 260
東洋移民（株式会社）‥‥‥‥‥‥‥‥‥‥ 11, 16, 206
東洋拓殖（株式会社）‥‥ 54, 56, 57, 78, 120, 61, 72, 123, 179, 206, 238, 279, 285
東洋拓殖護謨園‥‥‥‥‥‥‥‥‥‥‥‥‥‥‥‥‥ 122
渡航差許しの触達‥‥‥‥‥‥‥‥‥‥‥‥‥‥‥‥ 10
トレード・マイニング・カンパニー‥‥‥‥‥‥‥ 122

な行

ナショナル・ゴム工業（株式会社）‥‥ 119, 122, 217, 281
南亜公司（株式会社）‥‥‥‥‥ 159, 160, 165, 187, 257
南興護謨栽培所‥‥‥‥‥‥‥‥‥‥‥‥‥‥‥‥‥ 187
南興殖産株式会社‥‥‥‥‥‥‥‥‥‥‥‥‥ 169, 187
南興食品株式会社‥‥‥‥‥‥‥‥‥‥‥‥‥‥‥‥ 67
南興水産（株式会社）‥‥‥‥‥‥‥‥ 67, 73, 74, 183
南国企業（株式会社）‥‥‥‥‥‥‥‥‥ 74, 180, 220
南国護謨株式会社‥‥‥‥‥‥‥‥‥‥‥‥‥ 122, 175
南国産業株式会社‥‥‥‥ 100, 111, 112, 113, 122, 177
南進公司‥‥‥‥‥‥‥‥‥‥‥‥‥‥‥‥ 116, 122, 173
南進論‥‥‥‥‥‥ 9, 36, 41, 129, 256, 262, 265, 285, 286
南拓興業（株式会社）‥‥‥‥‥‥‥‥‥‥‥ 74, 124, 279
南島商会‥‥‥‥‥‥‥‥‥‥‥‥‥‥‥‥‥ 22, 40, 50
南米殖民（株式会社）‥‥‥‥‥‥‥‥‥‥ 16, 207, 223
南貿汽船‥‥‥‥‥‥‥‥‥‥‥‥‥‥‥‥‥‥‥‥‥ 75
南方産業（株式会社）‥‥‥‥‥‥‥‥‥‥ 66, 68, 269
南方投資額‥‥‥‥‥‥‥‥‥‥‥‥‥‥‥‥‥‥‥ 103
南洋・南方との貿易‥‥‥‥‥‥‥‥‥‥‥‥‥‥‥ 141
南洋アルミニウム鉱業‥‥‥‥‥‥‥‥‥‥‥‥‥‥ 73
南洋移民‥‥‥‥‥‥‥‥‥‥‥‥‥ 149, 255, 285, 280
南洋海運（株式会社）‥‥‥‥‥‥‥‥ 120, 136, 241, 284
南洋開発組合‥‥‥‥‥‥‥‥‥‥‥‥‥‥‥‥‥‥ 184
南洋学院‥‥‥‥‥‥‥‥‥‥‥‥‥‥‥‥‥‥‥‥ 270
南洋鰹節会社‥‥‥‥‥‥‥‥‥‥‥‥‥‥‥‥‥‥‥ 75
南洋企業組合‥‥‥‥‥‥‥‥‥‥‥‥‥‥‥‥‥‥‥ 55
南洋汽船‥‥‥‥‥‥‥‥‥‥‥‥‥‥‥‥‥‥‥‥‥ 74
南洋協会‥‥‥‥‥‥‥‥‥‥‥‥‥‥‥‥‥‥ 137, 269
南洋群島‥‥‥‥‥‥‥‥‥‥‥‥‥‥‥‥‥‥‥‥‥ 47
南洋群島産業協会‥‥‥‥‥‥‥‥‥‥‥‥‥ 270, 272
南洋群島文化協会‥‥‥‥‥‥‥‥‥‥‥‥‥ 270, 272
南洋経営組合‥‥‥‥‥‥‥‥‥‥‥‥‥‥‥‥‥‥‥ 53
南洋経済研究所‥‥‥‥‥‥‥‥‥‥‥‥‥‥‥‥‥ 271
南洋興業株式会社‥‥‥‥‥‥‥‥‥‥‥‥‥ 111, 112
南洋鉱業公司‥‥‥‥‥‥‥‥‥‥‥‥‥‥‥ 240, 267
南洋興発‥‥‥‥‥‥‥‥‥‥‥ 77-79, 120, 258, 276, 285

南洋興発株式会社‥‥‥‥ 17, 53, 54, 56-61, 64, 65, 67, 70-72, 76, 102, 111, 123, 177, 184, 185, 257
南洋興発合名会社‥‥‥‥‥‥‥‥‥‥ 66, 68, 69, 123, 279
南洋護謨株式会社‥‥‥‥‥‥‥‥‥‥‥‥‥‥ 122, 170
南洋護謨拓殖株式会社‥‥‥‥‥‥‥‥‥‥‥‥‥‥ 174
南洋コンツェルン‥‥‥‥‥‥‥‥‥‥‥ 78, 120, 123, 285
南洋栽培協会‥‥‥‥‥‥‥‥‥‥‥‥‥‥‥‥‥‥ 270
南洋財閥‥‥‥‥‥‥‥‥‥‥‥‥‥ 123, 257, 258, 278, 285
南洋商業実習生制度‥‥‥‥‥‥‥‥‥‥‥‥‥‥‥ 269
南洋殖産（株式会社）‥‥‥‥‥‥‥‥‥‥‥‥‥ 53-57
南洋真珠貝採取協会‥‥‥‥‥‥‥‥‥‥‥‥‥‥‥ 270
南洋水産株式会社‥‥‥‥‥‥‥‥‥‥ 65, 119, 182, 281
南洋水産協会‥‥‥‥‥‥‥‥‥‥‥‥‥‥‥‥‥‥ 270
南洋製糖株式会社‥‥‥‥‥‥‥‥‥‥‥‥‥‥‥‥ 112
南洋製氷株式会社‥‥‥‥‥‥‥‥‥‥‥‥‥ 60, 65, 67
南洋石油株式会社‥‥‥‥‥‥‥‥‥‥‥‥‥‥‥ 65, 67
南洋倉庫（株式会社）‥‥‥ 123, 136, 241, 252, 267, 284
南洋拓殖（株式会社）‥‥‥ 72, 73, 76, 78, 124, 184, 279
南洋庁‥‥‥‥‥‥‥‥‥‥‥‥‥‥‥‥‥ 49, 59, 68, 258
南洋鉄鋼（株式会社）‥‥‥‥‥‥‥‥‥‥ 115, 233, 251
南洋特殊繊維株式会社‥‥‥‥‥‥‥‥‥‥‥‥‥ 66, 68
南洋日本人移民‥‥‥‥‥‥‥‥‥‥‥‥‥‥‥ 129, 286
南洋（の）日本人町‥‥‥‥‥‥‥‥‥‥‥ 3, 139, 140, 280
南洋ブーム‥‥‥‥‥‥‥‥‥‥ 124, 129, 149, 255, 280, 285
南洋への投資額‥‥‥‥‥‥‥‥‥‥‥‥‥‥‥‥‥‥ 90
南洋貿易‥‥‥‥‥‥‥‥‥‥‥‥‥‥‥‥‥‥‥‥‥ 78
南洋貿易会‥‥‥‥‥‥‥‥‥‥‥‥‥‥‥‥‥‥‥ 271
南洋貿易株式会社‥‥‥‥‥‥‥‥‥ 52, 64, 68, 69, 74, 76
南洋貿易日置（株式会社）‥‥‥‥‥‥‥‥ 51, 52, 74
南洋貿易日置合資会社‥‥‥‥‥‥‥‥‥‥‥‥‥‥‥ 22
南洋貿易村山合名会社‥‥‥‥‥‥‥‥‥‥‥‥‥ 52, 74
南洋油脂興業株式会社‥‥‥‥‥‥‥‥‥‥‥‥‥‥‥ 70
南洋林業株式会社‥‥‥‥‥‥‥‥‥ 114, 123, 179, 181, 279
南和公司‥‥‥‥‥‥‥‥‥‥‥‥‥‥‥‥‥‥‥‥‥ 122

西村拓殖（株式会社）‥‥‥‥‥‥‥‥‥ 54, 55, 57, 60
日・仏印経済協定‥‥‥‥‥‥‥‥‥‥‥‥‥‥‥‥ 147
日沙商会‥‥‥‥‥‥‥‥‥‥‥‥‥‥‥‥‥‥ 122, 178
日南護謨株式会社‥‥‥‥‥‥‥‥‥‥‥‥‥‥‥‥ 174
日墨協働会社‥‥‥‥‥‥‥‥‥‥‥‥‥‥‥‥‥‥‥ 39
日蘭漁業公司‥‥‥‥‥‥‥‥‥‥‥‥‥‥‥‥‥‥ 182
日蘭公司‥‥‥‥‥‥‥‥‥‥‥‥‥‥‥‥‥‥‥‥ 114
日貨排斥‥‥‥‥‥‥‥‥‥‥‥‥‥‥‥‥ 136-138, 148
ニッケル鉱山‥‥‥‥‥‥‥‥‥‥‥‥‥‥‥‥‥‥ 117
日産コンツェルン‥‥‥‥‥‥‥‥‥‥‥‥‥‥ 165, 187
日産農林工業株式会社‥‥‥‥‥‥‥‥‥‥ 122, 179, 181
日新護謨株式会社‥‥‥‥‥‥‥‥‥‥‥‥‥‥ 171, 187
日東護謨株式会社‥‥‥‥‥‥‥‥‥‥‥‥‥‥‥‥ 173
日東殖民‥‥‥‥‥‥‥‥‥‥‥‥‥‥‥‥‥‥‥‥‥ 16
日本吉佐移民合名会社‥‥‥‥‥‥‥‥ 11, 12, 14, 15, 37
日本鋼管（株式会社）‥‥‥ 115, 120, 232, 233, 251, 285
日本鉱業（株式会社）‥‥‥ 102, 115, 116, 122, 232, 249,

279

日本産業護謨（株式会社）……… 114, 166, 187, 188
日本商法準拠会社……………………… 95, 96
日本植民（合資会社）………………… 11, 16
日本真珠（株式会社）…… 66, 71, 74, 183, 185
日本石油…………………………………… 234
日本電工（現在の昭和電工）…………… 243
日本南洋材連合会………………………… 270
日本の対外投資額………………………… 89
日本の対台湾投資………………………… 98
日本の対中国（中華民国）投資………… 91
日本の対南洋・南方投資………………… 101
日本の対満州投資………………………… 95
日本ハワイ労働移民条約………………… 197
日本郵船（株式会社）……… 53, 64, 120, 202, 283
ニューカレドニア移民…………………… 11

熱帯産業（株式会社）…… 17, 118, 122, 168, 171, 187, 257, 281
熱帯農産…………………………………… 73

野村合名会社………………………… 110, 111
野村財閥…………………………………… 163
野村商事株式会社………………………… 181
野村東印度殖産（株式会社）…… 111, 118, 121, 163, 164, 174, 177, 188, 281

は行

バキヤオシステム………………………… 200
バザー（Bazar）………………………… 136
バト拓殖株式会社………………………… 209
バトパパ鉱山……………………………… 246
バヤバス拓殖株式会社…………………… 209
パラオ交通………………………………… 75
播磨造船所…………………………… 120, 285
バリンタワク・ビール酒造（株式会社）……… 119, 122, 217, 219, 281
ハワイ（日本人）移民………… 9, 10, 20, 37

東印度起業株式会社……………………… 113
東印度水産会社…………………………… 75
東山栽培（農事）株式会社………… 110, 121
非準拠日本商法会社……………………… 95
ピソ農牧株式会社………………………… 208
比日企業株式会社………………………… 180
日比興業…………………………………… 220
日比鉱業株式会社………………… 116, 122, 233
ビルマ……………………………………… 87
ピンダサン拓殖株式会社………………… 211

フィージー島移民………………………… 12
フィリピン………………………………… 87
フィリピンとの貿易……………………… 144
比律賓（フィリピン）木材（輸出）株式会社 …………………………………… 114, 180
フエニックス商事開墾株式会社………… 60
複合社会…………………………………… 259
藤倉電線株式会社………………………… 175
藤田組護謨園………………………… 169, 187
藤田財閥……………………………… 169, 187
仏領印度…………………………………… 87
仏領印度支那との貿易…………………… 146
ブラジル拓殖……………………………… 16
プランテーション（plantation）……… 88, 285, 277
ブルーム…………………………… 71, 183, 282
古河鉱業（殖産部）………………… 122, 220
古河護謨園………………………………… 169
古河財閥……………………………… 169, 171
古川拓殖（株式会社）… 121, 180, 200, 203, 207, 220, 212, 213, 215, 221, 223
ブロック経済……………………………… 260

ベトナム…………………………………… 87
ベンゲット移民…………………… 198, 210, 223
ベンゲット道路（工事）… 16, 108, 135, 139, 199, 204, 257, 276

ホイアン…………………………… 2, 140, 280
貿易組合中央会…………………………… 271
鳳敦真珠（眞珠）株式会社………… 121, 183
豊南産業…………………………………… 73
ボーキサイト採掘………………………… 242
ボルネオ護謨株式会社……………… 122, 174
ボルネオ産業………………………… 249, 279
ボルネオ水産株式会社……………… 182, 184
ボルネオ石油株式会社…………………… 234
ボルネオ物産会社…………………… 180, 181
ボルネオ物産商会………………………… 114

ま行

松井商会……………………………… 215, 216
松岡興業株式会社………………………… 210
松方護謨園…………………………… 169, 187
マナンブラン興業株式会社……………… 210
マニラ麻…………………………… 108, 109
マニラ麻栽培（事業）…… 90, 102, 118, 121, 130, 153, 202, 205, 207, 220, 223, 225, 274, 276
マニラ石原産業（株式会社）…… 123, 234, 243, 249, 278
マラッカ（王国）……………… 1, 87, 138
馬来護謨公司………………………… 122, 170, 187
マレーとの貿易…………………………… 143
マンガン鋼採掘…………………………… 232
マンガン鉱山……………………………… 116

人名索引　301

満鉄（南満州鉄道株式会社）…………90, 92, 96
満鉄調査部………………………………272
満鉄東亜経済調査局……………………272

ミクロネシア……………………………47
三井銀行………………119, 122, 138, 283, 285
三井鉱山…………………………………220
三井護謨園…………………………168, 187
三井財閥……………………………168, 171
三井物産………………122, 212, 234, 283, 285
三井物産船舶部………………120, 202, 284
三菱鉱業株式会社………………117, 122, 233
三菱財閥……………………………155, 168, 187
三菱商事……………………………122, 283
南太平洋貿易株式会社…………………66, 70

無差別関税政策……………………137, 260

明治製糖（株式会社）…………100, 120, 160, 285
メキシコ移民………………………18, 37, 39
綿花の栽培………………………………177

木曜島（Thursday Island）…11, 12, 13, 71, 131, 183, 204, 282
森岡移民…………………………………16
森村財閥…………………………………187

や行

「ヤップ」島及他の赤道以北の太平洋委任統治諸島に関する日米条約…………………………49
八幡製鉄(所)………………115, 232, 240, 279
山下汽船護謨園…………………………122
山田商店…………………………………181

雪本商会…………………………………114
輸出型の海外直接投資……………274, 275
輸入代替型直接投資……………………273

横浜移民会社………………………13, 14
横浜正金銀行……119, 122, 139, 140, 216, 283, 285

ら行

ラオス……………………………………87
蘭領印度拓殖（株式会社）………121, 123, 279
蘭領印度との貿易………………………142
蘭領東印度………………………………87

琉球の南洋貿易……………………………1
林業への進出……………………………178

ルソン・ライターレーヂ会社…………244
ルミュー協約……………………………16

歴代宝案……………………………………2

わ行

倭寇………………………………………117

人名索引

あ行

愛久沢直哉………………………………166, 187
石原廣一郎……………231, 235, 267, 278, 285
石原洋行…………………………………235
稲垣満次郎………………………………18
井上雅二…………………………………159
ヴァンリード（Van Reed, E. M.）………10, 11, 37
榎本武揚………………………………18, 37, 38, 39
大隈重信…………………………18, 170, 187
太田恭三郎…………………………108, 123, 199
太田慕三郎………………204, 205, 257, 285
小川利八郎…………………………134, 135
音吉………………………………………9

さ行

志賀重昂……………………………18-20, 22, 39
ジョン万次郎……………………………9
菅沼貞風………………………18, 25, 28, 40
鈴木絵勲……………………………18, 40
副島八十六………………………………18

た行

田口卯吉…………………………18, 22-24, 40, 50
竹越与三郎………………………18, 32, 34, 36, 40
樽井（森本）藤吉………………………30
樽井藤吉………………………………18, 31, 40
堤林数衛…………………………………134
恒屋盛服…………………………………39

は行

服部徹……………………………18, 28, 30, 40
樋口弘…………………………91, 101, 103, 104
彦蔵（ヒコ）……………………………9
古川義三…………………………………200, 207

ま行

松江春次·················· 57, 78, 123, 184, 257, 285
武藤山治·· 39
室伏高信······························ 262, 263, 265

や行

山田長政·· 140

わ行

若山儀一·· 39

〈著者紹介〉

丹野　勲（たんの　いさお）

1987年，筑波大学大学院博士課程社会工学研究科単位取得後退学。
筑波大学準研究員，神奈川大学経営学部専任講師，助教授を経て，
現在，神奈川大学経営学部教授・大学院経営学研究科委員長，博士（経営学）。

（主要著書）

『ベトナム現地化の国際経営比較―日系・欧米系・現地企業の人的資源管理，戦略を中心として』（原田仁文氏と共著，文眞堂，2005年）

『アジア太平洋の国際経営―国際比較経営からのアプローチ』（同文舘出版，2005年）

『アジアフロンティア地域の制度と国際経営―CLMVT（カンボジア，ラオス，ミャンマー，ベトナム，タイ）と中国の制度と経営環境』（文眞堂，2010年）

『日本的労働制度の歴史と戦略―江戸時代の奉公人制度から現代までの日本的雇用慣行』（泉文堂，2012年）

他がある。

平成29年4月10日　初版発行	《検印省略》略称：東南アジア進出

日本企業の東南アジア進出のルーツと戦略
―戦前期南洋での国際経営と日本人移民の歴史―

著　者　Ⓒ　丹　野　　勲

発行者　　　中　島　治　久

発行所　同文舘出版株式会社
東京都千代田区神田神保町1-41　〒101-0051
電話　営業03(3294)1801　振替00100-8-42935
編集03(3294)1803　https://www.dobunkan.co.jp

Printed in Japan　2017
印刷：萩原印刷
製本：萩原印刷

ISBN 978-4-495-64861-9

JCOPY〈出版者著作権管理機構委託出版物〉
本書の無断複製は著作権法上での例外を除き禁じられています。複製される場合は，そのつど事前に，出版者著作権管理機構（電話 03-3513-6969，FAX 03-3513-6979，e-mail: info@jcopy.or.jp）の許諾を得てください。